Zu diesem Buch Im Alter von zwei Jahren wurde Jenny von ihrer Mutter einem geheimen Satanskult übergeben. Dort wurde sie Opfer und Teilnehmerin bei ritueller Folter, Sexual- und Drogenmißbrauch und Blutopfern. In einem dramatischen Versuch, diese Schreckenserlebnisse zu überwinden, begann Jennys Persönlichkeit sich aufzuspalten. Sie wurde, was man heute »multiple Persönlichkeit« nennt. Im Alter von 14 Jahren wurde sie kurz in einem psychiatrischen Krankenhaus behandelt. Mit 15 Jahren verheiratet, wurde sie eine fürsorgliche Ehefrau und Mutter, ohne daß ihre Familie ihre einander widerstreitenden Persönlichkeiten erkannte. Nach 27 Krankenhauseinweisungen innerhalb von 20 Jahren wurde schließlich die rätselhafte Art ihrer Krankheit richtig diagnostiziert. Unter ihrem hübschen, zerbrechlich wirkenden Äußeren bekämpfte Jenny die Dämonen in ihrem Innern auf die einzige Art und Weise, die ihr zur Verfügung stand: durch viele einzelne Persönlichkeiten, die ihr gestatteten, dem unerträglichen Mißbrauch durch andere zu entkommen. Sie war gleichzeitig viele Personen, unter anderem Heroinsüchtige, Künstlerin, Prostituierte, Hohepriesterin des Satans, verschrecktes Kind und suizidgefährdete Erwachsene. Für fast drei Jahrzehnte verbarg sich Jenny in ihrer Schreckenswelt, bis sie schließlich, im Alter von 34 Jahren, eine Therapie begann, die ihr Leben änderte. Dieses Buch erzählt ihre erschütternde und zugleich mutige Geschichte: die belastenden Jahre der Behandlung, die ihre Persönlichkeit reintegrierte, und den schmerzlichen Weg zur Genesung. Jennys Martyrium ist noch nicht zu Ende, doch ihre entsetzlichen Enthüllungen sollen nicht nur schockieren, sondern auch nachdenklich stimmen und zur Vorsicht im Umgang mit Kindern mahnen.

Die Autorin Judith Spencer hat sich vor der Niederschrift dieses Buches fünf Jahre lang mit der Geschichte Jennys und ihren Krankenunterlagen beschäftigt. Sie ist ausgebildete Kinderfürsorgerin. Jennys Geschichte dauert noch an. Das Buch war Teil ihrer Therapie. Sie sagte der Autorin: »Das Buch soll ein Zeichen sein, das die Welt erkennen möge.«

Judith Spencer

Jenny

Das Martyrium eines Kindes

Aus dem Amerikanischen
von Aurel Ende

Fischer Taschenbuch Verlag

Deutsche Erstausgabe
Veröffentlicht im Fischer Taschenbuch Verlag GmbH,
Frankfurt am Main, April 1995

Die Originalausgabe mit dem Titel
»Suffer the Child« erschien 1989
im Verlag Pocket Books/Simon & Schuster, New York
© 1989 Judith Spencer
Für die deutsche Ausgabe:
© 1995 Fischer Taschenbuch Verlag GmbH, Frankfurt am Main
Alle Rechte vorbehalten
Gesamtherstelllung: Clausen & Bosse, Leck
Printed in Germany
ISBN 3-596-12319-4

Gedruckt auf chlor- und säurefreiem Papier

In Liebe für meinen Mann Bob und unseren Sohn Jason.

Inhalt

Vorwort zur deutschen Ausgabe

Dieses Buch beschreibt die Entstehungs- und Behandlungsgeschichte einer Multiplen Persönlichkeitsstörung (MPS).

Es hat in Deutschland lange gedauert, bis man den Satz in dieser einfachen Formulierung schreiben konnte. Vor etwa drei Jahren hatte sich die Übersetzung des amerikanischen *Multiple Personality Disorder* noch nicht durchgesetzt, heute existiert bereits ein längerer Artikel im SPIEGEL (Nr. 16, 1994); in Kassel erscheint *Matrioschka*, eine Zeitschrift von Betroffenen, in Hamburg und Berlin haben sich Selbsthilfegruppen gebildet, und noch 1995 soll das erste deutsche Fachbuch erscheinen. (Nähere Angaben im Anhang.)

Die Ärzteschaft in den USA hat die Krankheit nach anfänglichen Schwierigkeiten anerkannt – erst 1980 kam es zu einer Aufnahme in das diagnostische Handbuch der *American Psychiatric Association* –, und das Krankheitsbild ist weiten Teilen der amerikanischen Bevölkerung bekannt.

In Deutschland wird es noch einige Jahre dauern, bis MPS nicht mehr als Modekrankheit abgetan wird und als Schizophrenie, Psychose oder Borderline diagnostiziert wird. Die Gründe hierfür lassen sich nicht nur auf Unkenntnis zurückführen. Betrachtet man die Nachkriegsgeschichte, ist festzustellen, daß es schon fast Tradition ist, aus den USA stammende neue Ideen und Forschungsergebnisse aus Psychologie, Medizin und Sozialforschung mit großer Skepsis und häufig auch Ablehnung zu behandeln. Es ist auch nicht nur eine Frage der Zeit, bis sich eine Neuerung durchsetzt. So hat es sehr lange gedauert, bis Kliniken und Krankenhäuser dazu übergingen, Möglichkeiten eines »Rooming-in« – der gemeinsamen Unterbringung von Mutter und Neugeborenem – zu schaffen, als es aber in den USA modern wurde, immer häufiger durch Kaiserschnitt zu entbinden, waren unsere Ärzte schnell dabei mitzuschneiden.

Es mag kein angenehmer Gedanke sein, bleibt deswegen aber trotzdem eine Tatsache: Wann immer es um Einfühlungsvermögen, insbesondere bezüglich Kindern geht, tun wir Deutschen uns schwerer als vergleichbare Nationen. Meine Forschungen in der deutschen Kindheitsgeschichte zeigen deutlich, daß wir in der Vernachlässigung kindlicher Bedürfnisse eine Spitzenstellung einnehmen.

Aus diesem Grund zweifle ich an der auf amerikanischen Untersuchungen und Verhältnissen gestützten Schätzung von rund 40000 Menschen, die an MPS leiden könnten. Es werden mehr sein.

Um so wichtiger ist es, daß es kein Informationsproblem bleibt. Das vorliegende Buch ist ein weiterer Schritt, die Informationslücke zu schließen.

Jennys Geschichte hat mich betroffen gemacht. Nach fast zwanzig Jahren Beschäftigung mit der Geschichte der Kindheit glaubt man, von nichts mehr überrascht werden zu können, wenn es um brutalen Mißbrauch von Kindern geht. Es war ein Irrtum.

Aber neben dem geschilderten Grauen gab es auch eine positive Seite. Menschen, das heißt, kleine Kinder können diese Perversitäten und Brutalitäten überleben, und wenn ihnen die Abwehrform der Multiplen Persönlichkeitsstörung zur Verfügung stand, kann ihnen von einfühlsamen Therapeuten geholfen werden, ein normales Leben zu führen.

Das Leiden ist nicht neu. Multiple lebten unter uns und leben unter uns oder werden in Anstalten mit Medikamenten ruhiggestellt. Neu ist die Erkennung von MPS als heilbare, psychische Krankheit. Um sie als solche zu erkennen, bedarf es einer breiten Öffentlichkeit. Dieses Buch wird dazu beitragen.

Aurel Ende

Anmerkung des Übersetzers

Die Schaffung neuer Termini sollte nicht Aufgabe eines Übersetzers sein. Er – oder sie – sollte sich auf eine behutsame, sorgfältige Übersetzung beschränken. In dieser – biographischen – Arbeit weicht nur ein Begriff vom Sprachgebrauch deutscher Therapeuten ab: Jenny wird als »birth personality« beschrieben, was mit Geburtspersönlichkeit übersetzt wurde, um jedes Mißverständnis zu vermeiden. Das englische »mind« hat bisher jeden Übersetzer zur Verzweiflung gebracht: Sinn, Geist, Erinnerung, Meinung usw., häufig trifft es nicht den Punkt und klingt holperig. So auch hier. Wenn andere Persönlichkeiten Jennys gemeint sind und das Substantiv »Persönlichkeiten« fehlt, sind die »Anderen« *immer* groß geschrieben, ohne Rücksicht auf Regeln. Wenn vom »großen Tier« die Rede ist, scheint das »große Tier« aus der Offenbarung des Johannes gemeint zu sein. Der Einfachheit halber ist TIER groß geschrieben. Etwas, das in Deutschland nicht existiert, sind *counselors*, deren Tätigkeit im *counseling* besteht. Damit sind keine Anwälte gemeint. Es sind Menschen, die in Lebensnotlagen beratend helfen. Das können Therapeuten, Sozialarbeiter, Priester o. ä. sein. Manche leben davon, andere helfen ohne Bezahlung und haben es nicht zu einem *full time job* gemacht. Wann immer von *counseling* die Rede ist, werden die Leser es an der leicht unsicheren, umschriebenen Übersetzung merken. Genaue geographische Hinweise fehlen. Sicher ist nur, daß Orte der Handlung Südstaaten – wahrscheinlich West Virginia, Virginia, Kentucky, North Carolina und Tennessee – sind, mit denen viele Amerikaner Hinterwäldlertum – Hillbillies – assoziieren. Die schleppende Sprache (southern drawl), im Buch in direkter Rede oft angedeutet, ging in der Übersetzung verloren.

A. E.

Geleitwort

Jahrzehnte war ich eine multiple Frau, nur bekannt als Eve aus *The Three Faces of Eve*. Meine alternierenden Persönlichkeiten handelten ohne mein Wissen und meine Zustimmung. In meiner eigenen Arbeit, *I'm Eve*, zeigte ich, daß neunzehn weitere Wesen existierten, die ein Teil von mir waren. 1974 vereinigten sich meine zweiundzwanzig Persönlichkeiten, und ich wurde ein gesunder Mensch. Seitdem widme ich mein Leben dem Mitteilen meiner Erfahrungen, in der Hoffnung auf ein besseres Verständnis einer unbekannten leidvollen Krankheit: *Multiple Persönlichkeitsstörung* (MPD).

Meine Gefühle bezüglich des Interesses und der Reaktion von seiten der Gemeinschaft der Psychiatrie waren lange mit Frustration und Enttäuschung verbunden. Lange Zeit hat der MPD-Patient ohne korrekte Diagnose und Behandlung gelitten. Erst in den 1980er Jahren erkannte das *Diagnostic and Statistical Manual of Mental Disorders* der »American Psychiatric Association« diese schmerzhafte Krankheit an. Es betrübt mich, daß viele Fachärzte kein Interesse für die Leiden der Multiplen zeigen.

Mehr als jede andere Organisation hat gewiß die *International Society for the Study of Multiple Personality and Dissociation* (JSSMP&D) die Bedürfnisse der Patienten in den Brennpunkt gerückt und einen fortlaufenden Lernprozeß für Therapeuten geschaffen. Diese Pioniere haben meinen Respekt und meine tiefste Dankbarkeit.

In den vergangenen zehn Jahren habe ich mich mit vielen MPD-Patienten getroffen – und ich fühle jedesmal ihren Schmerz. Als ich Jenny traf, war ich nicht auf ihre Ruhe vorbereitet. Schon bald erkannte ich, daß es die Unterstützung ihrer Therapeuten Karl und Rachel Alexander war, die ihr Sicherheit bot.

Bei der Beschäftigung mit ihren künstlerischen Arbeiten verspürte ich Wut in mir aufsteigen, und als ich Jennys Brief erhielt, weinte ich. Obwohl sie und ich nicht die gleichen traumatischen Erfahrungen gemacht hatten, litt sie unter demselben schrecklichen Gefühl: dem Kampf mit dem Wunsch, sich von der multiplen Persönlichkeit zu befreien, und der Furcht vor dem unbekannten Alleinsein, davor, nur eine Person zu sein.

Meines Wissens ist Judith Spencer die erste Autorin eines detaillierten Berichts über eine multiple Persönlichkeit, die aus okkulten Praktiken resultiert. *Jenny* ist eine bewegende Geschichte, die mit Scharfsicht und Einfühlungsvermögen geschrieben wurde. Jenen, die unter ähnlichem Mißbrauch leiden, gibt sie ein Zeichen der Hoffnung.

Chris Costner Sizemore
2. Februar 1989

Vorwort

Wenn Sie Jennys Geschichte lesen, seien Sie darauf vorbereitet, die Grausamkeit von Kindesmißbrauch und die Verworrenheit der *Multiplen Persönlichkeitsstörung* zu erfahren – und das vor dem Hintergrund der freudigen Gewißheit, daß Jenny Kontrolle über ihr Leben gewinnt. Wenn Sie anfangs Jennys Erinnerungen an schrecklichen körperlichen, sexuellen und emotionalen Mißbrauch, einschließlich erzwungener Teilnahme von Teufelsanbetungen einer satanischen Sekte, skeptisch gegenüberstehen, wird dies Ihnen letztendlich ermöglichen, sich die Schwierigkeiten vorzustellen, denen Jenny auf ihrer Suche nach der wirklichen Welt begegnete.

Wenn Sie mit Jennys Geschichte beginnen, die von der Autorin über einen Zeitraum von fünf Jahren einfühlsam aufgezeichnet und zusammengestellt wurde, könnte es nützlich für Sie sein – so glauben wir –, die Chronologie und Art unserer professionellen Arbeit mit ihr zu verstehen. Als wir 1983 zum ersten Mal vermuteten, daß Jenny multipel war, überwiesen wir sie an die beratende Psychiaterin eines großen Ärztezentrums des lokalen Krankenhauses. Die Diagnose wurde bestätigt, aber die Psychiaterin erzählte, daß sich wegen der Komplexität des Falles niemand von ihrem Personal darauf einlassen wollte, weder als direkt Behandelnder noch als Berater für uns. Nachdem wir Kontakte zu den in Frage kommenden Stellen im ganzen Bundesstaat hergestellt hatten, konnten wir niemanden aus Psychiatrie und Psychologie finden, der Erfahrungen bei der Arbeit mit komplexen multiplen Persönlichkeits-Fällen hatte.

Wir wandten uns der Fachliteratur zu, um mehr über dieses Krankheitsbild in Erfahrung zu bringen. Anfangs waren Forschungsartikel noch selten, aber ab 1984 begannen hilfreiche Aufsätze in der wissenschaftlichen Literatur aufzutauchen, und wir erfuhren, daß das Leiden nicht mehr als Seltenheit betrachtet wurde. Es war uns möglich, genug Informationen aus Berichten erfahrener Therapeuten zu sammeln, um den Rahmen für Jennys Therapie zu entwickeln. Wir erfuhren, daß Jenny, falls sie gewillt war, an einer intensiven Psychotherapie teilzunehmen, eine ausgezeichnete Chance hatte, bedeutsame Fortschritte zu machen. Wir hatten ein zweifaches Therapieziel: Jenny zu helfen, ihr Leben Tag für Tag zu kontrollieren und darauf hinzuarbeiten, ihre verschiedenen Persönlichkeiten zu integrieren und ein vereinigtes Individuum zu bleiben.

Im Oktober 1984 wurde die erste internationale *Conference on Multiple Personality/Dissociative States* in Chicago abgehalten. Wir hatten damals keine Kenntnis von der Konferenz. Es entwickelte sich jedoch ein Unterstützungssystem, das uns schließlich bei unserem gewagten Unternehmen, der Behandlung von *Multipler Persönlichkeitsstörung*, zur Verfügung stand. Auf der dritten internationalen *Conference* 1986 hörten wir, daß Therapeuten im ganzen Land mit Patienten arbeiteten, die, ähnlich wie Jenny, Erfahrungen mit Sekten hatten. Wir wußten, daß wir Jenny helfen mußten, sich ihren fürchterlichen Erinnerungen zu stellen und mit der aufkommenden Wut umzugehen, wenn ihre selbstverleugnenden Abwehrstrukturen zusammenbrechen würden. Die *American Psychiatric Press* veröffentlichte auf dieser Konferenz zwei Bücher: *The Treatment of Multiple Personality Disorder*, hrsg. von Benett G. Brown, M.D., und *Childhood Antecedents of Multiple Personality Disorder*, hrsg. von Richard P. Kluft, M.D., Ph.D. Endlich war es uns möglich, aus dem gesammelten Wissen und den Erfahrungen von Forschern und Ärzten dieses Fachgebiets Nutzen zu ziehen. Zum Zeitpunkt der fünften *Conference*, 1988, hatten wir einen außergewöhnlichen Zuwachs von Untersuchungen der multiplen Persönlichkeit entdeckt. Während der Konferenz der *International Society for the Study of Multiple Personality and Dissociation* wurde das tausendste Mitglied aufgenommen. Als Jenny ihr sechstes Therapiejahr begann, wurden wir Mitglieder einer regionalen MPD-Studiengruppe. So hatten wir Unterstützung von Kollegen gefunden, die uns bei unserer frühen Arbeit mit Jenny nicht zur Verfügung gestanden hatte.

In fesselnder erzählerischer Weise präsentiert Judith Spencer ein klinisch exaktes Portrait der Entstehung und des Verlaufs einer multiplen Persönlichkeitsstörung als Reaktion auf »wiederholtes Ausgesetztsein einer widerspruchsvollen streßhaften Umgebung« (Braun, 1986, S.5). Ihr Bericht über ein in viele Stücke zerbrochenes System von Persönlichkeiten gibt Zeugnis von der Dauer, Häufigkeit und Intensität des Mißbrauchs, unter dem Jenny zu leiden hatte. In unserer Therapie haben wir mehr als vierhundert Persönlichkeiten dokumentiert. Diese große Anzahl repräsentiert nicht einzelne Personen in einem Körper, sondern zeigt die Reaktionen Jennys auf Erfahrungen eines kaum vorstellbaren Mißbrauchs.

Der Autorin ist eine erfolgreiche Vermittlung der komplexen Probleme von Diagnose und Behandlung der *Multiplen Persönlichkeitsstörung* sowohl an die professionelle als auch die nicht-professionelle Leserschaft gelungen. Obwohl dies an sich schon ein wichtiges Vorhaben ist, sollten Sie wissen, daß auch der Prozeß der Herstellung des Buches zu Jennys kontinuierlichem Fortschritt in der Therapie beigetragen hat. Die Autorin war mehr als eine Beobachterin des Therapieprozesses. Sie diente als Jennys wichtigste Stütze und schaffte ihr eine geschützte Umgebung, in der sie gesunde Muster sozialer Interaktion erwerben konnte. Als aktive Teilnehmerin in vielen der Marathon-Therapiesitzungen inner- und außerhalb der Praxis war ihre Unterstützung als Krankenschwester sowohl für Jenny als auch für uns von unschätzbarem Wert.

Unseres Wissens sind keine Bücher über Menschen mit *Multipler Persönlichkeitsstörung* geschrieben worden, in denen ein nicht-therapeutischer Autor eine so wichtige Rolle im therapeutischen Prozeß gespielt hat. Besonders in den ersten Jahren unserer Arbeit mit Jenny hatten wir niemanden außer Miss Spencer, der einen objektiven Blick auf die Auswirkungen der therapeutischen Intervention auf Jenny und auch auf uns warf. Ihr Verständnis für allgemeines menschliches Verhalten, ihr erworbenes Wissen über *Multiple Persönlichkeitsstörung* und rituelle Sektenaktivitäten und ihre Einsicht in die Dynamik von Psychotherapie bot uns beratende Hilfe, als unsere Kollegen nicht hilfreich waren. Sie half uns bei der Einschätzung unserer angewandten Methoden. Ihre aufrichtigen Kommentare ermöglichten es uns, aus unseren Irrtümern zu lernen. Ihre positive Verstärkung unserer Bemühungen ließen uns bezüglich Jennys Chancen auf Ganzheit und Gesundheit weiter optimistisch bleiben.

Was Jenny anbelangt, hat sie ihre Wände herabgelassen und ihr Schweigen gebrochen – mutig und zum Nutzen unserer Gesellschaft. Hören Sie Jenny zu, glauben Sie Jenny, und vielleicht ermöglicht es Ihnen, einem Kind zu glauben, das von Mißbrauch erzählt. Vielleicht werden Sie in der Lage sein, ein Kind vor den verheerenden

Folgen zu schützen, die auftreten, wenn der Streß so groß wird, daß der einzige Bewältigungsmechanismus die Schaffung multipler Persönlichkeiten ist.

Rachel Alexander, Ph. D., Psychologin
Karl Alexander, MHDL

Einleitung

Jenny ist die Geschichte von Jenny Walters Harris, die über vierhundert Persönlichkeiten schuf, um abgrundtiefen Kindesmißbrauch und die erzwungene Teilnahme in einer bizarren Teufelssekte zu überleben. Sie handelt von ihrem Aufwachsen auf dem Lande im Südosten der Vereinigten Staaten, wo allein schon die Geburt als ungewünschtes Mädchen ein Freibrief für Ausbeutung war. Es ist die Geschichte ihres Kampfes als erwachsene Frau, unter ihren vielen Persönlichkeiten eine einzige, ungeteilte Identität freizulegen, eine Seele wiederzufinden, die sie unwiederbringlich verloren glaubte.

Mein Eintritt in Jennys Geschichte begann vor über fünf Jahren, als ich zufällig ihre Therapeuten traf, die ich schon einige Jahre kannte. Sie hatten gerade angefangen, mit ihr zu arbeiten, und sie hatte den Wunsch geäußert, ihre Geschichte zu erzählen. Meine Vergangenheit als Kinderkrankenschwester hatte mich Kindesmißbrauch gegenüber sensibilisiert und mir ein grundlegendes Wissen vermittelt, das mir half, die Ursprünge und Mechanismen der multiplen Persönlichkeit zu verstehen. Erfahrungen im Verfassen von Lehrmaterial und Beiträge in Fachzeitschriften hatten mich darauf vorbereitet, diese Arbeit zu übernehmen.

Eine Reihe von Büchern und Filmen hat den Begriff der multiplen Persönlichkeit bekannt gemacht. Von ihnen hatten 1957 *The Three Faces of Eve* und 1973 *Sybil*, und die Filme, die aus ihnen entstanden, mit Abstand den größten Erfolg, wenn es darum ging, die Öffentlichkeit über die *Multiple Persönlichkeitsstörung* zu informieren.

Im Gegensatz zur allgemeinen Öffentlichkeit tat sich die Wissenschaft schwer, akzeptierte nur widerwillig die Realitäten der multiplen Persönlichkeit und erkannte nur widerstrebend das Ausmaß an Mißbrauch, das dieser Krankheit zugrunde liegt. Erst 1980 erlangte die Krankheit den Status einer diagnostischen Kategorie der Geistesstörungen im *Diagnostic and Statistical Manual of Mental Disorders* der

»American Psychiatric Association«. Obwohl in der Fachliteratur gelegentlich Artikel, normalerweise Fallstudien, erschienen sind, widmeten sich erst 1984 Ausgaben der *Psychiatric Annals* und *Psychiatric Clinics of North America* der Diagnose und Behandlung der *Multiplen Persönlichkeitsstörung*. Als mutige, interessierte Therapeuten sich auf innovative Behandlungsmethoden und Forschung einließen, wurden viele Fälle multipler Persönlichkeit diagnostiziert und bekanntgemacht. Mit besserem Verständnis der Krankheit wurde die Definition der Diagnose verfeinert. Überdies bestätigt die erste Konferenz der *International Society for the Study of Multiple Personality and Dissociation* im Jahr 1984 die Ernsthaftigkeit der Aufmerksamkeit, die dieser Krankheit geschenkt wird.

Die vermutete Beziehung zwischen Kindesmißbrauch und der Entwicklung multipler Persönlichkeit hat Bestätigung gefunden. Es häufen sich jetzt Hinweise auf die Teilnahme vieler Kinder an Teufelssekten. Eine Passage aus *The Treatment of Multiple Personality Disorder*, hrsg. von Bennett G. Braun, M. D., veröffentlicht 1986 von der *American Psychiatric Press*, ist besonders relevant:

Einige Einzelheiten, zum Beispiel seit der Kindheit erzwungene Teilnahme an Riten von Satanssekten, eingeschlossen ritueller Sex, Menschenopfer und Kannibalismus, sind dermaßen grauenerregend und überwältigend, daß es der Hilfe ausgebildeten Personals, das 24 Stunden am Tag zur Verfügung steht, bedarf, um Patienten zu helfen, damit umzugehen. Dr. Roberta Sachs und ich haben neun Patienten aus verschiedenen Teilen der Vereinigten Staaten erfolgreich geholfen, die solch schreckliche Erfahrungen gemacht hatten, und ich weiß von noch 50 anderen.

Derartige Belege sollten uns in unserer Selbstzufriedenheit aufrütteln und uns zwingen, einzugestehen, daß Mißbrauch weit verbreitet ist, daß Kinder täglich unter körperlicher, emotionaler und sexueller Grausamkeit leiden. Als nächstes sollten wir von dem frommen Selbstbetrug Abschied nehmen, der uns glauben macht, daß solche Grausamkeit nur Menschen zustößt, die wir nicht kennen. Danach können wir die Selbsttäuschung aufgeben, daß diese Kindheitsereignisse nur wenig Einfluß auf den Lauf der Dinge haben, wenn aus Kindern Erwachsene werden.

Auch wenn wir zustimmen, daß Kindesmißbrauch und ritueller

Mißbrauch weit verbreitet sind, ist es schwer zu begreifen, welchen Eindruck das bei einem einzelnen Menschen hinterläßt. Es würde den Horror zu realistisch machen. Wir wenden eher die Augen ab, als zu erkennen, wie schlimm man ein Kind verletzen kann.

Während der Arbeit zur Vorbereitung dieses Buches wollte ich meine Augen oft abwenden, es galt jedoch den Wahrheitsgehalt der Ereignisse festzustellen, um sicherzugehen, daß ich in meinem Buch nur die Wahrheit übermittele. Und doch entdeckte ich, daß ich die Geschichte nicht verifizieren wollte, um die heimliche Hoffnung aufrecht erhalten zu können, daß ein Kind nicht hatte dermaßen leiden müssen. Ich kam zu dem Schluß, daß die relevante Wahrheit die war, die Jenny wahrnahm. Ohne Beweise konnte ich mich davon überzeugen, daß die Vorstellungskraft eines Kindes gewöhnliche Ereignisse ausschmückte und daß den gewöhnlichen Wechselfällen des Aufwachsens ungewöhnliche Schuld gegeben wurde. Doch ob ich es wollte oder nicht, Beweise tauchten auf.

Während der fünf Forschungsjahre für die Geschichte habe ich ausgiebig Literatur sowie Material und Beobachtungen, die direkt mit Jenny in Bezug standen, gesichtet und unleugbare Beweise entdeckt, die Jennys Erinnerungen bestätigen. Beschriebene Wände eines verlassenen Hauses, eine Narbe auf ihrer Brust, ihre guten Kenntnisse von Gegenden, in denen sie seit ihrer frühen Kindheit nicht mehr war, Schulzeugnisse mit nachlassenden Leistungen, ärztliche Aufzeichnungen von Verletzungen und wiederholte Bestätigungen ihrer Diagnose dienen allesamt der Dokumentation ihrer Geschichte.

Ich habe versucht, Jennys Leben so exakt aufzuzeichnen, wie sie es gelebt hat, oder wie sie sich erinnert, es gelebt zu haben. Ereignisse vor ihrer Geburt sind rekonstruiert und basieren auf Jennys Wahrnehmungen der Handlungen und Motive von Menschen, die in ihrem Leben wichtig waren – Wahrnehmungen, die auf dem basieren, was ihre Mutter und nahe Verwandte ihr erzählten und was sie hörte, wenn diese es anderen erzählten. Grundlage für die Schilderung früher Kindheitsereignisse ist nicht nur, was ihr erzählt wurde, sondern auch ihre Erinnerung, einschließlich ihrer Reaktionen auf bedeutungsvolle und traumatische Geschehnisse. Im Verlauf der intensiven Therapie, gestützt durch Hypnose, erlangte Jenny ihre Erinnerungen zurück. Sie hat bemerkenswerte Detailkenntnis gezeigt. Verstreute Stücke erinnerter Informationen formten sich zu Erfahrungsmustern.

Weil die Geschichte wahr ist, sind einige Namen geändert worden, einschließlich derer von Jenny und ihren Therapeuten, den Alexanders. Details einiger Orte und Ereignisse wurden abgewandelt, um Charaktere unkenntlich zu machen und involvierte Menschen zu schützen. In einigen Fällen repräsentieren Personen in der Geschichte mehr als einen Menschen aus Jennys Leben, und einige Persönlichkeiten haben die Charakterzüge mehrerer, um die Anzahl handhabbar zu gestalten. Mit Ausnahme der primären anderen Persönlichkeit, ich nenne sie Selena, behalten die Persönlichkeiten ihre eigenen Namen.

Die Notwendigkeit, Anonymität zu wahren, hinderte mich, Interviews mit verschiedenen Lehrern, Schulberatern, Ärzten und Geistlichen von Jenny zu machen. Viele Informationen bezüglich ihrer Berührungspunkte mit diesen Menschen standen mir jedoch durch zahlreiche Schulaufzeichnungen, ärztliche Berichte und Dokumente der Gesundheitsbehörde zur Verfügung. Beschreibungen der Handlungen und Meinungen dieser Menschen entspringen den Aussagen in diesen Dokumenten. Direkte Zitate sind gekennzeichnet.

Das Wahren der Anonymität hieß auch, ihre Familie, außer ihren Ehemann und die Kinder, nicht darüber zu informieren, daß sie ihre Geschichte erzählte. Jenny war sehr darum bemüht, daß niemand aus ihrer Familie durch die Erzählung in Mitleidenschaft gezogen werden konnte. Ich respektierte ihre Wünsche, indem ich ihre Kinder nicht in meine Nachforschungen einbezog, sondern mich auf soziale Kontakte mit ihnen beschränkte. Auf unbeabsichtigte Weise erhielt ich von den Kindern Informationen über Jennys Erwachsenenleben. Auf ähnliche Weise lieferten mir Begegnungen mit ihrer Tante in dem Haus, in dem sie als kleines Kind lebte, wichtige Anhaltspunkte zu Jennys Kindheit.

Jennys Mann war bei der Beschaffung von Informationen kooperativ. Bei zahlreichen Anlässen, einschließlich eines langen Wochenendtrips mit Jenny und ihrem Mann, offenbarte er mir seine Sichtweise des Lebens mit Jenny. Bei zwei Gelegenheiten zeichnete ich strukturierte Interviews mit ihm auf.

Die Primärquellen der Informationen waren Jenny und ihre anderen Persönlichkeiten sowie ihre Therapeuten. Ich habe Glück gehabt, daß man mir gestattete – wie ich glaube –, beispiellosen Zugang bei der Enthüllung von Jennys Geschichte zu haben. Meine Arbeit mit Jenny begann, als sie sich erst einen Monat in Therapie befand. Zu jener Zeit erkannte niemand von uns die Komplexität von Jennys Geschichte; weder welche Anforderungen dadurch an die Therapie gestellt wurden, noch welchen Einfluß es auf ihr Leben haben sollte und was es erforderte, darüber zu berichten.

Mit Jennys Genehmigung machten ihre Therapeuten mir alle Aufzeichnungen zugänglich, einhundertfünfzig Stunden Videobänder, Jennys Zeichnungen und Kopien ihres Tagebuchs. Dieses Tagebuch, das viele Jahre vor ihrer Therapie von Jennys verschiedenen Persönlichkeiten geführt und im Verlauf der Therapie fortgesetzt wurde, lieferte bemerkenswerte Einsichten in ihre Erfahrungen und Gefühle. Wo Auszüge ihrer Aufzeichnungen zitiert wurden, habe ich mir die Freiheit genommen, sie bezüglich der Rechtschreibung und Interpunktion zu korrigieren.

In dem Teil der Geschichte, der ihre Therapie umfaßt, werden Gespräche zum größten Teil wortwörtlich wiedergegeben: aus Aufzeichnungen, Protokollen während der Sitzungen, Notizen während Telefonaten mit den Therapeuten oder mit Jenny unmittelbar nach dem Auftreten von Ereignissen. Gespräche im frühen Teil der Geschichte sind rekonstruiert, sie basieren auf meinem Eindruck der mir beschriebenen Ereignisse, und ich habe sie gemäß meiner Beobachtungen im Kontext der Umgebung, in der die Ereignisse geschahen, plaziert.

Meine eigenen Beobachtungen und die reichhaltigen Informationen aus den Aufzeichnungen wurden durch häufige Kontakte mit den Therapeuten sowie Jenny und ihren anderen Persönlichkeiten ergänzt. Wenn ich mich in der Gegend aufhalten konnte, gestatteten mir die Therapeuten und Jenny, während der Therapie anwesend zu sein, häufig setzten sie Marathonsitzungen an, wenn ich dabei sein konnte. Ich reiste mit ihnen an fast alle Orte, die für ihre Erinnerung und ihre Geschichte bedeutsam waren.

Während der fünf Jahre hielt ich mit den Therapeuten telefonischen Kontakt aufrecht: mehrmals in der Woche führte ich Telefonate oder nahm Gespräche an. Dies hielt mich auf dem laufenden mit Jennys Therapiefortschritten, dem Auftauchen »Anderer« und dem Umfang von Erinnerungen. Ich machte ausgiebige Aufzeichnungen, so daß ich zufällig erinnerte Fakten chronologisch plazieren und unglaubliche Geschehnisse während ihrer Enthüllung weiterverfolgen konnte.

Mein Zusammensein mit Jenny auch außerhalb der Therapie schaffte mir eine umfassende Sichtweise ihrer Erfahrungen. Ich verbrachte mit Jenny Tage als Freundin, nicht nur als Schriftstellerin. Beim Zusammenfügen der Geschichte machte ich tiefgehende Erfahrungen. Ich bin erstaunt gewesen, traurig, hatte Angst, war gedemütigt und begeistert. Ich weiß das, weil diese Erfahrungen mich für immer verändert haben. Ich habe mich jedoch nicht zu einem Teil der Geschichte gemacht, weil wichtig ist, was mit Jenny geschah.

Diese Geschichte zu schreiben, wäre ohne Vertrauen nicht möglich gewesen: dem tiefen Vertrauen einer langen Freundschaft mit den Therapeuten und dem zerbrechlichen Vertrauen von Jenny, die allen Grund hatte, niemandem zu trauen. Für dieses Vertrauen bin ich dankbar.

Dankbar bin ich auch für die Unterstützung durch eine liebevolle Familie und Freunde, die an mein Schreiben und an Jennys Geschichte glaubten, bevor auch nur eines bewiesen war. Besonders danke ich Frances Henderson, Jan Jarnagin und Jean Weinhardt für frühe Kommentare und Hilfe, sowie für ihre Ermutigung während des Projekts. Ich danke meiner Agentin, Linda Allen, für ihren Enthusiasmus und ihre Beständigkeit. Ich danke meinem Lektor bei Pocket Books, Paul McCarthy, für seine außergewöhnliche Fähigkeit, die er in diese Arbeit einbrachte, und die aufmerksame Führung, die er mir zuteil werden ließ.

Zu Beginn meiner Bekanntschaft mit Jenny brachte sie besser, als jeder andere es könnte, zum Ausdruck, warum sie die Geschichte erzählt haben wollte. »Als ich klein war«, sagte sie, »und Mama mich verletzte, bedeckte sie die Stellen, und die Narben verheilten so schnell, daß niemand sie sehen konnte. *Ein Buch wird eine Narbe hinterlassen, die die Welt sehen kann.*«

Als ich Jenny kennenlernte, erkannte ich, wie sehr ihre Motivation der Hoffnung entsprang, daß andere Kinder niemals heimlich zu leiden bräuchten. Die Intelligenz und Kreativität, die sie früher einsetzte, ihre Narben zu verheimlichen, finden jetzt ihr Gegenstück in dem Mut, mit dem sie sie enthüllt. Das Wissen um das Ergebnis von Jennys Kampf schaffte Hoffnung für andere Überlebende einer Vergangenheit voller Mißbrauch. Die Betrachtung des Verlaufs ihres Kampfes könnte uns helfen, dem Mißbrauch der Kinder unserer Zukunft Einhalt zu gebieten.

J. S.

San Jose, Kalifornien
April 1989

Die Persönlichkeiten

Die Persönlichkeiten, im Original in alphabetischer Reihenfolge, sind so beschrieben, wie sie bei ihrem ersten Auftreten in der Therapie existierten. Bei einigen sind erstes Erscheinen und Funktion in Klammern angemerkt. Die aufgeführten Persönlichkeiten stellen nur einen Teil der über vierhundert Persönlichkeiten dar, die während der Therapie auftraten.

1. ABBY: 9 Jahre alt, spielte im kleinen Haus nahe der Schule Lehrerin. (Zum Spielen)

2. AMANDA: 17 Jahre alt, eine Hexe, stark, hochnäsig und nicht vertrauenswürdig; hat Kenntnisse über häufigen Mißbrauch in Sekten. (Verleitet zur Rückkehr zur Sekte)

3. AUNT SUE (Tante Sue): 84 Jahre alt, 160 cm, 145 Pfund, braunes Haar – grau durchsetzt, gelähmt; eine alte Jungfer und Vegetarierin; eine Helferin des inneren Selbst, die Sachen aus dem Haus besorgte, wenn Jenny ausgesperrt war, sagte ihr, schlimme Dinge seien Träume. (Zum Schutz gegen den Mißbrauch durch die Mutter)

4. AUTUMN (Herbst): 34 Jahre alt, eine Hexe, die nicht Luzifer gehören wollte. (Zur Ablehnung der Sekte)

5. AYLA: Eine fromme und religiöse junge Frau, die nichts von den erinnerten Vorkommnissen wußte. (Geschaffen Februar 1987, um es Jenny zu ermöglichen, ihre Vergangenheit zu leugnen)

6. BARBARA: 34 Jahre alt, verstand das »Schwarze Buch«, das die Mutter benutzte, um zu beweisen, daß Jenny böse war; starker

deutscher Akzent; stammte aus Deutschland. (Um Jenny vor der Bibel zu schützen)

7. BECKY: 7 Jahre alt, verängstigt und den Tränen nahe; lutschte ihren Daumen; sie war in der Lage zu spielen, wenn sie Angst hatte. (Eine Spielkameradin für Lisa)

8. BLAIR: Häßliche männliche Kreatur, ca. 90 cm groß, mit einem großen entstellten Auge, einer langen Nase und Hörnern; schüchtern und verschämt. (Schützt Jenny vor Häßlichkeit)

9. BOB, JEFF, PHIL und TERRY: Männliche Fragmente, die halfen, Jennys Kinder zu disziplinieren.

10. BRIDGETTE: 18 Jahre alt, kam zur Beerdigung von Großmutter und Mutter. (Um mit den praktischen Aspekten des Todes umzugehen)

11. CHUNK (Klotz): Die Substanz der Mutter, voll rohen Zorns und Furcht; sagte, daß Jenny Satans Brut sei und getötet werden müßte.

12. FLISHA: 28 Jahre alt, kastanienbraunes Haar, kultiviert in Umgang und Kleidung; ausgezeichnete Köchin und aufmerksam gegenüber Kindern; spielte Klavier, hatte einen schönen Sopran und schrieb Gedichte; hatte Spaß an Kunst, Handwerkskünsten, Oper, Symphonie, Museen, Lesen. (Kam im Alter von 2 Jahren, um ein artiges, kleines Mädchen zu sein)

13. GLADYS FAYE: Die Substanz der Mutter; ängstlich und beschämt darüber, dabei versagt zu haben, Jenny zu schützen; leidet unter Kopfschmerzen und Nasenbluten; schämt sich, fett zu sein.

14. HILDA: 34 Jahre alt, wütend, kräftig, zäh und streitsüchtig; zeigte sich Michael, Jennys Ehemann, gegenüber zornig; haßt Abwaschen. (Kam in frühem Alter, um mit Wut umzugehen)

15. JENNY: 34 Jahre alt, die Geburts-Persönlichkeit; lebte im Alter zwischen 7 und 34 in ihren eigenen Welten; gehemmt, ruhig, sanft, ängstlich; hatte die Hände zu Fäusten geballt und bei Angst Ausschlag auf der Brust; allergisch gegen Wolle und Zwiebeln.

16. JUSTIN: 57 Jahre alt, 160 Pfund, braunes Haar mit grau werdenden Schläfen; rauchte Pfeife; ein liebevoller und beschützender Vater für Jenny. (Kam im Alter von 6 Jahren; um ein Vaterbild zu schaffen)

17. KATHY: 34 Jahre alt, 163 cm, 98 Pfund, hübsch mit braunem Haar; mitteilsam und gesellig; benutzte Spiegel, um Jenny morgens beim Ankleiden zu helfen, wenn keine andere Persönlichkeit dabei war. (Als Hilfe, nur schöne Dinge zu sehen)

18. KAYLA: 5 Jahre alt, das verlorene Kind; Jennys innerer Kern, der immer präsent war und alles miterlebte, egal, wer noch anwesend war.

19. KECIA: 8 Jahre alt, saugte am Daumen; hatte Puppe mit Musikbox; ein nettes Kind mit einigen Erinnerungen an die Sekte. (Um eine Kindheit zu haben)

20. LISA: 12 Jahre alt, ein hübsches Kind mit langem Haar und unschuldigem, reizendem Lächeln; liebte es, etwas zu geben; hatte Spaß, Bilder von bunten, sonnigen Tagen zu malen und draußen im Regen zu sitzen; den meisten Erwachsenen gegenüber mißtrauisch. (Kam in sehr frühem Alter, um Jenny das Spielen zu ermöglichen)

21. LOVANN: 12 Jahre alt, kannte Dämonen herbeirufende Riten.

22. MARCIE: 31 Jahre alt, eine zärtliche, liebevolle und entgegenkommende Stubenhockerin, die die Kinder gebar und ihnen eine gute Mutter war; trug konservative Kleidung und wenig oder kein Make-up; verkaufte Avon-Produkte. (Kam im Alter von 2 Jahren; zum Weinen und Lachen)

23. MELISSA: 10 Jahre alt, trug das Gewand bei einer Zeremonie als Teufelsbraut.

24. MIND: Jennys Unbewußtes; hübsch und zierlich, mit langem, seidigem Haar, blauen Augen, weißer Haut und empfindlichen Händen; der Haupthelfer des inneren Selbst oder Zentrums. (Um Jenny vor Erinnerungen und Gefühlen zu schützen)

25. MINDOLINE: Ein mächtiger Dämon ohne Haut, blutigem Fleisch, Hörnern, Pferdefüßen und Haaren auf Gesicht, Brust und Rücken. (Um Selena zu besitzen und sie zu lehren, die Dämonen zu verstehen)

26. NINA: 15 Jahre alt, hübsch und ordentlich; mochte Michael und versorgte ihn. (Kam im Alter von 15; um sich mit Michael zu verabreden und ihn zu heiraten)

27. PAM: 18 Jahre alt, 166 cm, 90 Pfund, blaue Augen, kurzes, blondes Haar; zornig, verbittert, mißtrauisch, unruhig, bei Berührungen verletzt; trank und nahm Drogen; hatte Erinnerungen, fast zu ertrinken, im Badezimmer mißbraucht worden zu sein, und Blut in der Badewanne. (Sich vor dem Gefühl zu schützen, ungeliebt zu sein)

28. PENNY: Kleines Mädchen, kränklich; blieb in der Ecke und versteckte sich; niedergeschlagen, fast katonisch. (Um aus dem Weg zu sein)

29. SANDY: 34 Jahre alt, eine Hexe, groß, mit langem, schwarzem Haar; die einzige, die eine Brille trug und nicht gegen Wolle allergisch war; hatte das Gefühl, an den Teufel verkauft worden zu sein und daß ihre Seele verdammt sei; gut vertraut mit religiösen Schriften und glaubte an Reinkarnation. (Kam im Alter von etwa 5 Jahren; um mit dem Okkulten umzugehen)

30. SELENA: 17 Jahre alt, das primäre Alter ego; 100 Pfund, rotes Haar; wilder, freier, aufbegehrender Teenager, der keine körperlichen Schmerzen kannte; trug enge Pullover, noch engere Jeans und starkes Make-up; eine Prostituierte aus der Drogenszene;

liebte Rock-Musik und sang auf tiefe Country-Art; mochte Fast-Food und Zwiebeln; kaute ununterbrochen Kaugummi. (Kam im Alter von 2 Jahren; um mit körperlichem Schmerz umgehen zu können)

31. DER VATER: Sehr alt; graues Haar und Haut und Hörner; einer der vielen Väter (Priester) in der Sekte. (Um Jenny, das geborene Kind, für den Meister zu beanspruchen)

32. TODD: 6 Jahre alt, stumm; zerbrach Fenster; kämpfte während der verlorenen Jahre gegen jeden in dem kleinen Haus. (Um ein Junge zu sein und geliebt zu werden; um gegen den Mißbrauch aufzubegehren)

33. TOLANDA: 14 Jahre alt; eine Hexe, die Luzifer gehören wollte. (Um die Sekte zu wollen und Anerkennung zu finden)

34. VERA ANN BIRCHAUSEN: Indianer-Teenager, 163 cm, schlank, schwarzes, zu Zöpfen geflochtenes Haar, schwarze Augen; Vater war Indianer; gewalttätig und feindselig; trank Alkohol und nahm Drogen. (Um Billy Joe, den Cousin, der sie vergewaltigte, zu bekämpfen)

35. WAHNOLA: Alter unbekannt, gemein, böse und von den Anderen gefürchtet; sie mißhandelte sich selbst. (Um Jennys Wunsch zu erfüllen, wie ihre Mutter zu sein)

Wer wird es je erfahren?
Wie Tränen im Regen verlorengehen
Und Regen und Tränen in der Zeit,
Sind wir verloren in diesem Traum,
Ein Traum, den wir nicht erinnern können.

Jennys Tagebuch

Prolog

Das früher einmal hübsche, kleine Haus schien schon lange verlassen. Die Farbe, die früher weiß war, hatte jetzt Risse und war grau. Die Scheiben der runden Mansardenfenster waren zerbrochen und mit Lumpen zugestopft. Die zu Bruch gegangene, das Haus umrundende Veranda gebot der Sommersonne keinen Einhalt mehr. Die gewölbte Eingangstür schien eher zu warnen, als willkommen zu heißen.

Das Innere des Hauses war ebenso heruntergekommen wie das Äußere. Die Hartholzdielen waren unter einer Schmutzschicht kaum zu sehen. Die Wände, einige holzverkleidet, andere aus Hartfaserplatten, waren einheitlich schmutzigbraun. Der Schmutz machte Inschriften und Zeichnungen, wahrscheinlich das Werk von Vandalen, fast unkenntlich.

An der Tür zu einem kleinen Schlafzimmer hielt Jenny inne, sträubte sich einzutreten. »Das war mein Zimmer«, sagte sie. »Hier sind schlimme Sachen passiert.« Sie zeigte auf zwei Fenster. »Wenn es regnete, saßen wir hier und weinten. Hier geriet es durcheinander.«

Als wir uns zum Aufbruch vorbereiteten, fielen mir die Inschriften an den Wänden wieder ins Auge – und als ich die Kreidekritzelei einer kindlichen Hand las, ließ es mein Herz erschauern: *Ich muß meinen Mund halten, sonst bekomme ich Ärger.*

Das war nicht das Werk von Vandalen. An fast jeder Wand in jedem Zimmer des kleinen Hauses waren Inschriften. Aber es waren nicht die belanglosen Schmierereien von Vandalen oder die Bekundungen unsterblicher Liebe von Teenagern. Dies waren Sätze eines Kindes, eines Kindes in tiefer Verzweiflung. Die Inschriften hatte Jenny vor über zwanzig Jahren gemacht. Es gab Zeichnungen von Schule-Spielen: Sätze zum Vervollständigen, arithmetische Aufgaben, ein Bild, bei dem Farben benannt wurden, eine Liste zu erledigender Aufgaben. Es gab merkwürdige Gesichter und undeutliche Kreaturen, die jenen glichen, die Jenny erst vor ein paar Monaten in der Praxis der

Therapeuten skizziert hatte. Da stand eine lange Liste mit Namen, viele vertraut, und noch zweimal der bedrückende Refrain: »*Ich muß meinen Mund halten*...«

Der Ort bot keine Anhaltspunkte für besondere Ereignisse. Jenny war mit ihrer Mutter im Alter von zwölf Jahren in das Haus gezogen. Mit vierzehn war Jenny in ein staatliches Krankenhaus eingewiesen worden, unfähig, sich an mehr als Kleinigkeiten der zwei Jahre in dem Haus zu erinnern. Jetzt, viele Jahre später, bedurfte es vieler Therapiestunden, um Ereignisse zu enthüllen, die in jenen verlorenen Jahren dermaßen verdrängt worden waren.

Warum hatte man die Inschriften an den Wänden gelassen? Vielleicht war es ihrer Familie und der Familie, die es kurz darauf in Besitz nahm, gleichgültig. Oder sie waren mit anderen Angelegenheiten zu beschäftigt, um sich Sorgen über die Zeichen an den Wänden der kleinen Wohnstatt zu machen, die ihnen ein Dach über dem Kopf bot. Was auch immer der Grund gewesen sein mag, das Haus hatte nie mehr als den ersten Anstrich bekommen. Jetzt stand es leer und verfiel mit Jennys schweigenden Zeugnissen.

Mit dem Verbot aufzuschreien und der Unfähigkeit, Schmerz und Wut herauszuweinen, richtete Jenny ihre Tränen nach innen und machte sie zu Kristallen, die die Bruchstücke ihres Lebens enthielten. Wie Materie, die unter extremer Temperatur oder Druck zu Kristall wird, reagierte Jenny, den Extremen ihrer Kindheit ausgesetzt, damit, zu einer multiplen Persönlichkeit zu werden.

Zur Zeit der Bewußtseinsspaltung, in sehr früher Kindheit, war diese Lösung außergewöhnlich logisch und effektiv. Das Kind, körperlich verwundbar sowie psychisch unausgereift, konnte mit dem von Erwachsenen begangenen Mißbrauch und den Traumatisierungen nicht umgehen oder ihnen erfolgreich gegenübertreten. So delegierte sie die Erfahrungen mittels einer Art Selbst-Hypnose an andere Persönlichkeiten. Die anderen Selbst erlebten die Ablehnung, den Schmerz, die Angst, den Horror und den Haß. Daraufhin wurde die Existenz dieser anderen Selbst durch fortgesetzte selbsthypnotische Mittel an das Unbewußte verwiesen. Auf diese Art entkam das Kind dem Mißbrauch, der, falls er erlebt worden wäre, zum Wahnsinn hätte führen können. (Zwecks einer Diskussion bezüglich der Theorie des Stellenwerts der Selbst-Hypnose bei multipler Persönlichkeit siehe Bliss, 1986.)

In der Welt der Kindheit, in der sich Phantasie und Realität frei mischen und Zeit eine fließende Angelegenheit ist, konnte Jenny die innere Existenz multipler Selbst und Zeiten der Trance sowie des Gedächtnisverlusts als etwas Alltägliches akzeptieren. Die anderen Selbst schützten Jenny, doch mit dem Älterwerden zahlte sie einen immer höheren Preis für diesen Schutz.

Die einmal geschaffenen anderen Persönlichkeiten hörten nicht auf zu existieren, als das Kind nicht länger bedroht war. Statt dessen wurden sie immer komplexer und fordernder, da jede die zugewiesene Funktion überwachte und darum kämpfte, eine Existenz zu vervollständigen, die vorausbestimmt war, nur partiell zu sein. Jenny, die den anderen Selbst mehr und mehr der jetzt begrenzten Zeit widmete, verlor den Realitätsbezug und die Kontrolle über ihr Leben. Wie ein Künstler war sie außerstande, ein einfaches Selbstporträt zu vollenden, und doch getrieben, mit tausend neuen Leinwänden zu beginnen – ein Bildhauer, getrieben, tausend Steine zu bearbeiten.

Teil I
Dunkle Geheimnisse

Ich, Sandy, durfte mit dem Teufel tanzen
Die Übernahme meines menschlichen Körpers und der
Seele durch Dämonen
Die mich zwingen, gemäß dem Willen des Teufels,
zu sprechen und zu handeln.
Ich bin verdammt für die Hölle. Für immer verloren.
Niemand hilft mir.

Jennys Tagebuch

Kapitel 1

Kalt. Kalt. Lieber Gott, war der Stein kalt – so kalt wie die Kartoffelkiste im Keller, so kalt wie die Welt, wenn du als unerwünschtes Kind geboren wirst. Jenny konnte die Kälte nicht ertragen, nicht noch einmal. Jenny mußte verschwinden. Und als sie fort war, begann das Ritual.

Sandy nahm ihren Platz auf dem Altar ein. Sie zitterte, jedoch nicht wegen der Kälte. Sie hatte Angst. Unter ihrem kleinen nackten Körper spürte sie die rauhe Kühle der Granitplatte. Sie hatte andere auf dem Stein liegen sehen, hatte ihr gedämpftes Stöhnen gehört, das silberne Aufblitzen des Dolches gesehen, das dunkle Schimmern von Blut. Der Altar war für Opfer. Jetzt war sie an der Reihe.

Sie lag still, fügte sich und atmete den rauchigen Geruch des Feuers ein, gemischt mit dem süßlichen medizinischen Geruch von Madonna, das in Schalen neben dem Feuer brannte. Ihr Herz klopfte, als sie sah, wie sich in Kapuzen gekleidete Gestalten näherten. Sie konnte nichts in den Gesichtern lesen, die manchmal im Schatten des Feuerscheins lagen, manchmal im Licht des Vollmonds Konturen annahmen. Ihr Atem wurde flach, als sich eine große Gestalt näherte, ihr abstoßender Ziegenkopf fast ihr Gesicht streifte. Ihr Atem entwich in einem Seufzer, als sie fühlte, wie das warme Öl ihren Körper berührte.

Während der Hohepriester das Öl goß, begannen die anderen leise zu summen: »Cum-ee-she-la, La-she-na, Pen-she-ee-ah, Cum-ee-fa.« Sie wiegten und bewegten sich in wogendem Tanz um den Stein, wirbelten um das verwirrte Kind.

Sandy wußte, daß sie sich nicht bewegen, nicht aufschreien durfte. Zu anderen Zeiten hatte sie gelernt, wenn sie in der Nähe des Altars stand und an Ritualen teilnahm, daß sie warten und es hinnehmen mußte. Sie spürte jetzt die kalte Luft der Nacht, sah den Kreis der Bäume am Rande der Lichtung; Bäume, die jetzt im Spätherbst so nackt waren wie sie selbst. Der Gesang dauerte an. »Cum-ee-shala...« Sie hielt so still, wie die Zeit zu stehen schien.

Als der Hohepriester anfing zu lesen, wurde der Gesang schwächer. Anfangs hatten die Worte den gewöhnlichen Tonfall der Versammlungen. Dann nahmen sie für Sandy eine andere Form der Vertrautheit an, und sie sah, daß der Priester aus einem schwarzen Buch las. Falls Jenny dagewesen wäre, hätte sie gewußt, daß es das gleiche schwarze Buch war, aus dem der Prediger in der Kirche vorlas, und das gleiche schwarze Buch, aus dem ihre Mutter zu Hause las. Viele Male hatte Jenny die Zeilen aus dem Alten Testament gehört.

Nicht gehe ein Bastard in SEIN Reich ein, auch das zehnte Geschlecht gehe von ihm nicht in SEIN Reich ein. (Deuteronomium, 23:2)

Bastardenblut siedelt in Aschdod.
Die Hoffart der Philister rotte ich aus. (Secharja, 9:6)

Jenny hätte noch mehr Angst gehabt, wenn sie die Worte von diesem unheiligen Mann gehört hätte, als sie Angst hatte, wenn ihre Mutter ihr die Worte entgegenschrie. Aber an diesem Ort hörte Jenny die Worte nicht, und Sandy verstand nicht, warum ihr die Worte so vertraut vorkamen.

Nach Abschluß der Lesung legte der Priester seine Hand auf die Stirn des Kindes und intonierte: »Geist der wertlosen Kleinen, erscheine – unterwerfe dich ihm, sei sein Diener.« Noch einmal salbte er sie und hüllte sie dann in weißes Leinen.

Das Kind auf Armeslänge vor sich haltend, stellte er es vor die Menschen. Der Priester überreichte ihnen ihre neueste Eingeweihte und sagte: »Leiden sollen alle Kinder, die zu ihm kommen, denn ihrer ist das Königreich der Hölle.« Die Leute lächelten zufrieden und erwiderten: »Gepriesen sei Satan, denn er ist Herr über alle Dinge. Verdammt sei Gott, denn er ist Herr über nichts.«

Als starke Arme sie vom Altar hoben, fühlte sich Sandy erleichtert, glücklich. Sie hatte einen Vater. Sie wußte, wohin sie gehörte. Sie würde die ihr angeborene Bestimmung erfüllen. Aber sie wußte nicht, daß sie Jenny hindern würde, herauszufinden, daß ihre Mutter, die bald ihren Körper verkaufen würde, bereits ihre Seele verkauft hatte.

Sandy spürte Gefahr, als der Priester sie wieder auf den Altar legte. Er befahl ihr, sich aufzusetzen und aus dem Kelch zu trinken, den er ihr reichte. Dann legte er das Kind hin, und in Vorbereitung der Vervollständigung des Rituals öffnete er die weiße Leinenhülle. Die Droge, die sie getrunken hatte, machte sie benommen. Richtig sah sie die Klinge nie, aber als sie den ersten Dolchstoß spürte, entflohen Sandy sowie Jenny dem kalten, harten Stein.

Selena war nicht sehr überrascht, sich mitten unter den Fremden mit starrendem Blick und bemalten Gesichtern zu entdecken. Sie wußte, daß etwas Schlimmes passieren würde. Es geschah ihr immer wieder. Und der Schmerz und die Scham würde, wo immer sie sich befand, alles allzu vertraut erscheinen lassen. Selena hatte keine Drogen bekommen, die ihre Reaktionen abschwächen sollten. Sie war höchst wachsam. Doch sie spürte nichts, als das Blut zwischen ihren Beinen herabtropfte, das von dem Stich mit dem scharfen Dolch herrührte. Sie schmeckte nicht ihr eigenes Blut, das ihr von dem lächelnden Priester in den Mund geführt wurde. Und sie spürte immer noch nichts, als Männer und Frauen ihre Nacktheit betatschten und mit ihren Händen und merkwürdigen länglichen Gegenständen in sie eindrangen.

Selena wußte, daß die Dinge, die mit ihr geschahen, weh taten, aber sie verspürte keinen körperlichen Schmerz. Sie wußte, daß die Handlungen beschämend waren, aber sie fühlte keinen emotionalen Schmerz. Deswegen war sie gekommen. Sie spürte keinen Schmerz, war sich jedoch voll bewußt, was alles passierte. Sie bemerkte sogar, daß sich Jennys Mutter nicht davon zurückhielt, an dieser sexuellen Einweihung teilzunehmen.

Sobald die Erwachsenen der Peinigung des Kindes überdrüssig waren, wandten sie ihre Aufmerksamkeit, jetzt aufs äußerste erregt, einander zu. In Paaren oder Gruppen entfernten sie sich vom Feuer. Sie tanzten, tranken mehr Wein und mehr von dem Getränk, das Madonna genannt wurde, sie legten ihre schwarzen, wollenen Roben ab, um ihre Körper in einer sinnlichen Raserei des Anfassens, Schauens und Riechens zu verschmelzen.

Die fünf Jahre alte Selena war erschöpft. Sie ließ sich vom Stein hinab, entfernte sich vom Schein des Feuers und kauerte sich in die Ecke der Scheune. Jennys Mutter, die in der lachenden Gruppe verlorengegangen war, würde sie finden, wenn es Zeit war heimzugehen.

In der Sicherheit des Dunkels und im Schutz der Scheune erwachte langsam Jenny. Sie dachte darüber nach, was sie gesehen hatte. Sie hatte die flüchtige Erscheinung zweier Kinder auf dem Altar gesehen. Die Kinder waren ihr vertraut. Sie spürte eine Verwandtschaft mit ihnen, war sich aber nicht bewußt, daß diese Kinder ein Teil von ihr waren. Obgleich beide der Reihe nach in ihrem Körper gelebt hatten, während sie es irgendwie fertig gebracht hatte, ihn zu verlassen, sah sie beide als etwas von sich Getrenntes, unterschiedlich in der Erscheinung und unabhängig im Handeln. Die eine, die ihr ähnlich sah, hatte sie vorher schon viele Male und an vielen Orten gesehen. Es war die, die kam, wenn Schmerzen da waren. Aber das Mädchen mit dem langen, dunklen Haar hatte sie nur an diesem Ort gesehen. Sie erinnerte sich, wann sie das dunkelhaarige Mädchen zum ersten Mal gesehen hatte, und wann sie das erste Mal hierhergekommen war. Es war erst vor sechs Monaten gewesen. Aber im Leben eines Kindes war das eine lange Zeit.

Es war spät am Abend, als das Auto in den Hof fuhr. Jenny war draußen, sie spielte nicht richtig, saß nur draußen im noch warmen Gras. Sie hatte das Auto früher schon gesehen und erwartet, daß ihre Mutter mit dem Auto wegfahren und erst zurückkommen würde, wenn sie schon lange schlief. Aber diesmal war es anders. Sie sprang auf, als sie ihre Mutter sagen hörte: »Steig ein.«

Ohne zu fragen, sogar ohne ihre Mutter anzuschauen, stieg Jenny zu den Erwachsenen in den alten Ford. Sie hörte eine hagere Frau, die sie nie zuvor gesehen hatte, sagen: »Sie ist ein hübsches, kleines Ding.« Jenny schaute zu ihrer Mutter. Ihre Mutter lächelte, und das Kind entspannte sich kurz.

Jenny setzte sich zwischen ihre Mutter und die merkwürdige dünne Frau, sie fühlte die feuchte Wärme zu vieler verschwitzter Körper in einem zu kleinen Raum. Sie schenkte der Unterhaltung der Erwachsenen keine Aufmerksamkeit, gab sich aber Mühe, aus dem Fenster zu schauen, und wünschte sich, etwas Luft auf ihrem Gesicht zu spüren.

Das alte Auto bog beim steinernen Schulhaus ab, aus der asphaltierten Straße wurde ein Kiesweg und schließlich ein Feldweg. Während sie auf das Land fuhren, erhaschte Jenny nur flüchtige Eindrücke. Sie kamen an einigen Häusern mit Gärten und gepflügten Feldern vorbei, aber schon bald waren es nur noch Weiden mit wenigen Kühen und Pferden und offene Felder.

Als sie hielten, standen bereits drei oder vier Autos vor der alten Scheune. Ein rostiger Kleinlastwagen bog gerade in den Hof ein, und Staubwolken auf der Straße kündigten Nachzügler an. Aus Autos und Lastwagen quollen Erwachsene und Kinder. Jenny war froh, aus dem Auto zu sein, draußen die leichte Brise zu spüren und außerhalb der Reichweite der spitzen Ellbogen der hageren Frau zu sein, deren Hände keinen Moment ruhten, wenn sie redete. Jenny hielt sich wie die anderen kleinen Kinder zurück, während die Erwachsenen und älteren Kinder geschäftig wurden.

Drei Männer bemühten sich, eine große Steinplatte von einem Laster zu ziehen, und setzten sie neben ein Feuer in der Mitte der Lichtung auf kleine Steine. Frauen rührten eine Art Flüssigkeit und stellten damit gefüllte Schalen um das Feuer. Menschen eilten in die Scheune und kamen wieder heraus, bis alle in schwarze Roben gekleidet waren, deren Kapuzen ihre Gesichter fast verbargen. Die Aktivität und die Menschen verwirrten Jenny. Es waren Männer und Frauen, Neger und Weiße. Einige hatten ihre Gesichter weiß bemalt und ihre Augen schwarz umrandet.

Jenny schaute sich nach den anderen kleinen Kindern um. Keines lief herbei, um zu sagen: »Laß uns spielen.« Nicht eines sagte wenigstens »Hallo«. Sie entdeckte einige bei den Bäumen, andere saßen nur im Gras, jedes für sich, schweigend. Genau wie sie schienen sich alle zu wünschen, verschwinden zu können. Darüber war Jenny froh. Sie wußte nicht, wie man mit anderen Kindern spielt. Und als sie ins Auto gestiegen war, hatte ihre Mutter ihr zugeflüstert: »Du hältst deinen Mund.« Sie wußte, daß man sie allein ließ.

Auch wenn sie sich bemühte, konnte Jenny nicht dem folgen, was vor sich ging. Sie schnappte Worte auf, Teile des Singsangs, Worte, die sie von ihrer Mutter aus dem schwarzen Buch gehört hatte. Sie beobachtete, wie die Leute sich um das Feuer bewegten, ihre Bewegungen nur vom Licht des Feuers und vom Mond erhellt. Sie konnte mit dem Ganzen nichts anfangen. Sie wurde immer müder. Ihre Augen waren sehr schwer. Unter den in Roben gekleideten Gestalten konnte sie ihre Mutter nicht ausmachen, obwohl sie manchmal glaubte, ihr hartes Lachen gehört zu haben. Sie rollte sich auf dem warmen Boden zusammen, roch das süße Gras und den wilden Klee und ließ ihre Augen zufallen.

Plötzlich war sie auf den Beinen, ihre Aufmerksamkeit auf einen Mann am Feuer gerichtet. »Ihr Kleinen, kommt her«, befahl er. »Sofort!« Kinder tauchten zwischen den Bäumen und Büschen auf, die um die Lichtung standen, und bewegten sich mit ihr auf das Feuer zu. Sie hatten Angst zu gehen, aber noch mehr Angst, dem Mann nicht zu gehorchen.

Als sie nahe genug waren, konnten sie sehen, daß der Mann in einer Hand einen kleinen, sich windenden Hund hatte, in der anderen ein Messer. Die um das Feuer und den Stein versammelten Erwachsenen waren ruhig. Fast zu schnell, um es zu erkennen, blitzte das Messer auf. Der Hund winselte und lag dann bewegungslos auf dem Stein. Der Mann hob den Hund, so daß das aus der durchschnittenen Kehle fließende Blut in eine silberne Schale lief.

Jenny hatte Todesangst. Sie wollte weglaufen. Sie blieb. Sie wollte weinen. Einige weinten. Aber alle blieben still stehen und beobachteten, wie die dunkle, rote Flüssigkeit die kleine Schale füllte. Alle hörten den Mann sagen: »Jetzt wißt ihr, daß ihr den Mund halten müßt. Ihr erzählt niemandem, was ihr seht. Ihr erzählt niemandem, was ihr hört. Ihr schweigt, oder...« Seine Worte erreichten Jenny nicht mehr. Mehr brauchte sie nicht zu hören.

Das verängstigte Kind dachte, die Qual sei ausgestanden. Statt dessen nahm sie zu. Der Mann nahm die silberne Schale und hielt sie an ihren Mund und nacheinander an die Lippen der anderen Kinder. »Trinkt«, sagte er, »und versiegel ihre Lippen, böser Geist.«

Jenny schmeckte die salzige Süße des Blutes, den schrecklichen Geschmack des Tötens, und die Worte »böser Geist« hallten in ihrem Kopf wider. Die Leute würden sie nie wieder hübsch finden. Irgendwie wußten sie schon von ihrer Häßlichkeit. Voller Entsetzen und Niedergeschlagenheit wich sie vor der Schale, dem Feuer und dem Mann, der wußte, daß sie böse war, zurück.

Dies war nicht das erste Mal, daß Jenny flüchten mußte, damit nicht eine schreckliche Begebenheit sie überwältigen konnte. Ohne Anstrengung, sogar ohne sich dessen bewußt zu sein, rief sie die gleiche Fähigkeit ins Leben, die sie benutzt hatte, um sich von Schmerz und Angst zu erlösen, als sie sehr jung war. Durch den Prozeß der Bewußtseinsspaltung löste sie ein separates Bewußtsein aus, eine Art neues Wesen, um etwas zu ertragen, das sie nicht ertragen konnte.

Sandy leckte sich das klebrige Blut von den Lippen, neugierig auf den Geschmack des Tötens. Mit der gleichen Neugier betrachtete sie das Gesicht des Hohepriesters, suchte nach dessen Anerkennung, da sein Befehl zu schweigen noch in der Luft lag. Sie würde gehorchen.

Sie studierte die anderen um das Feuer Stehenden, bemerkte, daß junge Frauen an Ehrenplätzen beim Hohepriester standen. Sie wußte, daß sie noch viel zu lernen hatte, aber sie würde eine von ihnen sein. Mittels eines Akts geteilten Bewußtseins beobachtete Jenny von ihrem sicheren Ort aus, wie die dunkelhaarige Sandy mit den anderen Kindern das Feuer verließ und an ihren Platz im Gras zurückkehrte.

Kapitel 2

Jenny war fünf Jahre alt, als ihre Mutter sie im Frühling mit zu der Versammlung der Sekte nahm. Von diesem Zeitpunkt an, durch den Lauf der Jahreszeiten, zog sich Teufelsanbetung durch ihre Kindheit. Als sie fünf, sechs und sieben Jahre alt war, konnte sie mit ihrer kindlichen Wahrnehmung von Zeit nicht voraussagen, wann sie das nächste Mal zu einer Autofahrt zu einem abgelegenen Feld, einer Scheune oder dem Haus eines Fremden für eine heimliche Zusammenkunft gerufen wurde. Aber die Aufforderungen kamen, und ihre Unterweisung wurde mit einer Regelmäßigkeit fortgesetzt, der sie nicht folgen konnte.

Sie lernte, sich vor der Dämmerung zu fürchten. Sie hatte weder ein Gefühl für den Frieden einer sommerlichen Abenddämmerung und die freudig erwartete Kühle eines Gewitters nach heißen, schwülen Tagen, noch fand sie Gefallen an den sanften, roten Sonnenuntergängen des Herbstes, die den Himmel den sich wandelnden Farben der Blätter anpaßte.

Sandy, deren Existenz von Jennys Schrecken abhing, hieß die Dämmerung freudig willkommen. Sie signalisierte ihr eine weitere Möglichkeit, zu lernen und es Menschen recht zu machen, die ihr helfen konnten, zu werden, wozu sie bestimmt war. Dieses Kind, das keine Kindheit hatte, sondern mit fünf plötzlich zu existieren begann, suchte mit Zielstrebigkeit seine Ausbildung.

Die frühen Jahre in der Sekte waren eine Zeit des Lernens. Von den kleinen Kindern wurde weniger erwartet, an den Riten teilzunehmen, als zu beobachten, zu lernen und niemandem zu erzählen, was sie sahen. Sie sahen sehr viel. Tiere, ältere Kinder und Erwachsene wurden gezwungen, körperliche Torturen des Schneidens und Verbrennens zu ertragen. Die Kleinen mußten stumm zuschauen und manchmal den Trank zu sich nehmen, der ihr Schweigen sicherstellen sollte.

Jenny wünschte sich verzweifelt, ihrer Mutter zu gefallen, und hatte das Gefühl, durch die Teufelsanbetung eine Chance zu haben. Sie sah, daß ihre Mutter unter den Leuten glücklich war, sah, wie sie sich mit dem Gefühl des Dazugehörens bei den Zusammenkünften zwischen ihnen niederließ. Nie hatte Jenny ihre Mutter so ungezwungen gesehen, und wie ihre Mutter wurde sie von der unausgesprochenen Zusage der Aufnahme angezogen. Sie versuchte aufmerksam zu sein, zu tun, was ihr geheißen wurde. Sie kämpfte gegen die Angst, die sie vor diesem Ort hatte, und sie kämpfte darum, erwünscht zu sein, damit ihre Mutter sie lieben und stolz auf sie sein würde.

So ging Jenny zu den Versammlungen, die in der Abenddämmerung begannen, und versteckte sich zwischen den Bäumen oder im Gesträuch, das die Lichtung umgab, oder im Schatten des Hauses oder der Scheune, beobachtete und hoffte, sie könnte lernen, wie sie würdig werden könnte dazuzugehören. Doch jedesmal, wenn die wirklich wichtigen Lektionen kamen und sie mit den anderen kleinen Kindern vor den Altar gerufen wurde, überkam sie fürchterliche Angst, und es war Sandy überlassen, die wertvollen Geheimnisse zu lernen.

Jenny war es, die sich auf den inneren Kreis zubewegte. Die Augen auf die Flammen der schwarzen Kerzen gerichtet, versuchte sie, dem starren Blick des riesigen, einzelnen Auges auf dem schwarzen Vorhang zu entkommen. Aus den Augenwinkeln bekam sie mit, daß Tiere auf den Altar gelegt wurden, sah eine ausgestreckte Hand auf dem Stein oder eine nackte menschliche Gestalt dem Schein des Feuers ausgesetzt. Aber nach dem ersten Töten des Hundes sah sie nie wieder die Klinge ihre Arbeit vollenden.

Es war Sandy, die kühn dort stand und zusah, wie weitere Hunde, dann Katzen, Eichhörnchen, Kaninchen und Ziegen getötet wurden. Sie beobachtete die Amputation von Fingern und Brustwarzen und manchmal von Penissen. Häufig sah sie Blut aus Zeichen rinnen, die in die Brust geschnitten wurden, oder sie sah zu, wie eine Schicht Haut von Armen oder Fußknöcheln abgezogen wurde. Sie hörte aufmerksam zu, was gesagt wurde. Sie hatte ein Gefühl dafür, von wo aus sie das beste Blickfeld hatte, und machte kaum oder keinen Versuch, sich zu widersetzen (als Resultat großer Dosen von Drogen und Alkohol), und ungeduldige Erwachsene und widerstrebende Kinder tranken das Blut und aßen Bissen des Fleisches, das ihnen das Opfer bescherte.

Falls Jenny in dieser Zeit das Gesicht ihrer Mutter gesehen hätte, würde sie den Stolz gesehen haben, den zu sehen sie sich wünschte.

Wie jeder andere auch konnte ihre Mutter sehen, daß Jenny etwas Besonderes war. Von allen Kindern war sie die mutigste und lernte am schnellsten. Gladys Faye Walters war mit Recht stolz auf ihre Tochter.

Gladys Faye selbst hatte in der Sekte keinen besonderen Status. Sie war weder klug noch hübsch, und während man sie als treues Mitglied akzeptierte und wie die anderen durch Hohepriester und Priesterinnen überwachte, hatte sie keine Hoffnung, einen höheren Rang in der Gruppe einnehmen zu können. Ihre Tochter erweckte Hoffnungen bezüglich Schönheit und Intelligenz, und Gladys Faye erkannte, daß sie etwas hatte, das die Sekte wollte. Sie hatte Kontrolle über etwas mit Wert. Als die Sektenmitglieder dieses Kind immer wieder tapfer vor dem Altar stehen sahen und wissend ihre Zustimmung nickten, nahm Gladys Faye ihr Ansehen als Mutter freudig auf.

Jedesmal hatte Jenny das schreckliche Gefühl einer Niederlage. Wieder hatte sie darin versagt, ihrer Mutter zu gefallen. Sie war an einen sicheren Ort geflüchtet und hatte es einer anderen überlassen, Tadel oder Lob entgegenzunehmen. Während andere immer noch Jenny dort stehen sahen, sah Jenny ein großes Kind mit glattem, langem, schwarzem Haar und olivfarbener Haut vor dem Altar. Dieses dunkle Kind hatte kein Interesse an Gladys Fayes Lob. Sandy hatte mit Jennys Mutter nichts zu tun. Es war nicht ihre Mutter, sie hatte keine. Sie hatte nur ihrem Vater, Satan, zu gefallen, und von jenen zu lernen, die ihr halfen, ihm zu Gefallen zu sein.

Sandy lernte die frühen Lektionen gut. Sie lernte die Gesänge wie Kindergarten-Kinder das Alphabet. Sie begann sogar Objekten und Symbolen Bedeutung zu geben – der Dolch stand für Männlichkeit, die Schale für Weiblichkeit und für das mächtige, große Auge, durch das Satan seine Diener beobachtete und zu sich zog.

Mit ihrer auf die äußerlichen Zeichen der Sekte fixierten Aufmerksamkeit war sich die junge Sandy nicht bewußt, daß ihr allmählich eine perverse Logik eingeprägt wurde, die ein fast unzerreißbares Band schaffen würde. Obwohl es nie deutlich und offen ausgedrückt wurde, versprach ihr die Teufelsanbetung eine Erlösung, die auf andere Art unerreichbar war.

Böse kommen nicht in den Himmel. Wer böse ist, wird in die Hölle fahren, einen Ort des Verbrennens, der vom Teufel beherrscht wird. Wer Satan dient, wird in die Hölle kommen, und doch werden sie nicht verbrennen. Sandy stellte ihren Platz in der Sekte nie in Frage.

Jenny kämpfte fortwährend darum, sich ihren Platz zu verdienen. Sie versuchte anderen zu gefallen und über diese ihrer Mutter zu gefallen. Doch war es ihr nicht möglich, mit dem umzugehen, was die Zugehörigkeit erforderte. Als besonders sensibles Kind fühlte sie zutiefst mit, wenn andere verletzt waren oder Angst hatten, und schon lange hatte sie die Toleranzgrenze ihrer Angst und Schmerzen erreicht. Mehr und mehr flüchtete sie an ihre inneren Orte der Sicherheit.

Als man sie rief, ihre Treue zu Satan unwiderruflich zu besiegeln, flüchtete sie ein letztes Mal und hinterließ ihre Stellvertreter. Jenny kehrte nie zur Sekte zurück, aber die Erfahrungen waren unauslöschlich in ihr Gedächtnis gebrannt. Einzig in ihrem Kopf verbanden sich all jene, die diese Erfahrungen für sie gelebt hatten.

Die Kinder, die Satan mit einem Salbungs-Opfer übergeben wurden, betrachtete man als bereit, ihm zu dienen. Sie würden weiter in seinen Diensten lernen, und man erwartete von ihnen zunehmend, daß sie zentrale Rollen bei den Ritualen übernahmen.

Anfangs machte sie alles gut. Sie konnte die Gesänge deklamieren, sich an die Reihenfolge von Dingen erinnern und stand ohne eine Miene zu verziehen am Altar. Doch dann begann man, sie auf den Altar zu legen, um ihr beizubringen, durch Schmerz und sexuelle Unterwerfung zu dienen. Sandy war diesen Herausforderungen nicht gewachsen. Sie hielt keine Schmerzen aus. Zum ersten Mal war sie an den Altar getreten, um das Blutopfer zu schmecken, und war zurückgekehrt, um die Salbung zu empfangen. Als nach dem Gießen des Öls der sexuelle Angriff folgte, floh sie vom Altar und überließ Selena der Erniedrigung und dem Schmerz.

Wieder und wieder entdeckte Selena, daß sie beendete, was Sandy angefangen hatte. Sie roch ihr verbranntes Fleisch, fühlte die Blasen größer werden und schmeckte die salzige Flüssigkeit, wenn sie platzten, während der Mann rasch die Kerze neigte und das Wachs auf ihre gehorsam ausgestreckte Zunge tropfen ließ. Oder sie sah die rohen Stellen, von denen man Fleisch entfernt hat, nachdem Sandy ihre Arme auf den Altar gelegt hatte.

Die Mitglieder der Sekte erkannten nicht, daß andere Persönlichkeiten, andere Kinder auf ihre Befehle reagierten. Sie sahen weder Sandys langes, dunkles Haar noch Selenas zuversichtlichen Gesichtsausdruck. Merkmale, die Jenny, wenn sie die Anderen an ihre Stelle treten sah, deutlich wahrnahm. Die Sektenmitglieder sahen nur ein einziges Kind namens Jenny und waren immer häufiger von ihr beeindruckt. Sie hatten von Anfang an gewußt, daß sie gescheit war. Nun spürten sie, daß Jenny mehr als nur Köpfchen hatte. Sie fingen an zu vermuten, daß sie besondere Fähigkeiten hatte.

Ein Kind wie sie hatten sie bisher noch nie gesehen. Unter den Kindern war sie etwas Besonderes. Sie war für ihr Alter klein, wirkte mit rotblonden Locken, die ein hübsches, rundes Gesicht umrahmten, fast cherubinisch. Ihre schöne Haut bekam im Sommer keine Sommersprossen, sondern einen goldenen Teint. Ihre Haut schien nicht zu vernarben. Verbrennungen und Schnittwunden heilten fast auf der Stelle und hinterließen kaum erkennbare Narben.

Sie war immer sauber, gerade so, als ob sie einer Hutschachtel entstiegen wäre. Sie trug hübsche Kleidchen, Kniestrümpfe und schwarze Schühchen. Sie sah nach etwas Besonderem aus.

Sie hatten nie ein Kind kennengelernt, daß so wenig Ärger machte. Abgesehen vom ersten Mal, als man sie mit zur Versammlung brachte, schien sie nie Angst zu haben. Sie tat, was man ihr sagte, und noch mehr. Manchmal schien es ihr Spaß zu machen. Sie zuckte nie zurück oder schrie vor Schmerzen. Sie schaute nur zu, wenn sie geschnitten oder mit heißem Öl begossen wurde. Sie wandte sich nie von ihnen ab oder heulte ihnen etwas vor.

Sogar mit den ihnen verabreichten, beruhigenden Drogen begehrten die Kinder anfangs auf und blieben verängstigt. Angst hielt sie ruhig. Aber Jenny Walters begehrte nicht auf und hatte keine Angst. Es war, als ob sie sich befahl, still zu sein.

Sie fingen an, Jenny besondere Aufmerksamkeit zu schenken. Der Hohepriester beobachtete sie und bezog sie häufiger als andere Kinder in die Rituale ein. Die Sektenmitglieder ließen sie nicht aus den Augen und redeten über sie. Sie kamen zu dem Schluß, daß dieses Kind wahrscheinlich besondere Kräfte hatte. Es war wichtig, sie früh zu führen und diese Fähigkeiten unter Kontrolle zu halten.

Als sie elf Jahre alt war, hatte Sandy schon die Ehre gehabt, die Schale halten zu dürfen, während andere Kinder die Mixtur aus Drogen und menschlichen Flüssigkeiten trinken mußten. Die Ehrung wurde ihr zuteil, um ihren Schnitt mit dem Dolch zu feiern. Ohne Zögern hatte sie dem Mann ebenso gut Haut von den Fußknöcheln geschnitten, wie es Erwachsene vermochten. Der Priester wußte, daß sie für wichtigere Dinge bereit war. Diese würden während des Hochamtes im Herbst stattfinden.

Der Abend des schwarzen Hochamtes war kühl, fast kalt, und die Feuer schienen die in Roben gekleideten Gestalten anzuziehen. Sandy war eingeladen worden, bei den Erwachsenen zu sitzen und den mit Drogen versetzten Wein mit ihnen zu trinken. Alle Kinder blieben heute abend in der Nähe des Feuers.

Im Verlauf des Abends wurden die Vorbereitungen zu einer speziellen schwarzen Messe fortgesetzt. Der schwarze Vorhang wurde hinter dem schwarz verkleideten Altar aufgehängt. Schwarze Kerzen wurden neben das umgekehrte Kreuz und das immerwachende große Auge gestellt und entzündet. Eine nackte Frau wurde auf den Altar gelegt, und der Hohepriester und die Priesterinnen begaben sich an ihren Platz, um das Ritual zu beginnen.

Die Messingglocke wurde geläutet, und die Leute stimmten ihren Gesang an. Pseudo-Schriften, die Gott beleidigten und Satan priesen, wurden vorgelesen. Der Priester sprach weiter und bot den Leuten die Worte wie individuelle Geschenke an. Die Menschen, bereits unter dem Einfluß von Alkohol und Drogen, gaben die Geschenke im Echo zurück. Die rhythmischen Laute und der Feuerschein wirkten fast betäubend auf sie. Als der Hohepriester am Altar ankam, waren die Leute unterworfen.

Der Hohepriester streichelte Gesicht und Brüste der Frau. Dann injizierte er ihr heimlich eine Droge, die sie noch ruhiger stellte. Er fuhr fort, ihren Körper mit seinen Händen zu erforschen; dabei übertrieb er seine Bewegungen, um von den Zuschauern besser gesehen zu werden. Erst drang er mit der Spitze des Dolches, dann mit seinen Händen in sie ein. Er zog das sinnliche Spiel in die Länge. Er reichte ihr einen symbolischen Phallus, den sie streicheln und in den Mund nehmen sollte, dann präsentierte er ihr seinen eigenen. Sie zeigte weder bei diesen Handlungen noch bei der abschließenden Kopulation Widerstand.

Die Menschen wurden zunehmend erregter. Begierig, mit ihrem Teil des sexuellen Festes beginnen zu können, warteten sie nur noch auf ein Signal des Priesters. Aber der Hohepriester gab sie nicht frei, noch nicht. Er wartete darauf, daß die Priesterinnen ihre Plätze einnahmen, die Hohepriesterin ihm wieder seine Robe umhängte und sich zum Dienen an seine Seite stellte.

Als das Ritual begann, hatte sich Sandy mit den anderen zum Altar begeben. Sie wiederholte die Gesänge und zeigte ihre gewohnte Aufmerksamkeit. Sie beobachtete den Priester beim Vollzug seiner rituellen Handlungen. Doch die meiste Zeit beobachtete sie die Priesterinnen. Von ihnen hatte sie am meisten zu lernen. Für die unterwürfige Frau auf dem Altar hatte sie nur geringes Interesse, und dem Priester, der sich mit ihr bewegte, schaute sie nicht richtig zu.

Sie bemerkte allerdings die zwei Priesterinnen, die auf sie zukamen, erst, als diese direkt vor ihr standen. In ihrer Mitte ließ sie sich ruhig hinter den Altar führen. Sie war es gewohnt, für besondere Unterweisungen ausgesondert zu werden. Sie war bereit zu lernen.

Sandy trank die bittere Flüssigkeit aus dem ihr gereichten Kelch und betrachtete sorgfältig die vor ihr liegende Frau. Sandy kannte nicht viele Mitglieder der Sekte. Und sie hatte auch kein Verlangen, sie kennenzulernen. Sie blieb für sich. Aber diese Frau sah wie die hagere Lady aus, die manchmal mit ihnen im Auto fuhr. Sandy schaute auf sie herab und verspürte etwas Mitleid. Sie wußte nicht warum.

Erwartungsvoll sah Sandy dem Abschluß des Rituals entgegen. Die Drogen zeigten Wirkung. Sie bemühte sich, wach zu bleiben. Sie konnte sich nicht länger auf Einzelheiten konzentrieren. Sie wünschte, daß es bald vorüber wäre.

Die neben ihr stehenden Priesterinnen schienen sich zu verwandeln. Jetzt standen der Hohepriester an einer Seite, die Hohepriesterin an ihrer anderen Seite. Irgendwie war es geschehen, daß Sandy eine schwarze Wollrobe trug, wie die anderen. Sie wußte nicht, woher sie kam, war jedoch dankbar für ihre kratzige Wärme.

Durch den von den Narkotika herbeigeführten Dämmerzustand vernahm sie die Stimme des Hohepriesters. Es bedurfte eines Klopfens, bevor sie erkannte, daß er zu ihr sprach, und eines weiteren, bis sie verstand, was er sagte.

»Töte sie.«

Inmitten der widerlichen Musik in ihrem Kopf traten die Worte vor ihr geistiges Auge. Sie wußte, daß sie gehorchen mußte. In ihrer Hand spürte sie den Griff des vertrauten, kalten Objekts. Sie hob das Messer über ihren Kopf.

Einige Augenblicke vorher hatte sie keine Details erkennen können. Nun nahm sie nichts anderes wahr – rosa Fleisch, geschlossene Augen, ein hübscher Mund, nackte Zehen, gelocktes braunes Haar zwischen weißen Beinen und soviel rosa, rosa Fleisch. Sandy war nicht in der Lage, die Handlung abzuschließen.

Verwirrt drehte sich alles in Selenas Kopf. Das Messer in der Luft haltend stand sie da. Sie schloß die Augen und versuchte, sich klarzu-werden, wo sie sich befand. Wie von jemand anderem geleitet, senkte sich ihr Arm. Sie sah das rosa Fleisch, das weiche Haar, überraschte Anklage aus offenen Augen. Dann sah sie das dunkelrote, warme, fließende Blut. Ein schrecklicher innerer Schrei durchdrang ihren Kopf, um ein Zeichen des Bösen in Jennys Seele zu setzen.

Teil II
Ursprünge

Kleines Mädchen mit zwei
Verliert jemand, den sie liebt,
Verschlossen hinter Türen,
Angst vor der Dunkelheit,
Angst vor den Schmerzen, die warten.

Kleines Mädchen mit fünf,
Des Lebens noch nicht sicher,
Verschlossen hinter Türen,
Angst vor der Dunkelheit,
Angst vor den Schmerzen, die warten.

Kleines Mädchen mit neun,
Schau, wie die Zeit vergeht.
Verschlossen hinter Türen,
Angst vor der Dunkelheit,
Angst vor den Schmerzen, die warten.

Kleines Mädchen mit zwölf
Verliert jetzt langsam den Verstand.
Verschlossen hinter Türen,
Angst vor der Dunkelheit,
Angst vor den Menschen draußen.

Jennys Tagebuch

Kapitel 3

»Ich will es nicht! Ich werde es umbringen!«

Womp! Womp! Mit ihren beiden großen, zu einer festen Faust geballten Händen ließ die rasende Frau ihrem Zorn auf die zaghafte Regung in ihrem sich weitenden Bauch freien Lauf.

Bis jetzt hatte Gladys Faye ihre Schwangerschaft erfolgreich ignorieren können. Natürlich hatte sie es sofort gewußt. Um Himmels willen – sie hatte schließlich schon ein Kind gehabt. Aber das war schon über zehn Jahre her. Sie war damals verheiratet. Ihre Wege hatten sich jedoch getrennt. Sie trug nicht einmal mehr seinen Namen. Sie hatte sich schon lange daran gewöhnt, allein zu leben – sie hatte einen annehmbaren Job in der Weberei, im Haus ihrer Schwester war sie willkommen, sie lebte dort mit ihrem Sohn und erhielt reichlich Beachtung seitens der Männer, mehr als reichlich.

Warum war sie nur so dumm gewesen? Warum hatte sie soviel Pech gehabt? Mit Sicherheit strafte Gott einen für seine Sünden, und für sie bedeutete es ein Leben lang. Sie hätte es gleich loswerden sollen, als ihre Periode das erste Mal ausblieb. Sie hatte sich selbst mit der kindischen Wunschvorstellung eingelullt, daß der dunkelhaarige, stattliche Donald Poehlman sie heiraten würde, sie sogar ein Haus hätten und mit ihrem Sohn, Lloyd, und dem Baby eine richtige Familie sein würden. Gleichzeitig leugnete sie vor sich selbst, sein Kind zu tragen.

Sogar zur Zeit der ersten Bewegungen des Fötus konnte man die Schwangerschaft nicht erkennen. In Anbetracht ihrer beachtlichen Taillenweite war jede Gewichtszunahme unbedeutend. Ihre locker fallenden Baumwolldruck-Kleider verdeckten vor anderen die Wahrheit ebenso, wie sie sie vor sich selbst verbarg.

Gladys Faye war schon immer gewichtig. Als sie klein war, veranlaßte ihr rundes, kleines Gesicht die Leute zu sagen: »Sie wäre ein so hübsches Kind, wenn...« Als sie drei war und aus dem runden, plumpen Baby ein vierschrötiges, molliges Kleinkind geworden war, bekam sie von ihrem Onkel Cleatus den Spitznamen Chunky (Klötz-chen). Der Spitzname blieb, und als sie erwachsen wurde, ging Fami-lienmitgliedern Chunk (Klotz) oder Chunky ebenso leicht über die Zunge wie ihr richtiger Vorname.

Jetzt haßte sie den dummen, fetten Spitznamen und sie haßte ihr Aussehen. Sie war wütend auf sich: Wie konnte sie auch nur daran denken, daß Don eine fette, häßliche Zweiunddreißigjährige heiraten würde. Sie würde mit seinem unehelichen Kind sitzenbleiben, weil sie nicht schlank und hübsch war.

»Ich muß es loswerden, Mama. Ich will's nicht. Ich halt's nicht aus«, flehte sie und starrte hilflos auf den gepflegten grauen Haarkno-ten, den einzigen sichtbaren Teil des gebeugten Kopfes ihrer Mutter. Die ältere Frau bewegte sich ruhig weiter in ihrem Schaukelstuhl. Als sie darüber nachdachte, wie junge Menschen sich heutzutage aufführ-ten, achtete sie darauf, daß man ihr Lächeln nicht sehen konnte. Also wirklich! Es war ihr nie auch nur in den Sinn gekommen, darüber nachzudenken, ob sie ihre Babys haben wollte. Man kriegte Babys, wann und falls Gott sie dir gab. Sie hatte ja auch alle groß gezogen, außer Claudette, die eine Lungenentzündung bekam, als sie erst drei Wochen alt war. Sicher konnte Gladys Faye zwei Kleine aufziehen, wenn sie selbst doch zehn gut geschafft hatte.

Es hatte auch keinen Sinn, sich darüber aufzuregen, daß man nicht verheiratet war. Es gab bereits zwei Enkel ohne Väter, deren Namen sie hätten annehmen können. Der Name Walters war für sie schon in Ordnung. Soweit sie es beurteilen konnte, guckte kein Familienmit-glied hochnäsig auf sie herab. Auf jeden Fall hatten sie nicht die Frechheit, es vor ihren Augen zu tun. Der Name Walters würde auch für dieses Baby gut genug sein.

Wie Gott es geplant hatte, würde Gladys Faye das Baby bekommen. Alles andere war unvorstellbar, eine Sünde gegen Gott, gegen die Ge-bote. Gladys Faye wußte das. Sie war immer so reizbar, wurde bei der kleinsten Sache gleich hysterisch. Wenn das Baby erst mal da war, würde sie gleich ruhiger werden und es lieben – wie jede Mutter.

Das alternde Familienoberhaupt schaute auf, streckte hilfreich die Hände aus und sagte beschwichtigend: »Wir stehen das zusammen durch, Chunky, Liebling. Beruhige dich doch.« Als Gladys Faye sich zu Füßen ihrer Mutter niederließ, erinnerte die kleine Frau ihre Toch-ter ruhig und langsam an die Wahrheiten, die sie wiederholte Male in der New Hope Church bei den Baptisten gelernt hatte.

Gladys Faye hatte fast soviel Angst davor, ihrer Mutter zu mißfallen wie eine schwere Sünde zu begehen. Doch wenn sich das Baby in ihr bewegte, überkam sie das Verlangen, es loszuwerden. Jede Bewegung erinnerte sie an den Mann, der sie benutzt und dann sitzengelassen hatte. Und es erneuerte ihre Wut auf sich selbst, weil sie es hatte geschehen lassen, wo sie doch mehr als alt genug war, es besser zu wissen. Im Verlauf der Schwangerschaft nagte der Ärger unerbittlich an ihr.

Gladys Faye hielt die Luft an und stürzte das Glas öliger Flüssigkeit hinunter. Der strenge Geruch des Terpentins ließ sie fast würgen, aber sie trank die ganze Dosis. Innerhalb weniger Augenblicke hatte Gladys Faye das Gefühl, todkrank zu sein. Sie wurde bleich, und kalter Schweiß brach ihr aus. Aber die Wellen der Übelkeit, des Übergebens und der krampfartige Durchfall konnten den sich entwickelnden Fötus nicht austreiben. Dem ungeborenen Kind wurde jedoch mittels einer Art viszeraler Sprache angekündigt, daß die Welt für alle Zeit feindselig gesinnt sein würde.

So verzweifelt Gladys Faye auch versucht hatte, das ungewünschte Kind loszuwerden, sie hatte nicht die Absicht, sich noch einmal so krank zu machen. Sie fand sich damit ab, das Baby zu kriegen.

Mit dem Heranrücken der Geburt wurde sie krank und fühlte sich zunehmend unwohler. Sie hatte entschieden zuviel zugenommen. Ihre Füße und Knöchel schwollen an den heißen, feuchten Nachmittagen unbarmherzig an. Aber am schlimmsten waren die wütenden Kopfschmerzen, die sie zwei- oder dreimal in der Woche überfielen. Sie schleppte sich herum, sah bleich und aufgedunsen aus und gab schließlich den Job auf, um die meiste Zeit im Bett zu verbringen. Die Bettruhe trug nicht dazu bei, ihren steigenden Blutdruck zu senken. In den letzten Monaten mußte sie vier- oder fünfmal ins Krankenhaus, um ihn durch Spritzen unter Kontrolle zu bringen.

Wie Gladys Faye war die ganze Familie erleichtert, als schließlich die Wehen einsetzten. Etwa zwanzig Stunden später, am 30. Oktober, der ein warmer Herbsttag werden sollte, um 0.04 Uhr wurde sie von einem gesunden, sechs Pfund schweren Mädchen entbunden.

Im Krankenhaus war niemand überrascht, daß Frau Walters nur geringes Interesse an ihrem Neugeborenen zeigte. Sie war gewiß von ihrer anstrengenden Schwangerschaft und den langen Wehen erschöpft. Deshalb kümmerten sich die Schwestern um das Baby, während seine Mutter die dringend benötigte Ruhe und Aufmerksamkeit genoß.

Die Familie schien Gladys Fayes Gleichgültigkeit nicht zu bemerken. Sie waren froh, ein Baby im Haus zu haben. Mamie hatte nie Kinder gehabt, war nie verheiratet gewesen, aber war doch stolz, die Tante der beachtlichen Nachkommenschaft des Walters-Clans zu sein.

Wenn die Familie knapp bei Kasse war, eine Unterkunft brauchte oder für ein paar Tage einen Babysitter wollte oder einfach einen Rat, wandte sie sich an Mamie. Nachdem Papa so jung gestorben war – ein Herzschlag, als er erst dreiundvierzig war –, wäre Mamaw fast daran zerbrochen. Ganz natürlich war die alte Jungfer Mamie als älteste Schwester zur zentralen Figur geworden, um die sich alles Tun und Handeln der Familie drehte.

Mamie pflegte den Garten und hielt das hübsche, zweistöckige, weiße Haus mit Dachfenstern und einer Räucherkammer in Schuß. Sie hatte das Haus im Sommer 1949 bauen lassen, als die Kriegsverknappungen kein so großes Problem mehr waren. Das Haus war gerade soweit außerhalb der Ortschaft, daß es friedlich lag und wiederum so nah, daß sie leicht ihren Job, die zweite Schicht in der Weberei, erreichen konnte.

Das Haus schien sich ausdehnen zu können, so daß immer jedem Familienmitglied ein Schlafplatz zur Verfügung stand und etwas zu essen übrig war. Die Brüder mit ihren Frauen und die Schwestern mit ihren Ehemännern kamen häufig Samstagnachmittag oder sonntags nach der Kirche mit den Kindern vorbei. Sie blieben zum Essen, und es gab Schinken und Fischsauce und frischen Kohl oder weißen Mais oder Kartoffelpüree mit frischen Tomaten aus dem Garten, und einige kamen auf einen Schwatz mit Mamaw. Auch gab es in Hülle und Fülle Tanten, Onkel und angeheiratete sowie blutsverwandte Cousins und Cousinen, die oft vorbeikamen und den Kontakt aufrecht erhielten.

Mit dem neuen Baby auf dem Arm war Mamaw in ihrem Element. Als die Familie kam, den neuen Ankömmling zu sehen, war Gladys Faye von dem Lob, den Geschenken und Aufmerksamkeiten, mit denen sie überschüttet wurde, entzückt. Sie mochte sogar den Namen, Jenny Lynn, auf dem ihre Mutter für das rosa, hübsche, perfekte Baby bestanden hatte.

Gladys Faye rief Donald Poehlman an. Wenn er dieses schöne Baby sah, würde er die Dinge vielleicht anders sehen. Am Sonntag nach

Thanksgiving Day, Jenny war etwa sechs Wochen alt, kam er zu Besuch. Als er seine Tochter aus den Armen ihrer Großmutter nahm, erkannte er sich in ihren strahlenden Augen wieder. Ihre zerbrechliche Schönheit stand im Gegensatz zu seinen dunklen Zügen, und doch wußte er, daß sie die makellose Haut und die feinen Locken von ihm hatte.

Wortlos folgte Gladys Faye ihm und dem Baby ins Wohnzimmer und setzte sich auf sein Zeichen neben ihn auf das verschlissene Duncan Phyfe-Sofa. »Faye«, sagte er, »sie ist wirklich hübsch, aber das ändert nichts. Ich kann dich nicht heiraten. Du weißt das genauso gut wie ich. Aber ich will ihr nicht unrecht tun. Am ersten jeden Monats schicke ich dir etwas.«

Gladys Faye wußte, daß sie sich geschlagen geben mußte. »Komm nie wieder hier her«, sagte sie ihm. Ohne ein Wort stand Jennys Vater auf. Er mied Gladys Fayes Augen, ging mit dem kleinen Bündel zum Schaukelstuhl am Küchenherd und legte Jenny wieder in die Arme ihrer Großmutter. Stundenlang saß die alte Frau dort, schaukelte und sang ihr etwas vor; Jenny fühlte sich in der Wärme geborgen.

Obgleich die Schecks jeden Monat regelmäßig eingelöst wurden, sprach Gladys Faye nie wieder ein Wort mit Donald Poehlman. Und er sah seine Tochter nie wieder.

Wie selbstverständlich übernahm die Großmutter Jennys Pflege, und sowohl die alte Frau als auch das Baby fühlten sich wohl. Als Gladys Faye sich von der Geburt erholt hatte, war es schon etwas Alltägliches. Mamaw badete das Baby, wechselte die Windeln und gab ihm die Flasche, oft trug sie die Kleine in die Sonne und die frische Luft im Hof. Gladys Faye nahm ihren Job in der Weberei wieder auf. An jedem Zahltag kaufte sie ihrem Baby ein Kleidungsstück. Sie nickte und lächelte, wenn ihr jemand aus der Familie oder beim Kirchgang sagte: »Du kümmerst dich wirklich um Jenny. Du ziehst sie an wie ein Püppchen.«

Und doch wuchs Gladys Fayes Verstimmung gegenüber dem Baby. Eifersüchtig auf die Zuneigung, die Mamaw und andere dem Baby entgegenbrachten, hielt Gladys Faye sich mit Zuwendung zurück.

Eines Tages, Jenny war etwa fünf Monate alt, wollte Gladys Faye sie aus dem Bettchen holen. Das Baby war total durchnäßt, und sie fing an, die Windeln zu wechseln. Jenny entwand sich ihrer Mutter und die Windelnadel drang in ihr weiches Fleisch. »Sei still, du dummes, kleines Balg«, brummte Gladys Faye, als Jenny ihren Protest heraus-schrie. Dann drückte sie ihre Tochter an sich und flüsterte: »Es tut mir leid, Baby. Ich liebe dich.«

Einige Tage später nahm sie Jenny mit zum Juwelier und ließ ihr die Ohren für winzige kleine Ohrringe durchstechen. Ein paar Monate später kaufte Gladys Faye ihr einen Babyring mit zierlich eingravier-ten Rosen und ein dazu passendes kleines Armband. Gladys Faye hatte dem Baby wieder weh getan, aber die hübschen Sachen machten das ja wieder gut.

Jennys erstes Lächeln galt ihrer Großmutter. Sobald sie alt genug war, sie zu erkennen, beruhigte Jenny sich immer, wenn sie die gol-dene Brille und das weiche, graue Haar sah.

Mamaw liebte das Kind abgöttisch, und die wenigen Male, wenn das Kind krank war, geriet sie vollkommen außer sich. Als sich kurz vor Jennys erstem Geburtstag eine Erkältung zu einer Lungenentzün-dung entwickelte, baute Mamaw aus ihren guten Steppdecken ein Dampfzelt über ihren Schaukelstuhl. Tagelang saß sie dort mit dem Baby, tröstete es und hielt es aufrecht, um ihm das Atmen zu erleich-tern. Mamaw würde kein weiteres Baby wegen einer Lungenentzün-dung verlieren.

Als Jenny gesund war, fing Mamaw an, für sie zu nähen, und nahm auch ihr Steppen wieder auf. Die von ihr genähten Kleidchen und Spielhosen ließen die gekauften armselig aussehen. Sie verwendete hauptsächlich blaue Stoffe. Die brachten Jennys Augenfarbe zur Gel-tung. Alle paar Wochen kaufte auch Gladys Faye noch neue Sachen. Auch sie begann sich auf Blautöne zu verlegen.

Als Mamaw einmal im oberen Schlafzimmer ein kleines Gingham-Kleid nähte, tapste die fast zweijährige Jenny herum und beschäftigte sich mit Spielsachen. Jenny sah die Tasse auf der Armlehne des Stuhls. »Wa-wa«, freute sie sich und nahm einen Schluck, bevor Ma-maw sie davon abhalten konnte. Mamaw konnte nicht anders, als über das furchtbar verzogene Gesicht und das Spucken und Verspritzen zu lachen. Jenny hatte Mamaws Schnupftabakstasse in die Hände ge-kriegt. Hätte sie es nicht ausgespuckt, wäre ihr übel geworden.

Mamaw nahm sie in die Arme und gab ihr ein richtiges Glas Wasser. Fast hätte Mamaw aufgehört, Tabak zu schnupfen. Und Jenny vergaß diesen Geschmack niemals. Wenn sie Jahre später an ihre Mamaw und die blauen Kleider dachte, probierte sie ein wenig Schnupftabak.

Noch im selben Monat war Mamaw tot. Als Jenny eines Nachmittags ein Nickerchen machte, ging sie in den Garten, um Bohnen zu pflücken. Ohne jede Warnung traf sie ein Herzschlag.

Als ihre Mutter in dem kleinen, sauberen Wohnzimmer aufgebahrt lag, hob Gladys Faye Jenny zu dem Sarg auf. »Sag Mamaw bye-bye, Baby.« Gladys Faye würgte. »Wir werden sie nie wiedersehen.«

Jenny sah die Brille mit der Goldfassung, das graue Haar und streckte ihre kleinen Hände nach ihrer geliebten Mamaw aus. Sie berührte Mamaws Arme und spürte die entsetzliche Kälte.

Kapitel 4

Der Tod ihrer Mutter hatte tiefgreifende Auswirkungen auf Gladys Faye. Ihre normalerweise labile Stimmungslage stabilisierte sich zu einer langen und tiefen Depression. Sie bewegte sich wie benommen und war sich manchmal kaum ihrer Umgebung bewußt. Ihre Blumendruckkleider, der hellrote Lippenstift und die rot gepuderten Wangen standen clownhaft in Kontrast zu ihrem verdrießlichen Gesicht und ihrem stummen Dasein.

Die Familie wußte, wie sehr Chunk trauerte. Alle vermißten Mamaw, aber Chunk hatte ihr am nächsten gestanden. Sie würde halt mehr Zeit brauchen, um darüber hinwegzukommen. Alle wußten, wie zartbesaitet Chunk war. Vielleicht gab sie sich die Schuld; vielleicht dachte sie, daß die Betreuung des Babys zuviel für Mamaw gewesen war. Eines war sicher: Irgend etwas nagte an ihr.

Gladys Faye gab die Arbeit in der Weberei auf, blieb zu Hause und nutzte die wenige gebliebene Energie für die Versorgung von Jenny. Sie verbrachte viel Zeit im Bett. Die Kopfschmerzen plagten sie immer noch, wenn auch nicht mehr so oft wie während der Schwangerschaft. Sie hatte wenig Geduld und war leicht erregbar.

Gladys Faye ließ das Baby zuviel weinen, nahm sie kaum auf den Arm und spielte nicht mit ihr. Aber Mamie fand Entschuldigungen für sie. Chunk trauerte, und das Baby war gereizt, weil Mamaw es verzogen hatte. Aber sie hatte ihre eigenen Probleme, ihr eigenes Leben. Chunk sollte sich glücklich schätzen, daß sie Mamaw so lange gehabt hatte. Ihr war ja nichts Besseres eingefallen, als das Baby zu bekommen. Jetzt mußte sie es eben aufziehen.

Immer häufiger mußte Gladys Faye dem Kind weh tun. Sie ließ das Baby naß und frierend im Bettchen, und wenn sie endlich kam, schrie sie es an, weil es sich naß gemacht hatte. Anfangs genügte es, die Bestrafung mit den Windelnadeln abzuschließen. Dann fügte sie dem Mißbrauch eine weitere Nuance hinzu.

Das Kind mußte etwas über Männer lernen. Um ihr diese Lektion erteilen zu können, mußte Jenny in ihrem Gitterbettchen sein. Mit Entschiedenheit erklärte Gladys Faye, für jedermann klar verständlich: »Alle Männer sind gleich – schlecht. Sie wollen dir nur weh tun. Und wenn sie es tun, fühlt es sich so an.« Wieder und wieder schlug Gladys Faye den Schneebesen zwischen Jennys ausgestreckte Beine.

Zerschnitten, braun und blau geschlagen und blutend schrie Jenny vor Schmerz und Entsetzen. Gladys Faye ließ ihrer Wut jetzt freien Lauf: »Du niederträchtiger Bastard.« Sie füllte zuerst die Vagina, dann das Rektum des Kindes mit Eiswasser aus dem am Fußende des Bettchens hängenden Einlauf-Beutel.

Plötzlich war Jenny vor Verletzungen geschützt. Fast zwei Jahre hatte das Kind die Peinigung erdulden müssen. Als ihr Leiden unerträglich wurde, fand sie Erleichterung. Selena lag im Bettchen und fühlte nichts, als das blutgetränkte Wasser aus ihrem kleinen Körper lief. Das kalte Wasser kontrollierte die Blutung. Jenny kontrollierte den Schmerz.

Gladys Faye beruhigte sich fast so schnell wie das Kind. Sie säuberte das Bett, wickelte das Kind, wobei sie leise sang: »Ich liebe dich, Baby. Es tut mir leid«, und ließ darauf Jenny, wie gewöhnlich, allein.

Solange Mamaw mit ihr und den Kindern in Mamies Haus gelebt hatte, konnte Gladys Faye kommen und gehen, wie es ihr gefiel. Jetzt, da Mamaw tot war, war sie in ihren Gewohnheiten durch das Baby stark eingeschränkt. Für kurze Zeit paßte Mamie schon mal auf Jenny auf, machte jedoch klar, daß nicht sie die Verantwortung trug. Morgens, wenn die anderen noch im Haus waren, hielt Gladys Faye es aus. Wenn aber Lloyd, ihr zwölfjähriger Sohn, nachmittags noch in der Schule war und Mamie zur Arbeit ging, fühlte Gladys Faye sich wie eingesperrt.

Als sie an einem Freitagnachmittag mit Jenny allein im Haus war, nahm Gladys Faye sie mit in den Keller, um dort im Kühlen die Erbsen für das Abendessen zu schälen. Die Hände mit den Erbsen beschäftigt, fielen Gladys Fayes Augen auf zwei große Kisten auf dem Sims.

Die Kisten hatten dort schon so lange gestanden, daß sie sie kaum noch bemerkte. Sie waren etwa 120 cm im Quadrat und etwas weniger als 60 cm hoch. Hergestellt waren die Kisten aus zwei mal sechs Zoll starken, rauhen Holzlatten. Sie standen auf Hohlziegeln, um die Luft über dem roten Lehmboden zirkulieren lassen zu können. Die Holzkisten, vom Alter grau und von erdigem Geruch durchdrungen, hielten den Kartoffelvorrat noch immer Jahr für Jahr trocken und kühl. Da die Kartoffelernte kurz bevorstand, waren die Kisten bis auf ein paar Süßkartoffeln und Äpfel leer.

Methodisch beendete Gladys Faye ihre Arbeit mit den Erbsen. Dann nahm sie Jenny ohne große Vorankündigung hoch, trug sie zum Sims und ließ sie in eine der Kisten hinab. »Sei still«, sagte Gladys Faye und ließ den schweren Holzdeckel zufallen.

Jenny kreischte vor Todesangst, kratzte an der Kiste und langte mit ihren Händen nach den Lichtstreifen zwischen den Latten. Gladys Faye lächelte, als sie bemerkte, wie gut die dicken Bretter die kleine Stimme dämpften. Sie stieg die Treppe hinauf, setzte die Erbsen für das Abendessen auf kleine Flamme, legte ihr Make-up auf und nutzte ihre wiedererlangte Freiheit, um in die Stadt zu gehen.

Aus Jennys anfänglicher Panik wurde eine anhaltende Hysterie. Sie schrie und kratzte so lange an der Kiste, bis ihre kleinen Finger bluteten. Schließlich war sie entkräftet, kalt und naß, sie stieß kleine Schluchzer aus und rollte sich in der Dunkelheit zusammen, bis der Schlaf sie überkam.

Als Jenny aufwachte, fühlte sie in der zu kleinen Kiste weder das Brennen ihrer wunden Finger noch die Muskelkrämpfe. Selena war gekommen, um die Schmerzen zu übernehmen.

Gladys Faye achtete darauf, zurück zu sein, bevor Lloyd aus der Schule kam. Sie machte Jenny sauber, tat Salbe auf ihre Hände und hatte sie ins Bett gebracht, bevor Mamie von der Arbeit kam.

Nachdem ihre Wut ein Ventil gefunden hatte, stand Gladys Faye, ohne Mamaws mäßigende Gegenwart, dem Ausbruch hilflos gegenüber. Sie schaffte es nur, ihn soweit einzudämmen, wie es nötig war, um ihre gewalttätigen Handlungen an dem Kind zu verbergen.

Die Situation stellte ein beunruhigendes Paradox dar. Gladys Faye muß eine allgemeine Spannungserleichterung erlebt haben, wenn sie der einschränkenden Kinderpflege entkam, und eine spezifische Erleichterung, wenn sie Sachen machte, die Jenny weh taten. Und doch wußte sie, daß es unrecht war, ein unschuldiges Kind zu verletzen. Sie mußte diesen Konflikt irgendwie lösen. Gladys Faye schaffte es, indem sie Logik in ihre ungeordneten Gedanken brachte.

Angesichts der Zeiten und ihrer Kindheit in den streng religiösen Südstaaten mußte Gladys Faye ihre Probleme – schlechter Gesundheitszustand, Einschränkungen in ihrem Leben, der Verlust der Mutter, Ablehnung – mit ihrer offenkundigen Sünde der Unkeuschheit assoziieren. Um ihre Schuld und den damit verbundenen Selbsthaß zu lindern, klang es plausibel, dem wachsenden, beständigen Beweis ihrer Sünde die Schuld zuzuschieben. Mit dieser Logik wurde der Bastard Jenny für Gladys Faye zu dem bösen Kind, das ständige Disziplinierung erforderte und wiederholte Bestrafung verdiente.

Während dieser Zeit des Umbruchs für Gladys Faye – die anhaltende Trauer über den Tod ihrer Mutter und ihre nachlassende Fähigkeit, mit ihrem Kind umzugehen – sah ihre Familie hilflos zu, wie sie tiefer in die Verzweiflung sank. Nur ihre Cousine, Rose, und deren Ehemann, Billy Joe, boten ihr eine Lösung an. Die Zeit war reif, Gladys Faye mit zu einem Treffen der Sekte von Teufelsanbetern zu nehmen. Anfangs sträubte sich Gladys Faye mitzugehen. Billy Joe hatte schon in der Vergangenheit versucht, sie zum Mitkommen zu bewegen, aber sie hatte kein Interesse gehabt. Jetzt hatte sie nicht die Kraft, sie abzuweisen, als sie versuchten, sie zu beschwatzen: »Ach, komm doch mit, Chunk. Es wird dir gut tun.« Na ja, es war eine Gelegenheit, mal aus dem Haus zu kommen.

Gladys Faye fühlte sich unverzüglich mit der Sekte verbunden. Sie mochte die Art, wie man sie ohne Umschweife akzeptierte, den Wein mit ihr teilte und sie in ihren inneren Kreis aufnahm. Hier gab es eine Zuflucht für eine Sünderin wie sie, hier brauchte man nicht um Vergebung zu bitten und brauchte keine Angst vor Bestrafung zu haben. Ihr Bastard-Kind würde man als echte Brut des Satans willkommen heißen. Und Gladys Faye würde man als seine ergebene Dienerin schätzen. Die Sekte gab Gladys Faye eine groteske Bestätigung der Notwendigkeit ihrer Handlungen gegen das Kind. Dieserart bestätigt, nahmen ihre Übergriffe zu. Was sie bei den dunklen Treffen lernte, brachte sie Jenny mit nach Hause, und sie freute sich auf die Zeit, wenn Jenny ihre Lektionen lernen würde. Durch den Einfluß der Sekte wurde der Mißbrauch bösartiger und nahm die Realität des Teufels an. Gladys Faye kombinierte ihre christlichen Lehren mit satanischen und wandte sie alle gegen Jenny.

Gladys Faye befahl dem Kind, sich hinzusetzen, und gab ihr den Befehl, still zu bleiben, während sie aus der Bibel las. Jennys Angst eskalierte mit dem sich ändernden Timbre der Stimme ihrer Mutter, bis Gladys Faye ihr zum Schluß die verdammenden Worte entgegenschrie, »Bastard-Satansbrut«, und die große schwarze Bibel nach dem

Kind warf. Wenn es Jenny nicht möglich war, still zu bleiben, wurde sie für eine weitere Lesung an den Stuhl gefesselt.

Nachdem sie die Lektionen beendet hatte, fesselte Gladys Faye Jenny oft an ihren roten Schaukelstuhl. Gladys Faye mahnte Jenny ruhig zu sein, mit Drohungen wie: »Der Teufel wird dich holen, wenn du deinen Mund nicht hältst«, oder: »Ich schneide dir die Zunge raus, wenn du es weiter erzählst.« Dann las Gladys Faye Jenny aus dem schwarzen Buch vor, so daß Jenny verstand, was es hieß, ein Bastard zu sein. Wenn Jenny den angsterregenden Lektionen nicht mehr zuhören konnte, kam Barbara, um sich die Lesungen anzuhören.

Gladys Faye schien von Sachen, die mit Urin und Einnässen zu tun hatten, besessen zu sein. Als sie meinte, Jenny sei alt genug, um auf das Töpfchen zu gehen, begann sie sie zu schlagen, wenn sie in die Hose gemacht hatte. Jenny versuchte, trocken zu bleiben, aber es war schwer, wenn sie in der Kiste war oder ihre Mutter sie zwang, stundenlang draußen zu bleiben.

Als Schläge nicht halfen, dem Kind abzugewöhnen, sich naß zu machen, griff Gladys Faye auf andere Mittel zurück, es Jenny zu lehren: Sie drückte den Kopf des Kindes in die Toilette. Jenny fürchtete sich, ins Badezimmer zu gehen, und war noch weniger in der Lage, trocken zu bleiben.

Als die dreijährige Jenny in ihre neuen Höschen mit den rosa Spitzen gemacht hatte, zerrte Gladys Faye sie ins Badezimmer. Sie setzte das Kind auf den Waschtisch und befahl ihr zu urinieren. Als Jenny für ihre Mutter nicht »konnte«, zwang Gladys Faye sie zuzusehen, wie sie selbst in ein Glas urinierte. Dann zwang die Mutter das Kind, die gelbe, warme Flüssigkeit zu trinken. Einen Augenblick ließ die widerliche Flüssigkeit Jenny würgen. Dann sah sie zu, wie Pam den Urin trank. Es dauerte Jahre, bis Jenny wieder einen Waschtisch benutzte. Pam benutzte das Badezimmer und ging mit allem um, was Gladys Faye ihr dort antat.

Pam für den Umgang mit den Vorgängen im Badezimmer, Barbara für die Beschäftigung mit dem schwarzen Buch und Selena, die bei Schmerzen kam, waren immer noch nicht genug, um mit dem unberechenbaren Verhalten ihrer Mutter umgehen zu können. Es bedurfte weiterer Spaltung. Als Jenny das nächste Mal in die Kartoffelkiste gesteckt wurde, kam Flisha. Flisha konnte das artige, kleine Mädchen sein, das sich Gladys Faye wünschte. Flisha hatte nicht das Gefühl, böse zu sein, hatte keine Angst vor Gladys Faye. Wie eine kleine Dame konnte sie ruhig und geduldig still sitzen. Sie machte sich nie ins Höschen und würde bald die hübschen Rüschenkleider und Spitzenhöschen mögen, die Gladys Faye ihr anzog, und sie würde gerne das mütterliche »Ich liebe dich« hören.

Jenny hatte das fortwährende Gefühl, sich in acht nehmen zu müssen. Sie hatte Angst, sich frei zu bewegen, da sie es gewohnt war, niedergeschlagen und dann für das Kriechen getreten zu werden. Sie fürchtete sich zu spielen. Für ein Lachen über etwas wie einen Trickfilm im Fernsehen konnte es eine Ohrfeige geben, um das Lachen abzustellen, und weitere Schläge, um das Weinen zu beenden. Sogar ein Lächeln über ein kleines Kätzchen oder eine schöne Blume konnten ihre Mutter zur Explosion bringen.

Um weiter auf der Hut sein zu können, gab Jenny ihre Fähigkeit zu lachen und zu weinen an einen weiteren Teil ihres Selbst ab. Marcie hatte, wie Flisha, keine Angst vor Jennys Mutter. Marcie war clever und praktisch veranlagt. Auch sie war ein artiges Mädchen.

Die Aufteilung in alternierende Persönlichkeiten schuf lebensnotwendigen Schutz, doch sie machte Jennys Leben noch verwirrender. Jetzt konnte sie ihr eigenes Verhalten nicht besser voraussagen als das ihrer Mutter. Sie dachte, alle Kinder fänden sich an Plätzen wieder, ohne zu wissen, wie sie dort hinkamen, oder bekamen schuld für Sachen, an die sie nicht einmal gedacht hatten. Es war sehr schwierig, ein Kind zu sein.

Oft beobachtete Jenny ein kleines Mädchen, das ihr sehr ähnlich sah, und lächelte, wenn ihre Mutter ihr ein Rüschenkleid über den Kopf zog, ihre Kniestrümpfe hochzog und ihr die Schnallen an den Schuhen schloß. Ein paar Minuten später konnte Jenny nicht verstehen, wie es dazu kam, daß sie die Kleidung des kleinen Mädchens trug. Es war wohl besser, sie auszuziehen. Aber wenn Jenny die Kleider auszog, wurde sie statt gelobt geschlagen und angeschrien, wie ungezogen und dumm sie doch sei. Jenny flüchtete dann, überließ Marcie das Weinen über die Ungerechtigkeit oder Flisha das Besänftigen ihrer Mutter und die Bitte, wieder hübsch gemacht zu werden.

Genauso wie Jenny sie sah, hörte sie die Stimmen der Kinder, die in ihr lebten. Aber sie war ebenso von ihnen getrennt wie von ihrem Bruder und den zahlreichen Cousinen, die kurze Zeit mit ihr spielten, ihr dann Schimpfnamen zuriefen und sie allein ließen.

Jenny brauchte das Spielen, vielleicht mehr als sie die Gesellschaft anderer Kinder brauchte. Sie war jedoch zu befangen, um sich lange auf Kinderspiele einzulassen. Lisa kam, um für sie zu spielen. Lisa liebte Zeichentrickfilme – Bugs Bunny war ihr Liebling. Sie liebte es, mit bunter Kreide zu malen und mit dem Bleistift zu zeichnen. Sie liebte es, in ihrem kleinen Stuhl zu schaukeln, sich in der Sonne im Gras zu rollen, zu rennen und im Regen zu spielen.

Sowohl für die Mutter als auch für das Kind war die Welt ein einziges Durcheinander. Keine wurde aus den Handlungen der anderen schlau. Jenny erlebte eine Mutter, die sie küßte, wenn andere Menschen dabei waren, aber sogar dann in unergründliche Apathie fallen konnte. Wenn die beiden allein waren, kamen ihre Angriffe plötzlich und erschreckend.

Gladys Faye erlebte ein Kind, das manchmal auf sie zukam und ihr sich manchmal entwand. Wenn die beiden allein waren, reagierte Jenny manchmal auf die gleiche Situation mit Tränen und Zittern, manchmal mit stummer Einwilligung und manchmal mit trotzigem Widerstand.

Die Erwachsene und das Kind kamen zur gleichen Schlußfolgerung. Jenny war schlecht, böse. Wie konnte man sonst ihr Verhalten erklären? Aus welchem anderen Grund hätte sie es verdient, so behandelt zu werden? Gladys Faye mußte ihre Handlungen rechtfertigen. Jenny, mit der reinen Logik der Kindheit, rechtfertigte sie ebenso.

Wenn die Mutter ihre Tochter zu sich zog, um sich ihr zuzuwenden oder ihr zu drohen, konnte sie nicht ahnen, daß ihre Tochter im Alter von drei Jahren bereits in verschiedene Persönlichkeiten aufgespalten war. Auch wäre Gladys Faye nie darauf gekommen, daß Jenny vor ihrem Tod noch vieler weiterer Selbst bedurfte, um mit ihrem Leben umgehen zu können.

Es schien, als wollte Jenny in die Schablone passen, die ihre Mutter für sie gefertigt hatte. Nach dem Tod ihrer Großmutter zog sich Jenny zurück, war niedergedrückt und teilnahmslos. Ihrer Mutter, ihren Tanten, Onkeln, Cousins und Cousinen hatte sie immer schon wenig Beachtung geschenkt, nun schenkte sie ihnen noch weniger. Sie konnte von ihnen weder getröstet noch erheitert werden. So mißtrauisch gegenüber Menschen, wie sie war, schien sie nur von Klängen, Farben und Gewebe angezogen zu werden. Jenny spielte stundenlang mit dem Zusammenstoppeln von Papierschnipseln. Sie saß auf dem Boden und streichelte die Erde und erkundete Felsen, Blumen und Gräser. Vom Rhythmus der Musik gefangen, konnte sie stundenlang neben dem Radio oder dem Klavier stehen, bis es abgeschaltet wurde oder jemand aufhörte zu spielen.

Für alle Erwachsenen der Familie war Jenny ein Kind, das schwer zu verstehen war. Sie wünschte sich etwas, weinte und bettelte darum, und kaum hatte sie es, wollte sie es nicht mehr. Das Essen, das sie an einem Tag mochte, spuckte sie am nächsten Tag aus. Sie kämpfte gegen den Schlaf und weinte sich in gereizter Ruhelosigkeit bis zur totalen Erschöpfung. Obgleich sie häufig vor sich hin lächelte, konnte ihr niemand ein Lächeln entlocken. Wenn Familienfotos gemacht wurden, hielt die Kamera unfehlbar das unglückliche Gesicht eines zerbrochenen Kindes fest.

Die Familie suchte weder nach Ursachen noch nach Gegenmitteln. Sie akzeptierte ganz einfach das introvertierte, unberechenbare Verhalten und erklärte jedem, der es wissen wollte, »Jenny ist halt so – war schon immer ein merkwürdiges Kind, eine schwierige Kleine«.

Kapitel 5

Jenny fand ihre Lebensumstände nicht merkwürdig. Erst als sie älter war, wurde ihr bewußt, wie sehr sie sich von anderen Kindern unterschied. Aber als Vierjährige, sogar noch während ihrer ersten Schuljahre, war sie, soweit Jenny wußte, wie jedes andere Kind. Sie wußte, daß sie oft böse war und sich anstrengen mußte, artig zu sein, so daß ihre Mutter sie lieben konnte. Sie glaubte, alle Kinder müßten sich so anstrengen.

Wenigstens fing Jenny an, Erfolg dabei zu haben, ein artiges Mädchen zu sein. Sie war krank gewesen, richtig krank. Als sie nach einer Nierenentzündung und einer Operation aus dem Krankenhaus entlassen wurde, hörte ihre Mutter für einige Zeit auf, ihr weh zu tun.

Jenny durfte aus dem Bettchen, das sie haßte. Einmal blieb sie über Nacht trocken. Gladys Faye nahm Jenny mit zu sich in das große Doppelbett. Jenny freute sich über die neue Nähe. Ihre kleinen Füße auf den stattlichen Bauch ihrer Mutter gelegt, schlief Jenny warm.

Sie kam auch mit dem Trockenbleiben während des Tages besser voran. Wenn Mama sie zu lange draußen ließ und ihr ein Malheur passierte, schlich sich Tante Sue hinein und holte ihr trockene Höschen, so daß Mama nichts merkte. Wenn Tante Sue erwischt wurde, war Jenny sehr erstaunt, daß sie bestraft wurde, während Tante Sue sich verdrückte, ohne sie zu verteidigen. Na ja, Tante Sue wurde ja nicht oft erwischt. Jenny wußte nicht, daß sie, unter dem Vorwand, Tante Sue zu sein, ihre eigene Retterin war.

Für Jenny war Tante Sue ebenso wirklich wie all die anderen Tanten und Onkel, die sich ständig durch Tante Mamies Haus bewegten. Mamaw hatte sechs Jungen und vier Mädchen aufgezogen, Gladys Faye eingeschlossen. Jetzt waren die meisten verheiratet und hatten eigene Kinder. In typischer Südstaaten-Art hatten viele Erwachsene und Kinder Doppelnamen. Und dazu kamen noch Kosenamen, die sich über die Jahre gehalten hatten.

Onkel Russel könnte vorbeikommen, um für Tante Alma den Dosenöffner auszuborgen. »Hallo, Bubba«, würde Mamie fragen, »wie kommt Blue mit dem Tomatenpflanzen voran?« Jenny hörte ihre Verwandten erst einen Namen sagen und dann einen weiteren. Das kleine Mädchen hatte keine Chance, sie auseinanderzuhalten.

Die Bilder im Wohnzimmer waren auch nicht sehr hilfreich. Da gab es Bilder von allen Jungen in Uniform – James, Lance, Royce, Russel, Junior und Joe. Da waren Hochzeitsfotos, Babyfotos und Bilder aus dem Urlaub. Manchmal erzählte Mamie Jenny etwas über die Fotos, und Jenny versuchte, sie in ihrem Kopf einzuordnen. Tante Mamies richtiger Name war Margaret, Tante Myrt war in Wirklichkeit Myrtle, Onkel James war J. D., Onkel Duke hieß Lance und Onkel Cleatus war auch gleichzeitig der Onkel ihrer Mutter. Für Jenny war es nichts Ungewöhnliches, in ihrem Leben viele Menschen mit vielen Namen um sich zu haben.

Jenny hielt weiter Distanz zu der Familie und die Familie zu ihr. Alleingelassen, konnte sie sich auf ihre kreative und sensible Natur einlassen. Sie war ein Kind, das von Dingen und Ereignissen völlig absorbiert werden konnte. Sie konnte vom Lied eines vorbeifliegenden Vogels überwältigt werden oder in der Kühle des lebensspendenden Grüns eines Blattes baden.

Wenn Dinge geschahen, welche die Anderen herbeikommen ließen, entkam Jenny Schmerzen und Angst und fand einen sicheren Platz in den Welten ihrer Vorstellung. Anfangs sah sie diese sicheren Welten nur flüchtig, während sie ihre anderen Selbst in dieser Welt beobachtete. Im Laufe der Zeit zog sich Jenny weiter in ihre Welten der Farben, Klänge und Schönheit zurück.

Auch in der realen Welt sehnte sie sich nach Schönheit. Als sie vier war, schlug sie Töne auf dem Piano an. Sie sang Lieder, die sie gehört hatte, nach und schuf eigene Melodien. Als Gladys Faye kein Interesse an Jennys musikalischem Talent zeigte, übernahm Tante Mamie es herauszufinden, welches Talent sich entwickeln würde. Sie meldete Jenny für Klavierstunden an, als sie fünf war, und fuhr Jenny jede Woche zu den Unterrichtsstunden zu Mrs. Wrights Haus auf dem Land. Jenny mußte nie zum Üben angehalten werden. Sie setzte sich an die Tastatur, ihre Hände zu klein für eine Oktave, und spielte die Musik, solange man es ihr gestattete. Auch Flisha liebte Musik, besonders die Tonleitern und die klassischen Stücke. Manchmal kam Flisha zum Üben.

Jenny war klug und unabhängig. Sie ging ihrer Mutter so weit wie möglich aus dem Weg und sorgte für sich selbst. Sie wartete auch nicht auf Mamie, die morgens lange schlief. Jenny lernte, einen Stuhl an den Herd zu schieben und sich Maisbrei zu kochen und Eier zu braten. Falls Jenny Ärger hatte, halfen ihr Flisha oder Marcie. Wenn Gladys Faye von der dritten Schicht nach Hause kam, hatte Jenny ihr Frühstück gegessen und war angezogen. Gladys Faye ging ins Bett und überließ Jenny die längste Zeit des Tages sich selbst.

Gladys Faye fand einen Babysitter, der Jenny einige Nachmittage betreute. Jenny mochte Miss Kress, die über siebzig war und schon jahrelang Kinder betreute. Miss Thelma Kress war stolz darauf, gut mit Kindern umgehen zu können, aber Jenny Walters kam sie gefühlsmäßig nicht näher. Miss Kress ließ es durchgehen, daß Jenny die Kühe freiließ und zwei Hühnchen mit der Hacke tötete und es dann leugnete. Miss Kress spürte, daß das Kind Probleme hatte, und hoffte, es würde sich beruhigen. Einige Wochen später, als sie Jenny erwischte, wie sie die Kätzchen quälte und Jenny, ein verängstigtes, verstörtes Kätzchen noch in der Hand, abstritt, den Tieren weh zu tun, kam Miss Kress zu der Überzeugung, sie sei einfach nur gemein, und weigerte sich, sie länger zu betreuen.

Jenny wußte nicht, warum man sie von der Frau wegschickte, die Mamaw so ähnlich war. Jenny hatte gesehen, wie ein anderes Kind die Sachen machte, derer man sie beschuldigte, aber sie hatte gelernt, daß es nichts half, es zu sagen. Wahnola war gekommen, um sich für Jenny die Liebe ihrer Mutter zu verdienen, indem sie so wurde wie diese. Wahnola reizte und verletzte die Tiere. Ohne sich der inneren Existenz Wahnolas bewußt zu sein, hatte Jenny die Konsequenzen ihrer Gemeinheit zu tragen. Am nächsten Nachmittag war Jenny wieder in der Kartoffelkiste.

Jenny leistete keinen Widerstand mehr, wenn man sie in die Kiste steckte. Schweigend ging sie hinein, legte sich hin und hörte den Anderen, die mit ihr in der Kiste waren, bei dem Spiel zu, das sie »Sei still« nannte. Zuerst hörte sie Flisha und Marcie und, als ihr dann Arme und Beine anfingen weh zu tun, Selena. Jenny bewegte sich in ihre Welten und wieder heraus, bis sie ein weiches Fell an ihrem Bein spürte. Das Tier konnte zufällig da sein, Jenny hatte jedoch den Verdacht, daß ihre Mutter es hineingetan hatte, um ihr Angst zu machen. Beim scharfen, schnellen Biß der Ratte schrie und schrie Jenny. Das Schreien drang durch die kalten Kellermauern nicht hinaus. Für einen Augenblick war die Kiste, bis auf Jenny und das kleine Tier in der gegenüberliegenden Ecke, leer. Dann blieb Selena mit den Schmerzen zurück.

Jennys Bedürfnis nach Liebe und Anerkennung zwang sie, sich weiterhin um ihre Mutter zu bemühen, obwohl Gladys Faye zunehmend unerreichbarer wurde. Die korpulente Frau, die ständig zu hohen Blutdruck hatte, litt oft unter wütenden Kopfschmerzen und plötzlichem Nasenbluten. Zeiten unruhiger Aktivität wechselten sich mit schmerzhafter Lethargie ab.

Wenn ihre Mutter erregt war, kam Jenny ihren Befehlen, ihr aus den Augen zu gehen, schnell nach. Jenny ging zu ihrem speziellen Platz am Bach, versteckte sich unter der Couch oder kroch unter die Seitenveranda. An Regentagen war es dort trocken, das Mauersteinfundament spendete Wärme, und sie konnte in dem staubigen Schmutz spielen. Manchmal spielte Lisa das Spiel »Stell dir vor...«. Die meiste Zeit spielte Marcie »Fortlaufen« und achtete immer darauf, daß ihrer Puppe nicht kalt wurde, wenn sie mit einem imaginären Zug zu schönen Orten fuhr, wo die Menschen sie liebten.

Jenny berührte es, wenn ihre Mutter traurig aussah. Sie versuchte, aus angemaltem Papier hübsche Gesichter zu machen. Bevor sie damit fertig war, grabschte Gladys Faye die Gesichter und zerriß sie. Jenny sah, wie die Tränen der Papieraugen alle Farben vermischten. Die Gefühle der Farben, roter Schmerz, blaue Wärme, rosa Zartheit, schwarze Leblosigkeit – auch dies alles vermischt.

Einmal pflückte Marcie Blumen, um Jennys Mutter aufzuheitern. Ihre kleinen Arme voller Hartriegel-Blüten, brachte sie ihr stolz die Blumen. Marcie hätte Gladys Faye ebenso trotzen können, wie Selena es tat. Hereinzukommen, wenn einem geheißen wurde, draußen zu bleiben, brachte ihr normalerweise Prügel mit dem Besenstiel ein, oder ihre Hand wurde in der Tür gequetscht. Gladys Fayes Reaktion auf die Blumen war direkter: sie benutzte sie, um das Kind zu verprügeln.

Nach diesen Vorfällen stieg Zorn auf, aber Jenny gab dem Gefühl keinen Ausdruck, sie erlebte es nicht einmal. Zu Hause und in der Kirche hatte man Jenny gelehrt, daß es unrecht war, zornig zu werden. Wiederholtem Mißbrauch und Ungerechtigkeit ausgesetzt, schuf Jenny eine Andere, um die Wut zu fühlen. An ihrem sicheren Ort übernahm Hilda den Zorn.

Doch Hilda konnte das machtvolle Gefühl nicht vollständig besänftigen. Wahnola, die mit einer Mutter wetteiferte, die wiederholt drohte, »Du wirst genau wie ich«, richtete ihr Bedürfnis, verletzt zu werden, auf Jenny. Sie veranlaßte Jenny, sich den Kopf anzuschlagen oder sich zu beißen, bis sie blutete. Gladys Faye beeilte sich, ihrer Familie zu erzählen, daß ihre Tochter Sachen machte, um sich selbst weh zu tun.

In den folgenden Wochen richtete Gladys Faye zunehmend ihre perverse Aufmerksamkeit auf Jenny. Durch die Probleme mit dem Nasenbluten schenkte Gladys Faye der Fixierung auf Blut in der Sekte ihr Hauptaugenmerk. Während der regelmäßigen Bibellesungen heulte Gladys Faye: »Blut bindet dich an den Teufel. Bluten beweist, daß du ein Kind des Teufels bist.«

Gladys Faye bereitete ein spezielles Bad für Jenny vor, indem sie Hähnchenblut und rote Lebensmittelfarbe in das Eiswasser gab. Als sie Jenny ins Badezimmer trug, erwartete Jenny, wie vorher schon geschehen, daß ihre Füße in kochend heißes Wasser getaucht würden. Diesmal sah sie, daß die Wanne mit einer roten Flüssigkeit gefüllt war. Als die Mutter Jenny in die Wanne herabließ, erklärte sie ihr: »Dies ist das Blut der bösen Geister, zu denen du gehörst. Das Blut muß kalt sein, daß die Geister nicht sterben und ewig in dir weiterleben.« Jenny war vor Angst und Kälte betäubt, als Gladys Faye sie in ein Handtuch wickelte und sie zum Stuhl am Ofen trug.

Einige Tage später schloß Gladys Faye ihr privates Ritual ab. Sie stellte Jenny auf den Küchentisch. Ein schneller Stich mit einem Küchenmesser in die kleine Vagina reichte, um das Blut fließen zu lassen. Gladys Faye fing das Blut in einer flachen Pfanne auf und goß es in eine Tasse. Mit von Eifer verzerrtem Gesicht hielt sie die Bibel offen hin und befahl Jenny, ihren Namen hineinzuschreiben. Jenny tauchte ihren Finger in das Blut und malte die Kritzelei einer Fünfjährigen. Gladys Faye knallte das Buch zu und gab es dem Kind zu halten. Jenny umklammerte das Buch, setzte sich in die Ecke und lauschte dem Echo der Worte. »Nun bist du auf ewig im Buch des Schlechten und Bösen verzeichnet.«

Teil III

Flucht

Ich erinnere mich als es geschah.
Ich erinnere mich als alles fehlging,
Und ich es nicht wieder richten konnte.
Es geschah an einem Ort namens KISTE.
Es ging so schnell – zu schnell für mich.

Jennys Tagebuch

Kapitel 6

Jenny hielt sich an der Hand ihrer Mutter fest, als sie sich den Eingangsstufen der Grundschule näherten. Schon seit den wenigen Wochen, die sie im Kindergarten war, hatte sich Jenny auf die »richtige« Schule gefreut. Der Kindergarten hatte Spaß gemacht, mit Keksen und Limonade am ersten Tag und Liedern und Malen an anderen Tagen. Jetzt hatte sie die Möglichkeit, Lesen und Schreiben zu lernen.

Unwillkürlich holte Jenny Luft und wich zurück, als sie die Farbe sah, die sich um das Fundament des hellgrauen steinernen Gebäudes zog. Sie erkannte sie nicht als vom Regen der Jahreszeit angeschwemmte rote Erde. In Jennys Erinnerungen blitzten Szenen der Sekte auf: rotbefleckter Granit.

»Komm jetzt, stell dich nicht so an«, kommandierte Gladys Faye. Sie drängte das Kind, den anderen ins Auditorium zu folgen. Gladys Faye hatte ihr baumwollenes Arbeitskleid gegen ein Sonntagskleid getauscht und sich bei der Wahl von Jennys Kleid besondere Mühe gegeben. Gladys Faye hatte beschlossen, daß Jenny nicht wie ein zerlumptes Landmädchen oder der schmutzige »weiße Abschaum«, der zur Hamilton-Schule ging, aussehen sollte. Außerdem war sie fest entschlossen, Jenny keine Gelegenheit zu geben, sie mit ihrem manchmal merkwürdigen Benehmen in Verlegenheit zu bringen.

Jenny und Gladys Faye ließen sich auf kastanienbraunen Roßhaarklappsesseln in der ersten Reihe nieder und warteten darauf, daß Jenny an der Reihe war, zur Bühne zu kommen. Die Bühne war bereits voller weinender Kinder, tröstender und scheltender Mütter und ungestümer Krankenschwestern, die die zu Schulanfang gesetzlich vorgeschriebenen Impfungen verabreichten. Als Jenny an der Reihe war, stellte Gladys Faye erleichtert fest, daß ihre Tochter ruhig und folgsam war. Einige Mütter machten Bemerkungen über das artige Kind, als Selena schweigend ihren Arm für die Impfung frei machte.

Als der große, gelbe Schulbus am nächsten Tag direkt vor dem Haus hielt, stieg Jenny alleine ein. In der Schule angekommen, geriet sie in Panik. Sie wußte nicht, wie sie das Klassenzimmer finden sollte, das man Selena am Vortag gezeigt hatte. Bewegungsunfähig stand Jenny da, während andere Kinder den Flur entlangeilten. Miss Thomas, die den Kummer des Kindes spürte, nahm Jenny auf ihren Schoß, als sie den Tag damit begann, den Kindern eine Geschichte vorzulesen. Jenny hatte man zu Hause nie etwas vorgelesen. Sie fühlte sich als etwas ganz Besonderes – die Geschichte war nur für sie bestimmt.

Die Sohlen Jennys neuer Schuhe machten ein zufriedenes »Klack« auf dem Holzboden, als die Lehrerin sie sanft von ihrem Schoß gleiten ließ. Jenny ging zu dem freien Pult und kletterte auf den zwar für den Durchschnitt von Erstkläßlern hergestellten, für sie jedoch zu großen Stuhl.

Jenny erkundete die Glätte des Eichenpults, die von unregelmäßigen Rillen kindlicher Markierungen und der langen, geraden Kerbe, in der ein dicker, schwarzer Bleistift lag, unterbrochen war. Jenny prüfte den Bleistift in ihrer kleinen Hand, darauf brennend, ihn benutzen zu können.

Auf Anweisung der Lehrerin öffneten alle Kinder die Pultdeckel, um darin Kreiden, pastellfarbig liniertes Papier, leuchtend weißes Skizzenpapier und funkelnde Scheren zu entdecken. Jenny konnte kaum glauben, daß all diese Sachen nur für ihren Gebrauch bestimmt waren.

»Jetzt«, sagte Miss Thomas, »malt ihr alle ein Bild von euren Lieblingsachen für mich.« Aus dem Stapel in ihrem Pult wählte Jenny ein zartblaues Papier und begann sofort ein Klassenzimmer, eine leicht plumpe Lehrerin und ein kleines Mädchen zu zeichnen, das eine große Schachtel neuer Kreidestifte in der Hand hielt. Stolz schaute sie zu, als Miss Thomas einen hellen Stern in der Ecke anbrachte und das hübsche Bild aufhängte, daß alle es sehen konnten.

Die Schule machte Jenny Spaß. Sie zeichnete und malte gern, hörte gern Geschichten und liebte es besonders, die Klötze oder den Triangel in der Rhythmusgruppe zu spielen. Nur der Lesekreis war schwierig. Jenny mochte es nicht, so nah bei anderen Kindern zu sitzen und ihnen laut vorlesen zu müssen. Anfangs bestand das Lesen nur aus der Wiederholung der Worte der Lehrerin. Und doch war es schwer für Jenny. Sobald jedoch die Zeit für die Druckschriftübungen kam, vergaß Jenny das Lesen. Sie konnte die Buchstaben, die Miss Thomas auf die Tafel schrieb, genau abschreiben und wurde fast immer mit einem »Das ist gut, Jenny« belohnt.

Auf dem Spielplatz versuchte Jenny, sich aus der Reihe der Kinder, die zum Völkerball ausgesucht wurden, zu verdrücken, ebenso aus den Gruppen aneinander gedrängter, kichernder Mädchen. Sie zog sich zu den niedrigen Stufen des Schulhinterausgangs zurück und spielte allein »Schule«. Dort war sie die strenge und doch fürsorgliche Lehrerin einer Reihe phantasierter Schüler, die auf der untersten Stufe saßen. Unsichtbare Schüler, die gut waren, rückten eine Stufe auf, aber Faulpelze mußten auf der ersten bleiben. Wenn sie »Pause« spielte, verwandelte Jenny – als Ersatz für die imaginäre Klasse – die Stufen in eine Spring-Arena mit phantastischen Preisen für erfolgreiche Springer, die beide Stufen von dem Granitseitenstück aus mit einem Sprung schafften.

An Tagen, an denen Jenny nicht »Schule« spielte, malte sie manchmal mit einem Stock Muster auf die gras- und unkrautfreien, ausgetretenen Stellen. Andere Male suchte sie auf den um den Spielplatz verstreuten grünen Flecken vierblättrige Kleeblätter und mied die um die süßen Blüten summenden Bienen.

Nach einigen Wochen gesellte sich Janice, ein Kind, das sich auch von der Gruppe fernhielt, zu Jenny auf den Spielplatz. Janice war auch in Miss Thomas' Klasse, aber Jenny hatte nie mit ihr gesprochen. Janice hatte ungekämmtes Haar, ihre Kleidung paßte ihr nicht, und an ihren Beinen waren vernarbte und offene, wunde Stellen, die nicht versorgt worden waren, wahrscheinlich Impetigo (pustelähnlicher Hautausschlag; Anm. d. Übers.).Jenny wußte, ihre Mutter würde es nicht gutheißen, wenn sie mit diesem »schmutzigen« Mädchen zusammen war. Trotzdem freundete sie sich mit Janice an.

Bald schon spielten sie zusammen auf den Hinterstufen »Schule« und wechselten die Rollen als Lehrerin und Schülerin. Ganze Pausen lang sprangen sie von den Stufen und landeten als kichernder Haufen auf der roten Erde. Janice zeigte Jenny das bauchkitzelnde Vergnügen, sich um die metallenen Tragepfosten des überdachten Gehwegs zur Cafeteria zu drehen und sich dabei vorzustellen, sie seien landende Flugzeuge.

Abgesehen von ihrem obligatorischen Erscheinen am ersten Tag, war Gladys Faye an Jennys Schulausbildung vollkommen desinteressiert. Ständig wies sie Jennys Bemühungen zurück, ihr das gedruckte

Alphabet oder andere Blätter aus der Schule zu zeigen. Jenny beharrte nicht lange darauf, sondern kehrte zu ihrem Verhaltensmuster, ihrer Mutter aus dem Weg zu gehen, zurück. Obgleich sie sich wünschte, daß jemand ihren neuen Fähigkeiten Aufmerksamkeit schenkte, fand sich Jenny damit ab, allein gelassen zu werden.

Während ihre Tante meistens morgens noch schlief, machte sich Jenny ihr Frühstück und kleidete sich für die Schule an. Gladys Faye, die von der dritten Schicht gerade nach Hause kam, bevor der Schulbus eintraf, ging normalerweise zu Bett, ohne ihre Tochter zu beachten. Manchmal ließ sie nur die Ermahnung fallen, Jenny solle in der Schule artig sein. Zu seltenen Anlässen rief sie Jenny wegen einer Morgenüberraschung zu sich. Die Überraschung bestand ausnahmslos aus einem Stück gefrorener Kirschtorte vom Snackwagen der Weberei. Jenny aß die Hälfte des klebrigen Gebäcks, steckte den Rest für die Pause oder nach dem Mittagessen ein und dankte ihrer Mutter immer überschwenglich für den Hochgenuß.

Nach der Schule, wenn Mamie arbeitete und Gladys Faye schlief, war es für Jenny oft unmöglich, ins Haus zu kommen. Sie hatte Angst, ihre Mutter zu wecken, also spielte sie im Hof oder am Bach und hoffte, ihre Mutter würde die Tür öffnen, bevor es zu kalt oder dunkel wurde. Als der Herbst vom Winter abgelöst wurde, war es kalt *und* dunkel, bevor Jenny hereingelassen wurde. An diesen Tagen suchte Jenny Zuflucht in ihrem Versteck unter der Seitenveranda. Wenn es regnete, bot das Versteck nur wenig Schutz vor der Kälte und nahm ihr nicht die Angst vor dem, was in der Dunkelheit lauerte.

Die Erlebnisse in der Kirche und der Sekte frischten Jennys Gefühle der Angst und Furcht ständig auf. Jeden Sonntag ging sie mit ihrer Mutter und ihrer Tante in die New Hope-Kirche und wußte, daß sie eine so schlimme Sünderin war wie die, die der Priester laut verdammte. Sie hörte dem Priester zu und wünschte sich, wiedergeboren zu werden und mit dem Blut des Lammes weißer gewaschen zu werden als Schnee. Sie konnte sich nur nicht vorstellen, wie das geschehen sollte. So gut sie konnte, hörte sie den Predigten und Kirchenliedern zu. Sie hörte gern dem Chor zu, besonders den Liedern des Frohlokkens, aber die schwarzen Gewänder, die sie trugen, hinterließen ein Gefühl der Bedrohung.

Bedroht fühlte sie sich auch jedesmal, wenn sie in der Nähe des Priesters war. Beim Verlassen der Kirche war es ja eigentlich ganz nett, wenn ihre Mutter ihm die Hand schüttelte. »Gut, dich zu sehen, Schwester Faye, und wie geht's unserer hübschen, kleinen Jenny heute?« fragte Reverend Ellis und tätschelte Jenny den Kopf. Sein gezwungenes Lächeln konnte Jenny in ihrer Gewißheit nicht erschüttern, daß er sie nicht mochte. An dem Tag im vergangenen Sommer, als er sie einen Bastard, ein Kind des Teufels nannte, hatte er nicht gelächelt.

An diesem Tag war Barbara beim Bibelunterricht erschienen, um zuzuhören, wie der Lehrer das Alte Testament aus dem schwarzen Buch vorlas. Als nach dem Lesen Erfrischungen gereicht wurden, sah sich Barbara einem religiösen Bild gegenüber, das Jenny gemalt hatte. Da sie nichts damit anzufangen wußte, nahm Barbara einfach ein Stück schwarze Kreide und begann an dem Bild herumzumalen. Als der Lehrer Jenny (in der Erscheinung Barbaras) tadelte, kam ihr Selena zu Hilfe, die das Bild zerriß und den Lehrer frech beschied: »Kümmer dich um deine Scheiß-Angelegenheiten.«

Ausgerechnet in diesem Moment erschien Reverend Ellis, um dem Vorfall mit dem Verweis, »Sei still, du aufsässiges Balg«, ein Ende zu setzen. Ohne zu zögern griff Selena das Glas Limonade, warf es nach dem Priester, flüchtete und überließ es Jenny, sich dessen Verdammungen anzuhören.

Die Verdammungen in der Sekte wurden fortgesetzt, sorgfältig vorbereitet und wohlüberlegt. Beim ersten Vollmond im Oktober ihres ersten Schuljahres war Jenny in dem alten Ford auf der üblichen Fahrt zur Versammlung der Sekte. Die Fahrt dauerte länger als gewöhnlich. Jenny schlief im Auto ein, und der Abend wurde zur Nacht. Sie wurde durch das Herumschubsen wach, als ihre Mutter sie auszog und sie in ein dünnes, weißes Tuch kleidete. Jenny wurde hellwach, als sie eine beißende Kälte spürte und feststellte, daß sie allein in einem hellen, leeren, weißen Raum war. Die Zimmerwände schienen in Wirbeln kalter Luft zu schimmern.

Plötzlich traten weißgewandete Menschen ein, und ein Mann begann zu sprechen. »Weiß, das Symbol der Reinheit, umgibt uns an diesem Ort.«

»Weiß für die Reinheit, sagt Amature«, echoten die Weißgewandeten»

»Aber dieses Kind ist unrein«, sagte Amature anklagend, »ein Bastard-Kind, eine Satansbrut.« Er riß Jenny das weiße Tuch vom Leib, und sie fing an, vor Angst und Kälte hilflos zu zittern.

Sowie die Schläge einsetzten, erschien Selena. Wiederholt schlug Amature das Kind. Er beobachtete, wie ihre Augen fast zuschwollen und ihre Lippen von dem Angriff anfingen zu bluten. Als die beißend kalte Luft durch ihre wollenen Roben drang, stimmten Amature und die anderen in einen Gesang ein, der aus der Wiederholung eines einzigen Wortes bestand: »Unrein.«

Eine einzelne, in Schwarz gekleidete Gestalt betrat das weiße Zimmer, um für das hilflose Kind Fürsprache zu erbitten. »Gebt mir das unreine Kind, um es von diesem Ort zu schaffen«, deklamierte Gladys Faye. Sie wickelte Selena in einen weichen, schwarzen Schal und nahm sie in die Arme. Mit uncharakteristischer Zärtlichkeit führte Gladys Faye ihr Kind in einen stockdunklen Raum.

Selena bemühte sich, ihre geschwollenen Augen zu öffnen, und sah als erstes die flackernden Flammen eines Kreises schwarzer Kerzen und darauf den rotgoldenen Schein eines entzündeten Feuers. Ein Kreis schwarzgekleideter Menschen bewegte sich auf sie zu und streichelte und wärmte das Kind. Jemand linderte die Schmerzen ihrer Lippen mit Salbe und reichte ihr einen dampfenden Becher mit Wein gemischter, gewürzter Milch. In der Wärme kehrte Jenny gerade noch zurück, um zu hören, was Selena wiederholt gehört hatte: »Unreines Bastard-Kind, Satansbrut, hierher gehörst du.«

Bis zu Beginn der Schulzeit war es Jenny nicht wichtig erschienen, keinen Vater zu haben. Als sie in der Schule Kinder über ihre Väter reden hörte, dachte sie an ihren. Sie wußte wenig über ihn. Die wenigen Male, wenn Gladys Faye über ihn redete, geschah dies mit soviel Haß und Wut, daß Jenny erwartete, Angst vor ihm zu haben, sollte sie ihn jemals treffen. Gladys Faye hatte gesagt, er sei ein Künstler, er sei klug, aber »auch wieder nicht so schlau, wie er sich vorkommt«. Einmal hatte sie Jenny gesagt: »Glaub bloß nicht, daß er dich besuchen kommt. Er hat eine Frau und ein ganzes Haus voller Kinder.« Jenny ertrug den Gedanken nicht, daß er mit anderen Kindern zusammen sein könnte. Während des Schuljahres hörte sie zu, wenn andere Kinder glücklich über ihre Väter erzählten. Nach und nach baute sie sich das Bild auf, er sei etwas Besonderes, ein Mann, der sie liebe, aber der fortgehen mußte.

Bei der Vorbereitung zum Vatertag-Kunstunterrichtsprojekt bat Miss Thomas die Klasse, ihr über Berufe ihrer Väter zu erzählen. Als Jenny an der Reihe war, wurde sie still. Sie konnte nicht schnell genug nachdenken, wußte nicht, ob »Künstler« eine Art Beruf war wie Farmer oder wie die Arbeit in der Weberei. Margaret Ann, die Jennys Familie von der Kirche kannte, wartete ungeduldig, das Schweigen zu durchbrechen. »Jenny hat keinen Daddy«, berichtete sie, stolz auf ihr beachtliches Wissen.

»Nun, das ist kein Problem«, sagte Miss Thomas und versuchte Jennys Verlegenheit zu überspielen: »Jenny kann ihre Karte für einen besonderen Freund machen.«

Die Pausenklingel ertönte. Auf dem Spielplatz lief Jenny vor den gemeinen kleinen Mädchen weg, die sie mit einem Liedchen verspotteten: »Jenny hat kein' Daddy. Jenny ist ein Bastard-Kind.«

Jenny wußte, daß es schlimm war, ein Bastard zu sein. Das Wort hatte man oft zu ihr gesagt. Zum ersten Mal verstand sie jetzt, daß das Wort bedeutete, keinen Vater zu haben, der mit einem lebte.

Nach der Pause begann Jenny, wie die anderen Kinder auch, mit ihrem Kunstprojekt. Mit Freude sah Miss Thomas, daß der vorausgegangene, peinliche Vorfall sie nicht aus der Fassung gebracht hatte. Jenny gab sich mit ihrer Karte besondere Mühe. Sie malte das Bild eines Mannes und eines kleinen Mädchens mit Geschenken, darüber schrieb sie in hellen, deutlichen Kreidebuchstaben GLÜCKLICHER VATERTAG. Am nächsten Tag, Freitag, steckte sie die Karte in einen blauen Zeichenpapierumschlag, den sie extra gemacht hatte, und nahm ihn mit nach Hause.

Am Sonntagmorgen fand Gladys Faye den handgemalten Gruß auf dem Küchentisch und warf ihn in den Abfall. Sie ging ins Wohnzimmer und entdeckte Jenny, lächelnd und sich sanft auf dem Sofa hin- und herwiegend. Die Arme fest um ihre Brust gelegt, streichelte sie ihre kleinen Wangen und Schultern. Jenny schien ihre Mutter nicht zu bemerken, und ihr ruhiger und glücklicher Ausdruck machte auf Gladys Faye den Eindruck, als würde sie auf jemandes Schoß sitzen. Gladys Faye ging in die Küche zurück und ließ ihr merkwürdiges Kind allein.

Jenny war jedoch nicht allein. Justin war erschienen, um der Vater zu sein, der bei ihr lebte. Er war groß und dunkelhaarig, mit leicht ergrauenden Schläfen und sehr gepflegt. Er war sehr glücklich über die schöne Vatertagskarte. Er nahm seine Tochter fest in den Arm.

Jenny wünschte sich, Justin könnte die ganze Zeit bei ihr sein, um sie zu beschützen, aber er konnte bestenfalls manchmal kommen, um sie zu trösten. Die Schule schaffte ihr etwas Erleichterung. Zu Hause dauerten Gladys Fayes grausame Übergriffe an. Jenny suchte Zuflucht in ihren eigenen Welten. Zunehmend frustriert in ihren Versuchen, das Kind zu Reaktionen zu veranlassen, verstärkte Gladys Faye ihre Angriffe.

Als sie Jennys entzückten Blick sah, stieg Wut in Gladys Faye auf. Das Kind stand am Wohnzimmerfenster und blickte hinaus auf den wolkenbruchartigen Regen. Es war ein besonders heftiges Gewitter gewesen. Mittlerweile erinnerten nur noch ein blaues Aufflackern und dumpfes Grollen in der Ferne an die fast blendenden, zackigen Blitzstrahlen und die krachenden Donnerschläge, die der Sturzflut vorausgegangen waren. Mit der Zeit waren aus den Pfützen, die sich auf dem Hof gebildet hatten, kleine Teiche geworden. Der ausgefahrene Feldweg am Garten wurde zu einem trüben See, das Wasser hatte die Farbe von Rost.

Die von Blitz und Donner verängstigte Jenny war von den ersten Regentropfen am Fenster in ihre kristallene Welt befördert worden. In die Regentropfen schauend, beobachtete Jenny, wie sich das Licht endlos als Regenbögen in den kristallenen Facetten reflektierte.

»Komm her, Jenny.« Gladys Fayes Worte waren leise. Durch den Übergang vom heftigen Gewitter zum leisen Regen beruhigt, wandte sich Jenny widerstrebend der wirklichen Welt zu. Der Himmel hellte auf, und mit den letzten Regentropfen wurde die Luft kühl. Gladys Faye nahm Jenny hoch, ging geradewegs zur überfluteten Straße und warf das Kind in das schlammige Wasser. Während Jenny sich bemühte, schreiend hochzukommen, schluckte sie Wasser. Jedesmal, wenn Jenny an die Oberfläche kam, drückte Gladys Faye sie wieder hinunter. Als Jennys Lungen fast zu platzen drohten, erschien Selena.

Im gleichen Augenblick wurde die Angreiferin zur Retterin. Gladys Faye starrte voller Entsetzen: »Mein Gott, was ist denn meinem Baby passiert?« Sie drückte das totenblasse Kind an sich, als Selena in ihren Armen leblos wurde.

»Stirb nicht, Baby, stirb nicht«, keuchte Gladys Faye, als sie sich die steilen Hinterstufen hochkämpfte. Hektisch rieb sie das allzu weiße Gesicht und die klammen, kleinen Ärmchen, bis sie wieder Farbe bekamen und das Kind ohne Hilfe sitzen konnte. Dann zog sie ihr das durchnäßte, schlammverschmutzte Kleid aus, wickelte sie in weiche Handtücher und setzte das Kind auf ihr kleines Stühlchen. Selena, die sich irgendwie bewußt war, wie nahe diese Frau daran gewesen war, sie zu töten, erzitterte, betrübt, daß sie versagt hatte.

Jenny wurde zunehmend unfähiger, zwischen der realen Welt und ihren inneren Welten zu unterscheiden. In der Schule machte sich die Lehrerin der zweiten Klasse Sorgen über das, was sie für ständige Tagträumerei hielt.

Zwei Uhr nachmittags wurde Gladys Faye vom Klingeln des Telefons geweckt. »Ich dachte, ich sollte Sie mal wegen Jenny anrufen. Sie paßt im Unterricht nicht auf und scheint mit den Gedanken woanders zu sein. Heute saß sie nur da und starrte vor sich hin. Als ich sie fragte, was sie sähe, sagte sie, ›hübsche Sachen‹, und sah mich ganz merkwürdig an. Ich dachte, Sie sollten das wissen, Mrs. Walters. Vielleicht können Sie mit ihr reden.«

Gladys Faye beherrschte sich gerade so lange, um der Lehrerin zu danken, dann schäumte sie vor Wut, daß ihr Schlaf gestört worden war, weil das dumme Balg seine verrückten Sachen in der Schule gemacht hatte. Als Jenny aus dem Schulbus stieg, lief sie geradewegs ihrer tobenden Mutter in die Arme.

Das Surren des Bohrers wurde von Gladys Fayes Brüllen unterbrochen, die das Werkzeug nur Millimeter vor Jennys Augen hielt. »Du wirst keine hübschen Sachen sehen, wenn du tot bist, dummer Bastard. Wie kann jemand, der so häßlich ist wie du, etwas Hübsches zum Anschauen finden? Ich würde dir den Verstand rausbohren, wenn du welchen hättest.« Sowie die Bohrerspitze das Auge berührte, erschien mit dem stechenden Schmerz Selena. Sie hörte den Schluß: »Dies ist das letzte Mal, daß ich was über deine dummen hübschen Sachen höre.« Kurz bevor sie das Kind geblendet hätte, stoppte Gladys Faye. In den nächsten Tagen stieß sich Jenny jedoch an Sachen, als ob sie manchmal nicht sehen könnte.

Das Ereignis, das Jennys Flucht in ihre eigenen Welten auslöste, in denen sie fortan blieb, kam, als sie wieder in die Kartoffelkiste gesteckt wurde. Mit sieben war Jenny schon fast zu groß, um noch in die Kiste zu passen. Sie fühlte die pelzigen Bewegungen der Ratten, die mit ihr in der Kiste waren, wie sie es vorher schon einmal gespürt hatte. Dieses Mal ließ Jenny Selena nicht mit den Ratten allein. Mit ihnen in die enge Kiste gezwängt, war es ganz einfach, sie zu fangen. Mit jeder Hand ergriff Jenny eine sich windende Ratte und mit stillschweigender Entschlossenheit drückte sie mit ihren Fäusten zu, bis sich die unseligen Kreaturen nicht mehr bewegten. Als sich ihre Hände entspannten, *war Jenny Lynn Walters verschwunden.*

Gladys Faye kam zurück, um Jenny aus der Kiste zu befreien, und merkte nicht, daß sie nie wieder das Kind berühren würde, das sie geboren hatte. Jenny hatte ihre ganze Existenz an andere Persönlichkeiten abgegeben.

Einige Persönlichkeiten waren klar und deutlich wie Fotografien: die praktische und nüchterne Marcie, die stolze und kultivierte Flisha und die lebhafte, unverwüstliche Selena. Andere waren so nebulös wie impressionistische Gemälde: Sandy, das Kind Satans; Barbara, streng religiös; Justin, ein tröstender Vater; Hilda, zornig und entrüstet; Lisa, ein glückliches Kind; Tante Sue, eine Beschützerin; und Wahnola, eine interne Mißhandlerin. Während Jenny als Reaktion auf den unbarmherzigen Mißbrauch in der wirklichen Welt in den sicheren Welten ihrer Vorstellung blieb, nahmen nach und nach Scharen anderer Persönlichkeiten, einige surreal, andere erstaunlich real, ihre Plätze ein.

Kapitel 7

»Jenny, Liebling, komm mal hoch.«

Widerstrebend legte Jenny ihre Puppen im Wohnzimmer hin und stieg die Treppe hinauf. Gladys Faye legte gerade die letzten Spuren eines bereits grellen Make-up auf. Lisa saß auf dem Bett und spielte mit den Quasten der Chenille-Überdecke, während Gladys Faye vor ihr als Model posierte. Lisa starrte anerkennend auf den schwarzen, seitlich geschlitzten Rock und die glänzende Bluse mit dem Metallfaden und dem applizierten Büschel Ziermünzen. Die Sonne des Spätnachmittags reichte noch aus, um durch das Dachfenster ein Spotlight auf die private Vorführung zu werfen.

»Bin ich nicht hübsch, Baby?« fragte Gladys Faye schmeichelnd.

»Ja, Mama«, stimmte Lisa zu, »du bist wirklich hübsch.«

Mit ihrer Aufmachung und dem Beifall des Kindes zufrieden, schickte Gladys Faye sie fort. »Mach dich jetzt fertig fürs Bett. Schlaf in Tante Mamies Zimmer. Komm heute nacht nicht mehr hier hoch.«

Lisa widersprach nicht, nahm ihr Nachthemd und ging hinunter. Sie konnte nicht widerstehen, zu ihren Puppen zurückzukehren, und war dermaßen ins Spiel vertieft, daß der Klang der von oben kommenden Männerstimme ihr einen Schrecken einjagte.

Marcie entdeckte sich in einem Durcheinander von Spielzeug, das Nachthemd lag zerknüllt auf dem Fußboden. Draußen war es dunkel, und das Licht im Wohnzimmer war nur schwach. Sie wußte, daß sie eigentlich schon schlafen müßte. Besorgt, daß es Ärger geben könnte, griff sich Marcie ihr Nachthemd und ihren Teddybären und eilte die Treppe hinauf.

Marcie öffnete die Tür und blieb auf der Stelle stehen, als sie den nackten Mann mit ihrer Mutter im Bett sah. Der Mann wandte sein dunkles Gesicht von Gladys Fayes Brüsten und zog seine riesige Hand von ihrem Schenkel zurück. Er schrie das Kind an, als er ihr einen gewaltigen Schlag versetzte. »Was guckste? Raus hier.«

Benommen zog sich Jenny zurück, stoppte nur gerade noch, um den Bären aufzunehmen, der auf den Boden gefallen war, als sie geschlagen wurde. Unten angekommen, entfernte sie sorgfältig die Plastikknopfaugen des Bären, so daß man ihm nie wieder weh tun konnte, wenn er schlimme Sachen sah.

Immer noch Kind genug, um alle Dinge mit Leben erfüllt zu sehen, drängte Marcies Sensibilität sie dazu, ihren Freund zu schützen. Als sie in das Gesicht des beschädigten Teddys schaute, sah sie, wie Blut aus den Stellen zu fließen begann, wo vorher die Augen gewesen waren. Sie drückte das geliebte Spielzeug an sich, bis sie sicher war, daß er tot war; ihre Tränen mischten sich mit seinen blutigen. Für den Augenblick überwand sie ihre Angst vor der Dunkelheit und trug ihn vorsichtig nach draußen. Sie wich dem Verandalicht aus, stieg die Hinterhofstufen hinab und ging zum Waldrand. Sie grub ein Loch in die von Blättern geschützte, weiche Erde und beerdigte ihn – dort würde er sicher sein. Marcie kehrte zum Haus zurück und, ohne sich um Nachthemd oder Decke zu kümmern, rollte sie sich auf dem Sofa zusammen und schlief ein.

Gladys Faye schenkte dem nächtlichen Ausgang sowie der Rückkehr ihrer Tochter keine Beachtung. Solange ihr das Kind aus dem Weg blieb, ließ Gladys Faye sie allein.

Von allen anderen Persönlichkeiten war Marcie Jenny am ähnlichsten. Sie war so ruhig und sensibel, wie Jenny es gewesen war, aber nicht so in sich gekehrt. Marcie konnte lachen und weinen und war anderer Menschen Gefühle gegenüber genauso offen wie ihren eigenen. Sie spielte gern mit anderen Kindern und versuchte sogar, Freundschaften zu schließen. Aber außer Janice, ihrer Freundin aus der ersten Klasse, neigten die Kinder dazu, sie allein zu lassen. Sie hielten Jenny Walters für komisch und launisch. Ihre Meinung wurde jedesmal bestärkt, wenn Flisha ein Kind beschimpfte, mit dem Marcie die Zeit verbracht hatte, oder Selena auf dem Spielplatz zu frech wurde und Marcie später weiter spielen wollte, als ob nichts passiert wäre.

Der Wechsel von einer Persönlichkeit zu einer anderen wurde zum großen Teil von den Umständen der Umgebung kontrolliert. Die meiste Zeit war das System in Ordnung. So konnte zum Beispiel Flisha aufstehen, Frühstück machen und den Schulbus besteigen. Wenn vorgelesen werden sollte, oder beim Spielen in der Pause, erschien Marcie. Selena erschien normalerweise, wenn es Ärger gab. Die Menschen ihrer Umgebung waren sich dieser inneren Wechsel nicht bewußt; sie stellten nur kurze Phasen der Unaufmerksamkeit oder des Vor-sich-Hinstarrens fest.

Schwierigkeiten tauchten auf, wenn das System nicht ordentlich funktionierte. Bestimmte Ereignisse, Anblicke, Töne oder Gerüche konnten einen Wechsel auslösen. Der Duft einer Blume oder der Anblick eines jungen Hündchens konnten Marcie anziehen. Pop-Musik oder das Reden über Partys oder Jungens interessierten Selena. Flisha fühlte sich von Kunst und klassischer Musik angezogen. Unbedeutendere Persönlichkeiten konnten auf auslösende Ereignisse reagieren. Sandy konnte auf einen Stern als Teufelssymbol reagieren. Hilda konnte wegen einer erlittenen Ungerechtigkeit wütend werden. Die kontrollierende Persönlichkeit einer bestimmten Zeit konnte weder immer das Erscheinen einer anderen verhindern, noch willentlich die Hilfe einer anderen Persönlichkeit herbeirufen. Manchmal weigerte sich die Kontrollpersönlichkeit, die Kontrolle abzugeben, zu anderen Zeiten war sie froh, einer anderen Platz zu machen.

Für alle war die Existenz diskontinuierlich. Jede erlebte längere oder kürzere Phasen verlorener Zeit, während andere die Kontrolle hatten. Das Bewußtsein für die Anderen war variabel. Manchmal wußte eine Persönlichkeit von den Gedanken und Handlungen einer anderen. Ein andermal existierte kein solches Bewußtsein. Alle Persönlichkeiten antworteten auf den Namen Jenny. Alle erlebten es, sich an Orten und in Situationen zu befinden, ohne zu wissen, wie sie dort hingekommen waren. Alle lernten, sich durch Situationen zu bluffen, bis sie die Orientierung gefunden hatten.

Für ihre Lehrer stellte Jenny Walters ein wirkliches Rätsel dar. Sie fragten sich, wie ein Kind, das eine Lektion so gut lernte, dermaßen verwirrt sein konnte. Sie sahen große Schwankungen in ihren künstlerischen, musikalischen und allgemeinbildenden Fähigkeiten. Ihren frustrierten Lehrern schien Jenny intelligent, aber nicht willens genug, aufzupassen und ihre Fähigkeiten zu nutzen.

Die Frustration der Lehrer war nichts im Vergleich zu der der anderen Persönlichkeiten, die darum kämpften, keinen Boden zu verlieren und in der Schule zu lernen. Jede der Persönlichkeiten versuchte, sich einen Reim aus den verstreuten Informationsstückchen der unterbrochenen Unterrichtsstunden zu machen. Zusammen schafften sie es, genug Wissen zu ergänzen, um nicht hinter die Klassenkameraden zurückzufallen, aber sie konnten weder die irreparablen Lücken überbrücken, die beim Lernen entstanden, noch konnten sie den Schaden verhindern, den Jennys Ruf nahm.

Während Jennys guter Ruf in der Schule litt, erlangte sie in der Sekte höheres Ansehen. Dadurch, daß Jenny in ihren eigenen Welten lebte, gab es keine Momente des Zögerns mehr oder des Ausdrucks von Angst, die es gegeben hatte, als Jenny noch versuchte teilzunehmen. Nachdem Jenny verschwunden war, setzten sich Sandy und Selena unerschütterlich den wiederholten Gehorsamkeitsproben der Sekte aus.

Sektenführer, die Zeugen der bemerkenswerten Auftritte waren, sahen sich durch das, was sie beobachteten, genötigt, das außergewöhnliche Kind zu ihrem Vorteil zu benutzen. Sie bezogen das Walters-Kind immer mehr in ihre Rituale ein, um ihre Macht der Kontrolle der Kräfte des Bösen zu erhöhen. Sie benutzten sie als Medium für die Passage der in ihren Diensten stehenden Geister.

Die wichtigsten Rituale für die Beschwörung von Dämonen waren für große regionale Versammlungen der Sekte reserviert. Hohepriester und ihre Assistenten verbrachten Tage mit der Vorbereitung, dem Säubern mit besonderen Ölen, dem Brennen von Weihrauch und dem Mischen von Kräutern, um den Erfolg der Dämonenbeschwörung sicherzustellen oder, was noch wichtiger war, die herbeigerufenen Dämonen kontrollieren zu können.

Bei den Ritualen übernahm der Priester die vollständige Kontrolle über die Person, durch die der Dämon geleitet wurde. Dämonen wurden beschworen, um eine schwierige Aufgabe zu vollenden, einen Feind zu vernichten oder einem Verbündeten zu helfen. Und sie mußten wieder dort hingeschickt werden, woher sie kamen. Wenn sie nicht durch jene kontrolliert wurden, die sie beschworen hatten, wären sie auf die Welt losgelassen, ihre Energie verschwendet, oder was noch schlimmer wäre, sie würden sich gegen jene wenden, die ihre Macht auszubeuten gedachten.

Auf der langen Fahrt zur Teilnahme an dem Ritual ermahnte Gladys Faye ihre achtjährige Tochter: »Also, Jenny, tu was man dir heute nacht sagt, und stell keine dummen Fragen.«

Sandy nickte zustimmend. »Ja, ich werde zuhören.«

Zufrieden wandte sich Gladys Faye wieder der Unterhaltung der Erwachsenen zu, Sandy schaute sich die vorbeiziehende Landschaft an. In der Dämmerung erreichten sie den Kirchhof. Alle stiegen auf dem Kies-Parkplatz aus. Sandy entdeckte einige bekannte Gesichter, Leute, die sie bei anderen großen Versammlungen gesehen hatte. Sie war froh, Patty zu sehen, die aus dem Auto stieg, das neben ihnen parkte. Patty war ungefähr in ihrem Alter, und sie hatte sie einige Male bei Treffen gesehen. Sie waren Freundinnen geworden und flüsterten zusammen, während sie die Erwachsenen aus sicherer Entfernung beobachteten. Selena mochte Patty auch.

Bevor sie entkommen konnten, um das Treffen vom Waldrand aus zu beobachten, wurden sie mit den anderen Kindern zur Mitte des Friedhofs geführt. Der Mann, der sie führte, brachte sie ohne Umweg zu einem großen Grabstein, der aus einem Block polierten Rosengranits bestand. Dieser ruhte auf einem rauhen Fundament, und seine Spitze bildete eine abgeflachte Pyramide grob gehauenen Steins. »Bleibt hier, bis euch was anderes gesagt wird«, befahl der Mann, »und hört, was ich zu sagen habe.«

Die Kinder drängten sich um den charakteristischen Grabstein und hörten den Mann intonieren: »Durch diesen Stein kennzeichne diesen Ort. Durch diesen Stein kennzeichne diesen Ort. Durch diesen Stein kennzeichne diesen Ort.« Während sie dem dreifachen Befehl lauschte, berührte Sandy den rauhen Granit und ertastete das dreieckige Satanssymbol mit ihren Fingern.

Im schwächer werdenden Licht schaute sie sich auf dem Friedhof um. Viele Steine waren alt, der Marmor von Moder geschwärzt und die Inschriften durch die Verwitterung der Steine fast unleserlich. Hohe, spitze Steine überragten klassisch runde. Die lebensgroße Marmorstatue eines Engels stand auf einem granitenen Sockel und beobachtete schweigend die Szene.

Die Kinder hatten wenig Zeit, über ihre Lage nachzudenken. Aus dem Schatten des Kirchengebäudes traten Sektenmitglieder hervor. Alle trugen schwarze Gewänder mit Kapuzen. Einige trugen Kerzen, als sie sich in einer Schlange näherten, ihre Schritte verursachten auf dem Kies-Parkplatz knirschende Geräusche. Mit leisem, monotonem Gesang ging die Gruppe auf dem Friedhof ein Dreieck ab, das sie dann kreuzten, um ein Pentagramm zu zeichnen. Indem sie einen Kreis um die Spuren ihres Weges bildeten, vervollständigten sie das schützende Symbol und schlossen die Kinder in ihrer Mitte ein.

Als das Ritual ernsthaft begann, richtete der führende Priester die Aufmerksamkeit auf die Statue mit dem Engel. »Mit Satans Macht verachten wir die Engel«, wiederholte die Gruppe.

»Elchim, Adonay, Jehovah, gebt uns die Geister frei.«

Im Gegensatz zu den Erwachsenen begriffen die Kinder die Bedeutung des unter den Engeln gemeißelten Namens nicht. »Minnie Skoff«, lautete die Inschrift, »Dec. 1842–Oct. 1908«. Im Fundament wiederholte sich in großen Lettern SKOFF und bildete ein Ziel des Gespötts der Teufelsanbeter, die auf den opportunen Symbolismus allzu bereitwillig reagierten.

Ein Mann trennte Sandy von den anderen Kindern. Ohne ein Wort nahm er ihre Hand und führte sie zu einem Grab, das speziell für die Zeremonie ausgesucht worden war. Als Sandy gehorsam wartete, konnte sie im Kerzenlicht gerade noch das Wort VATER erkennen, das über das geöffnete Marmor-Buch oben auf dem Gedenkstein gemeißelt war. Zwei Gestalten in Roben, ihre geweißten Gesichter durch Kapuzen unkenntlich, zogen Sandy die Kleidung aus und legten sie auf das Grab. Sie banden ihr Seile um die Handgelenke und machten ihre kleinen Arme über dem Kopf um den Grabstein herum fest. Sandy hob ihren Kopf, um die bittere, beruhigende Droge zu trinken, die ihr gereicht wurde, und lag dann, ihr Kopf an dem harten Stein, ruhig. Sie beobachtete, wie ein Kreis aus weißem Pulver um sie gestreut wurde und darauf ein weiterer um das Grab. Der Geruch einer faulen Substanz in der Nähe ließ sie zusammenzucken.

Der Hohepriester näherte sich und begann seinen Gesang, der sie auf das Ritual vorbereiten sollte. »Dagon, Besheva, Abadon, höret uns. Erscheinet nun friedfertig, sichtbar und ohne Zögern.« Um den Dämonen einen Weg zu bahnen, berührte oder drang der Priester mit kalten, harten Instrumenten in jede Körperöffnung des Kindes ein.

Mit den stechenden Schmerzen dieser »Teufels-Ruten« nahm Selena Sandys Platz ein. Die Stimme des Priesters wurde eindringlicher, seine Stöße in das Kind heftiger, als er die Geister erst lockte und dann aufforderte zu erscheinen. »Im Namen Baphomets, ich verfluche euer Widerstreben. Erscheint jetzt, ich zwinge euch.«

Der Priester zog das Kind an den Haaren hoch und nötigte sie, wieder zu trinken. Selena spürte die donnernden Anrufungen des Priesters ebenso, wie sie diese und die gemurmelten Wiederholungen des Kreises der Sektenmitglieder hörte. Das sanfte Rumpeln in ihrer Brust machte heftigem Zittern Platz. Sie spürte, wie ihr Körper in den naßkalten, fauligen Dreck des Grabes sank. Es schien Selena, als ob sie schrie, aber alle, die hören konnten, fortgegangen wären. Als Folge ihres drogenumnebelten Zustands und als Reaktion auf die Forderungen jener, die Kontrolle über sie hatten, sah sie die flackernden Feuer der Hölle, als die Dämonen ihren Weg durch sie antraten. Sie schreckte zurück, aber konnte den schrecklich deformierten Gesichtern nicht entkommen, Schädel, an denen Fleischfetzen hingen, unaussprechliche, uralte Dinge, die sich aus ihrem Mund, ihren Augen und zwischen ihren Beinen heraus materialisierten. Als ob die Dinge nicht schnell genug einen Ausgang finden könnten, begann sich ihr Fleisch in großen klaffenden Kratern zu öffnen, um diese Flut des Schreckens hervorzuspeien.

Die Kälte der Nacht und die Auswirkungen der Drogen beschleunigten die Betäubung, die das Kind vom Bewußtsein befreite. Erst lange nachdem sie und ihre Mutter nach Hause zurückgekehrt waren, erlangte sie wieder das Bewußtsein. Das Erlebnis kam Selena fast wie ein Traum vor. Aber sie wußte, daß es Wirklichkeit war, so real wie das Blut aus den Wunden im Mund, das sie immer noch schmeckte, und so real wie die Seilspuren an ihren Handgelenken. So schlimm alles war, Selena war froh, daß sie und nicht Patty auf das Grab gelegt worden war. Patty schien sich immer so zu wehren, so viel zu bluten und so zu schreien.

Zu Hause veränderten sich die Lebensumstände für Jenny, jedoch nicht zum Besseren. (Seit sie sieben war, lebte Jenny in ihren eigenen Welten. Der Bezug auf ihren Geburtsnamen dient nur der Erinnerung, daß all diese Ereignisse einer einzigen Psyche und einem Körper geschahen, wie zersplittert dieser Geist in seiner eigenen Form von Abwehr auch wurde.) Jahrelang setzte ihre Mutter den Mißbrauch fort und sagte ihr mitleidlos, daß sie unerwünscht, häßlich, dumm und böse sei.

Gladys Fayes Haß und Wut auf den Mann, der sie sexuell benutzt und sitzengelassen hatte, wurde wiederholt durch das Kind ausgelöst. Wenn sie in Jennys Augen schaute, sah Gladys Faye Donald Poehlman. Sie erkannte ihn in den kleinen, agilen Händen des Kindes. Sie wußte, daß Jenny von ihm die musikalische Fähigkeit hatte, Stücke auf dem Klavier nach Gehör zu spielen, und die künstlerische Fertigkeit, ihre hübschen Bilder zu malen. Mit Jenny wuchs auch Gladys Fayes Groll auf das hübsche, kluge Kind. Sie leugnete jeden eigenen Anteil in dem Kind und sah Jenny ausschließlich als Produkt ihres

Vaters. Mit Befriedigung bemerkte sie, daß ihre Tochter groß genug wurde, um von Männern benutzt zu werden, wie sie selbst benutzt worden war.

Manchmal wurde Jenny aus dem Schlafzimmer ihrer Mutter ausgesperrt. Sie vermißte beim Einschlafen die Wärme von Gladys Fayes plumpem Bauch. Sie mußte alleine schlafen gehen, normalerweise in Tante Mamies Bett. Wenn Tante Mamie von der Arbeit kam, kroch sie neben Jenny ins Bett und schimpfte, wenn diese sich anschmiegen wollte. Manchmal schickte sie Jenny in das Bett ihrer Mutter, das leer war, wenn Gladys Faye zur Nachtschicht gegangen war.

In Tante Mamies Bett hörte Jenny häufig von oben die Stimmen von Männern und die ihrer Mutter. Sie ging nicht nachschauen, nicht, seitdem Marcie auf den haßerfüllten Mann getroffen war.

Marcie schlief schon fast, als sie ihre Mutter rufen hörte: »Jenny, komm her, Liebling, sofort.« Marcie hatte vorher gehört, wie sich oben Männer unterhielten. Sie hatte Angst, aber sie mußte auf Gladys Fayes »Komm her, hab ich gesagt!« reagieren.

Gladys Faye und einer der Männer waren so in ein Gespräch vertieft, daß sie Marcies stillschweigendes Eintreten nicht bemerkten. Nach einigen Minuten drehte sich der Mann um, schaute Marcie an und lächelte. »Das ist ja wirklich ein hübsches, kleines Ding, Faye«, sagte er, »sie wird gerade richtig sein.« Marcie sah, wie der Mann Gladys Faye Geld gab, bevor er nach ihr griff. Gladys Faye lächelte zustimmend und wandte ihre Aufmerksamkeit dem anderen Mann zu.

Marcie wollte weglaufen, schreien, den Mann davon abhalten, sie hinüber zum Bett zu tragen. Sie blieb still, weil sie wußte, daß ihre Mutter ihr etwas antun könnte. Außerdem tat es gut, ihre Mutter lächeln zu sehen.

Der Mann war liebenswürdig, als er ihr das kleine Nachthemd auszog, sie zu streicheln begann und gurrte: »Du süßes, kleines Ding, mein Puppenbaby.« Aber als sie ihre Hand von der warmen, glatten Haut seines Penis zurückzog, wurde er grob. Marcie wußte nicht, wie sie mit Scham und Verletzungen umgehen sollte. Sogar für Selena war es schwer, den ungestümen Druck auszuhalten, als der Mann heftig in das achtjährige Kind eindrang.

Als der erschöpfte, schwitzende Mann sich von ihr rollte, kroch Selena ans Kopfende des Bettes, fort von dem blutigen Fleck. Sie drückte ein Kissen an sich und kauerte sich in die Ecke, aus ihrem

Bauch stieg ein Gefühl der Übelkeit auf. Das Gefühl der Übelkeit mischte sich mit dem Wunsch eines Kindes, seiner Mutter zu gefallen, und einem Haß auf die Mutter, die sie für Geld verkauft hatte.

Die gemischten Gefühle fanden einen Fokus in Angst. Sie hatte Angst, daß der Mann wiederkommen könnte oder andere Männer kommen könnten, an die ihre Mutter sie aushändigen würde. Viele Nächte versteckte sie sich in dem kleinen Abstellkämmerchen der Dachstuben, wo man die Steppdecken lagerte. Sie kroch durch die kleine, rechteckige Tür und ließ sich auf den Querbalken nieder, wobei sie darauf achtete, nicht auf den Dachbalken zu treten. Ihr Bruder, Lloyd, hatte ihr einmal erzählt, daß man bis in den Keller fallen würde, wenn man darauf träte.

Sie verhielt sich ganz leise und lauschte, bis sie hörte, daß die Männer das Zimmer ihrer Mutter verließen und diese zur Arbeit ging. Sie blieb dann immer noch dort hocken, weil sie sich vorstellte, die Männer könnten zurückkommen. Erst als sie hörte, daß ihre Tante von der Arbeit kam, traute sie sich, zu Bett zu gehen. Die tatsächliche Zeit zwischen dem Gehen ihrer Mutter und dem Kommen ihrer Tante betrug etwa eine Stunde. Dem Kind kam diese Zeit der Gefahr endlos vor.

Das Verstecken verschaffte ihr ein Gefühl der Sicherheit, aber nachdem ihre Mutter sie einmal der Prostitution ausgesetzt hatte, konnte es sie nicht wirklich schützen. Selena ertrug, was die Männer, die Gladys Faye bezahlten, ihr antaten. Wenn zwei Männer auf einmal da waren, war es noch schlimmer. Jedesmal, wenn es vorüber war, kroch Selena mit ihrem Kissen in die Ecke des Bettes und war mit ihren Gefühlen des Ekels allein.

Es gab Zeiten, in denen Jenny nicht allein gelassen wurde. Die immerwährende Ebbe und Flut der umfangreichen Familie in Mamies Haus brachte es häufig mit sich, daß das Haus voller Erwachsener und Kinder war. Erwachsene benutzten die Betten schichtweise, und die Kinder wurden auf Steppdeckenlagern auf dem Fußboden untergebracht. Bei warmem Wetter wurden sogar im Keller Betten aufgestellt, besonders, wenn Rose und Billy Joe mit ihren beiden Töchtern und beiden Söhnen einzogen.

Alle Kinder von Rose und Billy Joe waren jünger als Jenny. Ihre Älteste, Anna, überließ Jenny die Führung und folgte ihr, obwohl Jennys Launenhaftigkeit sie oft verwirrte.

Die offensichtlichen Stimmungswechsel waren die Manifestationen der verschiedenen anderen Persönlichkeiten. Marcie war froh, wenn Kinder im Haus waren. Flisha fand sie schmutzig und ungezogen. Selena liebte es, jemanden herumkommandieren zu können.

Der vereinigende Wesenszug war die Angst. Wenn die Kinder allein gelassen wurden, machte Jenny ihnen Angst. Mit dem sicheren Gefühl, daß jemand versuchte, in das Haus einzubrechen, lief Jenny fort, um sich zu verstecken, und entdeckte oft Anna neben sich kauernd auf dem Dachboden. Die Kinder stellten sich vor, daß in dem Wald hinter dem Haus Monster waren. »Gespenster-Wald« nannten sie ihn. Jenny erzählte ihnen, daß dort ein Mann ohne Kopf lebte. Alles, was man tun mußte, um ein Spiel zu beenden, war, auf den Wald zu zeigen, und zu behaupten, man hätte gesehen, wie sich dort etwas bewegte. Vor Angst kreischend rannten sie zur Hintertreppe und erklommen die Stufen, um sich in Sicherheit zu bringen.

Die Nachtmonster, vor denen Jenny Angst hatte, wurden für sie zunehmend realer. Oft hatte man ihr in Sektenversammlungen erzählt, daß man im Wald Dämonen ausgesetzt hätte, die die Kinder fangen sollten, die weglaufen wollten. Sie hatte Mitglieder über Gefahren von Dämonen sprechen hören, die jemand heraufbeschworen hatte, aber nicht kontrollieren konnte. Welche Monster sich auch immer ihre Cousins und Cousinen vorstellten, Jenny sah die flüchtigen Erscheinungen der Dämonen aus dem Grab.

Am Tage ließ es sich leichter spielen. Im Keller Schlammkuchen zu »backen«, war ein Lieblingsspiel der Mädchen. Eine offene Dusche versorgte sie mit Wasser, um den Schmutz feucht zu machen, den sie vom Sims neben den Kartoffelkisten kratzten. An diesem Tag machten Lisa und Anna besondere Schlamm-Törtchen mit blauer Seifenpulver-Glasur für eine Teegesellschaft. Die Jungen vergnügten sich mit Spielzeug auf dem Fußboden des Kellers. Es war Samstag, und die Erwachsenen, die in die Stadt gegangen waren, kehrten zu früh zurück. Lisa hörte sie eine Treppe höher. Sie wußte, daß es Ärger geben würde, falls Tante Mamie den Schmutz sah. Also überließ Lisa den Schmutz Selena. Es war keine Zeit mehr, den Schlamm in den Abfluß zu spülen; außerdem hätte Tante Mamie das laufende Wasser gehört. Selena fand eine einfache Lösung. Sie zwang die kleinen Jungen, die seifenglasierten Schlammtörtchen zu essen.

Selena hatte häufig genug Ärger. Zum Beispiel, als Sandy ihren zweijährigen Cousin Brian über und über mit roter Lebensmittelfarbe beschmierte. Wie jedes Kind hatte Sandy die Aktivitäten Erwachsener imitiert. Sie machte ein Spiel aus Dingen, derer sie bei der Sekte Zeuge war. Die anderen Kinder verstanden das Ritual nicht und bekamen dermaßen Angst, daß sie zu Tante Mamie rannten. Tante Mamie wurde ziemlich wütend. Selena bekam Prügel.

Jennys Spielkameraden-Cousinen und -Cousins kamen und gingen. Immer wenn Billy Joe genug Geld zusammen hatte, zog er mit seiner Sippschaft in ein nahe gelegenes, kleines Mietshaus. Ein paar Monate später waren sie wieder zurück. Dies wiederholte sich über Jahre.

Keine von Jennys anderen Persönlichkeiten mochte Billy Joe. Marcie schaffte es, tolerant zu sein, aber Flisha hielt ihn für grob und widerwärtig. Sogar Selena war von seinen rohen Umgangsformen und seinen scharfgeschnittenen, dunklen Zügen eingeschüchtert. Sie hatte gehört, daß er zum Teil Cherokee-Indianer war, und dachte, daß dies zu seinem wilden Wesen beitrug. Man wußte ja, daß Indianer Wilde waren.

Als Selena im Badezimmer war und Billy Joe hereinkam, hatte sie Angst. Sie hatte Spaß an ihrem warmen, schaumigen Bad gehabt. Sie mochte das glitschige Gefühl der glatten Porzellanbadewanne und den süßen Geruch der Seife. Die Zeit der Freude war abrupt zu Ende. »Komm zu mir«, sagte Billy Joe. Grob hob er sie aus der warmen Wanne und stellte sie auf den kalten Linoleumboden. Mit einer Hand hielt er das Kind fest, mit der anderen öffnete er seine Hose. Selena roch Schnaps in seinem stinkenden Atem, als er nuschelte: »Halt bloß deinen Mund, oder ich schneide dir die Zunge raus.« Selena sah das Springmesser neben ihrem Kopf. Sie wehrte sich nicht.

Nachdem Billy Joe gegangen war, badete Selena noch einmal. Sie wollte sich sauber fühlen. Andere Männer hatten ihr das auch angetan, aber es war etwas, das Gladys Faye gewollt hatte. Wenigstens wollten die Männer sie und sagten nette Sachen zu ihr. An dem, was Billy Joe ihr angetan hatte, war nichts Gutes. Diese Vergewaltigung des neunjährigen Mädchens war eine besondere Schändung.

Kapitel 8

In fast jedem Aspekt ihres jungen Lebens wurde Jenny wie ein Objekt behandelt. Wie ein Spielzeug, wie eine hübsche, formbare Puppe wurde sie manipuliert, damit sie die Launen ihrer Familie zufriedenstellte. Keiner der Erwachsenen, der sich hätte um sie sorgen sollen, kümmerte sich um sie. Die Menschen, auf deren Vertrauen sie jedes Recht hatte, verletzten sie oder versagten dabei, sie zu schützen.

Die Vergewaltigung durch ihren Cousin war nur ein Mißbrauch in einer ganzen Reihe ähnlicher Vorfälle. Ohne Hemmungen zog Billy Joe Jenny in seinen Sumpf von Drogen, Sex und Gewalttätigkeiten. Schon bald nach seinem ersten sexuellen Mißbrauch machte er sie mit Drogen bekannt. Regelmäßig gab er ihr eine Handvoll Tabletten und bestand darauf, daß sie sie einnahm, so daß sie sich besser fühlte und Billy Joe besser ertragen konnte. Durch Drohungen mit dem Messer und die Drohung, die Bilder, die er von ihr machte, in der Schule zu zeigen, versicherte er sich ihrer Willfährigkeit. Selena machte die sexuellen Sachen mit und posierte, wie er es ihr befahl.

Da er oft arbeitslos war, hing Billy Joe in Mamies Haus herum. Wenn Flisha Klavier übte, machte er sich auf der Bank an sie heran. Er hielt ihr das Messer an die Kehle und zwang sie, die Stücke zu spielen, während er an ihr herumspielte. Flisha ging ganz in der Schönheit der Musik auf, um seiner Häßlichkeit zu entkommen.

Als Billy Joe mit seiner Familie ein eigenes Quartier bezog, schickte man Jenny an den Wochenenden dort hin, damit sie mit ihren Cousins und Cousinen spielte. Normalerweise ging Selena hin. Die nächtlichen Beutezüge, zu denen man die Kinder schickte, damit sie Kohlen für den Ofen stahlen, machten ihr Spaß. Der Eimer Kohlen, den die Kinder von Nachbarn stibitzen konnten, reichte, um den Ofen einen ganzen Tag in Betrieb zu halten. Wenn die kichernden Kinder mit schwarzen Händen zurückkehrten, hatte Billy Joe bunte Pillen als Belohnung für sie.

Billy Joe und Rose nahmen die älteren Kinder mit auf Partys. Wenn Jenny zu Besuch war, ging sie auch mit, schluckte Drogen und nahm an dem Gelage teil. Manchmal ging es rauh zu. Drogen machten Billy Joe unberechenbar. Selena hörte lautes Streiten, bevor sie das bekannte Springmesser sah, das dem Mann den Bauch aufschlitzte. Sie hörte Rose schreien: »Lauft!« Als Rose den Motor angelassen hatte, waren sie gerade im Auto, aber die wütende Meute kippte das Auto in den Graben und zog Billy Joe heraus, um ihn zu verprügeln. Rose schrie wieder, und wieder rannten die Kinder los. Das letzte, an das sich Selena erinnern konnte, war, daß sie in den Wald lief und Leute hinter ihr her waren. Sie wachte zu Hause im Bett auf. Niemand sprach jemals über das wilde Wochenende oder über die anderen Male, die sie bei ihren Cousins und Cousinen, Rose und Billy Joe war.

Da sie nicht wußte, welchem Familienmitglied sie trauen konnte, vertraute Jenny niemandem. Einige ihrer vielen Tanten, Onkel und Cousinen hätten ihr vielleicht die Nähe geben können, die sie brauchte, aber sie entzog sich ihrer Nähe. Soweit sie wußte, hatte jedes Geschenk, jede Zärtlichkeit ihren Preis.

Im Sommer luden Onkel Cleatus, Jennys Großonkel, und seine Frau, Tante Ramona, die Bande auf ihren alten Pick-up, die Kinder hinten auf alten Bussitzen, und fuhren für einige Zeit ans Meer oder in die Berge. Die Abgase des alten Lastwagens nebelten die Kinder ein. Jenny bekämpfte ihre Übelkeit mit dem Kauen von Zitronenscheiben oder zerkleinertem Eis und wartete darauf, daß die sanften Hügelketten den dunstumwobenen Gipfeln der Appalachen oder dem endlosen Flachland des angrenzenden Atlantik wichen.

Die Urlauber kampierten unter einer Regendecke neben dem Lastwagen oder mieteten ein Häuschen, um einige Tage mit Wandern, Angeln oder Schwimmen zu verbringen. Onkel Cleatus war dafür bekannt, daß er die Kinder nicht in Ruhe lassen konnte. Wenn die anderen lachend zu ihm sagten: »Laß doch die Kleinen in Ruhe«, reizte ihn das um so mehr. Er machte den Kindern Angst mit Geschichten von Haien im Ozean, Schlangen auf den Bäumen und Monstern in der Dunkelheit. Er kicherte über ihr Gekreisch, wenn er sie an einem Arm über ein Pier, eine Klippe oder eine Hängebrücke baumeln ließ und damit drohte, sie loszulassen.

Einige von Onkel Cleatus' grotesken Possen waren geheimer Natur. Als er Selena mit in den Fluß nahm und ihr drohte, sie unter Wasser zu halten, wenn sie nicht seinen Penis streichelte und ihn in den Mund nahm, sagte er ihr, sie dürfe es niemals weitererzählen. Selena wußte nicht, ob der alte Mann die Sexspiele auch mit anderen Kindern machte. Sie bewahrte sein Geheimnis.

Im Winter spielte Onkel Cleatus in Tante Mamies Haus für die Kinder den Weihnachtsmann. Selena erkannte den alten Mann in dem roten Anzug und mit dem Bart. Sie schaute auf die verschneite Szene des kleinen Dorfes unter dem Weihnachtsbaum und dachte an den Sommer.

Was als Urlaub begann, war häufig das Vorspiel zu Sektenaktivitäten. Sektenmitglieder benutzten Parks, Campingplätze und Touristenattraktionen als Versammlungsorte und zur Durchführung von Ritualen. Manchmal mußten sie stundenlang reisen, um zu vorbereiteten Plätzen zu gelangen.

Morgens streiften sie durch die Andenkenläden oder sahen sich die Sehenswürdigkeiten an. Nach dem mittäglichen, gut gewürzten Südstaaten-Grill ging es zum Eisessen in den *Old Tyme Ice Cream Shop*. Am Nachmittag wurden die Verkaufsstände an der Landstraße erkundet. Zur Abkühlung ging es in den Schatten rostiger Blechdächer, nachdem man Honig probiert oder aus den Reihen süß duftender Obststände den besten Korb mit Äpfeln ausgewählt hatte.

Die Kinder tollten auf den Höfen der Geschäfte zwischen Statuen und Modeneuheiten herum. Graue Zementvogelbäder, weiße Schwäne aus Gips, schwarze Knaben, die mit weit aufgerissenen Augen darauf warteten, die Pferde anzuspannen, und langbeinige rosa Flamingos regten zu phantasievollen Spielen an.

Bei Einbruch der Dämmerung hörte das Spielen auf. Die Kinder mußten in Spalten überhängender Felsen oder schattigen Ecken warten, bis man sie rief. Die bei Tageslicht schönen Plätze wurden dunkel und beängstigend. Opportunisten, die sie immer waren, benutzten die Sektenmitglieder alle zur Verfügung stehenden Hilfsquellen, um ihre Rituale mächtiger zu gestalten. Dinge, wie eine Felsformation, die »Teufelskopf« genannt wurde, ein Kuriosum, das als »bodenlose Löcher« angekündigt wurde, und sogar die Friedhöfe in der Nähe der Campingplätze stellten Örtlichkeiten für Zeremonien dar.

Bei diesen Treffen wurde Jenny, normalerweise als Sandy oder Selena, auf vielfache Art benutzt. In Sichtweite des Wasserrads einer malerischen Mühle befestigte man sie auf einem Grab, um die Geister zu beschwören. An einem schönen Gebirgsbach wurde sie an Seile gebunden und in das eisige, schwarze Wasser hinabgelassen, damit sie »den Vater« traf. Fast ertrunken und von der Kälte taub, sah Selena den Satan, dem sie ihren Gruß erbieten sollte.

Zu allen Zeiten wurde in der Sekte Gehorsam verlangt. Die Kinder, insbesondere die Mädchen, wurden geschmäht, dann getestet. Bei einem Test zu versagen, bedeutete umgehend schwere Bestrafung. Man verhöhnte sie mit Ausdrücken wie: »Nutzloses, widerliches, schmutziges Werkzeug.« Man zwang sie zu sexuellen Praktiken mit Tieren und verhöhnte sie darauf für die Handlungen. Danach tötete man die Tiere und zwang die Kinder, das Fleisch des Opfers zu essen.

Man zwang die Kinder, die »Bretter« zu erdulden. Auf Brettern, durch die man Nägel getrieben hatte, mußten sie stundenlang sitzen oder kauern und durften sich nicht bewegen. Sie wurden in Käfige gesperrt und gezwungen, Spinnen zu essen und Urin zu trinken. Lebende Katzen, denen man die Haut vom Gesicht gerissen hatte, wurden in die Käfige geworfen, um die Erniedrigung noch blutiger zu gestalten. In pervertierten sexuellen Zeremonien mußten die Kinder stillhalten, während man ihnen sich windende Schlangen in den Mund, die Vagina und Anus steckte.

Der Zweck war, die Kinder zu entwürdigen, nicht sie zu töten, oder auf eine Weise zu verletzen, die nachweisbar gewesen wäre. Bisse oder andere Verletzungen wurden unverzüglich von einem der Ärzte, die Sektenmitglieder waren, behandelt. Die Kinder wurden versorgt und auf weitere Tests vorbereitet.

Der härteste Test war, zu beobachten, wie ein anderer verletzt wurde. Sandy war etwa neun, als sie versuchte, zuzuschauen, wie ein Mann sich die eigene Kehle durchschnitt. Der Mann, von Drogen halb verrückt, gehorchte dem Befehl, den Dolch vom Altar zu nehmen und den Kopf nach vorn zu neigen, um den Schnitt durchzuführen. Das Blut schoß aus der von ihm durchstochenen Vene. Sandy machte einen Satz und rannte barfüßig ziellos durch den Wald, bis sie das Bewußtsein verlor. Im Nu erwischten die Leute das Kind und brachten Selena an den blutigen Ort zurück. Zur Strafe zwang man sie, sich mit noch glühender Kohle aus dem Feuer Hände und Arme zu verbrennen. Um ihre Gehorsamkeit zu beweisen, mußte sie sich mit dem gleichen Dolch, den der tote Mann benutzt hatte, in die Arme schneiden.

Mit Schnitten, die vom Hohepriester oder von ihm Bestimmten durchgeführt wurden, wurden dünne Hautschichten von Handgelenken oder Knöcheln entfernt, die in einem der Kommunion gleichenden Akt von Sektenmitgliedern gegessen wurden. Alle Menschenfleischopfer wurden in formalen Zeremonien vor dem schwarzen Altar vollzogen. Andere Akte der Abscheulichkeit wurden nicht so feierlich durchgeführt.

Sektenmitglieder kamen in kleinen Gruppen zu Ad-hoc-Treffen zusammen. Der Keller in Mamies Haus war häufig ein Ort der Zusammenkünfte. Während Mamie zur Arbeit war, schlichen sie sich abends durch die Kellertüren und gingen, bevor die Frau von der Arbeit zurückkehrte. Gladys Faye war stolz, Gastgeberin spielen zu dürfen und ihre Tochter den Freunden zum Amüsement anbieten zu können.

Amüsement beinhaltete normalerweise sexuelle Spiele untereinander und mit dem Kind. Im Verlauf des Abends nahm die Unterhaltung ab. Man tanzte und trank, Männer und Frauen in Paaren oder Gruppen reagierten auf ihre Erregung. Sowohl Männer als auch Frauen reichten Jenny zur Benutzung unter sich weiter.

Gewänder, geweißte Gesichter und Tiermasken trugen zu der unheilvollen Atmosphäre bei. Häufig quälten die Leute Jenny als Teil eines unvorbereiteten Rituals. Sie zogen sie aus, machten sie unter der offenen Dusche naß und rollten sie in der roten Erde auf dem Kellersims. »Der Schmutz dringt so tief ein, daß du ihn nie wieder los wirst«, sagten sie ihr.

Wenn sie mit ihr fertig waren, durfte das Kind hochgehen und sich waschen. Selena war mit kalten, einsamen, schmutzigen Gefühlen allein, die sie nicht abwaschen konnte.

Bei den Keller-Treffen war Gladys Faye Jenny gegenüber genauso reserviert wie bei den regulären Sektenversammlungen. Die Übergabe ihrer Tochter an die Sekte war vollkommen und ohne Beschränkungen. Was die Teufelsanbetung anbelangte, war Gladys Faye ein ergebenes Mitglied. Ihr Opfer war endgültig. Für Gladys Faye war Mißbrauch durch die Sekte kein sichtbarer Grund zur Beunruhigung.

Ihr eigener Mißbrauch an Jenny beschäftigte Gladys Faye genug. Der Mißbrauch fand zufällig wie auch in voller Absicht statt. Sie hatte nicht immer vor, ihre Tochter zu verletzen; sie hatte nicht die Absicht, sich von ihr belästigen zu lassen. Gladys Faye war in ihren physischen, emotionalen und finanziellen Möglichkeiten zu eingeschränkt, um mit einem Kind umgehen zu können, daß sie eigentlich gar nicht gewollt hatte.

Jenny einzusperren, schaffte Gladys Faye die Freiheit, das Haus mühelos und ohne Kosten für die Kinderpflege verlassen zu können. Als Jenny zu groß wurde, um in die Kartoffelkiste zu passen, kettete sie sie entweder an einen metallenen Träger im Keller oder steckte sie in einen großen Holzverschlag hinter der Garage. Unsicher, ob der Verschlag sie am Ausreißen hindern konnte, erzählte Gladys Faye noch Geschichten von schrecklichen Ungeheuern im Wald, um sie von der Flucht abzuhalten.

Jenny auszusperren ermöglichte Gladys Faye, vor der Arbeit ohne Unterbrechungen zu schlafen oder sich mit Männern in ihrem Bett zu beschäftigen. Gladys Faye schien sich keine Gedanken zu machen, wenn das Aussperren sich bis in die Stunden der Dunkelheit hinzog oder wenn es draußen fror, regnete oder schneite.

Gladys Faye schob Jenny nicht immer von sich. Wenn es ihr gelegen kam, holte sie das Kind zu sich. Jenny mit in ihr Bett zu nehmen war so eine Gelegenheit. Durch das Streicheln von Jenny und der Erkundung ihres Körpers mit Fingern und Objekten fand Gladys Faye sexuelle Erleichterung. Sie zwang Jenny dazu, die Handlungen bei ihr zu wiederholen und Stillschweigen darüber zu bewahren. Ob sie Jenny ausschloß oder mißbrauchte, Gladys Faye reagierte auf ihre eigenen Bedürfnisse und war nicht willens oder fähig, die Bedürfnisse des Kindes zu berücksichtigen.

Oft war der Mißbrauch spontan, reaktiv, eine Folge von Gladys Fayes Unfähigkeit, mit der Situation umzugehen. Ein Großteil der Zeit war Gladys Faye körperlich krank. Sie hatte fast ständig Kopfschmerzen, die manchmal so schlimm wurden, daß sie sich ins Bett legen mußte. Schlimmer noch, das Nasenbluten unterstrich die gefährliche Natur ihres Zustandes. Sie wußte, daß es in der Familie eine Tendenz zu hohem Blutdruck gab. Sowohl ihre Mutter und ihr Vater als auch einige Tanten und Onkel waren an Schlaganfällen oder Herzschlägen gestorben. Obwohl sie ständig in ärztlicher Behandlung war und die reichlich verschriebenen Medikamente regelmäßig einnahm, fühlte sie sich nie gesund und hatte Angst, sie würde sterben.

Gladys Faye hätte mit jedem Kind Probleme gehabt. Jennys ständige Geduldsproben führten zu gedankenloser Brutalität. Wenn Jenny hereinkam, obwohl ihr gesagt worden war, draußen zu bleiben, zerquetschte Gladys Faye Jennys Hände in der Tür. Wenn Jenny frech war, schlug Gladys Faye zu. Wenn Jenny Selbstgespräche führte, schleifte Gladys Faye sie auf dem Kellerfußboden herum, bis sie ruhig war.

Jennys Verhalten war häufig so bizarr, daß Gladys Faye keine Hoffnung hatte, es jemals zu verstehen. Der Umfang ihrer Launenhaftigkeit, ihre unvorhersagbaren Handlungen und die unglaubliche Ichbezogenheit verwirrten sie. Sie sah sich jedoch in keiner Weise als Ursache von Jennys Verhalten.

Obgleich sie es nicht verstand, war Gladys Faye eifersüchtig auf ihr Kind. Im Gegensatz zu der derben, plumpen Gladys Faye war Jenny hübsch und zart. Jenny wurde sinnlich, attraktiv für Männer. Sie entwickelte außergewöhnliche Macht in der Sekte. Abwechselnd genoß Gladys Faye den widerspiegelnden Ruhm und verachtete das glänzende Kind.

Der Haß auf Jenny nahm eine schreckliche Form in wohlüberlegtem, diabolisch kreativem Mißbrauch an. In hartnäckigen Schmähungen zog Gladys Faye über das Kind her. »Dumm, zu nichts nutze, nutzlos wie die Ratten im Keller, verrückt, böser Geist, Satansbrut, Teufelskind«, so bezeichnete Gladys Faye sie. »Der Haß auf dich macht mich so, wie ich bin«, beschuldigte Gladys Faye das Kind. »Du wirst genauso wie ich und kein bißchen mehr«, prophezeite sie.

Daß sich Gladys Faye Gedanken über das Quälen machte, zeigte sich zum Beispiel in dem speziellen Elektrogerät, mit dem sie Jenny elektrische Schläge in der Vagina versetzte, und in der Wahl von Feuerdornzweigen zum Prügeln. Wenn die Zweige auf nackte Beine peitschten, fügten die Dornen noch scharfe Stiche hinzu. Um größtmögliche Schmerzen zu erzeugen, stellte sie die Füße des Kindes abwechselnd in heißes, dann in eiskaltes Wasser. Jahrelang, es begann, als Jenny etwa vier war, sagte Gladys Faye zu ihr: »Eines Tages wirst du unten bluten und du wirst wissen, daß du immer dem Teufel gehört hast.« Gladys Faye konnte warten, um zu beweisen, daß sie recht hatte.

Auch bei anderen Gelegenheiten konnte Gladys Faye warten. Jahrelang erlaubte sie Jenny, das an ihrem Babyring befestigte Armband zu behalten. Weil Jenny es hübsch fand, riß Gladys Faye es dann von ihrem Arm und trampelte so lange darauf herum, bis es ein formloser Haufen war.

Gladys Faye protestierte nicht, als Mamie den alten Räucherverschlag säuberte, um Jenny einen Platz zum Spielen zu schaffen. In dem kleinen Häuschen, das einem zehnjährigen Kind riesig vorkam, konnte sie zeichnen, malen, schreiben und ihre wertvollen Sachen auf-bewahren, ohne sich Sorgen machen zu müssen, daß ihre Mutter sie fand. Sie fing ein Tagebuch an und bewahrte das Geschriebene und ihre einfachen Gedichte in einem Ringnotizblock auf. Gladys Faye ließ sie monatelang in ihrem Spielhaus allein, bis sie einen Überfall machte, Jenny wegen ihrer »blöden Kunst« verhöhnte und ihre Schätze vernichtete.

Als Gladys Faye sie im Spielhaus überfiel, war Jenny geschützt in ihren eigenen Welten. Lisa lief sofort weg. Marcie weinte hilflos, als sie angeschrien wurde, und versuchte die zerrissenen Gedichte und Bilder zu sammeln und wieder zusammenzufügen. Selena hielt es nicht aus, Marcie verletzt zu sehen. Sie schrie zurück. Hilda tauchte kurz auf und versuchte in ihrer Wut, noch mehr Sachen zu zerreißen.

Gladys Faye lächelte, als sie die neunmalkluge Tochter ihre wert-vollen, hübschen Sachen und ihre Kontrolle verlieren sah. Es machte ihr Spaß, ihre Tochter herumkriechen und weinen zu sehen, ihre hilf-losen Versuche, sich zu wehren, zu sehen.

Das Lächeln verging ihr, als Gladys Faye sah, wie das kleine Mäd-chen wieder Haltung gewann und sogar mit sich zufrieden schien. Flisha konnte nicht anders, als voller Zufriedenheit zu lächeln. Sie wußte, daß Gladys Faye sie alle, trotz ihres Hasses, nicht aufhalten konnte. Sie kam an Jenny nicht heran; Jenny war nicht einmal anwe-send. Es gab zu viele Andere, die Gladys Faye aufhalten mußte. Es würde noch mehr Schriften, mehr Zeichnungen, mehr hübsche Dinge geben, mehr als Gladys Faye oder irgend jemand zerstören konnte.

Teil IV

Zerschmettert

Ich schaue durch meine Kristall-Augen, aber wo bin ich?
Bin ich in meinen Welten oder in der, die sie wirklich
nennen?
Ich kann nicht sehen oder fühlen, oder fühle ich?
Sind Dinge wirklich wirklich; sind sie sicher oder bin ich
es?
Sind nicht meine Welten wirklich und ihre nicht?
Ich weiß nicht viel über ihre Welt, und ich habe Angst.
Sogar wenn ich schreibe, bin ich nicht sicher, ob es meine
Hand ist.
Oder die von jemand anderem.
Bin ich es, die denkt, oder jemand anders?
Wer bin ich?
Oder gibt es ein Ich?

Jennys Tagebuch

Kapitel 9

Als Jenny zehn Jahre alt war, fingen die Blutungen an, Blutungen, von denen ihre Mutter gesagt hatte, sie bedeuteten, daß sie dem Teufel gehörte. Marcie entdeckte den Fleck in ihrem Höschen im Ruheraum während der Schulpause. Als sie nicht in die Klasse zurückkehrte, ging Mrs. Marks, ihre Lehrerin in der vierten Klasse, sie suchen. Sie war leicht zu finden. Ihre Schluchzer, die von den kalten, grünen Fliesen widerhallten, konnte man im Flur hören. Da der Versuch, das in der Ecke des Ruheraums kauernde Kind zu beruhigen, erfolglos blieb, führte Mrs. Marks sie in das Büro der Schul-Schwester. Die Hysterie dauerte dennoch an.

Nach langer Zeit hörte das Weinen auf. Die Schwester sah jedoch, daß das Kind noch äußerst erregt war. Selena war gekommen, Marcie zu helfen, doch nicht einmal sie konnte die Angst und das Gefühl der Verzweiflung, das durch die Blutung hervorgerufen worden war, in den Griff kriegen.

Die Schwester konnte sich vernunftmäßig erklären, daß Jennys Verhalten eine Folge des frühen Einsetzens ihrer Periode war. Jenny Walters war ein winzig kleines Ding, aber sie nahm schon früh Formen an. Schon fast seit einem Jahr trug sie einen Büstenhalter. Es mußte schwer sein, so schnell aufzuwachsen. Aus Mitgefühl rief die Schwester zu Hause bei Jenny an und bat ihre Tante, sie nach Hause zu holen.

Gladys Faye war von der Nachtschicht aus der Weberei gekommen und schlief im oberen Stockwerk. Tante Mamie stellte Jenny keine Fragen. Die Schwester hatte ihr das Problem erklärt. Tante Mamie murmelte etwas wie »So'n großes Mädchen und fällt vom Dach« und zeigte Jenny, wie sie mit der Binde umzugehen hatte. »Mach dir keine Sorgen, Liebling«, sagte Tante Mamie, »du hast nur deine Regel bekommen.«

Ihre Frühreife machte Jenny in der Schule viele Probleme. Jungen pfiffen ihr nach und flirteten mit ihr. Mädchen machten sich über sie lustig. Der schlimmste Quälgeist war Margaret Ann. Seit die kleine Wichtigtuerin Jenny in der ersten Klasse damit in Verlegenheit gebracht hatte, daß Jenny keinen Vater habe, hatte sie nichts mehr mit ihr zu tun gehabt.

Wann immer sie eine Gelegenheit hatte, stichelte Margaret Ann Jenny mit »Schaumgummi, Schaumgummi.« Flisha konnte es ignorieren, aber Marcie konnten die Schmähungen zum Weinen bringen.

Eines Tages auf dem Spielplatz hatte Selena genug von dem kleinen Luder. Margaret Ann hatte Marcie zum Weinen gebracht, und eine Schar Kinder hatte sich eingefunden, um mit ihrem Lachen Marcies Demütigung noch zu verstärken. Selena gebot dem Weinen Einhalt, hob ihren Kopf und schaute Margaret Ann direkt in die Augen. Sie griff an ihre Brust, riß sich die Bluse auf, zog den BH herunter und legte echte, sehr gut entwickelte Brüste frei. Die Kinder gingen geschockt, obgleich beeindruckt, auseinander, und die Schulhofaufsicht brachte Selena in das Büro des Schulleiters.

»Was in aller Welt hast du dir denn dabei gedacht«, wollte Mr. Bascom wissen.

Unerschrocken reagierte Selena mit einer eigenen Frage. »Verdammt noch mal, wenn Sie Titten hätten und jemand würde immer sagen, es wären Schaumgummieinlagen, würden Sie sie nicht zeigen?«

Mr. Bascom lächelte über das kleine, gereizte Kind mit dem roten Kopf. Ja, überlegte er, wahrscheinlich würde ich sie zeigen. »Geh zurück in die Klasse«, sagte er ihr.

Nächstes Jahr, in der sechsten Klasse, war Mr. Bascom ihr Lehrer. Selena mochte ihn.

Als Jenny sich ihrem Teenager-Alter näherte, stellten die Lehrer der Hamilton Schule beunruhigende Veränderungen an ihr fest. Sie hatten sie als launenhaft gesehen, wenn sie von der entgegenkommenden Marcie über die affektierte Flisha zur rebellischen Selena wechselte. Sie hatten sie gesehen, wenn sie im Strandkleid, Bubblegum kauend, zur Schule kam und am nächsten Tag in sittsamer Bluse und Rock, sich wie eine kleine Erwachsene aufführend. Was den Lehrern jetzt Sorgen bereitete, war nicht Jennys Veränderlichkeit, sondern eher ein Mangel dessen. Jennys Aussehen war gleichförmig – ruhig, düster, zurückgezogen.

Auch Jenny entdeckte Hinweise auf ihre Not. Doch während die Lehrer ihr äußeres Verhalten vereinfacht als Depression wahrnahmen, sah Jenny innere Strukturen durch Bewußtseinsspaltung komplizierter werden.

Die Geburtspersönlichkeit blieb in ihren eigenen Welten, einem komplexen Netzwerk von Plätzen für ihre innere Existenz. Diese geistigen Plätze unterschieden sich in ihrer Nähe zur realen Welt. Jenny bewegte sich in ihnen, blieb am weitesten entfernt, wenn sie sich am meisten bedroht fühlte, und kam näher, wenn es sicher schien.

Jennys der realen am nächsten gelegene Welt war ihre Kristallwelt, in der glänzende, zerbrechliche Edelsteine das Licht in einzelnen Strahlen anzogen und vervielfacht im ganzen Spektrum der Farben wieder von sich gaben. In ihrer Kristallwelt konnte Jenny ihr eigenes und die Gesichter der Anderen in den Facetten einer schönen Kristalloberfläche reflektieren sehen. Sie sah, daß die Anderen sich von ihr unterschieden und ihr doch irgendwie glichen. Sie zu sehen bewahrte Jenny davor, sich allein zu fühlen. Und sich von Jenny beobachtet zu sehen, bewahrte die Anderen davor, allein zu sein. Ein gefährliches Gleichgewicht wechselseitiger Abhängigkeiten erhielt die Funktionen des komplexen Systems von Persönlichkeiten aufrecht.

Als Folge exzessiver Bewußtseinsspaltung in andere Persönlichkeiten, die erforderlich waren, um mit den fortwährend das System zu überwältigen drohenden Ereignissen umgehen zu können, war das Gleichgewicht besonders gefährdet, als Jenny zwölf Jahre alt war. Jedes *Alter ego*, wie gut auch immer entwickelt, hatte eine begrenzte und spezifische Funktion, und jedes hatte eine limitierte Kapazität der Durchführung dieser Funktion. Für Jenny waren die Probleme des Mißbrauchs zu Hause und in der Sekte grenzenlos und ohne Ende. Sie konnte nur mit einer unbegrenzten Zufuhr eingeschränkter Lösungen reagieren.

Die Anderen erwuchsen als Reaktion auf Traumata, und die Traumata, die durch den Mißbrauch zu Hause und in der Sekte entstanden, wurden ihr weiterhin zugefügt. Ein gemeinsames Motiv schien sowohl die Mutter als auch die Sekte in ihrem Mißbrauch zu lenken. Beide strebten danach, das Kind zu verderben und zu kontrollieren. Beide waren in ihren Bemühungen kreativ. Obgleich viele Episoden körperlicher, sexueller und/oder emotionaler Angriffe anderen Attacken ähnlich waren, kamen doch viele neue Elemente hinzu – als ob Variationen des gleichen Themas Teile des Kindes erreichen konnten, die noch nicht berührt waren.

Kreativer als die Menschen, die sie mißbrauchten, reagierte Jenny auf jede Nuance. Sie brachte die Anderen dazu, sich mit jedem Aspekt des Mißbrauchs zu beschäftigen und in dem Prozeß eine ganze Bandbreite von Herangehensweisen zu nutzen. Widerstand, Toleranz, Kooperation, Parteiergreifung – alles wurde versucht.

Der Widerstand erstreckte sich von offener Weigerung, was weiteren Mißbrauch nach sich zog, bis zu einem innerlichen Beharren, daß sie (oder er, je nach Geschlecht des *Alter ego*) nicht zu dieser Mutter, dieser Sekte oder, wie behauptet wurde, dem Teufel gehörte. Toleranz oder Duldung des Mißbrauchs wurde durch Andere gewährleistet, die entweder die Schmerzen, körperliche oder mentale, nicht fühlten oder falls sie sie spürten, von ihnen nicht in Mitleidenschaft gezogen wurden. Einige Andere waren in der Lage zu kooperieren, etwas zu tun oder zu sein, von dem sie annahmen, daß es erwartet wurde. Ob von der Mutter oder den Sektenführern dirigiert, diese Anderen versuchten, es recht zu machen. Unter sich konnten sie klug oder simpel, ruhig oder freimütig, hübsch oder unscheinbar sein. Einige gingen so weit, die Mißbrauchenden zu imitieren, sie trachteten danach, so zu sein, wie die Menschen, die Jennys Leben kontrollieren wollten. Wenn der Spielraum der Strapazierfähigkeit dieser Anderen überschritten wurde, schuf Jenny andere.

Durch die Schaffung neuer Persönlichkeiten nahmen die Reflektionen auf der Kristalloberfläche zu, jede Drehung stellte eine weitere Schar von Gesichtern zur Schau. Bis zu einem gwissen Punkt waren neue Gesichter für Jenny eine Stütze. Doch wenn sich die Anzahl der Persönlichkeiten noch weiter vermehrte, multiplizierten sich die Reflektionen wie in einem Spiegelkabinett. Jenny wurde orientierungslos und war gezwungen, ihre Kristallwelt zu verlassen und entferntere, sicherere Welten aufzusuchen.

Alle Persönlichkeiten spürten die Folgen von Jennys Rückzug. Sie fühlten sich verlassen und wurden ängstlich. Sie kehrten die Angst gegen sich selbst und wurden alle depressiv. Die meiste Zeit hatten entweder Flisha, Marcie oder Selena die Kontrolle. Wenn sich die Depression vertiefte, wurde die Kontrolle an einen ganzen Kader Anderer übergeben, deren häufiges Wechseln Angst und allgemeine Verwirrung erhöhte.

Seit ihrer frühen Kindheit hatte Jenny andere Persönlichkeiten geschaffen. Es wurde problematisch, wenn der Stress schneller kam, als das existierende System damit umgehen konnte, oder wenn neue Andere in so großer Zahl erschienen, daß das System aus dem Gleichgewicht gebracht wurde. Die Persönlichkeiten unterschieden sich in Stärke und Beharrlichkeit. Einige entwickelten beträchtlichen Einfluß, andere wiederum blieben fragmentarisch. Mit großer Kreativität und spezifischer Wirksamkeit nutzte Jenny den ganzen Aktionsradius der Anderen, um die Ansprüche zu Hause und in der Sekte zu befriedigen. Bei all diesen Erfahrungen wollte Jenny einfach nur ein Kind sein, akzeptiert und geliebt werden.

Lisa, dem Kind, das spielte, schloß sich Becky an, die an ihrem Daumen lutschte, ihr Federkissen an sich gedrückt hielt und die sogar spielen konnte, wenn sie Angst hatte. Tante Sue, die Hauptbeschützerin, bekam Unterstützung von Anderen, die aufpaßten und sich an Sachen erinnerten, und die allen halfen, zu glauben, daß die schlimmen Dinge nur in Träumen passierten.

Selena war wegen der Schmerzen immer ein Teil des sexuellen Mißbrauchs, aber ihr kamen andere bei lesbischen Handlungen und der Schande, verkauft zu werden, zur Hilfe. Die beharrlichste war eine Indianerin, Vera Ann Birchausen, die half, mit Billy Joes Belästigungen umzugehen.

Marcie und Flisha wurde im Umgang mit Gladys Faye von Penny geholfen, die sich in Ecken versteckte und total zurückgezogen bleiben konnte, um Ärger zu vermeiden. Todd erschien, um der Mutter der Junge zu sein, den sie sich scheinbar wünschte.

Viele Kinder kamen, um ihr bei den Quälereien in der Sekte zu helfen. Einige hielten die Zeit auf den Steinblöcken aus, andere die Gehorsamkeitsproben. Autumn versuchte sich der Sekte zu widersetzen, aber Tolanda wollte Luzifer gehören.

Es waren nicht nur Kinder, die erschienen, um auf die Sekte zu reagieren. Mindoline, ein abscheulicher Dämon, erschien nach Selenas erstem Erlebnis auf dem Grab, um über sie zu wachen, falls sie schwach werden sollte.

Die Sektenerlebnisse, verbunden mit privaten Ereignissen, bildeten für das Kind ein unerträgliches Durcheinander. Das Einsetzen ihrer Periode im Alter von zehn brachte den unwiderlegbaren körperlichen Beweis, daß sie ein Kind des Teufels war. Man hatte sie zu glauben gelehrt, daß, wenn sie erst einmal des Teufels war, sie immer dem Teufel gehören würde, daß etwas in ihr war, das, was immer man auch versuchte, nie zu ändern wäre. Außer der Gunst, die Satan jenen erwies, die ihm gehorchten, gab es für sie keine Erlösung. Gott würde sie für alle Zeiten verlassen, sich für immer von ihr wenden. Die

Kirche Gottes war ein Ort des Feindes, ein Ort, der ihr den sicheren Tod bringen würde, falls sie zur Kommunion ging.

Jennys Unterwerfung unter Satan wurde durch die von Selena vollzogene rituelle Tötung im Alter von elf bekräftigt. Mit zwölf wurde Flisha durch die Taufe in die *New Hope Church* aufgenommen. In weißem Gewand wurde sie vor der ganzen Gemeinde von Reverend Ellis in das kalte Wasser getaucht und im Namen des Vaters, des Sohnes und des Heiligen Geistes gesegnet. Nachts versuchte Marcie einige Schlafenszeitgebete aufzusagen, aber es erschienen Gesichter, schreckliche Gesichter, die sie daran erinnerten, still zu bleiben. Aus Angst schwieg sie und überließ anderen *Alter egos* die Kontrolle.

Als Selena wieder in der Lage war, die Kontrolle zu übernehmen, war sie entschlossen, das Durcheinander und die Depression zu beenden. Sie holte ein Messer aus der Küche und ging in das Spielhäuschen. Die Erwachsenen im Haus schenkten ihrer Abwesenheit keine Beachtung. Sie machte eine letzte Eintragung in das Tagebuch, das sie mit zehn begonnen hatte, und setzte das Messer an ihr Handgelenk. Als sie sah, wie das Blut aus der Wunde zu tröpfeln begann, fühlte sie nichts. Tante Sues Kampf um die Kontrolle endete erfolgreich damit, rechtzeitig das Messer davor zu bewahren, mehr als einen Kratzer zu machen.

Einige Tage später schluckte Selena eine Handvoll Aspirin. Gladys Faye schaffte sie zu einem Arzt in der Stadt. Es bedurfte keiner weiteren Behandlung als sie dazu zu bringen, sich zu übergeben und darauf zu achten, daß die Atmung nicht außer Kontrolle geriet. Als er meinte, ihr Zustand sei gefestigt, fragte der Arzt sie, warum sie die Tabletten genommen hätte.

»Mama gibt sie mir manchmal, damit ich besser einschlafen kann«, antwortete Selena monoton.

»Ist das alles? Du wolltest schlafen?«

»Ich wollte weg von den schlimmen Sachen.«

»Was für schlimme Sachen?«

»Zu Hause, die schlimmen Sex-Sachen«, sagte Selena mit noch schwerfälligerer und gleichförmigerer Stimme und ging damit ein Risiko ein. Über die Sachen in der Sekte wollte sie nichts sagen.

Gladys Faye sah die Besorgnis des Arztes und warf Selena einen Blick zu, der sie verstummen ließ. Gladys Faye erklärte, daß Jenny, seit sie etwa zwei war, in sich gekehrt sei, und daß ihre Tante sie in ihrem Zimmer eingeschlossen hätte. »Seit sie vier oder fünf ist, scheint sie in ihrer eigenen kleinen Welt zu leben.«

Der Arzt gab seiner Besorgnis über Jennys In-sich-gekehrt-sein Ausdruck und äußerte Bedenken wegen ihrer Verwirrung durch sexuelle Angelegenheiten. »Nun, ich vermute, daß sich einer ihrer Cousins an ihr vergriffen hat«, stimmte Gladys Faye zu. »In dem Haus passiert so viel, ich kann nicht auf alles achten und auch noch in der Weberei arbeiten.« Der Arzt empfahl ihr, Jenny aus dem Haus zu schaffen.

Jenny erwartete nicht, daß sich wegen ihrer Offenbarungen gegenüber dem Arzt irgend etwas ändern würde. Sie erwartete eher, daß ihre Mutter nach einem herabwürdigenden »Du glaubst, du hast es schlecht. Du hast doch keine Ahnung« ihr lang und breit ihre eigenen Kindheitsprobleme erzählen würde. Gladys Faye hatte Jenny wiederholt schlimme Dinge aus ihrem frühen Leben erzählt.

Wie Jenny hatte sich Gladys Faye früh entwickelt. In der Schule hatten sie Mädchen, die eifersüchtig auf sie waren, verspottet, aber die Jungens hatten sie sehr gemocht. Als sie etwa zehn war, hatten drei ihrer Brüder sie in eine Scheune gelockt. Dort demonstrierten sie ihre sexuellen Fähigkeiten, wobei sie sich nacheinander abwechselten und gegenseitig anfeuerten.

Bevor sie sie mißbraucht hatten, hatten Gladys Fayes Brüder sie bestenfalls ignoriert. Ihre Brüder neigten dazu, sie herunterzumachen, ihr zu sagen, sie sei fett und häßlich und niemand würde sie jemals wollen. Als sie von ihnen überfallen wurde, hatte sie Angst vor ihnen.

Die Art, *wie* Gladys Faye davon erzählte, ließ Jenny vermuten, daß es ihr irgendwie gefiel, daß ihre Brüder sie wollten. Sie sagte, sie hätte es nicht gemocht, von ihnen gezwungen zu werden, aber es schien ihr zu gefallen, daß ihre weichen Brüste sie erregen konnten und der warme Platz zwischen ihren Schenkeln ihnen ein gutes Gefühl verschaffte. Das Wissen darüber gab ihr vielleicht ein Gefühl der Macht in einer Situation, in der sie sonst machtlos gewesen wäre.

Jahrelang setzten die Jungen den sexuellen Mißbrauch ihrer Schwester fort. Von Anfang an warnten sie Gladys Faye, es weiter zu erzählen. Lance ging so weit, zu sagen, er würde sie umbringen, falls sie es weitersagte. Wegen der Drohungen hätten sie sich keine Sorgen machen müssen. Gladys Faye sagte niemandem etwas. Sie hatte eher Angst, ihr Vater könnte es herausfinden oder daß er wie durch Zauber bereits wußte, was seine bösen Kinder trieben.

Papa war ein religiöser Mann gewesen. Er unterrichtete jede Woche in der Sonntagsschule und vergewisserte sich, daß seine Familie anwesend war, wann immer die Kirche ihre Türen öffnete. Er zitierte die Heilige Schrift fast so gut wie der Priester und zählte routiniert die Sünden seiner Kinder auf; Sünden, die, wie er sagte, schlimm genug seien, sie geradewegs in die Feuer der Hölle zu schicken. Abbüßung schien für Kinder, die Sünde auf Sünde häuften, unwahrscheinlich, auch wenn ihr guter Vater ihnen sagte, wie schlecht sie seien, und strenge Disziplin anwendete.

Als Kind verheimlichte Gladys Faye den sexuellen Mißbrauch vor ihren Eltern. Artige Mädchen redeten nicht über solche Dinge. Als Mutter sprach sie darüber mit ihrer Tochter, aber war nicht bereit, ihr zu helfen, die Bedeutung zu verstehen.

Jennys Lehrer hatte gerade ein paar Tage vorher angerufen, weil er sich Sorgen über Jennys Depressionen machte. Jetzt zeigte sich auch der Arzt besorgt. Um eine gute Mutter zu sein, mußte sie auf deren Sorgen reagieren.

Gladys Faye erzählte der Familie von dem kleinen Haus gegenüber der Hamilton Schule, das sie gemietet hätte. Sie sagte ihnen nichts darüber, daß es von der Sekte zur Verfügung gestellt wurde. Das weiß gerahmte Haus hatte eine hübsche, um das Haus laufende Veranda und einen gewölbten Eingang. Vier hohe Pyramidenpappeln säumten den Kiesweg, wuchernder Elefantenohrfarn wuchs neben den Eingangsstufen, und zwei Pfirsichbäume im Seitenhof waren bereits groß genug, um Früchte zu tragen. Vor dem Wald aus Hickory, Balsam- und Pinienbäumen war Platz für einen Garten, ganz wie der Garten und Wald bei Tante Mamies Haus. Jennys Bruder, Lloyd, war verheiratet und hatte ein eigenes Zuhause. Jenny konnte ihr eigenes Zimmer haben. Keiner konnte behaupten, daß Gladys Faye Walters nicht für ihre Kinder sorgte.

Kapitel 10

»Geh nicht hinein. Es sind Pforten zur Hölle.«

Als sie die niedrigen Vorderstufen zum gewölbten Eingang ihres neuen Heims hinaufschritt, war Marcies Gedanke so deutlich, als ob jemand die Worte ausgesprochen hätte. Ihre Augen gegen das grelle Sonnenlicht schützend, versuchte Jenny hinter den im Schatten liegenden Eingang zu schauen, um zu sehen, wie es drinnen aussah.

»Komm rein und hilf mir die Sachen einzuräumen.« Rücksichtslos übertönte Gladys Fayes Stimme die in Marcies Kopf. Die Arme voller Schachteln und Tüten eilte Marcie hinein. Sie ging am Ölofen, der vor dem Kamin im Wohnzimmer stand, vorbei, durch etwas, das ein Eßzimmer sein mußte, und stellte ihre Pakete auf den Linoleumtisch in der Küche.

Hinter der Küche befand sich neben einer angebauten Hinterhausveranda ein winziges Badezimmer. Von der Veranda führte ein Flur zu zwei kleinen Schlafzimmern. Als sie in der Küche fertig waren, zeigte Gladys Faye auf das nächstgelegene Schlafzimmer: »Bring deine Sachen da rein.« Zwei Fenster, durch die man auf den kleinen Garten schauen konnte, waren in die Außenverkleidung des Holzhauses eingelassen worden. Marcie legte ihre Unterwäsche und andere Sachen in die Schubfächer einer kleinen Kommode. Der Rest ihrer Kleidung würde wohl in den kleinen Kleiderschrank kommen, den sie im Flur gesehen hatte. Sie setzte sich auf das vertraute Einzelbett, das sie aus Tante Mamies Haus mitgebracht hatten, und schaute auf das dürre Unkraut des überwucherten Gartens. Sie freute sich, unter den Disteln Wilde Rüben zu entdecken. Aus ihren weißgefransten Blüten hatte sie für ihre Puppen kleine Hüte und Sonnenschirme gebastelt, wenn sie »Fortlaufen« spielte. Das kam nach dem Umzug gerade zur richtigen Zeit. Marcie hoffte, daß die Stimme nicht recht hatte, daß dieser Ort so sicher und warm war, wie die Orte in ihrem Spiel.

Für Flisha bedeutete der Umzug, daß sie das Klavier und den Unterricht, den sie sieben Jahre gehabt hatte, aufgeben mußte. Seit Jenny fünf Jahre alt war, hatte Tante Mamie gewissenhaft für die Übungsstunden gesorgt. Nachdem Jenny in ihre eigenen Welten verschwunden war, hatte Flisha komplett den Unterricht übernommen und zeigte großes Talent sowie eine Liebe zur Musik. Flisha würde das Klavier vermissen und nur noch spielen können, wenn sie Tante Mamie besuchte.

In der Stille des kleinen Hauses kehrte Jenny aus abgelegeneren Welten in ihre Kristallwelt zurück. Ihre Nähe zu den Persönlichkeiten, die in der realen Welt operierten, trug zu einer Beruhigung des Wechselspiels der Anderen sowie einer Stabilisierung des gesamten Systems bei. Jeder hatte bessere Funktionsmöglichkeiten. Jennys Lehrer betrachtete sie als weniger in sich gekehrt. Ihre Mutter stellte eine Beruhigung der unbeständigen Gemütsschwankungen und des selbstdestruktiven Verhaltens fest.

Die Episode mit dem Aspirin hatte Gladys Faye Angst gemacht. Jenny hatte sich auch in der Vergangenheit etwas angetan, wie etwa mit ihrem Kopf gegen die Wand zu schlagen oder sich zu schneiden. Aber diesmal hatte sie wirklich versucht, sich umzubringen, und der Doktor wußte es. Gladys Faye mußte vorsichtig sein. Falls sie Jenny nicht aufgehalten hätte, hätte sie vielleicht zuviel geredet.

Als Arbeiterin in der Weberei konnte Gladys Faye kaum sich und das Kind durchbringen. Schon ihre Arztrechnungen waren beträchtlich, und ein Kind aufzuziehen war teuer. Man hatte ihr gesagt, daß Satan für jene sorgte, die ihm dienten. Man hatte ihr Drogen, Alkohol, Transportmöglichkeiten und die Mitgliedschaft gegeben. Es war an der Zeit, die Versprechen über diese Dinge hinaus auf die Probe zu stellen. Sie wandte sich mit ihrem Problem an den Hohepriester. Sie war hocherfreut, als man ihr ein Haus zur Verfügung stellte. Sie dachte nicht daran, was man von ihr dafür erwartete.

In vieler Hinsicht wollte Gladys Faye nur das Beste für Jenny. Sie wußte, daß sie dem Kind gegenüber manchmal hart war; aber sie mußte es sein, Jennys wegen. Sie mußte sie über die Welt und die Männer belehren. Abwechselnd hatte sie Angst um und vor Jenny. Sie hatte den Wandel von lebhafter Unschuld in den Augen eines Kindes zur gefühllosen Gemeinheit von Viperaugen gesehen. Sie hatte gehört, wie Jenny an einem Tag vor Angst schrie, wenn sie das Kind loswerden wollte und in die Zedernholzkiste sperrte und wie sie am nächsten Tag lachte, wenn sie sich beim Spielen mit ihren Cousins darin versteckte. Gladys Faye bewunderte, ja, war sogar eifersüchtig auf Jennys Machtposition in der Teufelssekte, aber an ihr hatte eine Furcht zu nagen begonnen, daß die Macht des Mädchens daher kommen könnte, weil sie von Dämonen besessen war. Gladys Faye hoffte durch den Umzug die Dinge wieder unter Kontrolle zu bringen.

Die Stille des kleinen Hauses gegenüber der Schule und Jennys beruhigtes Verhalten bestärkten Gladys Faye in ihrer Hoffnung. Diese ruhige Periode war jedoch nur von kurzer Dauer. Wegen des ungehinderten Zugangs zu Mutter und Kind begann die Sekte fast unmittelbar ihre regelmäßigen Versammlungen in dem kleinen Haus und in der in einiger Entfernung dahinter gelegenen Scheune abzuhalten. Im Haus wurden mit sexuellen Aktivitäten alte Mitglieder unterhalten und neue angelockt. In der Scheune wurden Tiere sexuell und als Opfer benutzt. Häufig war die junge, hübsche Jenny die Hauptattraktion der sexuellen und bestialischen Handlungen.

Die Aktivitäten waren die gleichen, die in Tante Mamies Keller stattgefunden hatten – Drogen, kleinere Rituale, sexuelle Perversionen. Aber in diesem Haus gab es keine Grenzen, man mußte nicht aufhören, weil Mamie nach Hause kam. Weder am Tage noch in der Nacht gab es eine Zeit, zu der Jenny sicher war.

Auch von seiten der Männer, die dafür zahlten, sie zu benutzen, gab es keine Grenzen. Es gab keinen Platz, an dem sie sich verstekken konnte. Die Männer kamen, mißbrauchten sie und ließen das Geld für Gladys Faye da. Wieder und wieder ertrug Selena den Sex, kauerte sich, das Kissen an sich gedrückt, in die Ecke des Bettes und sah zu, wie Gladys Faye das Geld einsammelte.

Nach einem der vielen Vorfälle schaute Selena auf das Geld, das der Mann auf dem Bett hatte liegen lassen. Er streichelte sie, nannte sie hübsch und sagte: »Du bist mein kleines Kätzchen. Eines Tages bist du ein richtiger Tiger.« In seinem Verlangen nach ihr war er sanft und offen gewesen. Wenigstens für diesen Moment hatte Selena das Gefühl, etwas wert zu sein, das Gefühl, die Kontrolle zu haben. Sie langte nach dem Geld und steckte es für sich weg.

Nach einigen Monaten in dem kleinen Haus entdeckte sich Selena eines Abends gefesselt und im Türeingang zu ihrem Zimmer hängend. Mehrere Männer hielten sie fest. Ein weiterer Mann rammte einen starken Draht in sie hinein. Sie erkannte den Draht als einen geöffneten Kleiderbügel und die Männer als einige, die sie von der Sekte her kannte. Hilflos spürte Selena den scharfen Druck von

Krämpfen und das Blut sprudeln, bevor sie sie auf den Boden fallen ließen.

Die üblichen Ausflüge in die Berge mit Onkel Cleatus und Freunden von Gladys Faye wurden fortgesetzt. Wenn sie in der Nähe waren, hielten sie an, um Mavis zu besuchen oder sie mit zu den Versammlungen zu nehmen. Mavis war eine grauhaarige, scharfzüngige Hexe, die Gladys Faye in ihr Herz geschlossen hatte.

Mavis saß in ihrem alten Schaukelstuhl mit dem Rohrgeflechtsitz und schaute lachend und Witze machend umher, als ob sie Hof hielte. Manchmal veränderte sich ihre Stimme, wurde fast bedrohlich, und die von ihr gesprochenen Worte ergaben keinen Sinn. Während sich ihre Tochter ängstlich zurückzog, hatte Gladys Faye der alten Frau immer viel zu sagen und viel Zeit, ihr zuzuhören. Sandy versuchte den Unterhaltungen zu folgen, aber irgend etwas an Mavis machte ihr Angst. Mavis machte sogar Selena Angst, obgleich Selena das schwache Gefühl hatte, daß Mavis vor langer Zeit einmal freundlich gewesen war.

Man machte weiter Ausflüge in die Berge, aber die Besuche bei Mavis hörten plötzlich auf. Selena war geschockt, als sie den Grund erfuhr. Sie hörte mit, als Gladys Faye erzählte, was passiert war.

Einige Sektenmitglieder hatten die alte Frau besucht, und als sie sich um ihren Schaukelstuhl versammelten, wurde ihre Stimme tief und undeutlich. Ganz plötzlich standen Mavis und der Stuhl in Flammen. Das Feuer schien nicht irgendwo angefangen zu haben, sondern war einfach plötzlich da. In dem Augenblick, in dem die Flammen um den Kopf der alten Frau züngelten, sahen die Zuschauer Dämonen mit schrecklichen Fratzen, während der Geruch verbrennenden Fleisches den stillen Raum füllte. Selena entdeckte ein Stocken in Gladys Fayes Stimme, als diese ihre Schilderung beendete.

Auf dem Weg zum nächsten Berg-Treffen mußte Selena die ganze Zeit an Mavis denken. Bei der Versammlung angekommen, war Selena von einem Vorfall geschockt, den sie sich nicht erklären konnte. Als sie die knochige Frau unter den anderen Sektenmitgliedern entdeckte, fing sie an, zu schreien. Die Frau mußte tot sein. Selena hatte das Messer in ihrer eigenen Hand gesehen, hatte den Altar rot werden sehen, hatte das salzige, warme Blut geschmeckt. Das war vor zwei Jahren gewesen, und jetzt stand dort die »tote« Frau in einer Gruppe.

Der Hohepriester hörte genug, um zu verstehen, was Selena sagte.

Er brachte sie zum Schweigen: »Sorge dich nicht über das, was deine Augen sehen. Du hast ihr Fleisch berührt und ihr Opfer gekostet, als du sie zur Ehre Vater Satans geopfert hast. Heute abend hast du nur ihren Geist gesehen. Schau, sie ist jetzt verschwunden.«

Selena sah zu der Gruppe hinüber. Die Frau war verschwunden. Solange sie konnte, suchte Selena weiter, bis Drogen und Wein ihre Wirkung taten, und sie sich nicht mehr darum kümmerte, herauszufinden, ob die knochige Frau, die sie gesehen hatte, wirklich gewesen war.

Selenas Mißtrauen gegenüber der Sekte und dem Hohepriester zeigte sich, als sie das nächste Mal benutzt wurde, um durch sie in einem Ritual Dämonen zu beschwören. Der Hohepriester nahm den vorgeschriebenen Trank, machte die erforderlichen Symbole, sprach die Worte und befahl den Dämonen zu erscheinen.

Selena sah die Dämonen durch sich aufsteigen, doch statt zu beobachten, wie sie sich den Anordnungen des Priesters gemäß bewegten, sah sie, wie sie sich über ihn hermachten. Sie machten, daß er auf den Boden fiel, sich wand und unzusammenhängendes Zeugs stammelte. Es hätte sein können, daß er einen Anfall hatte oder hysterisch reagierte, aber die Leute suchten keine andere Erklärung. Sie wußten, daß das Kind auf dem Altar ungehorsam gegen Satan gewesen war, um den Willen seines Hohepriesters zu hintergehen.

Einige Tage später versammelte sich die Gruppe in dem kleinen Haus um Gladys Faye und Jenny. Sie steckten das Kind in die alte Zedernholzkiste, die Gladys Faye von Mamie mitgebracht hatte. Der Hohepriester besprenkelte sie mit Puder aus Schwefel und Teufelsdreck. Die Leute warfen lebende Hühner auf sie, um sie zu strafen und ihren schwankenden Willen zu reinigen. Das Puder brannte in ihren Augen und die rasenden Hühner krallten sich in ihre Haut. Als sie eingesperrt in der sargähnlichen Kiste lag, war Selena von dem Geruch von faulenden, sterbenden Sachen zum Erbrechen übel.

In der Annahme, das Kind ausreichend gezüchtigt zu haben, nahmen die Pläne der Sekte für sie ihren Fortgang. Trotz allem, was sie bisher erduldet hatte, stellten die neuen Akte des Mißbrauchs, in denen sie ein hilfloses Objekt war, unerträglichen Horror dar. Sie wußte, daß sie sich nicht dagegen wehren konnte. Sogar Selena, die stärkste, hatte versagt. Ihre einzige Abwehr bestand in weiterer Aufsplitterung, eine Aufsplitterung, die dermaßen tumultartig war, daß keine der größeren Persönlichkeiten längere Zeit die Kontrolle aufrecht erhalten konnte und auch kein Bewußtsein über die Aktivitäten der Anderen bewahrt werden konnte. Den größeren Persönlichkeiten standen nur kurze Zeitspannen zur Verfügung. Weitere *Alter egos* wurden geschaffen, die zuerst mit den bereits existierenden um die Kontrolle wetteiferten und sich dann beeilten, sie aufzugeben. Dem Bewußtsein Jennys, dem ganzen System von Persönlichkeiten entgingen große Zeitabschnitte, faktisch zwei Jahre.

Jenny zog sich aus ihrer Kristallwelt in weiter entfernte Welten zurück. Sie begab sich in Henrys Welt, wo niemals etwas verletzt wurde oder starb, in ein kleines Dorf, wie jenes unter Tante Mamies Weihnachtsbaum, außer daß es dort keinen Schnee gab. Alles war frisch, grün und warm. Henry und Maud waren gut zu ihr. Sie hielten sie im Arm und sagten ihr, sie sei süß und hübsch und ein sehr artiges Mädchen.

Ihre Jade-Welt wurde eher gefühlt als gesehen, war ein Ort grüner Sanftheit. Ihre Farb-Welt war eine glückliche Melodie von Visionen. Wenn es schlimm wurde, verließ Jenny diese vergnüglichen Welten und wandte sich ihrer Welt der vergessenen Schwärze zu. Dort konnte sie nur Alleinsein fühlen. Dort verlor sie jeglichen Kontakt zu ihren anderen Selbst.

Wenn sie nicht zu Hause oder in der Sekte war, schaffte es Selena, sich eine Art Existenz einzurichten, einen Versuch aufzuwachsen. Noch heranwachsend, doch körperlich reif, wandte sie ihre Aufmerksamkeit Männern zu.

Mit sechsundzwanzig war Tony doppelt so alt wie sie, aber sie wußte, daß sie ihn liebte. Er war Bandleader einer Fünf-Mann-Band, die in Rasthäusern und auf Wochenendpartys spielte. Manchmal erlaubte er Jenny, mit ihnen zu singen. Sie kleidete sich so sexy, wie sie konnte, und trat mit ihnen, alle fünf in zueinanderpassenden Hemden mit Perlmuttknöpfen, auf. Leise und langsam sang sie die Country-Songs.

Sie hatte sich entschlossen, Tony zu heiraten. Als sie Gladys Faye bat, die Papiere zu unterschreiben, um als Minderjährige heiraten zu dürfen, kriegte Gladys Faye einen Anfall. »Du kannst ihn nicht heiraten. Du wirst diese Familie nicht zugrunde richten und blauköpfige Babys wie ihn kriegen«, tobte sie. Wie alle im Bezirk wußte Gladys Faye von Tonys Geburtsfehlern. Sie verbot ihrer Tochter, diesen Mann zu sehen, der für sie nicht gut genug war, und achtete darauf, daß sie mehr zu Hause blieb.

Zuhause konnten weder Flisha noch Marcie die Dinge im Griff behalten. Meistens wachte Marcie auf, doch bevor der feine Morgennebel einem feuchtwarmen Tag wich, erschienen Andere. Kathy konnte in Spiegel schauen und sich morgens für die Schule fertig machen.

Während Jenny Probleme damit hatte, über die Straße zur Schule zu gelangen, kamen über zwanzig Kinder-*Alter egos* in das kleine Haus, um Schule zu spielen. Abby war immer die Lehrerin. Sie benutzte die Wände als Tafeln und stellte Aufgaben in Kunst, Buchstabieren, Sprache und Rechnen. Abwechselnd rief sie die Kinder auf, Bilder zu malen, Rechenaufgaben zu lösen und Sätze zu vervollständigen.

Viele Kinder redeten mit sich selbst und malten Bilder, die nur sie sahen – undeutliche Geschöpfe, kleine Menschen ohne Arme und Gesichter. Ein Kind schrieb in großen, roten Buchstaben den Grund für die tiefgehende Verwirrung an die Wand des Schlafzimmers: *Ich muß meinen Mund halten, sonst kriege ich Ärger.*

Ein Teil des Verhaltens war bizarrer, beunruhigender als die Schrift an der Wand. Becky zog ihr Kissen hinter sich her und lutschte am Daumen. Todd versuchte Glas zu zerbrechen, das für ihn so aussah wie das Wasser, das die Mutter versucht hatte, zum Töten zu benutzen, und das nur Häßlichkeit spiegelte.

Wahnola tauchte wieder auf und erneuerte den Selbst-Mißbrauch. Mehrere Monate schlug sie sich den Kopf blutig, nahm Rattengift ein, kratzte an ihren Augen und zündete ihr Haar an. Penny versteckte sich so gut sie konnte in Ecken und unter Sachen und entwickelte eine Depression, die bis zur Bewegungsunfähigkeit ging.

Im Alter von zwölf bis vierzehn Jahren lebte Jenny in dem kleinen Haus, das die Hölle für sie war. In diskontinuierlichen Blitzen von Erleben und Gefühl erlebte sie mittels ihrer anderen Persönlichkeiten die Hölle. Schwitzend und mit vor Hilflosigkeit weichen Knien, kämpfte sie die von den schwefelgelben Wänden hervorgerufenen Wellen der Übelkeit nieder. Als sie sah, daß ihr Körper so fett wurde wie der ihrer Mutter, lernte sie Ekel vor sich selbst kennen. Sie bekam kurze Einblicke in unbekannte, neue Rituale, sah eine Vielzahl schwarzer Gewänder und hörte das Weinen von Babys. Sie konnte nur regredieren, sich zurückziehen, sich auflösen und ihr Leben in die verlorene Zeit verdrängen.

Kapitel 11

Jennys Lehrer in der achten Klasse konnte ihr häufiges und länger währendes Fehlen in der Schule und ihr in sich gekehrtes Verhalten in der Klasse nicht ignorieren. Ihr Verhalten machte ihn betroffen: sie starrte in die Luft, sah verwirrt aus und nickte mit dem Kopf, als ob sie aufmerksam zuhörte, reagierte aber nicht, wenn sie mit ihrem Namen angesprochen wurde. Als sie nach einer weiteren zweiwöchigen Abwesenheit wieder auftauchte und einen Zettel schrieb, auf dem stand, daß sie Angst habe, verrückt zu werden, schickte er sie umgehend zum Schulpsychologen. Nach Versuchen, mit dem Kind zu sprechen, kontaktierte der Berater Gladys Faye und bestand darauf, daß Jenny sofort am gleichen Tag in die Nervenklinik des Bezirks gebracht würde.

In der Klinik verschwand Penny unter dem Tisch und konnte nicht dazu überredet werden, hervorzukommen und sich auf den Stuhl zu setzen. Als sie dort hockte, hörte sie die Erwachsenen über das Staats-Krankenhaus reden. Sie hatte Angst, für ewig eingeschlossen zu werden, wie man es mit Großonkel Arthur gemacht hatte. Sie hatte Tante Mamie davon erzählen hören, wie verrückt der alte Onkel gewesen war, und daß er in der Klinik bleiben mußte, bis er starb. Wenn sie unter dem Tisch blieb, konnten sie sie nicht verrückt machen.

James Mooreland, ein Sozialarbeiter der Klinik, bereitete eine Zusammenstellung von Informationen für das Staats-Krankenhaus vor. Er berichtete von der Sorge des Schulberaters über Jennys Zettel vom Verrückt-werden und ihrem Reden von einer »eigenen Welt«. Über ihre Interaktion mit dem Klinikpersonal schrieb er:

»Sie erweckte den Anschein, Spaß daran zu haben, uns von ihren Gedanken zu erzählen, als ob sie ihre Geschichte als Aufmerksamkeit erregenden Mechanismus einsetzte, andererseits schien sie unfähig zu sein, den Phantasiecharakter dieser ›anderen Welt‹ zu erkennen.«

Wegen Jennys Verhalten und ihren Selbstmordgedanken empfahl

Mr. Mooreland eine Einweisung und merkte noch an, sie sei ein »sehr gestörtes Mädchen« und daß sie eine »ziemlich unruhige Kindheit« hatte.

Auf der langen Fahrt zum Krankenhaus kauerte sich Penny neben das hintere Fenster im Auto des Sheriffs. Ihre Mutter war bei ihr auf dem Rücksitz, versuchte aber nicht, sie zum Reden zu bewegen. Die Straßen schienen vertraut. Selena hätte sehr viel der Gegend wiedererkannt. Penny hatte nur ein vages Gefühl der Vertrautheit für die Appalachen-Straßen, die das Kind schon so viele Male entlanggefahren war. Sie nahm kaum das schöne Frühlingsgrün der Wälder aus Pinien, Hickory und anderen Harthölzern wahr, das durchsetzt war mit großen weißen Blüten des Hartriegels und dem Rosa, Weiß und Purpur von Rhododendron und Breitblättriger Kalmie.

Aus dem Auto führte man sie zum Eingang eines riesigen Ziegelgebäudes, das von anderen, ebenso imposanten Gebäuden umgeben war. Penny zog sich zurück und ließ Selena mit dem Kampf um Orientierung allein. Das von dem polierten Terrazzoboden reflektierte Licht und die von den lackfarbenen Wänden widerhallenden Stimmen waren grell und bedrohlich. Penny erschien wieder und versteckte sich unter dem metallenen Untersuchungstisch, der ein lautes Geräusch machte, als sie Schutz darunter suchte. Dr. Edwards, der sie in der Aufnahme empfing, schenkte sie keinen Blick.

Schließlich reagierte Marcie auf Dr. Edwards ruhiges, beständiges Überreden, sie kroch unter dem Tisch hervor, strich das Kleid glatt und war bereit, die Fragen des Arztes zu beantworten. Da sie an Jennys Stelle handelte, erzählte sie von ihren eigenen Welten, in denen sie glücklich sein konnte. Sie erzählte, wie sehr sie Tiere und die Berge liebte. »Aber«, sagte sie, »die Tiere werden immer irgendwie getötet.«

Unterworfen, jedoch kooperativ, gab Marcie zu, manchmal Stimmen zu hören und klagte über Beschwerden »wie ein Knoten in meinem Bauch, der so schlimm ist, daß er meine Beine hochzieht.« Ihr langsames Sprechen und ihr ruhiges, bedächtiges Auftreten standen im Einklang mit der Beschreibung ihrer Mutter von ihrer kürzlichen, schweren Depression.

Dr. Edwards Patientin hob die vorher niedergeschlagenen Augen, schaute ihn direkt an und berichtete in nüchternem Tonfall, daß sie einige schreckliche sexuelle Erlebnisse gehabt hätte. Um sich nicht von Marcies Ehrlichkeit ausstechen zu lassen, fügte Selena ihre eigenen Informationen hinzu. Sie sagte, sie sei von einem Cousin vergewaltigt worden, als sie noch kleiner war, und daß einer ihrer Onkel immer noch hinter ihr her sei. Selena erzählte von ihrem Freund, Tony, und ihrer Hoffnung, ihn zu heiraten.

Im Interview mit dem Doktor erzählte Gladys Faye im wesentlichen die gleiche Geschichte, die sie dem Arzt nach Jennys Selbstmordversuch im Alter von zwölf Jahren erzählt hatte. Sie erklärte, Jenny sei in sich gekehrt, seit ihre Tanten sie im Alter von zwei Jahren in einem Zimmer eingesperrt hätten. Wie vorher gab sie zu, daß sich ein Cousin an Jenny vergriffen haben könnte, aber sie wäre mit Jenny aus dem Haus, in dem es passiert war, ausgezogen. Sie verteidigte Jenny als ein artiges Mädchen, das nicht trinken und auch keine Drogen nehmen würde, und daß sie sich mit Schulkameraden nur unter Aufsicht treffen würde. Sie stritt ab, daß Jenny einen älteren Freund hätte, aber betonte mit Nachdruck, daß sie eine lebhafte Phantasie hätte.

Gladys Faye redete über Jennys Liebe zur Kirche und ihr Interesse am Klavierspielen und Tanzen. (Als Jenny ihrer Mutter gesagt hatte, daß sie tanzen möchte, hatte Gladys Faye sie ausgelacht und ihr gesagt, sie könne nicht besser tanzen als die Ratten im Keller.) Sie gab zu, daß Jenny nicht viel für die Schule tat und einen großen Teil der Zeit allein verbrachte. Sie sagte, die Krankheit hätte vor einigen Monaten angefangen, als Jenny schwermütig geworden wäre, Weinkrämpfe und Schlafprobleme gehabt hätte.

Nach einer Untersuchung befand Dr. Edwards, daß sich körperlich alles im normalem Rahmen befand, er bemerkte nur eine fragwürdige Menstruationsgeschichte und eine Empfindlichkeit der Brust, was nahelegte, eine Schwangerschaft auszuschließen. Die Untersuchung und die Aufnahme-Interviews zusammenfassend, stellte Dr. Edwards fest, er hätte den Eindruck, daß die vierzehnjährige Jenny Walters an Wahnvorstellungen und Halluzinationen leide. Sie hätte suizide Tendenzen, aber es mangele ihr an der notwendigen Einsicht, sich als geistesgestört zu sehen. Er stellte die vorläufige Diagnose einer schizophrenen Reaktion und wies sie in eine geschlossene Abteilung ein.

Der Charakter von Jennys Krankheit wirkte einer Entdeckung ihrer Krankheit entgegen. Die Fähigkeit der *Alter egos* zu einem glatten Wechseln, zuverlässig auf einen Namen zu reagieren und in einer neuen Situation Vertrautheit vorzutäuschen, erweckten den Eindruck einer einzelnen, obgleich gestörten Persönlichkeit. Darüber hinaus verhinderte oder zumindest minderte überdurchschnittlich rasches Verheilen von Wunden mit nur sehr wenig Narben bei Jenny Hinweise, die dem Arzt Mißbrauch hätten signalisieren können.

Nachdem Selena Gladys Faye teilnahmslos »Auf Wiedersehen« gesagt hatte, folgte sie der Krankenschwester ohne Protest. Die Wände der Station 7B waren in dem gleichen Blaßgrün gestrichen wie die große Wandelhalle und die Aufnahmestation, und im Flur standen die gleichen abgenutzten Holzbänke. Als sie aus dem Aufzug traten, bemerkte Selena im Flur einige Patienten und weitere in dem großen Raum, den die Schwester Tagesraum nannte. Einige trugen Straßenkleidung, aber die meisten waren in Pyjamas, Baumwollnachthemden oder graue Bademäntel gekleidet.

Die Schwester führte Selena zu einem Zimmer mit vier Betten. Die Fenster waren mit dem gleichen Drahtgeflecht geschützt wie das Fenster in der Tür, das die Schwester hinter sich geschlossen hatte, als sie die Station betraten. Selena dachte, daß sie hier vielleicht nie wieder rauskäme, aber sie fühlte sich hier sicherer, als sie es lange Zeit getan hatte.

Im Schutz des Krankenhauses kam das System der Persönlichkeiten schnell wieder ins Gleichgewicht. Mit einem unfehlbaren Gespür für das Überleben paßten sich die Persönlichkeiten den Erwartungen des Krankenhauspersonals an, um nach und nach genau das Bild der Besserung der geistigen Gesundheit zu präsentieren, das das Personal zu sehen wünschte. Die fast katatonische Penny, die sich versteckt hatte, wurde nicht mehr gebraucht. Andere kleinere Persönlichkeiten zogen sich zurück und traten nicht länger auf, um ihre Charakteristiken zu manifestieren. Die größeren Persönlichkeiten erlangten wieder die Kontrolle und waren größtenteils in der Lage, die verschiedenen Kind-Persönlichkeiten zu binden.

Das Krankenhaus machte den Kindern Angst. Ihr Schule-Spielen hörte auf; abwechselnd erschienen sie nachts und weinten, weil sie nach Hause wollten, oder um ein wenig zu spielen. Abby, die frühere Lehrerin, benutzte Schreibfedern und Stifte des Krankenhauses, um einige Bilder zu malen oder Unterrichtslektionen zu erstellen, aber niemand erschien zum Lösen der von ihr gestellten Aufgaben. Sie war vorsichtig und versteckte sich und die Papiere vor den Schwestern.

Auch die anderen Kind-Persönlichkeiten wurden unterworfen. Becky, die ihr weiches Federkissen vermißte, schaffte es, sich mit dem harten, schweren Kissen des Krankenhauses zu trösten. Sie schlief oft mit dem Daumen im Mund ein. Keines der Kinder hinterging Jenny, indem es sich vom Krankenhauspersonal sehen ließ.

Die Ärzte und Schwestern sahen, daß sich Jenny Walters Zustand schnell besserte. Ihr schwermütiges Verhalten wechselte zu einem kooperativen, sogar vergnügten Austausch mit dem Personal und anderen Patienten. Nach zwei Wochen wurden die Medikamente abgesetzt, und Jenny wurde erlaubt, sich frei auf dem Gelände zu bewegen, am Krankenhauskiosk einzukaufen und an einer handwerklichen Beschäftigungstherapie teilzunehmen. Die Freiheit wurde gegen die Erwartungen aufgerechnet, daß sie sich mit um andere, schwerer gestörte Patienten kümmern und in der Küche nützlich machen sollte.

Marcie war gegenüber den alten Männern und Frauen mitfühlend und liebenswürdig. Sie half, sie zu füttern und die Bettwäsche zu wechseln. Sie sprach zu ihnen, auch wenn diese anfangs oder überhaupt nie antworteten. Die alten Menschen, die noch in der Lage waren, zu reagieren, gingen auf sie ein und unterbrachen ihre ansonsten endlosen Träumereien, um sie anzulächeln oder die ewig gleichen Mahlzeiten der Institution wie einen besonderen Genuß zu sich zu nehmen. Andere hatten schon lange jeden Anschein menschlichen Kontakts aufgegeben. Sogar mit ihnen hatte Marcie Mitgefühl und opferte sich auf, ihre grauen Haare und Goldrandbrillen riefen kaum bewußte Erinnerungen an die geliebte Großmutter hervor.

Marcie machte auch die schwere Küchenarbeit nichts aus. Als sie noch klein war, half sie oft Tante Mamie. Obgleich sie meinte, daß Flisha die bessere Köchin sei, konnte Marcie eine passable Mahlzeit zubereiten und die Küche so sauberhalten, wie es erwartet wurde.

Marcie sah, wie Hilda manchmal kam und nur den Abwasch machte. Hilda empörte sich zwar über die Aufgabe, bestand aber darauf, sie fertig zu machen. Zornig brummte sie über die Zumutung dieser sinnlosen, gleichförmigen Arbeit.

Die Situation, die sich dem Personal darstellte, war typisch für einen unschlüssigen Teenager. Manchmal war Jenny Walters den Autoritätspersonen gegenüber aufbegehrend, manchmal entgegenkommend. An den meisten Tagen war Marcie vergnügt und fröhlich, aber sie konnte die Traurigkeit, die sie verspürte, wenn es regnete, weder verheimlichen noch erklären. Wenn am Nachmittag Gewitter über die Berghänge donnerten, entfernte sich Marcie von den anderen Patienten, um sich ans Fenster zu stellen und zu sehen, wie sich ihre Tränen durch die Regentropfen an den Scheiben verdoppelten. Für sie trauerte das Universum, und sie trauerte mit. Das Personal konnte sich ihre Traurigkeit mit zu erwartendem Heimweh erklären. Sie waren sich vergrabener Erinnerungen genau so wenig bewußt wie das Kind. Erinnerungen daran, nach der Schule im Regen ausgeschlossen, auf einer regenüberfluteten Straße fast ertränkt worden zu sein, am Fenster ihres Schlafzimmers zu sitzen und nicht zu wissen, warum man mit dem Regen trauerte.

Selena war der Regen in jeder Hinsicht ziemlich egal. Sie mochte die heiteren Tage einfach lieber, weil man dann rausgehen konnte. Das Gelände war gut gepflegt. Weite, grüne, sanfthügelige Rasenflächen lagen im Schatten riesiger Eichen und waren mit kreis- und halbkreisförmigen Beeten lebenssprühender Blumen verziert. Kilometerlange, zementierte Fußwege verbanden einen Gebäudekomplex, der eine größere Gemeinde bildete als der kleine Ort in der Nähe ihres Hauses.

Gruppenausflüge machten Spaß. Es fanden Einkaufsausflüge in die nahegelegene Ortschaft statt. Normalerweise kaufte Selena im Drug Store Make-Up und Bubblegum und schloß sich den anderen am Springbrunnen an, um ein Erdbeereis zu essen. Von Zeit zu Zeit unternahmen Gruppen Bergwanderungen, oder sie machten einen Ausritt. Der Geruch von Pferdeschweiß und der kräftige Ledergeruch des Zaumzeugs waren zusätzliche Freuden in ihrem kurzen Einblick in eine richtige Kindheit.

Selenas Lieblingsplatz war der große weiße Aussichtsturm. Wann immer sie konnte, verbrachte sie die Zeit damit, einfach nur auf einer der eingebauten Bänke zu sitzen. Das Muster der konzentrischen Bretter, die das Dach bildeten, faszinierte sie, ein Muster, das so komplex und doch geordnet war wie die Persönlichkeitsstruktur, dessen zentralen Teil sie darstellte. Selena verbrachte die Zeit jedoch nicht mit Introspektion. Sie betrachtete aufmerksam das fast komplette Panorama von Bergen und Schluchten mit grünem Frühsommerlaubwerk und träumte davon, an diesem besonderen, hübschen Platz Männer zu treffen.

Es reichte aus, in den Therapiesitzungen mit der Realität konfrontiert zu werden. Einen großen Teil der Zeit ließ sie Flisha damit umgehen. Flisha blieb kontrolliert und ruhig, wenn sie mit Dr. Edwards redete. Seine Fragen über ihre sexuellen Erfahrungen beantwortete sie nicht. Sie gab zu, daß sie nicht immer glücklich war. Sie liebte das Klavier und vermißte es, als sie aus Tante Mamies Haus fortzogen. Ihre Ausgeglichenheit legte den Schluß nahe, daß sie über die unglücklichen Ereignisse, die ihre Kindheit beeinträchtigt hatten, erhaben war.

Selena war offener, wenn auch der Unterschied zu Flisha nicht dramatisch genug war, um mehr als Launenhaftigkeit vermuten zu lassen. Selena sprach darüber, sexuell mißbraucht worden zu sein, und daß ihre Mutter und ihre Tante übertrieben streng zu ihr waren. Sie enthüllte genug über ihre Vergangenheit, daß bei der Vorstellung ihres Falls auf der Personalkonferenz durch Dr. Edwards die Diagnose einer Bewußtseinsspaltung gestellt wurde.

Ihre Besserung wurde als Resultat davon gesehen, daß es ihr im Krankenhaus möglich war, für einige Zeit über ihre Traumata reden zu können. Gespräche mit Gladys Faye beruhigten das Krankenhauspersonal dahingehend, daß sich die Situation zu Hause auch gebessert hätte. Nach fast drei Monaten Krankenhausaufenthalt entließ Dr. Edwards Jenny.

Dr. Edwards und das Personal waren sehr nahe daran gewesen, die Wahrheit über Jenny zu entdecken. Sie mögen nicht erkannt haben, daß ihre »Besserung« ebenso eine Funktion ihrer dissoziativen Fähigkeiten war, wie es auch ihre Krankheit selbst war. Das System der Persönlichkeiten konnte in der Krankenhaussituation so gut funktionieren, daß das Ausmaß der Zersplitterung nicht erkannt wurde.

Während der Zeit im Krankenhaus, außerhalb der Reichweite der sie mißbrauchenden Menschen, war es Jenny möglich, aus entfernteren Welten in ihre Kristallwelt zurückzukehren. Die Gesichter auf der Kristalloberfläche wurden weniger, als die anderen Persönlichkeiten ihre Funktionen stabilisierten und sich, Jennys Nähe spürend, von hektischem Wechseln zu fast erlernter Kooperation beruhigten. Obgleich die Lücke von fast zwei Jahren blieb, erhielt Jenny Walters Zeit, erinnerte Zeit, zurück.

Teil V
Sichere Orte

*Ich sitze hier und schaue den Schatten der Bäume beim
Spielen zu,
Wie sie an der Seite des Hauses auf und ab tanzen.
In einem Moment sind sie dort, im nächsten sind sie fort,
Aber wieviel Spaß sie bei dem Schattenspiel haben.*

*Im Leben ist es dasselbe. Es ist ein Schattenspiel.
In einem Moment sind wir dort, im nächsten sind wir fort,
Sei also sehr vorsichtig, Freund, wenn du das Schattenspiel
spielst.
Denn wie du weißt, können Schatten sich sehr schnell
verändern.
Und sie sind nicht mehr das, was sie zu sein scheinen oder
was du spielen müßtest.*

Jennys Tagebuch

Kapitel 12

Nach ihrer Rückkehr aus dem Krankenhaus änderte sich Jennys Leben beachtlich. Die Mißhandlungen seitens ihrer Mutter, die etwas abgenommen hatten, als Jenny größer wurde, hörten ganz auf. Die Schläge, die bisher jeden Wutausbruch von Gladys Faye begleitet hatten, blieben aus. Gladys Faye konnte immer noch wütend werden, aber sie begnügte sich mit verbalen Attacken auf Jenny, wie auch auf jeden anderen, der ihr über den Weg lief.

Jenny tat sich schwer, die Veränderung in diesem Verhalten zu akzeptieren. Noch immer erwartete sie die spontanen und vorsätzlichen Angriffe von ihrer Mutter. Nachdem sie einige Zeit angespannt auf Schläge gewartet hatte, die nicht kamen, gestattete sie sich, etwas weniger Angst vor ihrer Mutter zu haben. Jenny konnte sich den Wandel nicht erklären, obwohl sie sich bewußt war, daß es nicht ihr Einfluß war, der Gladys Faye diese Zurückhaltung zeigen ließ.

Jenny konnte sich nicht erinnern, Gladys Faye so scheinbar zufrieden erlebt zu haben. Sie traf sich jetzt regelmäßig mit Grady Camp. Gladys Faye kannte Grady, einen Christen, der zur Kirche ging, schon seit Jahren. Er hatte kein Interesse an einer Heirat gezeigt, aber in letzter Zeit war er ihr gegenüber besonders aufmerksam und treu gewesen. Wenn Grady anwesend war, war Gladys Faye ruhiger.

Genauso wie Jenny erwartet hatte, daß nach ihrer Rückkehr aus dem Krankenhaus die Mißhandlungen durch ihre Mutter wieder anfangen würden, hatte sie erwartet, daß auch der Mißbrauch durch die Sekte wieder beginnen würde. Aber es war nicht so. Niemand kam in das kleine Haus und zwang Jenny zu okkulten oder sexuellen Aktivitäten, und man brachte sie auch nicht an die versteckten, vertrauten Orte, um sexuelle oder Opfer-Rituale abzuhalten. Es war, als ob für Jenny die Sekte nie existiert hätte. Gladys Faye sprach auch nicht über ihr verändertes Verhalten und das Fernbleiben der Sekte. Jenny wagte es nicht, Fragen zu stellen.

Soweit Jenny wußte, war der Kontakt ihrer Mutter mit der Sekte auch abgebrochen. Jenny war sich nicht sicher, aber als ein Monat vergangen war, dann ein weiterer, ohne daß es Anzeichen für Sektenaktivitäten gab, fing Jenny an zu glauben, daß das dunkle, geheime Leben vorbei war.

Jenny ging auf eine andere Schule. Die Hamilton Schule ging nur bis zur achten Klasse. Mit dem Bus fuhr sie zur Markham Junior-High-School im südlichen Teil des Bezirks, um die neunte Klasse anzutreten. An einer neuen Schule konnte sie wie jeder andere sein, ohne Angst haben zu müssen, daß jemand – ein Lehrer, ein Klassenkamerad – alte Geheimnisse argwöhnen würde.

Schon in den ersten Tagen in der Junior High School stellte Jenny fest, daß sie nicht wie alle anderen behandelt werden würde. In der neuen Schule hatte sich ihr Aufenthalt im Staats-Krankenhaus herumgesprochen. Sie hörte Schüler »verrückt« sagen, sah sie kreisförmige Bewegungen mit den Händen vor ihren Köpfen machen. Und sie gaben sich nicht sonderlich Mühe, es vor Jenny zu verheimlichen.

Jenny fühlte sich elend. Keine der Persönlichkeiten konnte oder wollte auch nur damit umgehen. Schule war zu schwierig. In der Grundschule hatte man sie für dumm gehalten. Jetzt nannte man sie verrückt. Die Behandlung in der Schule betrübte und widerte Flisha an. Marcie war verwirrt. Selena war desinteressiert. Es bestand nur wenig Hoffnung, daß ein Teil Jennys in der Lage sein würde, die Schularbeiten zu erledigen oder in dieser neuen Schule Freunde finden könnte.

Janice, ihre einzige Freundin aus der Hamilton Schule, war einer anderen Klasse zugeteilt worden. Das Zusammensein mit Janice in der Mittagspause war das einzige, was die Schultage für Jenny nicht zu einem Totalverlust werden ließ.

Janice war Selenas beste Freundin, obgleich Janice sie nur als Jenny kannte. Selena war sich bewußt, daß auch Janices Ruf ihr von der Hamilton zur Markham Schule gefolgt war. Die Lehrer mieden Janice und die Schüler nannten sie »leichtes« Mädchen, Hure. Selena kümmerte das nicht. Sie kannte Janice seit der ersten Klasse, als sie abseits der anderen Kinder zusammen gespielt hatten. Als Janice sie bat, sie zu einem Rendezvous zu begleiten und sich mit einem Jungen zu treffen, den sie noch nie gesehen hatte, zögerte sie nicht.

Janice fieberte einem Rendezvous mit Mason Martin entgegen. Aber Mason hatte die Schule aufgegeben und angefangen zu arbeiten, daher erlaubte Janices Mutter ihr nur eine Verabredung, wenn jemand dabei war. Sie bat Jenny als Begleitung von Masons bestem Freund, Michael Harris, mitzukommen. Auch Michael hatte die Schule geschmissen und arbeitete. Selena wußte nichts über Michael Harris und wollte auch gar nichts wissen. Sie war nur froh, eine Möglichkeit zu haben, sich schick anzuziehen und aus dem Haus zu kommen.

Michael schloß die Augen und schüttelte den Kopf, hatte Angst, daß die Erscheinung verschwinden würde. Er konnte nicht glauben, daß er solches Glück hatte. In der geschwungenen Eingangstür stand das hübscheste Mädchen, das er je gesehen hatte. Und er hatte eine Verabredung mit ihr.

Er hatte Jenny Walters sogar schon gekannt, bevor sie in die Grundschule ging. Naja, gekannt hatte er sie schon, aber nicht besonders gut. Sie würde sich wahrscheinlich nicht erinnern, aber er tat es. Er war bei der gleichen Babysitterin gewesen und hatte ein paar Mal mit ihr gespielt, bevor Jenny Ärger mit Miss Kress bekommen hatte, weil sie die Kühe freigelassen und die Kätzchen gequält hatte. Jenny war nie wieder zu Miss Kress gekommen, aber Michael hatte sie die ganze Zeit in der Schule beobachtet.

Michael war ein Jahr älter als Jenny. Er kam aus einer Familie, die wußte, wo ihr Platz war. Er glaubte, daß ein Mädchen, das aus so guten Verhältnissen kam, mit ihm wahrscheinlich nichts zu tun haben wolle. Sie war immer so hübsch angezogen, sah so nett und ordentlich aus. Seine abgetragenen Hemden, Overalls und die derben Schuhe zeichneten ihn als armen, dummen Jungen vom Lande aus. Da er einmal sitzengeblieben war, waren sie zusammen in der achten Klasse. Aber Jenny hatte sich nie so verhalten, als ob er überhaupt existierte. Auch wenn er allen Mut zusammengenommen und sie angesprochen hätte, würde sie ihn wahrscheinlich nur ausgelacht haben.

Er glaubte, sie sei gescheit. Er war nie gut in der Schule, schaffte es gerade so, über die Runden zu kommen. Aber das machte im Moment auch keinen Unterschied. Er hatte einen festen Job, seitdem sein Daddy ihm erlaubt hatte, mit der Schule aufzuhören.

Alle Jungens mußten anfangen zu arbeiten, sobald sie konnten. Nachdem die Großmutter zu ihnen gezogen war, hatte die Invalidenrente seines Vaters nicht gereicht, um eine Familie mit fünf Kindern zu ernähren. Daddy hatte nicht mehr gearbeitet, seit ein Auto bei der

Reparatur auf ihn gefallen war. Er konnte sich zwar noch ganz gut bewegen, saß aber meistens im Haus. Auch wenn er nicht arbeitete, vergaß doch niemand, daß er das Familienoberhaupt war. Er ließ seine Jungens wissen, daß er sie immer noch ohne zu zögern auspeitschen würde, wenn er glaubte, sie verdienten es.

Mit geschlossenen Augen erinnerte sich Michael an das hübsche, kleine Schulmädchen. Als er seine Augen öffnete, sah er eine erwachsene Frau auf ihn warten. Das Glitzern in ihrem hochgekämmten, blonden Haar reflektierte das tiefe Blau ihres Kleides. Die Farbe wiederholte sich in ihren tiefen Augen, als sie ihn anlächelte. Das Ganze wirkte einfach überwältigend. Michael Harris wußte, daß er die Frau ansah, die er heiraten würde.

An den Film, den sie sich ansahen, konnte Michael sich nicht erinnern, er wußte nicht einmal mehr den Titel. Er erinnerte sich nur vage, daß er mit Mason und Janice Hamburger und Cola holen gegangen war oder daß sie dieses Doppel-Date geplant hatten. Die Details des Rendezvous bedeuteten Michael nur wenig. Er erinnerte sich nur daran, daß sie »Ja« gesagt hatte, als er sie fragte, ob er sie wieder anrufen dürfte.

Selena hatte dem Anruf zugestimmt, obwohl sie sich nicht sonderlich viel aus Michael machte. Als er wegen einer zweiten Verabredung anrief, überließ sie ihn Marcie. Um Michaels Gefühl nicht zu verletzen, willigte Marcie ein, mit ihm auszugehen.

Das zweite Date vergaß Michael nie wieder. Diesmal kam er allein, um sie abzuholen. Sie sah genauso hübsch aus wie vorher. Sie trug schlichte Kleidung und schien bescheidener zu sein als bei ihrem ersten Treffen. Es bestärkte ihn in seiner Ansicht, daß dies ein Mädchen war, das er mit nach Hause nehmen konnte, um es seiner Mutter vorzustellen.

Nachdem er Jenny zum Essen in das Fischrestaurant eingeladen hatte, fuhr er sein altes Auto einen ausgefahrenen Feldweg an den Waldrand, um etwas ungestörter zu sein. Er stellte Motor und Scheinwerfer ab, ließ das Radio aber leise weiterlaufen. Er entdeckte, daß Jenny auf seine Küsse und seine herumspielenden Hände reagierte. Er schlüpfte mit einer Hand unter den Pullover, um den Büstenhalter zu öffnen und die weichen Brüste, die er gestreichelt hatte, freizumachen.

Ihre Schreie kamen unerwartet, durchdringend, und die Todesangst, die sich in ihnen zeigte, paralysierte Michael nahezu. »Da, da –

dort hab' ich ihn gesehen!«, kreischte sie und zeigte auf die Stelle, an der die Straße in den Wald verlief. Michael sah Jennys Gesicht leichenblaß werden und bemerkte, wie sich Schweißtropfen über ihrer Oberlippe bildeten.

Als Michael sich wieder genug gefaßt hatte, schaltete er die Scheinwerfer ein. Der schwache Strahl beleuchtete nur die rote Erde der Straße und das drahtige Gebüsch unter kahlen Bäumen.

Michaels hektische Bemühungen, den alten Pontiac mit den vom Radiospielen fast leeren Batterien zu starten, zeigten keinen Erfolg. Als das alte Auto sich weiteren Versuchen, gestartet zu werden, widersetzte, sah er, daß Jenny im Begriff war, sich zu übergeben und daß ihre Nase anfing zu bluten. Verzweifelt bemühte sich Michael sie zu beruhigen. »Was ist denn?«, fragte er mit der ganzen Autorität zu der er fähig war.

»Der Mann ohne Kopf«, sagte Marcie, nach Luft ringend, »der Mann ohne Kopf.« Es schien eine Ewigkeit zu dauern, bis das alte Auto ansprang und Michael schlingernd auf die Hauptstraße zurückfuhr. Michael setzte die Stücke ihrer herausgesprudelten Erklärung zusammen, und es stellte sich heraus, daß sie auf der anderen Seite des an Tante Mamies Grundstück angrenzenden »Gespenster-Waldes« geparkt hatten. Michael fuhr zu einem kleinen Café, das die ganze Nacht geöffnet hatte. Mit Papierhandtüchern aus der Männertoilette half er ihr, sich zu säubern. Als ihr Gesicht wieder Farbe bekam, fuhr er sie nach Hause.

Michael glaubte, daß Jenny ein Gespenst gesehen hatte, aber er hatte nicht vor, das Risiko einzugehen, Jennys Mutter mit der Geschichte zu verärgern. Es schien, als ob Gladys Faye ihn beim ersten Besuch ganz gut hatte leiden können. Von Natur aus umgänglich, bezauberte er sie mit Komplimenten und kleinen Koketterien. Um als Minderjährige heiraten zu können, brauchten sie ihre Zustimmung. Er wollte sie nicht gegen sich aufbringen. Er war dazu erzogen worden, Ältere zu respektieren. Er war froh, als Gladys Faye kein Problem aus Jennys derangierter Erscheinung und dem späten Heimkommen nach ihrem zweiten Rendezvous machte. Sie erzählten ihr, Jenny hätte etwas gesehen und Angst bekommen. Gladys Faye drang nicht darauf, Einzelheiten zu erfahren. Sie dankte Michael nur dafür, daß er so gut auf Jenny aufgepaßt hatte. Michael kam gut mit Jennys Mutter klar.

Seine Mutter stellte allerdings ein Problem dar. Sie war gegen seine Verabredung mit Jenny Walters. Als sie erfuhr, daß er mit dem Walters-Mädchen ausging, sprach sie sich dagegen aus. »Die glaubt, sie sei was Besseres«, wandte seine Mutter ein. »Wir können sicher sein, daß sie nicht zu uns paßt.« Sogar als sie ihm an den Kopf warf, daß die Leute erzählten, Jenny sei im Irrenhaus gewesen, konnte ihn das nicht abbringen. Er konnte doch selbst sehen, daß Jenny nicht verrückt war.

An Gespenster zu glauben, war nicht das einzige, was er mit Jenny gemeinsam hatte. Sie mochte die Schule genauso wenig wie er. »Dort mag mich keiner«, hatte sie ihm erzählt. Michael war stolz, derjenige zu sein, der sie vor dummen Leuten beschützte, die solch ein nettes, hübsches Mädchen nicht verstanden.

Sowohl Jenny als auch Michael waren kirchlich erzogen worden. Obgleich beide fundamentalistisch orientiert waren, war Michaels Glaubenshaltung strenger als Jennys traditional protestantische. Er hatte gelernt, seinem Glauben und seiner Familie gegenüber loyal zu sein. Glaube, so meinte er, könne jemand in dieser und in der nächsten Welt erretten. Er hielt nicht viel von Ärzten, weil er wußte, daß Gebete und die Pflege religiöser Gemeinschaft alles war, dessen es bedurfte, um die Gläubigen zu heilen. Er glaubte, wie die meisten Menschen, die er kannte, daß Frauen ihren Männern gehorchen sollten und Männer ihre Frauen beschützen sollten.

Anfangs machte er sich etwas Sorgen wegen Jennys christlicher Erziehung. Obwohl sie bei ihrer ersten Verabredung ein Kleid trug und nicht die verbotenen Hosen, war das Kleid auffällig, und sie trug starkes Make-up. Für sie sprach jedoch, daß sie sich weniger schminkte, als sie zum zweiten Mal ausgingen. Außerdem war er von der Tatsache beeindruckt, daß sie ihrer Mutter Respekt erwies und daß ihre Mutter ihn zu mögen schien.

Michael war sich nicht bewußt, daß Gladys Fayes positive Reaktionen auf ihn für Jenny ein Dilemma darstellte. Er bot ihr eine sofortige Möglichkeit zu heiraten, aber außer Gladys Faye mochte ihn niemand. Heirat war eine Möglichkeit, ihrem stigmatisiertem Dasein in der Schule und der Kontrolle ihrer Mutter zu entkommen. Alle, Selena, Marcie und Flisha erkannten die Notwendigkeit fortzukommen. Zu heiraten war eine gute Methode. Erst vor einigen Monaten hatte Gladys Faye ihr untersagt, Tony zu heiraten. Flisha und Marcie hatten Tony gemocht und Selena glaubte, sie liebe den Country-Sänger, aber Gladys Faye sagte, er sei nicht gut genug für ihre Tochter.

Nach der Szene wegen Tony hatte Selena sich entschlossen, niemand zu heiraten. So tolerant Marcie auch war, sie fand Michaels Umgangsformen zu ungehobelt, um ihn wiederzusehen, und Flisha dachte nicht einmal daran, überhaupt mit ihm auszugehen. Er war gutaussehend, von mittlerer Statur mit leichtgelocktem braunen Haar und braunen Augen. Er war gesellig, hatte einen Job und war entschlossen zu heiraten. Aber Flisha fand, es mangele ihm an Bildung und Eleganz.

Jenny löste das Problem auf ihre übliche Art. Nina, eine neue Andere, kam, um sich mit Michael zu treffen. Sie ließ ihn im unklaren darüber, daß er die richtige Jenny Walters noch nicht einmal getroffen hatte. Nina glaubte, Michael zu lieben. Sie wollte ihm gefallen und seine Frau werden. Um die Rolle ausfüllen zu können, richtete sie sich nach Michael.

Vier Monate nach ihrem ersten Date wurden Michael Campton Harris und Jenny Lynn Walters getraut. Er war sechzehn; sie war fünfzehn. Jennys Mutter kaufte ihr ein ganz weißes Hochzeitskleid, Spitze auf Organza. Michael trug seinen einzigen dunklen Anzug.

Zur Hochzeit trug Nina ihr Haar französisch geflochten. Nur weil Tante Mamie darauf bestand, legte sie einen Hauch Lippenstift auf. In dem traditionell weißen Kleid sah sie süß und hübsch aus. Sie bat Michael, die von ihm gekaufte Gardenie anzustecken. Die Gardenie wurde fallengelassen, als Flisha erschien und sie durch ein von Gladys Faye gekauftes Orchideensträußchen ersetzte. Flisha wußte am besten, wie man Gladys Faye besänftigte. Nina leistete keinen Widerstand. Obwohl seine Gefühle verletzt waren, wollte Michael vor seiner nachgiebigen, errötenden Braut die Sache nicht hochspielen. Schweigend hielt er ihre Hand, als sie über die Staatsgrenze zum Friedensrichter fuhren.

Michaels Mutter, die immer noch gegen die Verbindung protestierte, hatte sich geweigert, der Trauung beizuwohnen. Sein Vater kam mit, um die Dokumente zu unterschreiben. Gladys Faye, die glückliche und stolze Mutter der Braut, kam auch mit. Ihr Freund, Grady Camp, vervollständigte die Hochzeitsgesellschaft. Alles in allem war Michael mit dem Verlauf des Tages zufrieden.

Michael, der nicht wußte, daß Jenny ein Opfer von Mißbrauch gewesen war, der nichts von ihrer Verwicklung in die Sekte wußte und nicht wußte, daß Jenny anders war, als sie zu sein schien, nahm seine neue Braut für einige Wochen mit in das Haus seiner Eltern. Angesichts einer Situation, die sie nicht ändern konnte, fügte sich seine

Mutter, hieß beide willkommen und behandelte Jenny aufrichtig wie eine Tochter, während das Paar darauf wartete, das Geschäft mit dem Wohnwagen, den sie kaufen wollten, abschließen zu können.

Gladys Faye stimmte erst zu, die Papiere mitzuunterzeichnen, als Michael und Jenny eingewilligt hatten, den Wohnwagen bei Tante Mamies Haus zu parken, statt auf den zwei Morgen auf dem Land, die ihnen von Michaels Familie angeboten worden waren. Michaels Grundstück hatte einen Brunnen und einen Faulbehälter, aber Gladys Faye bestand unnachgiebig darauf, daß sie in ihrer Nähe blieben. Als Michael und Jenny aus dem Haus in den Wohnwagen zogen, zog Gladys Faye wieder aus dem kleinen Haus mit der geschwungenen Eingangstür zurück zu Mamie.

Zur Zeit ihrer Heirat mit Michael standen die Dinge für Jenny besser als in der ganzen Zeit seit dem Tode ihrer Großmutter. Außerdem hatte sie ein komplettes System von Persönlichkeiten, das sich den Anforderungen und der Routine des Ehelebens anpassen konnte.

Kapitel 13

Freitagnacht. Michael vermutete, daß sie wie üblich mit Grady und Gladys Faye ausgehen würden. An fast jedem Wochenende gingen sie irgendwo hin, und wenn es nur das Fischrestaurant oder ein Steakhaus war. Michael war gern mit Grady zusammen. Wenn Grady dabei war, kam man auch besser mit Gladys Faye aus.

Gladys Faye war wechselhaft, zuckersüß in einer Minute, in der nächsten wollte sie dir den Kopf abreißen. Wenn es sie überkam, konnte sie einen mit ihrer lauten Stimme oder ihrem wiehernden Lachen in peinliche Situationen bringen. Sie war groß wie ein Haus und trug diese knallbunten, geblümten Kleider und hatte immer eine Marlboro in ihrem Mundwinkel hängen. Michael sagte nie etwas. Schließlich war sie Jennys Mama. Und wenn Grady dabei war, führte sie sich ziemlich anständig auf.

Michael freute sich auf die Wochenenden. Er arbeitete schwer an einer Schneidemaschine, die über hundert Teile auf einmal schnitt, die dann zu Babykleidung oder Frauenunterwäsche zusammengenäht wurden. Er bekam nicht viel mehr als den Minimallohn, aber es war ein regelmäßiger Job, und er machte Überstunden, wann immer es ging. Wenn er von der Arbeit nach Hause kam, erwartete er, daß das Essen auf dem Tisch stand. Er hatte eine Frau, die sich um ihn kümmern konnte.

Gleich nachdem sie geheiratet hatten, ließ er Jenny mit der Schule aufhören. Sie arbeitete als Verkäuferin in dem Warenhaus der Stadt. Es war ein Teilzeit-Job. Sie hielt den Wohnwagen sauber, bereitete gute Mahlzeiten zu und folgte seinen Anordnungen.

Nina versuchte die vollkommene Hausfrau zu sein. Sie war zufrieden, zu Hause zu sein, und wollte nur ihrem Mann gefallen, dessen Aufgabe es war, sich um sie zu kümmern und sie zu versorgen. Sie war damit zufrieden, sich so anzuziehen, wie er wollte und zu denken, was er sagte.

Nina trug einfache Baumwollkleider. Sie trug keinen Schmuck und kein Make-up. Sie war schweigsam und redete selten, wenn Michael sie nicht ansprach. Sie stand auf, um ihm das Frühstück zu machen, sein Lunch-Paket zu packen und beeilte sich, aufzuräumen, wenn er zur Arbeit gegangen war. Wenn er nach Hause kam, setzte sie sich zu ihm und massierte ihm die strapazierten Füße.

So sehr sich Nina auch zwang, Michael zu gefallen, der Sex mit ihm funktionierte nicht. Sie ging zärtlich mit ihm um, hätschelte ihn, war sogar erregt, wenn sie sich von ihm streicheln ließ. Aber sowie die sexuelle Aktivität an Intensität gewann, flüchtete Nina. Nur Selena konnte damit umgehen, wenn Michael sie liebte. Michael schien es nichts auszumachen, daß seine normalerweise fügsame Frau im Schlafzimmer verwegen wurde.

Als er an diesem Freitag nach Hause kam, fand Michael Jenny ausgestreckt auf dem Bett liegen. »Geh nur mit Mama und Grady, Michael«, sagte sie. »Ich bin zu müde, um auszugehen.«

»Ach, du bist nur erschöpft von der Arbeit im Laden. Du mußt mal raus hier.« Jenny fügte sich, aber sie hatte keine Lust, Essen zu gehen, und bat darum, gleich nach dem Essen nach Hause zu gehen.

In den nächsten Tagen wurde Jenny schwächer und war kaum in der Lage, Essen bei sich zu behalten. Michael war der erste, der entdeckte, daß sich das Weiß ihrer Augen und ihre Handflächen gelb färbten. Nach und nach griff die Gelbsucht auf ihren ganzen Körper über.

»Du mußt sie zu einem Arzt bringen«, Gladys Faye wartete im Wohnwagen, um es ihm zu sagen. «Ich habe gehört, Dr. Bradford in Statesboro soll gut sein.»

»Wir brauchen keine Ärzte, meine Familie nicht.« Michael blieb stur. »Wenn wir auf Jesus Christus vertrauen, wird sie wieder gesund. Geh wieder ins Haus, ich werde mich um sie kümmern.«

Michael telefonierte mit Mitgliedern seiner Kirchengemeinde, bat sie zu kommen und gemeinsam für eine Heilung zu beten. Tagelang wechselten sie sich ab, riefen Gott an und legten Hände auf. Jennys Zustand besserte sich nicht.

Gladys Faye fuhr Michael an: »Mein Baby hätte sterben können, und du hättest sie da liegen lassen. Sie war schon zu schwach, um ohne meine Hilfe ins Auto zu kommen.« Gladys Faye hatte sich ihm widersetzt und Jenny zu einem Arzt gebracht. Dr. Bradford hatte sie sofort ins Krankenhaus eingewiesen: »Sie hat Hepatitis. Es ist wirklich ernst.«

Michael bemühte sich nicht, sich zu verteidigen, einzuwenden, daß das Krankenhaus gegen seine Erziehung sei, zu sagen, daß er Angst hatte, den Arzt und das Krankenhaus nicht bezahlen zu können. Er sah das Feuer in Gladys Fayes Augen und wagte nicht zu protestieren.

Im Krankenhaus fühlte sich Michael fehl am Platz. Der Ort schüchterte ihn ein und gab ihm das Gefühl, ein Verräter im Lager des Feindes zu sein. Er traute sich selten, Jenny zu besuchen, und achtete dabei nur auf Gladys Fayes Vorstellung von seinen Pflichten. Die Zeit nach der Arbeit verbrachte er mit seinen Kumpels, die an Autos und Motorrädern herumbastelten.

Nach wochenlanger Isolation im Krankenhaus mußte Jenny zu Hause noch einige Monate im Bett liegen. Während Michael zur Arbeit war, sorgten abwechselnd Gladys Faye und Tante Ramona für Jenny. Wenn er nach Hause kam, war niemand da, der seinen Rücken kraulte oder seine müden, juckenden Füße kratzte. Abends aß er in Mamies Haus und verzog sich dann mit seinen Freunden.

Michael machte sich Sorgen. Dies war ihr erstes gemeinsames Weihnachten, und seine Frau lag krank im Bett. Er brachte kaum die monatlichen Raten für den Wohnwagen zusammen, und die Arztrechnungen sammelten sich Tag für Tag an. Sicher, er war nicht schlechter dran als die meisten Leute, die er kannte. Seine Familie hatte nie ein Haus besessen. Sein Vater war arbeitsunfähig. Und seine Mama versuchte, mit dem wenigen, was sie hatte, so gut wie möglich auszukommen. Von allen Kindern hatte Michael es am weitesten gebracht. Er hatte eine hübsche Frau, einen festen Job und ein eigenes Heim. Es mußte nur aufpassen, daß ihm nichts aus den Händen glitt.

Es war nicht leicht. Sie schafften es gerade von Zahltag zu Zahltag. Michael versteckte sein Geld in einem Schubfach und ließ Jenny alle Ratenzahlungen bar machen. Jeden Monat gab er Gladys Faye das Geld für die Wohnwagen-Raten. Die Papiere waren auf ihren Namen ausgestellt.

Als es Jenny schließlich besser ging, hatten sie eine gute Zeit. Michael kam heim zum Abendbrot, das aus Kartoffeln mit Bohnen oder einem Sandwich mit gebratener Bologneser Wurst bestand. Nach dem Abendessen machten sie eine kleine Rundfahrt. Nur so durch die Stadt, die Hauptstraße lang. Wenn sie Freunde trafen, ließen sie die Gelegenheit eines kleinen Straßenrennens nie aus. Die Erregung durch quietschende Reifen und donnernde Motoren wurde durch die Gefahr einer polizeilichen Mahnung nur erhöht. Meist ließ die Polizei sie zufrieden. Außer einer gelegentlichen Ermahnung wegen seiner lauten Schalldämpfer hatte Michael keine Probleme mit der Polizei.

Nina hatte mit dem Leben außerhalb des Hauses Probleme. Sie setzte sich zu Michael ins Auto, aber wenn sie Freunde trafen und die Autos für das Rennen gestartet wurden, machte sie Selena Platz. Selena liebte die Aufregung bei den Rennen und den Spaß mit Freunden.

Michael war immer mit irgendeinem frisierten Auto beschäftigt. Er liebte Autos und verbrachte Stunden mit dem Kopf unter der Kühlerhaube. Seine Frau schien das nicht zu stören. Sie kam mit, setzte sich in das Auto und strickte oder las, während er in der Garage eines Freundes herumbastelte. Zuhause packte Selena tüchtig zu und half bei der Arbeit an den Autos. Ihre Hilfe entwickelte sich vom Zureichen von Werkzeug bis zum Auswechseln von Triebwellen und Heckteilen. Wenn Selena mit Michael nicht Schritt halten konnte, erschien Justin, das männliche *Alter ego*, der als Vater erschienen war, als Jenny sechs war, und half beim Reparieren von Vergasern, beim Zusammenbauen von Motoren und sogar beim Arbeiten an der Karosserie.

Michael schätzte sich glücklich. Bei den meisten Angelegenheiten stellte sich seine Frau nicht quer, sondern schloß sich seinen Vorstellungen an. Er konnte kommen und gehen, wie es ihm gefiel, jagen und angeln gehen, wann er wollte, und so oft mit seinen Freunden ausgehen, wie er wollte. Seine Frau kam ihm nicht in die Quere, sondern war immer bei ihm, wenn er wollte.

Michael war überrascht, als die Religion zu einem Streitpunkt zwischen ihnen wurde. Nach all den Gebeten und Aufmerksamkeiten seiner Kirchengemeinschaft während ihrer Krankheit, dachte Michael, daß sie sich seinem Gott zuwenden würde, wenn sie erst einmal gesund sein würde. Aber sie ging wieder in ihre alte Kirche, und Michael hatte den Verdacht, daß sie manchmal Make-up und Schmuck trug.

Obwohl Nina versuchte, Michael zu begleiten, wollte Marcie in ihrer alten Kirche bleiben. Flisha hoffte, ihre Situation verbessern zu können. Ohne es Michael wissen zu lassen, besuchte sie die First Baptist Church in der Stadt, wenn sie konnte. Selena brachte diese Geduld nicht auf. Sie würde Michael mit Sicherheit nicht begleiten. Sie konnte einfach nicht glauben, daß jemand von einer Frau erwartete, keinen Arzt zu konsultieren, wenn man krank war, kein Make-up zu benutzen, keinen Schmuck, keine Hosen, keine Shorts zu tragen. Soweit Selena sehen konnte, gab es keinen Spaß.

Zur Hölle damit, Selena war nicht mit Michael verheiratet. Sollte Nina ihm zuhören. Selena würde sich anziehen und machen, was sie wollte. Morgens wartete sie, bis er zur Arbeit gegangen war, um das dumme, eintönige Kleid, das Nina trug, zu wechseln und sich zu schminken. Da sie nicht den Wunsch verspürte, im Haus zu sein, wenn Michael heim kam, ließ sie Nina nachmittags allein, um sich das Gesicht zu säubern und für ihren Mann angemessen anzuziehen. Solange Michael sah, daß sie sich wie eine anständige Ehefrau benahm, machte er auch keinen Druck wegen der Streitfrage mit den Kirchen-regeln.

Dennoch machte sich Michael Gedanken über ihre Vorliebe für Zauberei und ähnliches. Er schenkte dem keine große Beachtung, aber sie las immer irgendein Buch oder verstänkerte den Wohnwagen mit Weihrauch oder Kerzen.

Er sah sie zum ersten Mal wirklich eine Zauberformel sprechen, als sie eine Verbrennungswunde besprach. Sie hatte sich an der Flamme des Gasofens eine Brandblase zugezogen, und er wollte ihr Schmalz auf die Wunde streichen. Sie entriß ihm ihre Hand und hielt sie eng an sich gedrückt, als sie mit verträumtem Blick etwas sang wie: »Die Sonne ist heiß; der Mond ist kalt.« Immer wieder.

Michael sagte nichts darüber, daß er zu Jesus gebetet hatte, um sie zu heilen. Als ihre Hand am nächsten Tag statt einer Brandblase nur eine leichte Rötung aufwies, war er doch überrascht. Vielleicht war es ja nicht so schlimm gewesen, wie es zuerst ausgesehen hatte.

Immerhin hatte er mit Sicherheit gesehen, wie sie Warzen zum Ver-schwinden brachte. Jenny schnitt die Warze auf seinem Daumen kreuzweise ein. Darauf schnitt sie eine Zwiebel auf die gleiche Weise ein und ließ das Blut aus der eingeschnittenen Warze in die Zwiebel tropfen. Sie vergrub die Zwiebel in der Traufleiste des Hauses. Es regnete. Innerhalb einer Woche war die Warze verschwunden.

Vielleicht war ihr Tun ja harmlos. Viele Leute konnten Warzen verschwinden lassen. Sein Großvater hatte die Fähigkeit gehabt, sie wegzusprechen. Und doch wollte Michael, daß Jenny ihr Vertrauen in Gottes Hand legte und sich von der sündhaften Welt abkehrte.

Selena blieb bei ihrem Glauben an die Macht des Okkulten. Obwohl sie nicht mehr an Versammlungen der Sekte teilnahm, hoffte sie, sie könne die Macht benutzen, um Kontrolle über ihr Leben zu gewin-nen. Sie las Bücher, braute Tränke und studierte Rituale. Die einfa-chen Rituale versprachen Erfolg, Glücklichsein und Liebe.

Michael hielt das meiste, was Jenny machte, für Unsinn. Aber vielleicht wurde es Zeit, sich auf eigene Füße zu stellen. Vielleicht konnte er seiner Frau, wenn sie dem Einfluß ihrer Familie entzogen war, zeigen, was richtig war.

Michael fing mit einer feinen Unterscheidung an, die seine Frau von ihrer Familie absetzen sollte. Ihre Mutter und all ihre Tanten, Onkel, Cousins und Cousinen redeten sie mit ihrem Vornamen an. Michael benutzte in typischer Südstaaten-Manier ihren Doppelnamen, Jenny Lynn. Manchmal nannte er sie einfach Lynn, einen Namen, den kein anderer benutzte. Auf diese Art gab er ihr als seine Ehefrau eine besondere Identität.

Nachdem er Jenny Lynn im Wohnwagen gesagt hatte, daß sie umziehen würden, ging er ins Haus hinüber, um es Gladys Faye mitzuteilen. Er hatte bereits mit einem Freund abgesprochen, dessen Truck zu benutzen, um den Wohnwagen auf seine zwei Morgen auf dem Lande zu bringen.

Gladys Faye lachte ihn fast aus: »Das kommt überhaupt nicht in Frage.«

»Es ist mein Wohnwagen und mein Land.«

»Du bringst meine Tochter nicht da raus.«

Michael hob die Stimme: »Wir müssen hier weg.«

»Dann haut ab und bleibt weg. Ich hätte Jenny nie so einen Abschaum heiraten lassen dürfen.«

Michael fand ein Zwei-Zimmer-Haus in Elkton zur Miete. Er zwang Jenny zu packen, um am nächsten Tag umzuziehen. Gladys Faye gab den Wohnwagen, für den Michael über ein Jahr Raten gezahlt hatte, ihrem Sohn, Lloyd, und seiner Frau.

Lloyd, der viel älter war als Jenny, spielte in ihrem Leben nur eine kleine Rolle. Er schien immer nur da zu sein, wenn Gladys Faye etwas zu verschenken hatte.

Ungefähr zur gleichen Zeit, als sie in ein Haus zogen, war Michael gezwungen, sich einen neuen Job zu suchen, weil man ihn in der Textilfabrik entlassen hatte. Er hatte Glück, einen Job in einer kleinen Weberei zu finden. Sie sagten ihm, es könnte nur vorübergehend sein. Trotzdem hatte er es geschafft, ein Heim für seine Familie zu gründen.

Nachdem sie einige Monate alleine gelebt hatten, schien Jenny Lynn sich Michaels Vorstellungen exakt anzupassen. Kleidung und Verhalten machten den Eindruck, als sei sie unterworfen, gezähmt. Es existierten keine Anzeichen von Make-up und Schmuck. Sie trug einfache Baumwollkleider und ließ ihr Haar lang. Sie erwies ihm Respekt – eine gute Ehefrau, die ihrem Ehemann ein anständiges Heim schaffte. So viele Male hatte er für sie gebetet. Endlich, so dachte er, wurden seine Gebete erhört.

Kapitel 14

Als er an dem Tag zur Arbeit ging, müssen es fast 40° gewesen sein, mit extrem hoher Luftfeuchtigkeit. Die Baumwollfasern, die er abwischen wollte, klebten an seinen verschwitzten Armen und im Gesicht.

»Jenny Lynn«, rief er, als er das drückend heiße Haus betrat. »Was gibt's zum Abendessen?« Es dauerte volle zehn Minuten, bevor er die Fliegengittertür zuschlagen hörte und sich umdrehte, um seine Frau in die Küche hasten zu sehen. Auch wenn ihr Gesicht von der Hitze gerötet war und sie sich beeilte, konnte er das Make-up, die hellroten Lippen sehen. Und was noch schlimmer war, sie trug Shorts.

»Zieh dich an und wasch dir den Schmutz sofort aus dem Gesicht. Und möge Gott dir deine Sünden vergeben.«

»Was zur Hölle hat Gott damit zu tun, daß es so heiß ist, daß man verdammt noch mal keine Luft kriegt?«

»Hör auf zu fluchen, und widersprich mir nicht.« Als er wütend wurde, begann er die Heilige Schrift zu zitieren. »Frauen seid euren Männern untertan...« (Epheser 5:22).

Selena war nicht auf der Hut gewesen. Marcie war nach Hause geeilt, um das Abendessen zu machen, und sie trug das Make-up und die Shorts, die Selena morgens angezogen hatte. Vollkommen überrascht, daß Michael schon zu Hause war, flüchtete Marcie und überließ es Selena, sich mit ihm zu beschäftigen.

In die Ecke getrieben, war das einzige, was Selena tun konnte, sich ihm entgegenzustellen. Nina hätte sich ihm nie widersetzt, Flisha hätte ihn einfach ignoriert, und Marcie hätte sich in Tränen aufgelöst. Selena ließ sich nicht einschüchtern. Sie begegnete Wut mit Wut. Mit gemäßigter Stimme machte sie ihren Standpunkt klar. »Mir reicht dein verdammter Blödsinn und deine frömmlerische Scheiße«, warf sie ihm an den Kopf. »Ich hab' die Nase voll davon.« Bevor er zu mehr in der Lage war, als sie mit offenem Mund anzustarren, hatte sie auf dem Absatz kehrt gemacht, war ins Auto gestiegen und weggefahren.

Michael hatte nie gesehen, daß sie sich so benommen hatte. Wenn sie in der Vergangenheit Streit hatten, hatte sie ihm gegenüber immer nachgegeben. Auch als sie einmal so wütend geworden war, daß sie geschrien und eine Keramikkatze nach ihm geworfen hatte, beruhigte und entschuldigte sie sich. Das war passiert, als sie Hepatitis hatte. Sie behauptete, ein Nachbar hätte ihr erzählt, daß er gesehen hätte, daß Michael sie betrog. Michael konnte nicht wissen, daß es Hilda gewesen war, die im Zorn auf ihn losgegangen war, als sie glaubte, daß er ihr nicht treu war. Michael lachte nur darüber und glaubte, daß Jenny Lynn es vergessen würde. Sie mußte es vergessen haben. Sie verlor nie wieder ein Wort darüber.

Auch dieses Mal dachte er, sie würde sich beruhigen, käme nach ein paar Stunden zurück, um zu sagen, daß es ihr leid täte. Als sie am nächsten Tag nicht auftauchte, war Michael außer sich. Er fand sie im Haus ihrer Freundin Janice.

»Komm jetzt mit mir nach Hause, Lynn.«

»Ich werde nie wieder zu dieser *Holy Roller*-Scheiße zurückkommen. Ich werde schnellstens abhauen.«

»Jenny Lynn, Liebling, es tut mir leid. Du kannst von jetzt ab machen, was du willst – aber verlaß mich nicht.« Michael meinte es ernst. Er war nahe daran gewesen, alles zu verlieren. Er nahm seine Frau mit zu dem kleinen, gemieteten Haus und ging zur Arbeit. Er sprach nie wieder darüber. Schritt für Schritt wandte er sich von seiner Kirche ab.

Für Michael und Jenny war es schwer, ein ruhiges Leben zu führen. Er wechselte den Job und fuhr Lastwagen, die Asphalt und Kies transportierten. Jenny versuchte, an verschiedenen Stellen in der Weberei zu arbeiten. Keine gefiel ihr.

Wenn es sein mußte, kümmerte sich Selena um die Jobs außerhalb des Hauses. Von allen Persönlichkeiten konnte sie am besten mit Menschen umgehen und ertrug am besten die körperliche Belastung der Arbeit. Der Job in dem Warenhaus, gleich nach ihrer Heirat, war so schlecht nicht gewesen. In der Weberei war es schwerer.

Arbeit war im allgemeinen schwierig. Sie übte Druck auf das gesamte System der Persönlichkeiten aus. Diese Spannungen, die bei der Arbeit entstanden, setzten sich aus dem Druck der Persönlichkeiten zusammen, denen es widerstrebte, ruhig zu bleiben und Selena die Kontrolle zu überlassen. So konnte sich Hilda bei einem Wutanfall während der Arbeit vordrängeln, oder Lisa erschien und überließ es

Selena, ihr kindisches Verhalten zu decken. Die Spannungen forderten ziemlich schnell ihren Tribut und zeigten sich in Form von körperlichen Problemen wie Rückenschmerzen oder Schwierigkeiten mit Armen und Händen. Häufig traten auch Nervosität und Depression auf, die sie veranlaßten, den Job nach Tagen oder Wochen aufzugeben. Sie versuchte, sich dann an einem anderen Job in der Weberei, nur um ihn aus den gleichen Gründen aufzugeben.

Sie zogen in ein größeres, wenn auch etwas heruntergekommeneres Haus auf dem Land. Den Anstrich erledigten sie selbst. Das Leben war hart, denn Wasser gab es nur auf der Hinterveranda, und außer einem Kamin gab es keine Wärmequelle. Jenny schien den Ort nicht mehr zu mögen, seitdem einer ihrer drei Beaglewelpen auf der Straße überfahren wurde. Michael kam nach Hause und fand seine Frau weinend in der Mitte der Straße sitzend, den bereits kalten, steifen Hund an sich gedrückt. Die zartbesaitete Marcie hatte den Welpen gefunden und konnte nicht aufhören zu weinen und sich nicht von dem toten Tier trennen. Marcie liebte Tiere und Kinder.

Nachdem Nina und Michael vier Jahre verheiratet waren, beschloß Marcie, daß es an der Zeit sei, eigene Kinder zu haben. Nur allzu gern nahm Michael mit seiner schwangeren Frau Gladys Fayes Angebot an, wieder in den Wohnwagen zu ziehen. Sie war, von Mamies Haus aus gesehen, weiter die Straße hinuntergezogen, und Lloyd war mit seiner Frau und seinen Kindern mit eingezogen. Der Wohnwagen stand leer. Als Michael und Jenny wieder in den Wohnwagen neben dem alten, steinernen Haus zogen, war Jennys Schwangerschaft sichtbar.

Die Aussichten, ein Baby zu haben, erfüllten Michael mit Freude, aber Jenny schien die ganze Zeit übel zu sein. Michael nannte sie »Bubbles« und sagte ihr, wie süß sie sei. Er schenkte ihren Worten keine Beachtung, als sie ihm sagte, sie hasse das ständige Unwohlsein und das Fettwerden.

Obwohl Selena die Schmerzen der Geburt, die die Schwangerschaft beendeten, ertrug, war Marcie die Mutter des Neugeborenen. Marcie wollte, daß es keinem ihrer Kinder an mütterlicher Liebe und Schutz vor Verletzungen mangelt.

Michael war von seiner hübschen Tochter ganz hingerissen. Morgan, ein winziges Ebenbild ihrer Mutter, wurde am 28. April 1968 geboren. Es war eine schwierige Geburt. Jenny war durch Blutverlust und Anstrengung erschöpft.

Nachdem sie Morgan mit heim gebracht hatten, nahmen die Spannungen im Hause zu. Jenny Lynn behauptete, daß Gladys Faye von Lloyds Kindern voreingenommen sei, und ließ Morgan nicht bei ihr. Jenny Lynn kam auch nicht besonders gut mit Lloyds Frau aus, obwohl Michael sie ganz nett fand.

Michael versuchte, mit allen Geduld zu haben. Jenny Lynn war launisch. Gladys Fayes Gesundheit stand nicht zum besten. Lange Zeit hatte sie Kopfschmerzen und Nasenbluten gehabt. In letzter Zeit hatte sie eine Reihe von Schwächeanfällen gehabt. Nach den Schwindel- und Schwächeepisoden hatte sie Probleme, sich an Sachen zu erinnern. Michael ging ihr aus dem Weg und wollte, daß Jenny Lynn das gleiche tat.

Sie hatten genug eigene Probleme. Während des Winters war, während sie über das Wochenende fort waren, im Wohnwagen ein Rohr geplatzt. Sie rissen den Teppich auf und trockneten und säuberten die Bescherung, so gut sie konnten. Sie konnten es sich nicht leisten, das Rohr reparieren zu lassen. Sie benutzten das Badezimmer im Haus und wuschen dort auch ihre Wäsche. Es war nicht einfach mit dem Baby, aber sie schafften es.

Niemand erwartete, daß Gladys Faye starb. Der Doktor überwies sie ins Krankenhaus, weil sie Kopfschmerzen, Schwindelanfälle und Bauchschmerzen hatte. Sie schien nicht kränker zu sein als viele Male zuvor. Aber drei Tage, nachdem sie ins Krankenhaus gekommen war, hatte sie einen Schlaganfall, eine Gehirnblutung und fiel ins Koma. Sie erlangte das Bewußtsein nicht wieder. Sie starb sechs Tage später.

Um vier Uhr morgens kam Lloyd in den Wohnwagen, um es ihnen zu sagen. Es war eine warme Nacht gewesen. Nebel in den Bäumen und am Bach trugen zu einem Gefühl der Unwirklichkeit bei. Michael saß schweigend da und beobachtete Jenny Lynn, wie sie in den Nebel starrte. Sie weinte leise in der vormorgendlichen Stille. Als sie aufhörte zu weinen, waren ihre Augen leer. Tagelang aß sie nichts und redete kaum ein Wort.

Das Trauma vom Tode ihrer Mutter löste das Wiedererscheinen eines *Alter egos*, Penny, aus, die sofort in eine Depression glitt. Bridgette, die sich seit dem Tod ihrer Großmutter still verhalten hatte, erschien wieder, um die praktischen Angelegenheiten der Beerdigung in die Hand zu nehmen. Als Jenny sich in ihre entlegensten Welten zurückzog, fühlten sich Selena, Flisha und Marcie bewegungsunfähig und verlassen.

Mamie, Jennys Tante, erledigte die meisten Vorbereitungen für die Beerdigung. Zum Aussuchen eines Sargs nahm sie Jenny mit in das Bestattungsinstitut. Jenny war nur in der Lage, ihre Zustimmung zu der Wahl der Tante zu geben. Jenny erweckte den Anschein einer Schlafwandlerin. Sie wurde nur wach, als Bridgette lange genug auftauchte, um mit ruhiger Stimme auf einem Satinkissen mit einem Rand gelber Rosen für den Sarg zu bestehen. Gladys Faye hatte Gelb immer geliebt.

Lloyds Frau mußte Michael beim Ankleiden von Jenny Lynn für die Beerdigung helfen. Danach war Jenny Lynn immer noch so benommen, daß Michael sie zu Dr. Bradford brachte. Der Arzt gab ihr einige Arzneien, aber sie war noch wie betäubt.

Elf oder zwölf Tage später kam Michael von der Arbeit heim und sah, daß seine Frau wieder die alte war, als ob nichts geschehen wäre. Penny und Bridgette hatten sich zurückgezogen und Nina gestattet, wieder ihre Rolle als Michaels Frau einzunehmen. Jennys Rückkehr in ihre Kristallwelt erlaubte es Selena, Flisha und Marcie, wieder ihre Funktionen zu übernehmen.

Später im Sommer beschloß Flisha, daß Jennys Mutter einen Grabstein bekommen müsse. Es gehörte sich so. Flisha gab keine Ruhe, bis der Stein, polierter blauer Granit mit an den Seiten eingravierten Rosen, an seinem Platz stand. Graviert zwischen die Rosen war:

Gladys Faye Walters
Oct. 31, 1918
June 17, 1969

Lloyd und seine Familie zogen bei Mamie ein. Der Wohnwagen war von dem Wasserschaden immer noch in schlimmem Zustand, und Michael konnte es sich nicht leisten, ihn woanders hinbringen zu lassen. Sie ließen ihn, wo er stand. Michael und Jenny zogen in ein etwa drei Kilometer entferntes, zweistöckiges Haus. Es war auch noch auf dem Land, aber weiter vom Bach und dem Wald entfernt, so daß man auf den Hof gehen konnte, ohne auf Kupferkopf- und Wassermokassinschlangen achten zu müssen. Das Haus hatte eine Asbest-Seitenverkleidung, ein gutes Blechdach, fließend Wasser und eine ordentliche Heizung. Einiges im Haus mußte repariert werden, aber es war das beste, das sie bisher gehabt hatten.

Kapitel 15

Billy Joe war leicht zu finden. Als Michael durch die zerrissene Fliegengittertür den auf der Couch ausgestreckten Billy Joe betrachtete, schlug ihm Whiskeygestank ins Gesicht. »Könnte glatt'n Nigger sein«, murmelte Michael beim Anblick der Haut des Halbindianers, die sich dunkel gegen das Grau-Weiß seines schweißdurchtränkten Unterhemds abhob. Das Zuschlagen der Gittertür weckte ihn.

»Hey, Mike, irgendwelche Fische gefangen?«

»Komm raus jetzt vor's Haus.« Michael wußte nicht, ob Rose oder eines der Kinder im Haus waren. Soweit er wußte, hatten alle Kinder das Haus verlassen, sobald sie alt genug waren. Billy Joe folgte ihm auf unsicheren Beinen.

»Du hast mit meiner Frau 'rumgemacht.«

»Ich hab' nix gemacht, was du nicht auch gemacht hast – nix, worum sie nich' gebeten hat.«

»Sie is meine Frau.«

»Tu nich so, als ob du nich auch schon mit anderen hättest.«

Der Schlag traf Billy Joe voll in den Magen. Als er schwer zu Boden ging, knallte sein Kopf mit einem dumpfen Schlag auf die festgetretene Erde. Es erfüllte Michael mit einem Gefühl der Befriedigung. Michael ließ ihn im Dreck liegen. »Du bist zu nix zu gebrauchen, nicht mal als Dünger.« Er spuckte auf Billy Joe. »Ich hätte dir den Kopf weghauen können.«

Er war sich sicher gewesen, Billy Joe schlagen zu müssen. Dennoch fragte er sich, ob Jenny Lynn Billy Joe nicht verleitet hatte. Es war heiß, also hatte sie wahrscheinlich die winzigen Shorts oder die abgeschnittenen Jeans getragen, in denen man ihren Hintern sehen konnte. Sie wußte, wie man einen Mann anlächelte, und sie wußte auch, was man sagen mußte, um einen Mann anzumachen. Michael konnte nicht anders, aber an dem, was passiert war, gab er ihr genauso viel Schuld wie Billy Joe.

Michael fuhr einige Zeit durch die Gegend. Er konnte noch nicht nach Hause. In seinem Kopf lief die Szene ab, die Jenny Lynn ihm beschrieben hatte.

Sie war allein im Haus mit Morgan, sagte sie, und hatte auf die beiden Kinder von Lloyd aufgepaßt. Die Vordertür stand auf, weil es so heiß war, und Billy Joe kam einfach herein. Sie hatte anfangs nicht viel gesagt. Sie sagte nur, daß sie die Kinder ins Bett bringen müsse. Sie hoffte, er würde die Andeutung verstehen und gehen. Sie stellte ihr Glas Eistee ab und brachte die drei Kinder nach oben.

Als sie wieder herunterkam, war Billy Joe immer noch da. Sie merkte, daß er von irgendwas high war, also versuchte sie, mit ihm herumzualbern. Als sie ihren Tee ausgetrunken hatte, merkte sie, daß er etwas hineingetan hatte. Sie fühlte sich schwach und schwindlig. Er fiel über sie her. Sie konnte sich nicht wehren. Er vergewaltigte sie auf dem Fußboden.

Diese zweite Vergewaltigung durch Billy Joe war genauso verheerend wie die erste, als er sie aus der Badewanne gezogen hatte. Damals war sie neun Jahre alt. Wie vorher ertrug Selena die ganze Wucht der Vergewaltigung, die Erniedrigung und die sexuelle Gewalt, ohne die Schmerzen des Angriffs zu fühlen.

Die Indianerin, Vera Ann Birchausen, das *Alter ego*, das als Reaktion auf die erste Vergewaltigung erschien, tauchte wieder auf. Sie war selbstbeherrscht, finster und bei allen Männern vorsichtig. Sie würde dafür sorgen, daß Billy Joe sie nie wieder unvorbereitet erwischte.

Michaels Angriff auf Billy Joe entlastete Vera nicht von ihrer Funktion. Sie mußte Billy Joes Annäherungsversuchen aus dem Wege gehen. Um das tun zu können, hielt sie sich von allen Männern fern, einschließlich Michael.

Michael stellte ihr zurückhaltendes Verhalten nicht in Frage. Nachdem Jenny Lynn ihn damals verlassen hatte, ließ er sie so ziemlich alles tun, was sie wollte, solange sie sein Abendessen zubereitet hatte und sich um sein Baby kümmerte.

Michael hatte bei Elks Mills angefangen, er arbeitete fünf oder sechs Tage in der Woche in der Reparaturabteilung. Er war glücklich, einen festen Job zu haben.

Seit Morgans Geburt hatte Jenny Lynn nicht mehr gearbeitet. Sie sorgte gut für Morgan, die jetzt ein Kleinkind war. Es gefiel Michael, daß Jenny Lynn sie wie eine kleine Puppe anzog und sich auf dem Fußboden niederließ, um mit ihr zu spielen. Manchmal, dachte Michael, führte sich Jenny Lynn auf, als sei sie selbst ein Kind. Er wußte nicht, daß es Lisa war, eine Persönlichkeit, die zuerst gekommen war, um Jenny spielen zu lassen. Oder Lisas Freundin Becky erschien, um mit seiner Tochter zu spielen.

Nachts wachte Michael auf und sah oft Becky mit ihrem Daumen im Mund, ganz wie ein Baby. Es ärgerte ihn genauso wie Jenny Lynn an ihren Fingernägeln kauen zu sehen. Auf beide Ärgernisse hatte er eine automatische Reaktion entwickelt. »Nimm deine Hand aus dem Mund, Lynn«, sagte er und zog ihr den Arm weg. Es schien, als müßte er es zehn Mal am Tag tun.

Sie konnte einen aber auch manchmal nerven, wie ein Kind, das einem nicht zuhört. Michael sagte ihr, sie solle ihm ein Sandwich mit Bologneser Wurst machen, und er mußte dreimal nach ihr rufen, bis sie es endlich brachte. Dann kam sie mit einem Käse- oder Bananensandwich und schwor hoch und heilig, daß er genau das gewollt hätte.

Nina bemühte sich, Michael zu Hause zufrieden zu stellen. Selena teilte ihre Sorgen nicht. Als Selena merkte, daß sie schwanger war, teilte sie es Michael unverzüglich mit und machte ihm gleich klar, daß sie glaube, das Baby sei von Billy Joe. Michael reagierte mit Zorn. Nach den Problemen mit Morgans Geburt hatte man ihm gesagt, daß Jenny Lynn keine weiteren Kinder haben sollte. Michael war außer sich vor Wut, daß sie ein Baby von dem stinkenden Indianer bekommen würde. Während der Schwangerschaft rührte er sie nicht an.

Selena mühte sich mit der Schwangerschaft ab. Marcie hatte sich entschlossen, ein Kind zu bekommen, aber dieses unerwünschte wäre Selenas. Im Verlauf der Schwangerschaft bekam Selena immer mehr Angst, was mit dem Baby passieren könnte. Sie fürchtete, es würde so dunkel wie sein Vater. Michael würde es hassen; sie vielleicht auch. Sie zwang sich, eine Terpentinmixtur zu trinken und war sich sicher, daß dies der Grund für das Sterben des ungeborenen Kindes in ihrem Bauch war.

Mit der Beendigung der Schwangerschaft nahm Michael die Intimitäten mit seiner Frau wieder auf. Ihre Stimmungen waren jedoch weiter besorgniserregend. Einige Tage war sie so glücklich, wie man es nur wünschen konnte, dann zog sie sich schweigend zurück oder weinte ohne Grund. Michael war nicht in der Lage zu erkennen, daß der Verlust des Babys sie aus der Fassung gebracht hatte. Sie wurde sofort wieder schwanger. Sie versicherte Michael, daß es sein Baby sei, das sie trüge. Michael hoffte, es würde ein Sohn werden.

Michael merkte, daß sich ihre Launenhaftigkeit legte, als Flisha energisch darauf drängte, ihre High School-Ausbildung abzuschließen. Sie hatte sich für Kurse in ein Juniorencollege eingeschrieben, und der intellektuelle Anreiz machte ihr Spaß. Sie wurde ermutigt, Gedichte zu schreiben, die sie in ein privates Tagebuch eintrug. Als sie auf eine Annonce in einem Magazin antwortete, wurden zwei ihrer Gedichte veröffentlicht. Obgleich sie fast hundert Dollar für eine Ausgabe des Buches zahlen mußte, war es ihr das wert, ihre Lieblingsgedichte gedruckt zu sehen. Sie sparte sich das Geld über längere Zeit zusammen, weil Michael es nicht erfahren sollte. Michael kümmerte sich nicht um die Schule und darum, daß sie ihre Nase die Hälfte der Zeit in ein Buch steckte, solang sie damit glücklich war.

Michael stellte fest, daß Jenny Lynn neben ihren Schulbüchern zunehmend mehr über Magie und Hexerei las. Michael konnte nicht verstehen, warum sie sich so sehr für das Zeug interessierte, aber er ließ sie zufrieden. Er erlaubte ihr, ein paar Sachen über die Post zu bestellen – Bücher, Kerzen und Schmuck.

Sandy blieb eine ernsthafte Studentin des Okkulten und wähnte sich glücklich, daß Michael sie nicht behelligte. Sie war zufrieden, damit allein zu sein, da sie die einengende Strenge in der organisierten Sekte nie gemocht hatte. Ernsthafter als Selena sammelte sie Bücher, Kerzen, Kräuter und Amulette, um ihre okkulten Kräfte zu vergrößern. Sorgfältig stellte sie ein Hexentagebuch zusammen, das sie im Wandschrank versteckte, so daß Michael ihre Aufzeichnungen von Anrufungen und Ritualen zur Beschwörung von Dämonen, die ihr dienen sollten, nicht entdeckte.

Michael fand den Bücherstapel im hinteren Teil des Schranks. Aber für ihn sahen sie wie normale Bücher und Bestellkataloge aus. Ein Buch war wie ein Schulheft. Die Seiten waren voll mit Handschriften, gezeichneten Kreisen, Sternen und Symbolen, die er nicht erkannte. Auf der ersten Seite stand in Druckbuchstaben: GRIMOIRE. Das ergab für Michael genauso wenig Sinn wie der Rest des Geschriebenen. Er ließ die Bücher so, wie er sie gefunden hatte.

Während Flisha sich mit den Anforderungen des High School-Diploms beschäftigte, verfolgte Sandy das Studium des Okkulten. Sie hoffte, eines Tages an die Schule der Wicca in New Bern, North Carolina, zu gehen, um dort Hexerei zu studieren. Sie wußte, daß es im Moment zu weit entfernt und zu teuer war. Es fiel ihr schwer genug, sich die verschriebene Brille zu leisten, die sie zum Lesen brauchte.

Keine andere Persönlichkeit benutzte die Brille, genauso konnte wegen Allergien keine Andere die Wollgewänder tragen, die in der Sekte verwendet wurden.

Jenny war im achten Monat schwanger, als sie die Arbeiten zu ihrem Diplom abschloß. Michael mußte zugeben, daß er froh war, als sie die Schule beendet hatte. Seine Mutter gab ihr zu Ehren ein großes Familienessen. Michael war stolz. Von all den Söhnen seiner Mutter hatte er die hübscheste und klügste Frau.

Im Februar wurde Noel geboren. Er sah ganz wie Michael aus. Aber das Baby war nicht gesund. Wenn man mit ihm sprach, schaute es einen nicht an. Es dauerte einige Monate, bis sie feststellten, daß das Baby taub geboren worden war. Michael liebte ihn leidenschaftlich.

Streßhafte Ereignisse lösten noch genauso wie in ihrer Kindheit das Auftauchen neuer und das Wiederauftauchen bereits existierender *Alter egos* aus. Jenny zog sich in ihre entferntesten Welten zurück. Meistens waren die Perioden der Unstabilität nach streßhaften Ereignissen relativ kurz, und das befremdende Verhalten, das andere bei Jenny entdeckten, konnte äußeren Umständen zugeschrieben werden. Michael hielt seine Frau für nervös und launenhaft, sah sie aber nicht anders als die meisten Frauen.

Nach Noels Geburt wurde das System der Persönlichkeiten von körperlichem und psychischem Streß überwältigt, so wie es passierte, als Jenny vierzehn war. Jenny zog sich aus ihrer Kristallwelt zurück, und der Wechsel der Persönlichkeiten eskalierte.

Nina sorgte für Michael. Marcie versuchte, Mahlzeiten zuzubereiten und die Kinder anzuziehen, zu füttern und zu beschäftigen. Flisha versuchte, die geschäftlichen Angelegenheiten zu regeln. Sie zahlte die Rechnungen, machte Termine und achtete darauf, daß die Kinder ärztlich untersucht wurden, und machte Aufzeichnungen über deren Gesundheit und Wachstum.

Schließlich übernahm die depressive Penny die Kontrolle, und Jenny lag den ganzen Tag im Bett. Michaels Großmutter oder eine von Jennys Tanten kümmerte sich um die Kinder, während Michael in der Weberei arbeitete. Jenny mußte wegen einer Beckenentzündung wieder zur Behandlung ins Krankenhaus.

Seit Michael sie kannte, hatte Jenny ab und zu Drogen genommen, wenn sie welche bekommen konnte. Sie hatte Speed, LSD, schwarzgebrannten Schnaps, was auch immer sie kriegen konnte, genommen.

Michael wußte davon, aber er ignorierte es einfach. Jetzt nahm sie, neben LSD und Alkohol, Heroin.

Als ihr ein Nachbar Heroin angeboten hatte, nahm Selena es an. Sie wußte, die Droge würde es ihr leichter machen, die Probleme zu Hause zu ertragen. Selena konnte Drogen nehmen, ohne daß sich eine große Wirkung bemerkbar machte. Nina, Marcie und Flisha nahmen keine Drogen, aber wegen des häufigen Persönlichkeitswechsels wurden sie alle von dem in Mitleidenschaft gezogen, was Selena einnahm. Die Drogen und der Alkohol stürzten sie in Angstanfälle und Depressionen und verursachten bei ihnen die Erscheinung furchterregender Gesichter.

Selena brauchte immer größere Mengen Heroin, und da es ihr an Geld mangelte, um den Nachschub bezahlen zu können, willigte sie ein, als Gegenleistung für den Nachbarn zu dealen. Sie versteckte die Drogen in Majonaisegläsern unter Blätterhaufen im Hof. Zwei oder drei Stunden an mehreren Tagen der Woche verbrachte sie mit der Auslieferung in zwei Landbezirken.

Zweimal war sich Selena sicher, daß die Polizei hinter ihr her war. Als ihr das erste Mal ein Polizeiwagen folgte, schaffte sie es, nicht in Panik zu geraten. Sie fuhr etwas langsamer auf der verlassenen Landstraße und hoffte, der Polizist würde Morgan und Noel auf dem Nebensitz bemerken. Scheinbar sah er sie. Als das Polizeiauto überholte, hob der Polizist grüßend die Hand. Selena lächelte und erwiderte die Geste.

Danach war sie zuversichtlicher, daß sie nicht geschnappt würde. Ob sie die Kinder bei sich hatte oder nicht, wann immer sie ein Polizeiauto sah, lächelte und winkte sie als erste. Sie stellte fest, daß sie wahrscheinlich nicht angehalten werden würde. Dank Nina, Flisha und Marcie konnte sie wie eine normale Hausfrau aussehen, die Besorgungen machte.

Innerhalb von wenigen Monaten war Jenny wieder im Krankenhaus. Diesmal wegen einer Hysterektomie, die durch exzessive Blutungen nötig wurde. Wieder aus dem Krankenhaus, schnitt sie sich die Handgelenke auf und wurde zur Behandlung ihrer Erschöpfung und der Depression wieder eingeliefert.

Nachdem sie sich zum zweiten Mal die Handgelenke aufgeschnitten hatte, forderte Dr. Bradford eine psychologische Untersuchung Jennys in der psychiatrischen Klinik. Fast anderthalb Jahre lang, lange vor Noels Geburt, hatte Jenny die Klinik konsultiert. Michael hatte die Konsultationen abgebrochen, da sich ihre Depression nicht zu bessern schien und der Gebrauch von Drogen auch nicht abnahm.

Der Psychologe empfahl eine Wiedereinweisung in die staatliche Einrichtung. In der Zusammenfassung, die er für das Krankenhaus vorbereitete, hielt er frühe Kindheitstraumata, Drogenmißbrauch und Ehekonflikte fest. Er wies darauf hin, daß Jenny nicht die Möglichkeit der Bearbeitung gegenwärtiger Konflikte gehabt hatte, ganz zu schweigen von der Bewältigung ihrer frühen Erfahrungen. Er beendete seine Beobachtungen mit: »Unser Eindruck ist, daß sie, wenn sie nicht zu Kräften kommt und in der Lage ist, ihre Umgebung – sowohl der Gegenwart als auch der Zukunft – zu ändern, entweder Erfolg bei einem Suizidversuch hat oder in einem Maße regrediert, das eine permanente Einweisung erfordert.«

Die Lage wurde so dringlich, daß sie Jenny eines Nachts nach Mitternacht aus dem örtlichen Krankenhaus holten. Michael begleitete den Sheriff auf der langen Fahrt durch die Berge. Es wurde nicht viel geredet. Jenny döste schweigend auf dem Rücksitz. Michael wußte nicht, was er sagen sollte. Außer ein paar Bemerkungen zu dem heißen Sommerwetter behielt der Sheriff seine Gedanken genauso für sich wie Michael.

Michael war verwirrt, verängstigt, wütend. Er hatte die Nase gestrichen voll von Jennys Krankheiten. Sie war schon so oft im Krankenhaus gewesen. Nach der Hepatitis, die sie gleich nach der Heirat hatte, folgten sieben weitere Krankenhausaufenthalte, die Geburt von Morgan und Noel nicht mitgezählt. Michael machte sich Sorgen über die Rechnungen, die zu unterschreibenden Formulare, die er nicht verstand. Außerdem sorgte er sich um seine Kinder.

Michael saß im Aufnahmegebäude und unterschrieb die Papiere für Jennys Aufenthalt in dem riesigen Ziegelkrankenhausgebäude mit den vergitterten Fenstern. Die Rückfahrt mit dem Sheriff verlief ebenso schweigsam wie die Hinfahrt.

Trotz der unheilverkündenden Voraussage des Psychologen der Klinik hatte die Einweisung in das staatliche Krankenhaus sehr ähnliche Konsequenzen wie die ihres ersten Aufenthalts. Der streßhaften Umgebung entzogen, stabilisierte sich das System der Persönlichkeiten. Flisha, Marcie und Selena konnten den Erwartungen der Ärzte und des Personals entsprechend reagieren, während sich untergeordnete Persönlichkeiten zurückzogen.

Wie schon bei ihrer Einweisung mit vierzehn Jahren, erkannte auch jetzt, bei der Einweisung mit einundzwanzig Jahren, niemand den bewußtseinsspaltenden Charakter ihrer Krankheit. Dieses Mal betrachtete man Jenny Harris im Krankenhaus als eine kooperative Patientin, die sich schnell von ihrer Depression erholte.

Innerhalb von drei Wochen saß Michael im gleichen Gebäude dem Arzt gegenüber. »Jenny Lynn muß nach Hause kommen und sich um die Babys kümmern«, sagte Michael mit Nachdruck. Michael war von Jenny Lynns Veränderung überrascht gewesen, als er sie besuchte. Sie schien glücklich zu sein. Er wurde aus ihrem Verhalten nicht schlau. Flisha gab ihm das ausgestopfte Spielzeug für Morgan und Noel mit nach Hause, das sie in der Werkstatt gebastelt hatte. Marcie sagte ihm, wie sehr sie die Kinder vermisse. Aber Selena bestand darauf, daß sie noch nicht bereit sei, nach Hause zu kommen. Sie würde noch sehr gerne in den Bergen bleiben. Hier waren sogar im Juli die Temperaturen angenehm. Man konnte im Wald spazierengehen, reiten und malen.

Michael konnte es kaum glauben, daß es Jenny Lynn im Krankenhaus gefiel, zu sehr gefiel. Er mußte sie da rauskriegen.

Der Arzt stimmte ihrer Entlassung zu. Dieses Mal war ihr Problem als depressive Neurose diagnostiziert worden. Der Arzt empfahl ihnen, die Hilfe ihres Hausarztes in Anspruch zu nehmen oder sich an die psychiatrische Klinik zu wenden, falls es Probleme gab.

Michael hatte es geschafft, ein Haus in der Stadt zu mieten. Es war ein kleines Mühlhaus in der Nähe der Stadtmitte. Noch während Jenny Lynn im Krankenhaus war, hatte er ihre Sachen hinübergeschafft. Er wußte, wenn sie erst mal aus dem Krankenhaus raus und von dem Haus auf dem Land weg war, wo sie ihre Drogen bekam, würde sie wieder in Ordnung kommen. Sie wäre wieder gesund und eine gute Ehefrau und Mutter.

Jenny sträubte sich nicht. In den sieben Jahren nach ihrem ersten Aufenthalt im Krankenhaus hatte sie es geschafft, zu heiraten, Kinder zu bekommen, in verschiedenen Berufen zu arbeiten und ein High School-Diplom zu erlangen. Sie würde es auch jetzt wieder schaffen. Sie würde in ihrer Kristallwelt bleiben und beobachten, wie die Stellvertreter, ihr System von Persönlichkeiten, ihre verschiedenen Leben stückchenweise lebten.

Teil VI

Hilferufe von sicheren Orten

Lieber Jemand, Jeder, Niemand:
Ihr wißt nicht, wie sehr ich mir wünsche, mit euch zu teilen,
was in mir ist. Falls wir es wüßten, könnten wir es mit euch
teilen, all die schlichten, schrecklichen Wahrheiten über uns
und unsere Leben und Tode. Würde uns zu kennen, euch
helfen, uns zu verstehen? Bitte laßt wissen, daß jemand
hilft. Bitte, ehe ich sterbe.

Jennys Tagebuch

Kapitel 16

So mühelos, wie eine Schlange sich entrollt, formierte sich der Doppelkreis schwarzgewandeter Gestalten zu zwei Reihen, die einen Weg zu dem schwarz drapierten Altar flankierten. In stolzer Feierlichkeit schritt Sandy an der Seite des Hohepriesters, ohne den niedrigeren Sektenmitgliedern auch nur einen Blick zu schenken. Sie hatte sich ihren Platz verdient und akzeptierte ihn als angemessen und natürlich.

Auf ein unbemerktes Zeichen hin traten zwei Gestalten aus den Reihen vor, um den Hohepriester und seine einzuweihende Begleiterin der Gewänder zu entledigen und die zwei nackt vor dem Altar knien zu lassen. Mit der gleichen Präzision, mit der es begonnen hatte, näherte sich das Ritual dem Abschluß.

Tagelang hatte sich die einundzwanzigjährige Sandy gemäß den strengen Vorschriften vorbereitet. Sie hatte gefastet und das Fasten dann mit zusammengebrauten Kräutertränken beendet. Sie hatte wiederholt in Kräutermischungen gebadet. Sie hatte Kerzen angezündet, Weihrauch verbrannt und den duftenden Rauch eingeatmet. Wie ihren Körper bereitete sie auch ihren Geist mit Gesängen und Meditationen vor.

Am Abend der Einweihung legte Sandy die weiße Maske aus Make-up mit besonderer Sorgfalt auf und ummalte ihre Augen mit schwarzen Ringen, um ihre Identität zu leugnen und ihre Zugehörigkeit zu Satan zu symbolisieren. Am Ort des Treffens angekommen, übernahmen Anwesende die Aufgaben der Vorbereitung. Sie sangen leise mit monotoner Stimme, reinigten sie wieder mit Kräuterbädern und legten die zeremonielle weiße Robe bereit. Bevor sie Sandy darin einhüllten, salbten sie Sandy mit dem wertvollsten Öl, das aus Menschenfleisch gewonnen wurde.

Für Sandy war die Berührung des Öls mit der Haut ihres saubergeschrubbten Körpers so vertraut, wie Tränen auf den Wangen von Kindern. Freudig begrüßte Sandy die Wärme des Gewandes auf ihrer weichen, glatten Haut. Sie nahm ihren Platz an der Seite des Hohepriesters ein, und die Messingglocke verkündete den Beginn des Rituals.

Sandy und der Hohepriester durchschritten die Reihen der Menschen. Am Altar angekommen, segnete der Hohepriester den Dolch und den Pokal, die das männliche und das weibliche Prinzip symbolisierten. Er tauchte die Objekte in die Schale mit Blut-Wein. Nachdem er zuerst getrunken hatte, hielt er Sandy die Schale hin, damit sie das noch warme Blut des Menschenopfers trank. Nachdem sie getrunken hatte, schob er ihr den Ring einer Hohepriesterin auf den Finger.

Zärtlich strich Sandy über das glatte Silber des Ringes und über den Umriß des auf dem Ring gravierten, geflügelten Teufels. Sie dachte an das erste Mal zurück, als sie vor dem Altar gestanden hatte, um Blut aus dem silbernen Becher zu trinken. Sie hatte die fünfjährige Jenny ersetzt, die den Horror des Bluttrankes nicht aushalten konnte. Bald darauf hatte Sandy die an Ehrenplätzen, neben dem Hohepriester stehenden Frauen beobachtet. Damals wußte sie, daß sie eine besondere Position in der Sekte einnehmen würde. Ihre Ausbildung war neun Jahre lang in Erwartung ihres Aufstiegs zur Hohepriesterin korrekt verlaufen. Dann war plötzlich alles verlorengegangen. Als sie vierzehn war, nach ihrem Aufenthalt im staatlichen Krankenhaus, hatte Gladys Faye aufgehört, sie mit zu den Versammlungen zu nehmen. Soweit Sandy wußte, war ihr Platz in der Sekte für immer verloren. Sie fand sich damit ab, die Kräfte des Okkulten in einsamem Dienen zu suchen.

Sandys Gedanken kehrten zu dem Augenblick zurück, in dem sie fühlte, wie die muskulösen Arme des Hohepriesters sie auf den Altar hoben. Der Hohepriester war kräftig, gutaussehend und Mitte Dreißig. Er vermittelte einem das Gefühl, daß er wußte, wie er sich zu nehmen hatte, was er wollte. Er schob Sandy an den Rand des Altars, so daß ihr Kopf über dem Rand des Steines herabhing. Gehilfen hielten ihre Arme an den Seiten fest. Der Hohepriester bewegte sich auf ihren Mund zu.

Das vertraute Gefühl des steinernen Altars war Selena in den sieben Jahren, seit sie dort gelegen hatte, nicht verlorengegangen. Sie hatte auch nicht die Notwendigkeit vergessen, Lust vorzutäuschen, als sie sich bemühte, den Mann, der von ihr Besitz ergriffen hatte, zu befriedigen und die zuschauenden Männer und Frauen zu erregen.

Der Hohepriester war sich der Zuschauer höchst bewußt. Als er voll erigiert war, benutzte er sein lüsterndes Spiel, um sich zur Schau zu stellen und den Altar zu einem Ort der Unterwerfung zu machen. Er streichelte Selenas Körper, drückte derb ihre Brüste und zog die Lippen über seine Zähne, um in zerrender, höhnischer Raserei an ihren Brustwarzen zu beißen.

Mit einem geschmeidigen, athletischen Sprung war er bei ihr auf dem Altar. Er drang sofort in sie ein, heftig stoßend machte er aus dem Koitus eine Show. Selena stöhnte, kam seinen Stößen entgegen und machte eine Begleitshow daraus, auf seine Befriedigung bedacht zu sein.

Die Vollzugsszene auf dem Altar signalisierte den Abschluß des formellen Rituals. Die Sektenmitglieder, nun nicht mehr länger Voyeure, begannen mit ihrer eigenen sexuellen Feier. Sie tranken mehr Wein, nahmen mehr Drogen und griffen nach einander, um sich zu stimulieren und zu erleichtern.

Die Wiedereinführung in die Sekte lag ebenso außerhalb Sandys Kontrolle, wie es ihr Fernbleiben gewesen war. Eines Tages saß sie im Wartezimmer der Klinik, als ein Mann ihr Haar streichelte und sagte: »Der Meister wird so viel Freude an dir haben.« Ein zweiter, gutgekleideter Mann nickte zustimmend. Die Männer schienen sie zu kennen, obgleich sie sie nicht erkannte. Flüsternd neigten sie ihre Köpfe und sagten ihr, sie müsse zu ihnen zurückkehren. Sie sprachen von Kräften, die sie einmal gezeigt hatte. Einige Wochen lang kamen Telefonanrufe, die Botschaft war immer die Anweisung zurückzukommen, und man nannte Zeit und Ort der Versammlungen.

Sandys einziges Ziel war, dem Teufel zu dienen. Sie mußte zurückkehren. Sie gehörte dort hin, sie wollte Wünsche befriedigen und Macht haben. Es entbehrte nicht gewisser Ironie, daß sie die Rückkehr zur Sekte über die psychiatrische Klinik fand. Soweit sie wußte, waren die Sektenmitglieder dort nur zufällig auf sie gestoßen.

Sofort wurde sie wieder eingesetzt und ihre Ausbildung zur Hohepriesterin wieder aufgenommen.

Sandys Rückkehr zur Sekte war ein zufälliges Resultat von Flishas Versuch, Hilfe zu finden, da sich ihre Ängste und ihre Verzweiflung schon bald nach ihrer Entlassung aus dem staatlichen Krankenhaus wieder eingestellt hatten. Flisha folgte dem Rat des Arztes, sich an die psychiatrische Klinik zu wenden.

Zur Zusammenarbeit mit den Therapeuten der Klinik erschien Marcie. Sie wiederholte die Probleme, die ihre letzte Einweisung verursacht hatten: Drogenmißbrauch, Ängste, daß Michael untreu sein könnte, Probleme mit den Kindern. Sie sagte ihnen nicht mehr, als sie ihnen vorher erzählt hatte: sie hatte eine schwierige Kindheit gehabt, und sie war von einem Verwandten vergewaltigt worden.

Die Angst, zuviel preiszugeben, wurde Marcie genommen, als die Therapeuten die Vergangenheit ruhen ließen. Im Gegenteil, sie konzentrierten sich auf ihr gegenwärtiges Alltagsleben und bestanden darauf, daß sie den Blick auf die Zukunft richtete. Flisha war empört, als die Therapeuten sie wegen nicht eingehaltener Termine straften, weil sie zur Zeit der Termine nicht immer existent war. Sie hatte Angst, daß die verlorengegangene Zeit bedeutete, daß sie verrückt war. Sie würde es nicht riskieren, davon zu erzählen und wieder im Krankenhaus eingesperrt zu werden.

Selena hielt die Kliniktermine manchmal ein. Ihr Verhalten schien paradox. Sie ärgerte sich, daß sie zunahm und prahlte im gleichen Atemzug damit, wieviel fünfzigprozentigen Alkohol sie vertragen könne. Über gelegentlichen Ärger hinaus schenkte sie Michael und den Kindern wenig Beachtung. Den Ärzten sagte sie es nicht, aber sie hätte Michael nie geheiratet, und diese Kinder waren Marcies Angelegenheit, nicht ihre. Wenn die Therapeuten sie als leichtfertig empfanden und auf ihre arrogante Einstellung reagierten, überließ es Selena einfach Marcie oder Flisha, sich mit ihnen zu beschäftigen.

Flisha war Beschwichtigerin, Friedensschafferin. Sie wollte, daß alles glatt verlief. Sie hatte Freude an den Kindern und war glücklich, mit ihnen zu Hause zu sein, obwohl sie wünschte, ihnen die Welt zeigen zu können. Morgan war ein hübsches, kleines Mädchen und Noel entwickelte sich nach einer erfolgreichen Operation an seinem Gehör zu einem glücklichen, robusten Kleinkind.

Marcie machte es nichts aus, daß sie sich keine teuren Spielsachen, Kinobesuche oder Urlaube leisten konnten. Sie kam auch so zurecht. Sie konnte ein Fest daraus machen, mit den Kindern in den Park zu gehen, und ein Festmahl aus selbstgemachten Broten und Coca Cola oder Käsecräckern und Orangendrinks. Sie spielte mit den Kindern auf den Schaukeln und der Rutschbahn und grinste über deren Entzücken, wenn sie in den glatten Felsen des Baches herumkletterten, der am Rande des Parks floß.

Marcie verstand die Nervosität und Depression nicht, die durch den inneren Druck hervorgerufen wurde, der dem System der Persönlichkeiten entsprang. Während Marcie zu Hause zufrieden war, brauchte Selena die jugendliche Freiheit, ausgehen zu können und Spaß zu haben. Flisha sehnte sich danach, dem provinziellen Leben der Unterschicht zu entkommen; sie liebte Bücher, Musik und Kunst. Justin nahm gern die Gelegenheit wahr, seine Pfeife zu rauchen oder an Autos herumzubasteln. Sandy studierte okkulte Rituale und schlich sich zu den Versammlungen. Lisa und Becky wollten ihr eigenes Spielzeug und Zeit zum Spielen. All diese und weitere antworteten auf den Namen Jenny Harris und alle wetteiferten um die Zeit und Energie eines einzelnen Körpers.

Unaufgearbeitete Wut und Angst aus jahrelangem Mißbrauch, die von dem System der Persönlichkeiten in der Schwebe gehalten wurden, fanden ihren Ausdruck in Beklemmungen, Depression und Ausbrüchen von Selbsthaß. Die damit verbundenen körperlichen Spannungen führten zu wiederholten Kopfschmerzen sowie Rücken- und Armschmerzen. Sie ließ sich untersuchen, röntgen, Spezialisten wurden hinzugezogen, doch man konnte nur wenige physische Ursachen für ihre Probleme finden.

»Lynn, ich bin's einfach leid – immer bist du die ganze Zeit krank. Wir können die Rechnung nie bezahlen. Die Kinder haben ja nicht mal halbwegs genug zu essen. Warum läßt du nicht einfach die ganzen Ärzte weg?«

Je länger Michael redete, desto lauter wurde er.

Flisha vermied die Konfrontation mit Michael. Marcie weinte normalerweise, zitterte bei seinen Wutausbrüchen und bekam durch seinen Spott Schuldgefühle. Er machte kein Geheimnis daraus, daß er glaubte, sie wäre die meiste Zeit gar nicht krank.

Selena hörte seiner neuesten Tirade zu. »Du solltest es nur einmal selbst erleben, was es heißt, krank zu sein«, warf sie ihm an den Kopf und verließ das Zimmer. Sobald er zur Arbeit gegangen war, holte sie die Bücher mit den Verwünschungen hervor. Sie würde ihm schon zeigen, wie man sich fühlte.

Der Zauberbann verlangte das Verbrennen persönlicher Objekte über einer besonderen Kerze und die wiederholte Beschwörung in einer Reihe von Nächten. Selena schnitt ein Bild aus, benutzte Strähnen seines Haares und Fetzen eines seiner alten Hemden. Um sicher zu gehen, fügte sie eine weitere Beschwörung hinzu und vergrub an einer Stelle des Hofes, über die er jeden Tag ging, zerbrochenes Glas.

Nina hatte soviel Angst, daß sie am liebsten weggerannt wäre, als sich Michael eines Abends nach der Arbeit vor Schmerzen krümmte.

Selena mußte ihn ins Krankenhaus fahren. Der Doktor sagte, es seien Nierensteine, so ziemlich das schmerzhafteste, was ein Mensch haben könne. Während der ganzen zwei Wochen, die er im Krankenhaus war, saß Nina während der Besuchszeiten neben ihm.

Selenas Befriedigung über die geheime Lektion, die sie Michael erteilt hatte, war nur von kurzer Dauer, als sie feststellte, daß es noch mehr Rechnungen gab, und Michael bei seiner Arbeit ausfiel. Wieder wandte sie sich den Beschwörungsbüchern zu.

Selena nahm einige Tabletten für ihre Nerven, gönnte sich einige Drinks und probierte Sandys schwarzes und weißes Make-up aus, bevor sie sich mit dem Problem der Rechnungen beschäftigte. Selena war allein im Haus. Die Kinder waren bei Mamie, und Michael war noch im Krankenhaus.

Selena bereitete einen Kreis vor und stellte die Kerzen an die vorgeschriebenen Stellen. Sie hatte Probleme, die richtigen Stellen zu finden. Nachdem sie einen LSD-Trip genommen hatte, begann sie, die ärgerlichen Rechnungen in den Kerzenflammen zu verbrennen. Sie bemerkte nicht, daß ein Teppich Feuer gefangen hatte.

Jemand löschte das Feuer, bevor es großen Schaden anrichten konnte. Jemand rief einen Priester und ließ den Hörer neben dem Telefon liegen. Selena meinte, daß Marcie den Anruf getätigt hatte. Marcie stand immer in Kontakt mit Priestern.

Reverend Tom Carnes, der Prediger der First Holiness Kirche, und seine Frau trafen ein und bemühten sich nicht, ihre Bestürzung zu verheimlichen, als sie Jenny Harris in ihrem Haus benommen inmitten von Hexerei-Utensilien vorfanden. Mittlerweile hatte Selena schlimme Halluzinationen. Die Beschreibung dessen, was sie sah und hörte, brachten die Frau des Predigers noch mehr aus der Fassung. Trotzdem schafften es Bruder und Schwester Carnes, die Nacht über bei ihr zu bleiben.

Am nächsten Abend kamen der Prediger und seine Frau zurück, um nach ihr zu schauen. Der Panik nahe zogen sie Jenny aus dem Haus. Sie erzählten ihr, daß sie Dämonen das Haus umkreisen und in der Auffahrt stehen sahen, als sie sich dem Haus näherten.

Sie suchten in ihrer Kirche Schutz, wo eine eilig versammelte Gruppe wartete. Bruder Carnes begann mit dem Exorzismus, indem er ihr Öl auf den Kopf und in die Kehle träufelte. Die Gruppe klatschte in die Hände, begann zu beten, sich zu wiegen und bat um Jennys Erlösung von den drohenden Dämonen.

Selena hatte noch mehr LSD genommen und weiter halluziniert. Sie bemühte sich nicht, sich gegen die Christen zu wehren, die gekommen waren, ohne von ihr gebeten worden zu sein, und ihr Hilfe anboten, die sie nicht brauchte. Sie sah wie, wütende Gesichter die Zähne fletschten und die Exorzisten anspuckten. Sie sah traurige Gesichter um Hilfe rufen. Sie konnte nicht sagen, ob es Gesichter waren, die sie vorher schon einmal gesehen hatte oder ob sie sich diese einbildete. Vielleicht waren Dämonen da.

»Satan, wir bannen dich und all deine Legionen im Namen Jesu. Gelobt sei Jesus Christus. Beguum, Haurris, Hoolden.«

Die Worte, die Selena im Laufe der Nacht hörte, bewegten sich für sie von Unsinn zu Blödsinn. Erst am Morgen fuhren der Prediger und seine Frau heim – offenbar davon überzeugt, sie der Gewalt Satans entwunden zu haben.

Es war nicht die Kirche, die Sandy von der Sekte fortzog. Vielmehr wurde sie von Praktiken der Sekte abgestoßen. Sandys triumphale Rückkehr zur Sekte wurde zur Enttäuschung, als sie feststellte, daß sie durch ihre Initiation zur Hohepriesterin keine größere Macht erlangt hatte, sondern in Wirklichkeit mehr von ihrer Macht abgegeben hatte.

Der Hohepriester behandelte sie eher wie eine Konkubine, denn als Partnerin. Wann immer er es wünschte, verlangte er, daß sie ihm zur Verfügung stand. Zugeständnisse machte er nur für die Stunden, an denen ihr Mann zu Hause war. Er tauchte in ihrem Haus auf, wann es ihm beliebte und belohnte sie manchmal mit Geld oder lumpigen Geschenken.

Was die formalen Angelegenheiten der Sekte anging, wurde Sandy mehr und mehr gedrängt, an quälenden Ritualen und Opfern teilzunehmen. Die sieben Jahre, in denen sie allein war, hatten sie verändert. Bei ihren Solo-Ritualen hatte sie ihr eigenes Blut benutzt, sogar wenn es um die Beschwörungen von Dämonen ging. Sie konnte nicht wieder zu Opferriten zurückkehren. Außerdem war sie zu unabhängig geworden, um die unterwürfige Stellung, die Frauen in der Sekte hatten, zu tolerieren.

Aber es war nicht einfach, sich der Sekte zu entziehen. Nachdem der Priester sie gequält hatte, um, wie er sagte, ihre Kräfte zu konzentrieren, stimmte Sandy unter dem Einfluß von Drogen zu, einige Schnitte zu machen. Im Laufe der Zeit wurde ihr klar, daß man unausweichlich von ihr erwarten würde, daß sie bei der schwarzen Hochmesse an Halloween das Messer benutzte.

Sie überfielen beunruhigende Vorstellungen. Immer wieder sah sie ein kleines Kind auf dem Steinaltar. Wenn das Bild zu einem blutroten Wirbel verschwamm, hörte sie die kläglichen, durchdringenden Schreie des Kindes. Das Weinen hallte in ihrem Kopf wider. Sie dachte an Morgan und Noel. Sie hörte auf, zu den Versammlungen zu gehen.

Eine Zeitlang lebten Jenny und Michael wieder bei Mamie. Nach dem Vorfall mit dem Feuer stank das Haus nach Rauch. Michael war sowieso mit der Miete in Verzug.

Michael war bei einem Freund und arbeitete an Autos, die Kinder waren im Bett und Mamie in der Küche, als es an der Tür klopfte. Selena ging zur Tür, aber beim Anblick der beiden Männer erschien Sandy.

»Komm zurück zu uns – wo du hingehörst.«

»Ich komme nicht zurück.«

Ein Mann hielt sie fest, während der andere ihr eine Strähne ihres Haares abschnitt. Sandy verschwand und ließ Selena an der noch geöffneten Tür zurück, die Hände am Kopf, um das Fehlen der Haare zu verbergen.

Selena ging ins Badezimmer und schnitt den Rest ihrer Haare auf mittlere Länge. Mamie gab sich mit ihrer Antwort zufrieden, daß das Klopfen Leute gewesen wären, die jemand anders gesucht hätten. Die abgeschnittenen Haare erwähnte sie nie. Die Familie war es gewohnt, daß Jenny ihre Frisuren wechselte wie ihre Kleidung.

Weil sich keine der Persönlichkeiten in den Sachen Anderer gänzlich wohl fühlte, kam es bei Persönlichkeitswechseln dazu, daß das auftauchende *Alter ego* so bald wie möglich ein Bad nahm, sich die Haare wusch und die Kleidung wechselte. Für Jenny war es normal, vier- oder fünfmal am Tag zu baden. Einige der Persönlichkeiten waren sich des Badens Anderer bewußt, andere nicht. Außer der kleinen Lisa kümmerte sich niemand weiter darum. Sie war schon fast zwölf und haßte es, daß ihre Haare so oft gewaschen wurden.

Jennys Schrank war mit Sachen vollgestopft, von Ninas einfacher Baumwollkleidung bis zu Flishas Seidenkleidern und den hübschen Hosen. Selena besaß einige Pullover und Jeans sowie einige grellere Kleidung, in der Marcie sich schämte, wenn man sie damit erwischte. Justins Smoking-Jacke war im hinteren Teil des Schranks.

Es gab soviel Shampoo und Kosmetika, daß man eine Drogerie damit hätte füllen können, einschließlich Justins After Shave und Old Spice. Selena benutzte Moschus-Düfte. Marcie mochte Avon-Produkte. Flisha hatte etwas ausgefallenere Parfüms. Nina benutzte das Shampoo, das ihr gerade in die Hand kam. Sie legte nie Make-up auf und benutzte kein Parfüm.

Die Bücherregale waren voll, von Comics bis zu Klassikern gab es alles. Es existierte eine ganze Reihe von Bibeln. Barbara, das *Alter ego*, das Jenny geholfen hatte, mit dem Mißbrauch der Bibel seitens ihrer Mutter umzugehen, achtete darauf, daß jeder eine passende Ausgabe hatte. Die Kinder-Bibel war für Lisa, eine King James-Version für Marcie, die New English-Bibel für Flisha, und die Living Bible war für sie selbst.

Schränke, Kommoden und Pappschachteln quollen über. Unter dem Bett waren weitere Sachen verstaut. Niemand traute sich, etwas fortzuwerfen, obwohl es Dinge gab, mit denen keiner etwas anfangen konnte.

Die Familie reagierte auf Jennys wechselhafte Stimmungen so wenig, wie auf ihren Wechsel der Kleidung. Sie bemerkten kaum, daß sie wieder in eine Depression versank.

Selena wußte, daß das Gefühl, das sie das »große Verlorensein« nannte, von dem Todesritual, das Sandy vollziehen sollte, hervorgerufen wurde. Das mußte der Grund gewesen sein, warum die Männer gekommen waren und ihr Haar abgeschnitten hatten. Auch Sandy war deprimiert, aber sie würde dem Gefühl nicht nachgeben. Sie würde die Sekte nicht gewinnen lassen.

Nachdem sie Michael bei seiner Arbeitsstelle abgesetzt hatte, hörte Selena an einem Oktobermorgen auf der Heimfahrt aus der Ferne das Pfeifen des Zuges. Sie kam zu dem Entschluß, ihren tiefen, traurigen Gefühlen ein Ende zu machen und fuhr auf den Bahnübergang zu. Sie hatte vor, sich auf die Schienen zu stellen. Nach einem Moment verlorener Zeit stellte Selena fest, daß das Auto nicht auf den Gleisen stand. Wieder fuhr sie auf den Bahnübergang. Nach weiteren Augenblicken abhandengekommener Zeit war sie wieder aus der Gefahrenzone. Der Zug näherte sich dem Übergang, Selena legte einen der unteren Gänge ein und fuhr los. Sie verlor das Bewußtsein, als die bremsende Lokomotive in die Seite ihres Autos krachte. Das Auto war stark beschädigt. Sandys Brille lag unbeschädigt auf dem Vordersitz.

Der Arzt in der Ambulanz beschrieb Jenny Harris als unkommunikativ, er stellte fest, daß sie behauptete, sie kenne ihren Namen nicht und könne sich weder an den Unfall noch die dazu führenden Ereignisse erinnern. Körperliche Verletzungen wurden nicht festgestellt. Die Diagnose lautete akutes Hirnsyndrom, durch den Unfall hervorgerufene Verwirrung auf schizophrener Grundlage. Sie wurde ins Krankenhaus eingewiesen. Während ihres dreitägigen Aufenthalts stellte sie Kontakt zu ihrem Prediger her. Sie hatte ihn nur wenige Male gesehen, aber Bruce Kerr, ein Methodistenpfarrer, ließ den Arzt wissen, daß er Jenny Harris' geistlicher Beistand sei. Der Doktor entließ Jenny in die Obhut ihrer Familie und verwies sie für umgehende Behandlung an die psychiatrische Klinik.

Kapitel 17

Sandy bereitete sich methodisch vor – ein Jasmin-Bad, das Make-up, ein Leinengewand. Sie schaffte im oberen Schlafzimmer etwas Platz und zog einen Kreidekreis auf dem Fußboden. Um den ersten zog sie einen weiteren Kreis, und in den Streifen zwischen beiden schrieb sie abwechselnd: ALGA, AGLA.

Über die Tür und jedes Fenster zeichnete sie ein Pentagramm. Sie bewegte sich auf dem Kreis rückwärts und schrieb: MIHOLE, HAVOHEJ, IANODA. Sie schloß ihren Schutz damit gegen den Uhrzeigersinn ab.

Innerhalb ihres Kreises stellte sie Kerzen auf: sieben weiße, zwei rote und eine schwarze. Ihre Kerzen waren nicht die besten. Sie bestanden nicht aus menschlichem Fett, aber sie waren gut genug, und die Farben stimmten ja auch.

Zufrieden mit ihren Vorbereitungen zündete sie die Kerzen an. In gleichmäßiger Stimme, mit Zuversicht und Entschiedenheit fing sie an: »Erscheint friedfertig, sichtbar und ohne Zögern...«

Der heulende, brausende Wind strafte die Abendruhe Lügen. Die fest geschlossenen Fenster hätten ebensogut klaffende Krateröffnungen sein können. Sandy hörte ein Knurren, sah, wie Hände nach ihr griffen, fühlte sich ihrem sicheren Kreis entrissen.

Als sie zu sich kam, lag sie auf dem Boden. Sie war wund, hatte blaue Flecken und war sich nicht sicher, wieviel Zeit vergangen war. Sie schaute sich im Zimmer nach Anzeichen des Kampfes um und sah zu spät, daß sie vergessen hatte, einen Schutzstern über das Giebelfenster zu machen. Sie glaubte, daß es ihr nicht gelungen war, die Dämonen zu kontrollieren. Sie hatte einen auf sich losgehen lassen.

Entschlossen, das Todesritual der Sekte zu rächen, fügte Sandy das fehlende Pentagramm hinzu und wiederholte das Ritual von Anfang an, beginnend mit dem Jasmin-Bad. Nachdem sie das Ritual beendet hatte, brauchte sie sich über die Leute in der Sekte keine Gedanken mehr zu machen. Sie brauchte sie nicht und fürchtete sie auch nicht mehr.

Jenny, Michael und die Kinder hatten wieder einige Monate bei Mamie gewohnt, als ihnen ein Mietshaus in der Stadt zur Verfügung gestellt wurde. Michael arbeitete erst seit fünf Jahren in der Weberei. Er hatte Glück, ein Haus mit drei Schlafzimmern von der Weberei zu bekommen.

Das weiße Schindelhaus war größer als einige andere, ähnelte aber doch den meisten Häusern, die die Straßen der Webereistadt säumten. Es war modernisiert worden. Gasheizungen hatten die Kohleöfen ersetzt, die früher einmal die Holzöfen in der Küche, dem Schlafzimmer und den Kamin im Wohnzimmer ersetzt hatten. Man hatte in drei Metern Höhe Zwischendecken gezogen und vor einigen Jahren Isoliermaterial hinzugefügt. Das achtzig Jahre alte Haus war groß. Die Kinder konnten ihre eigenen Zimmer haben. In dem Winter, bevor Morgan in die Schule kam, zog Michael mit der Familie ein.

Marcie und Flisha waren vollauf beschäftigt, das Haus herzurichten und für die Kinder zu sorgen. Bei Handwerks- und Näharbeiten war Flisha geschickt. Sie kaufte Material für die Herstellung von Kissen und Vorhängen, sie wollte das Haus attraktiv gestalten. Für die Dekoration brauchten sie Extrageld. Als sie die Möglichkeit dazu bekam, verdiente Marcie soviel sie konnte mit dem Verkauf von Avon-Produkten hinzu.

Als beide Kinder in der Schule waren, hielt es Selena kaum aus, im Haus eingepfercht zu sein. Sobald Michael zur Arbeit und die Kinder zur Schule waren, schlüpfte sie oft aus den Hauskleidern, die Nina oder Marcie angezogen hatten, und ging in die Stadt.

Sie trank eine Cola im Drugstore, machte einen Schaufensterbummel und ging durch die Geschäfte. Sie plauderte mit den Verkäufern und flirtete mit den Männern. Sie brauchte sich nicht anzustrengen, um Aufmerksamkeit zu erregen. Männer machten ihr immerzu Komplimente.

Man fühlte sich gut, wenn man gemocht wird. Verdammt noch mal, sie brauchte Geld. Mit einem bißchen Schnaps oder Drogen hatte sie alles im Griff, was sie von ihr wollten. Ihr ganzes Leben lang hatten sich Männer von ihr genommen, was sie wollten. Jetzt sollten sie dafür bezahlen. Ja, es war ein gutes Gefühl.

Schon bevor sie Ezra traf, hatte sie eine Reihe regelmäßiger Kunden. Sie stellten ihr Auto weiter unten an der Straße ab oder kamen zu Fuß aus der Stadt zu ihr ins Haus. Falls keiner kam, ging sie selbst in die Stadt. Normalerweise entwickelte sich irgendwas. Sie mußte um zwei, spätestens halb drei fertig sein. Marcie schaffte es immer, zu Hause zu sein und Michaels Abendessen bereit zu haben.

Ezra war ein freundlicher, alter Mann. Er hatte einen kleinen Lebensmittelladen, in dem Selena manchmal einkaufte. Er alberte und flirtete mit ihr. Wenn sie zahlte, ließ er ein Extrapäckchen Kaugummi oder eine Zuckerstange in ihre Einkaufstüte fallen. Eines Tages winkte er ab, als sie zahlen wollte. »Du kommst doch nur her, um mich zu sehen.«

Ezra war eine Zeitlang Stammkunde, bevor er sie dazu brachte, für ihn zu arbeiten. Selena brauchte Drogen, um mit den Männern umgehen zu können, und Männer, um sich Drogen kaufen zu können. Ezra versorgte sie mit beidem und nahm die Hälfte ihres Verdienstes.

Mit Evan war es ganz anders. Selena lernte ihn etwa ein Jahr nach Ezra kennen. Evan war gut aussehend, blond und schlank. Er hatte einen guten Job in der Weberei und Männer, die unter ihm arbeiteten.

Selena hatte von Männern schon einiges zu hören bekommen: sie liebten sie, sie sei hübsch, sie könnten ohne sie nicht leben. Sie wußte, daß sie das nicht so ernst meinten. Aber wenn Evan es sagte, glaubte sie ihm fast.

Evan ging zärtlich mit ihr um. Mit ihm fühlte Selena etwas, das sie nie zuvor gefühlt hatte, eine Wärme, ein Gefühl der Sicherheit. Er wollte nicht nur wegen Sex mit ihr zusammen sein. Selena bedeutete Sex nichts. Sie wußte nicht, was Liebe war. Aber falls sie lieben oder geliebt werden konnte, dachte sie, dann wäre es so, wie es mit Evan sein könnte.

Evan redete von Heiraten. Selena lachte darüber. »Ich bin zu jung, um zu heiraten«, sagte sie. Er hielt sich an die Spielregeln und machte keine Bemerkung über ihren Ehemann, von dem er wußte.

»Dann werde ich wohl warten müssen«, sagte er, als er neben ihr im Park im Klee lag. Evan streichelte ihr Haar. Leise sang sie einen süßen Country-Love-Song für ihn.

Wenn er ihr Geld gab, wies er jedesmal darauf hin: »Das ist nur für dich, für sonst niemand.« Selena vermutete, daß er von den anderen wußte, sogar von Ezra, er redete jedoch nie darüber.

Er rief mehrere Male in der Woche an. An Feiertagen und Geburtstagen gab er ihr etwas extra. Er übernahm den Einkauf, um sicher zu gehen, daß sie und die Kinder ein gutes Weihnachten hatten. Die Kinder wußten, von wem die Geschenke waren, waren aber klug genug, ihrem Daddy nichts davon zu sagen.

Falls Michael wußte, daß etwas vor sich ging, ließ er sich nichts anmerken. Seit sie geheiratet hatten, überließ er ihr das Bezahlen der Rechnungen. Er gab ihr das Geld, nachdem er sich seinen Teil aus der Lohntüte genommen hatte. Falls er bemerkte, daß sie neue Kleider und Sachen für die Kinder hatte, redete er jedenfalls nicht darüber. Er beließ es einfach so.

Als ihm einige Freunde erzählten, sie hätten Jenny in der Stadt gesehen, stellte er sie zur Rede, als er von der Arbeit kam. »Ich war den ganzen Tag hier«, antwortete Marcie in voller Aufrichtigkeit.

»Du lügst. Mason hat dich in der Stadt gesehen.«

»Ich habe gestern Avon verkauft, aber heute bin ich nicht weggewesen.«

Über Michaels Weigerung, ihr zu glauben, war Marcie bestürzt und fing an zu weinen. Sie blieb bei ihrer Wahrheit. Michael ließ sich erweichen. Schließlich war sie ja immer zu Hause, wenn er heimkam.

Als Michael das nächste Mal fragte, antwortete Selena. Sie konnte sich nicht vorstellen, daß es ihn etwas anginge, wohin sie gehe, und sie sagte ihm das auch. Michael kam nie über Marcies Tränen und Selenas Empörung hinaus. Er war sich nicht sicher, was mit Jenny Lynn tagsüber vor sich ging, aber er beließ es dabei.

Die ständige Suche nach Liebe und der ständige Zweifel an Liebe schufen eine emotionale Achterbahn. Die eine oder andere Persönlichkeit wurde immer in dem zeitlosen Augenblick des Auf- oder Absteigens erwischt. Und immer waren Auf- und Abstieg gleichermaßen mit Angst besetzt.

Selena bezog ihren Antrieb aus den absoluten Kategorien der Kindheit. Ein Wort, eine Blume, ein Anruf bedeutete, daß Evan sie für alle Zeit liebte und niemanden sonst. Sie lachte, machte Scherze, fühlte sich phantastisch und schrieb ein ganzes Tagebuch über Liebe voll.

Eine Zurücksetzung, wirklich oder eingebildet, bedeutete, daß Evan jemand anders hatte. Er hatte sie nie geliebt und würde sie nie lieben. Worte der Trauer und des Schmerzes über seinen Betrug flossen in das Tagebuch.

Eine Woche verging, und Evan hatte nicht angerufen. Sie und die

Kinder waren bei Mamie, weil Michael auf die Jagd gegangen war. Selena ging alleine hinauf und begann Wodka pur zu trinken. Die Depression verschlimmerte sich. Sie benutzte den Wodka, um die Tabletten hinunterzuspülen.

Das Haus füllte sich mit drohenden, anklagenden, höhnenden Gesichtern. Aus Angst, daß Dämonen das Haus umzingelt hatten, wie der Prediger damals gesagt hatte, kletterte Selena aus dem Giebelfenster auf das Dach.

Der feine Kies der Dachschindeln rutschte unter ihren Füßen weg und grub sich dann in ihre Hände, als sie versuchte sich festzuhalten und ihren Absturz zu verhindern. Sie schaffte es, nicht weiter abzurutschen. Der warme Kies des Daches wirkte beruhigend auf ihre Hände. Sie fühlte sich sicher, saß ruhig da und schaute beim Ertönen der Polizeisirene nicht auf.

Die Polizisten machten ihr Angst. Sie mußte etwas angestellt haben, aber sie durfte nicht zulassen, daß sie von ihnen eingesperrt wurde. Als sie von ihr verlangten, herunterzukommen, rutschte sie weiter das Dach hinauf.

Seine Stimme war sanft, gewinnend und nicht fordernd: »Jenny, kann ich mal mit dir reden? Ich heiße Tim. Ich möchte dir helfen.«

Die Polizisten zogen sich zurück, um Tim eine Chance zu geben. Tim war Pastor der Christlichen Gemeinde-Kirche und hatte Erfahrung in der Arbeit mit Menschen, die unter Drogen standen. Geduldig redete er mit ihr, bis die Wirkung der Droge nachließ, und lockte sie dann vom Dach.

Sie bedurfte einiger Wochen der Beratung, bis sie einwilligte, beim Anti-Drogen-Programm mitzumachen. Nachdem sie zugestimmt hatte, nahm Selena an dem Programm teil, konnte ihren Drogenmißbrauch aber nicht unter Kontrolle bringen.

Die Drogen, körperliche Beschwerden, die Angst und die Depressionen waren immer noch Probleme. Dr. Bradford wies Jenny wegen einer Vaginalinfektion ins Krankenhaus ein und zog zur Behandlung der emotionalen Probleme Dr. Stanger von der psychiatrischen Klinik hinzu. Jenny wurde von der medizinischen Abteilung in die für geisteskranke Patienten verlegt.

Bei den Interviews mit Dr. Stanger wurden die gleichen Informationen wie zuvor offenbart: Mißhandlungen durch die Mutter, die Vergewaltigung durch einen Verwandten, der Gebrauch und das Dealen mit Drogen, der Streß durch die Forderungen des Ehemannes und die Sorge für die Kinder. Der Befehl aus ihrer Kindheit, den Mund zu halten, beherrschte sie immer noch, obwohl sein Einfluß nicht mehr so stark war wie früher.

Selena traute sich nicht, über die Sachen zu reden, die man mit ihr in der Sekte gemacht hatte. Sie wagte nur, von ihrer eigenen oberflächlichen Beschäftigung mit dem Satanismus zu erzählen. Sie gab zu, Michael verwünscht zu haben und daß er krank geworden sei. Flisha wollte dem Doktor von Selena erzählen und über die verrückten Dinge, die diese anstellte, und für die die Anderen nicht verantwortlich waren. Da sie Angst hatte, über die verlorene Zeit zu sprechen, sagte Flisha nur, daß sie manchmal ausflippe und Sachen anstelle, die sie nicht verstehen könnte.

Wie auch die anderen Therapeuten unterzog Dr. Stanger ihre Vergangenheit keiner eingehenden Untersuchung. Er machte eine Reihe psychologischer Tests mit ihr und diagnostizierte eine schizophrene Reaktion paranoiden Typs. Die Wahrheiten, die sie unter großem Risiko enthüllt hatte, wurden von ihm als Wahnvorstellungen behandelt.

Selena saß auf der Bettkante und versuchte ihre Gedanken zu ordnen. Sie erinnerte sich, daß eine Schwester ihr eine Spritze gegeben hatte. Sie erinnerte sich, Dr. Stangers Gesicht gesehen und seine Stimme gehört zu haben, als man ihre Arme und Beine mit Riemen festschnallte.

Dr. Stanger war ein imposanter Mann. Er war nicht groß, aber sein langes Gesicht mit den buschigen Augenbrauen und dem Vollbart ließen ihn größer erscheinen. Sein starker europäischer Akzent brachte ihm zusätzliche Autorität ein.

Selena mußte die meiste Zeit mit dem Arzt verbringen. Die Anderen hatten Angst vor ihm. Manchmal erschien Marcie und weinte. Lisa und die anderen Kinder kamen nur nachts, um zu spielen. Hilda war eingeschüchtert und hielt ihren Zorn zurück.

Die Elektroschocks verursachten große Verwirrung. Es war sehr schwierig, aber Selena schaffte es, aus dem baumwollenen Krankenhausnachthemd herauszukommen und ihr Lieblingsnachthemd aus Nylon anzuziehen, das oben mit Spitzen besetzt war. Sie wartete darauf, daß Dr. Stanger seine Abendvisite machte.

Selena konnte mit Männern umgehen, wußte, was Dr. Stanger

meinte, als er ihr Bein berührte und sagte, er würde sie später sehen. Er erzählte ihr von der Elektroschockbehandlung, die Spritzen würden sie davor bewahren, die Schmerzen zu spüren. Die Art, wie er sagte: »Ich bewahre dich vor den Schmerzen«, machte ihr Angst. Er hatte die Kontrolle darüber, wieviel Elektrizität durch ihr Gehirn geleitet wurde. Sie war erleichtert, als er ihr Zimmer verließ.

»Tu, was ich dir gesagt habe.«

Halb schlafend, erkannte sie seinen Akzent. Die Nachtbeleuchtung warf einen Kreis von Licht auf den Boden und erhellte das Zimmer nur schwach, ein Gesicht konnte man nicht erkennen. Selena leistete keinen Widerstand. Sie begann zu tun, was man ihr befohlen hatte.

Nachdem eine Folge von sechs Schockbehandlungen abgeschlossen war, behielt Dr. Stanger sie noch zwei Wochen im Krankenhaus. Sie hatte Zeit, sich von einer Phase äußerst entkräftender Konfusion zu erholen. Danach besuchte sie ihn einmal in der Woche als ambulante Patientin in seiner Praxis und nahm die ihr verschriebenen Medikamente ein.

Niemand konnte sich zusammenhängend daran erinnern, was bei den Besuchen in der Praxis geschah. Flisha zwang sich, die Stufen der Hintertreppe des alten Ziegelgebäudes hinter dem Krankenhaus hinaufzusteigen, aber sie ließ Selena in dem dunklen, holzverkleideten Zimmer mit den braunen und tiefroten Tönen eines schweren Wollteppichs. Auf hohen Regalen standen Masken und kleine Statuen im Zimmer. Souvenirs seiner Reisen nach Afrika, sagte Dr. Stanger. Selena riskierte kurze Blicke auf die kleinen Figuren und Gesichter, die sie umgaben, und die den Amuletten und Voodoo-Puppen so ähnlich waren, die sie in anderen dunklen Zimmern gesehen hatte.

Wegen Schmerzen und Depressionen wurde sechs Monate später eine erneute Einweisung ins Krankenhaus notwendig. Selena erinnerte sich an die Abteilung. Diesmal nicht durch Schockbehandlungen gedämpft, verbrachte sie weniger Zeit auf ihrem Zimmer, sondern hatte mehr Umgang mit anderen Patienten. Sie freundete sich mit Rosanna an, die mit achtzehn nur ein Jahr älter war als Selena. (Jenny, nicht Selena war fünfundzwanzig. Die Persönlichkeiten erschienen in verschiedenem Alter und alterten unterschiedlich. Einige waren älter, andere jünger als Jenny.)

»Ich hab' was mit dem alten Stanger«, vertraute Rosanna Selena an. »Er kommt nachts zu mir ins Zimmer, wenn die anderen schlafen.«

Selenas Vertrauen, daß der Doktor sich wirklich um sie sorgte, war verschwunden. Es störte sie nicht, daß er sie benutzte. Es machte ihr nur etwas aus, daß es noch andere gab. Es bedeutete, daß sie für ihn nichts Besonderes war.

Kapitel 18

Jenny hatte allgegenwärtige, drängende Bedürfnisse, sich besser zu fühlen und für jemanden etwas Besonderes zu sein. In der einen oder anderen Form streckte sie ihre Fühler in jede Richtung aus, zu Ärzten, Drogen, Sex, Religion, Magie. Wenn diese Mittel versagten, wenn sie selbst versagte, versuchte sie es wieder: ein neuer Arzt, eine andere Glaubensgemeinschaft und so weiter.

Selena, Marcie, Flisha, Sandy und viele der anderen waren Opportunisten. Sie versuchten, aus jeder Situation das zu ziehen, was sie brauchten, oder einer anderen Persönlichkeit in der Situation zu helfen. Sie alle definierten ihre Bedürfnisse und verordneten ihre Hilfe gemäß ihren verschiedenen Perspektiven.

Evan war sechs oder sieben Jahre ein guter Freund, ein richtiger Sugardaddy. Selena hatte Spaß und Sex mit ihm. Flisha ging mit ihm zu Konzerten oder hörte sich klassische Musik mit ihm an. Sandy wurde in die Sache verwickelt, als sie das Gefühl hatte, daß Evan Selena nicht treu war.

Evan zog sich aus der Beziehung zurück, und Sandy hatte schon vor Selena den Verdacht, daß es jemand anderen gab. Sandy wollte Selena nicht wehtun und entschloß sich, sich mit Evan auf ihre Art zu beschäftigen.

Es dauerte eine gewisse Zeit, bis Sandy gesammelt hatte, was sie brauchte. Dann wartete sie bis zum nächsten Neumond. Sie rezitierte die rituellen Worte exakt und verbrannte die Gegenstände in einer Teetasse: Evans Foto, ein Stück eines Zehennagels, einige seiner Haare und ein Büschel Katzenhaare. Sorgfältig sammelte sie die Asche ein, hüllte sie in Aluminiumfolie und legte sie weit hinten ins Gefrierfach. Wenn Evan Selena nicht liebte, sollte er auch niemand anderen lieben. Zu Sandys Zufriedenheit wurde er beständiger und fing an, Selena mehr Aufmerksamkeit zu schenken.

Selena ging mit allen Männern auf die gleiche Art und Weise um, und zwar so, wie sie es vor Jahren von Jennys Mutter gelernt hatte. Sich ihrer lockeren, natürlichen Art nicht bewußt, verführte Selena Männer, ob sie es wollte oder nicht. Sehr oft wollte sie es.

Sie versuchte es bei Tim Rafer. Tim war der Pastor der Community Christian Church, der ihr geholfen hatte, als sie eine Überdosis genommen hatte und auf das Dach geklettert war. Er blieb bei ihr, vermittelte ihr Hilfe und verbrachte Stunden mit hilfreichen Gesprächen bei ihr. Er ermutigte sie, zum Sonntagsgottesdienst zu kommen und zu den Gebetsversammlungen am Mittwochabend. Als sie krank war, besuchte er sie im Krankenhaus. Tims Frau mochte sie und lud sie ein, nach Tims Beratungen bei ihnen zum Abendessen zu bleiben.

Manchmal blieb Marcie, manchmal Selena. Falls Tim einen Unterschied bemerkte, gab er jedenfalls keinen Kommentar zu Marcies bescheidenen Kleidern oder Selenas Miniröcken und engen Pullovern ab. Auch wich er nicht zurück, wenn Marcies zögernde Art durch Selenas absichtliche Berührungen seiner Schulter oder das Anfassen seines Beines ersetzt wurde.

Die sexuelle Beziehung entwickelte sich langsam. Sie fanden Zeit, sich zu treffen, während Tims Frau arbeiten war. Fünf Jahre lang, bis er dem Ruf einer anderen Gemeinde folgte, war Tim Priester, Freund, hilfreicher Ratgeber und Geliebter.

Für Selena war es eine Zeit des Herzenskummers. Sie gelobte, nie wieder jemandem zu trauen. Aber sie hatte ja noch ihren Sugardaddy, Evan, und bald darauf war es ein weiterer Freund, ein weiterer Geliebter, noch ein Prediger.

Es gab so viele Prediger. Im Herzen der streng religiösen Südstaaten gab es so viele Kirchen. Die Priester dienten eine Zeitlang einer Gemeinde oder einer religiösen Gemeinschaft, zogen dann in eine andere Gemeinde, um gleich darauf von einem anderen Priester ersetzt zu werden. Wer die Zugehörigkeit zu einer Religionsgemeinschaft suchte, konnte unter lang etablierten Kirchen, Lagerhaus-Kirchen, Wanderpredigern und Medien-Geistlichen wählen. Zu irgendeiner Zeit und auf irgendeine Art versuchte Jenny Harris es mit allen.

Barbara, die Persönlichkeit, die sich als Kind mit dem schwarzen Buch beschäftigt hatte, versuchte immer noch, die Mysterien der Religion zu erkunden. Noch als Erwachsene hinterfragte und versuchte sie so gut sie konnte, die Theologie zu verstehen. Nachdem sie verschiedene Kirchen ausprobiert hatte, etablierte sie sich, zum Kummer anderer Persönlichkeiten, bei den Presbytern.

Marcie wandte sich von einer fundamentalistischen Kirche zur nächsten, immer in der Hoffnung, den Glauben aufbringen zu können, von dem die Glaubensbrüder sagten, er würde sie läutern. Sie ließ sich in die Pfingstgemeinde aufnehmen und erlebte sogar, wie sie mit »fremder Zunge« redete. Bei Zeltversammlungen saß sie auf Klappstühlen und fächelte sich mit dem Pappbild eines Beerdigungsinstituts, das Jesus, den guten Hirten, zeigte, Luft zu und hoffte, daß dies der Prediger war, der ihr Gottes Frieden geben könnte, der allein ihr die Erkenntnis schenken würde.

Flisha liebte die Kirche wegen ihrer Schönheit, der Kirchenfenster, der Liturgie und der Musik. Sogar in diesem Provinznest zogen sich in manchen Kirchen die Leute ordentlich an. Einige Jahre sang Flisha Sopran im Chor der First Baptist Church, der größten Kirche im Ort.

Für Sandy bedeutete Kirche Verzweiflung und realer körperlicher Schmerz. Man hatte sie gelehrt, nicht zum Kreuz aufzuschauen und den Worten zuzuhören, die ihren Meister beleidigten. Taufe oder Kommunion bedeuteten den sicheren Tod. So gut es ging, hielt sie sich von Kirchen fern. Doch manchmal fand sie sich dort wieder, wenn diejenige, die zur Kirche gegangen war, aus irgendeinem Grund flüchtete und es Sandy überließ, auf die religiösen Symbole zu reagieren.

Zahllose Prediger waren verunsichert, wenn sie versuchten, als Geistliche einer bei der ersten Begegnung demütigen und frommen Frau (Marcie) zu helfen und beim nächsten Mal einer aufgebrachten, fast feindseligen (Sandy) begegneten. Viele reagierten auf Selenas Verführungskünste; viele widerstanden ihnen. Manche waren beim Umgang mit ihr schnell verzweifelt. Einige wenige gaben nicht nach in ihrer Fürsorge, boten ihr geistlichen Beistand und beratende Gespräche an, um ihre allgemeine Not zu lindern oder ihr durch eine Krise zu helfen. In einem konnten sich die Prediger sicher sein – wenn sie in einer Krise steckte, würde Jenny Harris einen von ihnen rufen.

Trotz aller Krisen schaffte es Jenny, ihr Heim in gutem Zustand zu halten und ihre Kinder aufzuziehen. Marcie war gut zu den Kindern, als sie noch klein waren. Sie war das Hausmütterchen, war im Elternbeirat und half als Begleiterin bei Picknicks und Schwimmausflügen.

Als die Kinder älter wurden, übernahm Flisha einen größeren Teil der Aufgaben. Sie gab den Anstoß zu Schulausflügen in Museen und ergatterte billigere Eintrittskarten für das Ballett. Sie vergewisserte sich, daß die Kinder gute Literatur bekamen und anspruchsvolle Musik hörten.

Morgan und Noel wuchsen Lisa über den Kopf. Lisa, die seit ihrem zwölften Lebensjahr nicht mehr älter wurde, spielte immer noch mit Puppen und Malbüchern. Als Morgan und Noel älter wurden, schauten sie sich wenigstens noch Zeichentrickfilme mit ihr an.

Als die Kinder in ihre Teenagerjahre kamen, verstand sich Selena besser mit ihnen. Sie alberte mit ihnen herum und stibitzte ihnen Bier für Parties.

Disziplin wurde zu einem Problem. Die gutherzige Marcie konnte nichts verbieten. Auf Selena hörten die Kinder nicht, weil sie sich mehr wie ein Kind benahm als sie selbst. Wenn die Mädchen die Situation nicht mehr unter Kontrolle hatten, wie Justin sich ausdrückte, brachte er die Kinder wieder auf Vordermann.

Morgan war ganz fügsam. Noel neigte dazu, ein Rowdy zu sein. Als kleiner Junge war er hyperaktiv, aber er wurde mit dem Alter erheblich ruhiger. Im Haus packte er nicht mit an, er erwartete, alles von seiner Mutter vorgesetzt zu bekommen und daß hinter ihm aufgeräumt wurde – ganz wie sein Vater.

Justin behandelte die Kinder mit fester Autorität. Wenn er sie ermahnte, übernahm Noel seinen Teil, ohne daß es ihm zweimal gesagt werden mußte.

Das Haus halbwegs in Ordnung zu halten, war keine leichte Aufgabe. Es gab so viel zu tun. Und es gab so viele Meinungen darüber, wie es erledigt werden sollte. Es gab so viele Vorstellungen, wie es schön aussehen sollte. Marcie bekam einen Anfall, wenn Selena das Schlafzimmer schwarz anstrich und ihre Bilder von Clowns durch psychedelische Poster ersetzte.

Jeder hatte seine Vorlieben. Morgens wollten drei oder vier Persönlichkeiten Kaffee, Tee oder Kakao, und die Spüle war voll mit Abwasch. Marcie tat ihr Bestes, um die Küche sauberzuhalten. Bei ihrem gelegentlichen Auftauchen machte normalerweise Hilda den Abwasch und übernahm das Großreinemachen. Hilda, die Zorn fühlen und ausdrücken konnte, machte sich mit stürmischer Energie an die Aufgaben.

Bei einem ihrer Auftritte machte sie sich eifrig an das Säubern des Kühlschranks und das Abtauen des Gefrierfachs. Außer Atem murmelte sie vor sich hin, daß im Haus niemand was täte. Sie stieß auf ein kleines, in Folie gepacktes Päckchen. Sie öffnete das Päckchen und warf, immer noch vor sich hinmurmelnd, die Folie und das nutzlose Häufchen Asche, das es enthielt, fort.

Eine Woche später sagte Evan Selena, daß er heiraten würde. Er und seine Frau zogen aus der Gegend fort. Die durch Evans Fortgang ausgelöste Depression brachte Selena zu erneutem Drogenmißbrauch und Flisha wieder in die psychiatrische Klinik.

Jenny war in den Kliniken zweier Landkreise bekannt und in dieser Klinik in den letzten drei Jahren behandelt worden. Der Therapeut bemerkte in der Zusammenfassung der Therapieaufzeichnungen, daß Jenny im Alter von siebenundzwanzig Jahren »alte Verhaltensmuster zeigt, sie ruft Priester und täuscht Überdosen von Drogen sowie Phasen von Depression vor.« Die Behandlungsstrategie bestand darin, sie weiterhin eigenverantwortlich für ihr Verhalten zu betrachten und keine Ausflüchte zu akzeptieren.

Jenny setzte die sporadische Behandlung in der Klinik fort und zeigte neben Halluzinationen Selbstmordgedanken und Drogenmißbrauch. Der sechsmonatige Behandlungsreport berichtete von den Schwierigkeiten, sagen zu können, ob die Halluzinationen und Selbstmordabsichten ernsthaft oder »Teil des Musters ihrer Charakterstörung, in der Manipulation und ›Spielen‹ die Hauptantriebsfaktoren sind.« Zur Behandlungsstrategie kam ein Therapieaspekt hinzu, der ihr Selbst-Bild verbessern sollte.

Jenny begann mit beratenden Gesprächen bei Ron Davis, einem Lutheraner-Pastor, die ihre Behandlung in der Klinik begleiteten. Die Klinik empfahl ihr, sich auf einen Berater zu beschränken. Sie entschloß sich bei Reverend Davis zu bleiben. Der Klinik-Therapeut legte Reverend Davis nahe, er solle »hauptsächlich bei Zielorientierter Therapie bleiben und Einsicht-Therapie auf ein Minimum beschränken.« Weiter schlug der Therapeut vor, daß sich Reverend Davis mit der »unmittelbaren Gegenwart und Zukunft« beschäftigen solle, ».. . während die Lebensgeschichte auf ein Minimum reduziert« werden könne.

So sehr Jenny das Bedürfnis hatte, über ihre Kindheit zu sprechen, so sehr sie es auch brauchte, sich zu erinnern, sie konnte es nicht. Die Warnungen ihrer Berater bekräftigten, was vor über fünfzehn Jahren ein inneres Kind mit Kreide auf eine Wand geschrieben hatte: *Ich muß meinen Mund halten, sonst bekomme ich Ärger.*

Von der Aussicht, ein eigenes Klavier zu bekommen, war Flisha begeistert. Mrs. Thomas aus Marcies neuer Kirchengemeinde sagte, daß ihr Sohn ein Klavier zu verkaufen hätte, und lud Marcie zum Abendessen ein, um es sich anzuschauen. Flisha drängte sie, hinzugehen. Nachdem Michael angeln gegangen war, sammelte Marcie die Kinder ein und fuhr zum Haus der Thomas' hinüber.

Marcie hatte Bean Thomas mit seiner Mutter in der Kirche gesehen. Er schien einen ganz netten Eindruck zu machen. Er war ein kleiner Mann mit buschigem, braunem Haar und hatte einen kleinen Bart über den schmalen Lippen. Er lebte allein bei seiner Mutter. Sein Vater war vor ein paar Jahren bei einem Feuer umgekommen.

»Kommt mal alle rauf. Ich will euch was zeigen.«

Marcie schob die Kinder die Treppe hinauf und erwartete das versprochene Piano zu sehen. Was sie sah, machte ihr Angst. Selena trat an ihre Stelle.

Bean führte sie in ein Schlafzimmer. Die Wände waren voller Bilder und Flaggen. Es waren amerikanische und russische Fahnen. Die Bilder zeigten nackte Frauen, Männer und Kinder. Auf dem Deckchen einer unordentlich vollgestopften Kommode war ein Porträt einer lächelnden, hübschen, jungen Frau mit einem herzförmigen Medaillon auf einen schwarzen Schleier drapiert.

Durch die Schlafzimmertür sah Selena eine weitere Tür, deren unterer Teil mit einem Halbkreis schwarz-roter Tropfen getrockneten Bluts gekennzeichnet war. Auf einem roh gezimmerten Schild über der Tür stand in dem gleichen Schwarz-rot SHOP. Selena glaubte, zwischen den Bergen von Papier im »Laden« Waffen sehen zu können. Sie war sicher, Gewehre in dem Schlafzimmer gesehen zu haben. Sie versuchte, die Kinder wieder die Treppe hinunterzubringen.

»Wie schön, daß du mir deine Kleinen gebracht hast«, sagte Bean mit angestrengt klingender Stimme. Sein Grinsen ließ die Lücken in seinen tabakgelben Zähnen erkennen.

Je mehr Selena mit einem flüchtig hingeworfenen »Wir müssen nach Hause. Michael wird bald zurück sein«, zu gehen versuchte, desto hartnäckiger wurde Bean. Roh ergriff er Noel am Arm und hielt ihn still, während er dem Kind Öl auf den Kopf goß.

»Ihr könnt ihn ja wegnehmen, aber er wird zurückkommen.« Aus der Ecke, in der sie sich vor dem wie durchgedreht aufführenden Mann versteckt hatte, rannte Morgan auf die Treppe zu. Bean rannte hinterher, überlegte es sich anders und knallte die Schlafzimmertür zu und schloß sich mit Noel und Selena ein.

Mrs. Thomas, die genauso verzweifelt weinte wie die verschreckte Morgan, klopfte an die Tür und versuchte, ihren Sohn zur Vernunft zu bringen. »Komm jetzt, Bean, Liebling. Laß diese guten Leute jetzt nach Hause gehen.«

»Hau ab, alte Frau.«

Gegen Mitternacht rief Mrs. Thomas die Polizei und sah schweigend zu, wie sie Bean ins Gefängnis brachten.

Sobald Bean gegen Kaution auf freiem Fuß war, begann er sie mit Anrufen zu quälen und drohte, ihr den Jungen zu nehmen. Flisha ließ die Telefonnummer ändern, um die Anrufe zu beenden. Aber sie selbst, Marcie und Selena hatten doch Angst. Sogar Sandy hatte Angst, daß Bean sie wieder in die Sekte zwingen würde. Sie kannte den Mann nicht, war aber sicher, daß er ein Teufelsanbeter war.

Flisha ging wieder in die psychiatrische Klinik. Eine Psychologin nahm sich ihrer an. Selena erzählte ihr, daß sie als Geisel genommen worden war, teilte ihr die Details des ganzen Vorfalls mit und machte Hinweise auf ihren Streit mit der Sekte.

Da die Psychologin ihr Glauben schenkte und ihr half, Vorsichtsmaßnahmen zum Schutz für sich und die Kinder zu planen, wurde Marcie dazu ermutigt, mehr zu enthüllen. Sie wiederholte, daß ihre Mutter hart zu ihr war, sie nicht gewollt hätte und sie in Schränke gesperrt hatte. Sie schaffte es nicht, ihr von der Kartoffelkiste zu erzählen.

Selena erzählte ihr von den Prügeln, daß sie für Geld von ihrer Mutter verkauft wurde, und über die Vergewaltigungen. Sie erzählte ihr, daß sie fähig war, sich und ihre Gefühle abzuschalten, wenn sie geschlagen wurde.

Flisha gab zu, mit vierzehn im staatlichen Krankenhaus gewesen zu sein, und sagte der Psychologin, daß dem zwei Jahre vorausgegangen seien, an die sie sich nicht erinnern könne. »Sogar jetzt«, erklärte Flisha, »gibt es Abschnitte verlorener Zeit, manchmal Stunden, manchmal Tage.« Sie sagte, sie fände Sachen, an deren Kauf sie sich nicht erinnern könnte, oder daß sie an einen Ort gehen wolle und an einem ganz anderen ankäme. (Zu einem Großteil der Zeit waren sich Flisha, Marcie und Selena bewußt, wenn eine andere Persönlichkeit die Kontrolle hatte. Zu Zeiten von vermehrtem Streß ging das Bewußtsein dafür verloren und resultierte in der von Flisha beschriebenen Verwirrung und Verzweiflung.)

James Mooreland, der Sozialarbeiter, der sie mit vierzehn Jahren zuerst in der Klinik gesehen und ihren Aufenthalt in dem staatlichen Krankenhaus empfohlen hatte, kam auf den Fall zurück und trat an die Stelle der psychologischen Beraterin. Er machte Notizen zu Jennys Offenbarungen über Mißbrauch und Bewußtseinspaltung und notierte auch seine Meinung, daß Jenny »voll von endlosen Horrorgeschichten ist«. Er notierte sein Vorhaben, die Details an Hand von medizinischen Aufzeichnungen überprüfen zu wollen, und stellte weiter fest: »Die Leichtgläubigkeit wird absolut überbeansprucht, wenn man den Geschichten dieses Mädchens zuhört.« Jenny war dreißig Jahre alt.

Mr. Moorelands Haltung bezüglich Jennys Behandlung war, ihr zu helfen, ihre Selbstauffassung zu verbessern und mit Lebenssituationen angemessener umgehen zu können. Er hatte vor, sich mehr auf positive Punkte zu konzentrieren, als sich mit ihren emotionalen Nöten zu beschäftigen. Drei Monate sah er Jenny regelmäßig. Zu gleicher Zeit begann sie, an einem Programm mit teilweiser Unterbringung im Krankenhaus teilzunehmen.

Jenny erzählte weiter von ihrem Leiden, z. B., daß die Erwähnung des Jüngsten Gerichts in einem Film sie aus der Fassung gebracht hätte. Sie erzählte von den vielen Phasen mit Gedächtnisverlust sowie den chronischen Kopfschmerzen und den Episoden mit Taubheit in ihren Armen und Händen. Sie ärgerte sich darüber, zuviel zuzunehmen, und beichtete, daß sie vor einem Jahr, als sie zuviel aß, Rattengift genommen hatte, um nicht fett zu werden. Mr. Mooreland bemerkte: »Es ist schwer zu sagen, wieviel von dem erzählten Leiden wahr ist und wieviel nur vorgegeben wird.« Er legte die Diagnose einer unzureichend ausgeprägten Persönlichkeit nahe.

Die Aufzeichnungen des Minnesota Multiphasic Personality Inventory, einem psychologischen Standardtest, dem Jenny unterzogen wurde, bestätigte Mr. Moorelands Ansicht, daß seine Klientin »ihre klinischen Probleme wahrscheinlich in hohem Maße übertreibt«.

Obgleich zu sehen war, daß Jenny durch die unterstützende Therapie einige Fortschritte machte, verließ sie die Klinik für etwa sechs Monate. Als sie sich wieder hilfesuchend an die Klinik wandte und von Verfolgungen durch die Sekte berichtete, wurde dies von Mr. Mooreland als »eindeutig psychotisch« angesehen. Er stellte wieder fest: »Ich habe weiterhin das Gefühl, daß sie gestört ist, aber dazu neigt, dies zwecks Aufrechterhaltung ihres Selbstbildes zu übertreiben.« Er empfahl ihre Rückkehr zu der teilweisen Unterbringung und stellte die Diagnose einer chronisch undifferenzierten Schizophrenie.

Als sie soviel Zeit in der teilweisen Unterbringung verbracht hatte, war Michael unglücklich gewesen. Weder Flisha oder Marcie noch Selena würden ihn aufmuntern. Wieder wurde die Therapie unterbrochen.

Nach weniger als einem Jahr tauchte Jenny wieder in der Klinik auf. Ein befreundeter Priester brachte sie, weil sie drohte, sich umzubringen. Der langen Liste von Diagnosen wurde *Borderline*-Persönlichkeit hinzugefügt. Nach zwei Terminen lehnte Jenny die weitere Behandlung in der psychiatrischen Klinik ab.

Während der Zeit versuchte sie, Hilfe bei psychologischen Beratern und Priestern zu finden; wegen einer Reihe körperlicher Probleme suchte sie auch Ärzte auf. Sie wurde wegen ihrer Kopfschmerzen untersucht; es ließen sich keine physischen Ursachen feststellen. Sie wurde auf Krämpfe untersucht, um eine Erklärung für ihre zeitweiligen Gedächtnisverluste zu finden; eine physische Ursache konnte nicht festgestellt werden. Wegen ihrer Rückenschmerzen wurde ein Myelogramm erstellt; eine eindeutige körperliche Ursache wurde nicht festgestellt. Wegen einer Vielzahl von Schmerzen unterzog sie sich Untersuchungen und Röntgenuntersuchungen; die festgestellten Ursachen reichten nicht aus, das Ausmaß ihrer Beschwerden zu erklären. Sie suchte regelmäßig Dr. McCracken, einen Chiropraktiker, auf, fand aber nur vorübergehende Erleichterung von ihren Schmerzen. Wegen einer Erschlaffung im Becken mußte sie sich einer Operation unterziehen. Aus ihrer Vagina wurde Narbengewebe entfernt. Es gab keine Aufzeichnungen, daß jemand die Möglichkeit in Erwägung gezogen hat, daß die Narben durch sexuellen Mißbrauch entstanden sein könnten.

Stellvertreter Jennys stellten ihre emotionalen und physischen Narben wieder und wieder zur Schau. In zwanzig Jahren wurde sie siebenundzwanzigmal in ein Krankenhaus eingewiesen. Die Ärzte, Ratgeber und Priester sahen ihr Leid, aber niemand sah, daß sie eine Multiple war. Zwanzig Jahre nach der Diagnose einer dissoziativen Reaktion im Alter von vierzehn gab es eine ganze Reihe von Diagnosen, aber keine erklärte, warum ihr Leben in Stücken lag oder warum Jenny in ihren Welten gefangen war.

Trotz all der Probleme ging es dem System von Persönlichkeiten relativ gut. Flisha und Marcie waren zu Hause ganz zufrieden. Selena arbeitete in der Weberei. Die Arbeit dort war ein Teilzeitjob, daher konnte sie mit Michael Ausflüge auf dem Motorrad unternehmen.

Selena vertraute Michaels Fahrkünsten. Sie liebte das Gefühl der

Freiheit, wenn sie auf dem Hintersitz mit ihm fuhr. Sie liebte die kleinen Parties, die sie mit ihren Motorradfreunden veranstalteten.

»Die einzige Gefahr besteht für deine Augen«, kicherte sie bei Dr. McCracken, »wenn du hinter jemand fährst, der Tabak kaut.« Selena mochte den Chiropraktiker. Sie redete und scherzte gern mit ihm.

Flisha hatte ihn wegen Schmerzen in Rücken und Beinen aufgesucht. Die Anspannungen der Arbeit in der Weberei hatten sie gezwungen, sich krankschreiben zu lassen. Die Behandlungen schafften den Persönlichkeiten einige Erleichterung, aber die Schmerzen kehrten immer wieder.

Selena lag auf dem Tisch und freute sich über die Scherze mit dem Doktor. Dr. McCracken unterhielt sich weiter mit ihr, während er in der obersten Schublade seines Schreibtischs herumkramte. Seine Stimme wurde ernst: »Dir scheint es nicht viel besser zu gehen. Deine Muskeln sind so sehr angespannt, daß sie erheblichen Druck auf deinen Rücken ausüben. Diese Leute können dir vielleicht helfen.« Selena sagte nichts.

»Aha.« Er entdeckte die Karte, von der er wußte, daß er sie aufgehoben hatte, als er vor zwei Jahren mit der Post die Ankündigung erhalten hatte, daß ein örtlicher Psychologe, Dr. Alexander, Therapien zur Schmerzkontrolle und Übungen zu Entspannungstechniken anbot.

Teil VII

Geheimnisse enthüllen

Helft mir.
Ich bin noch ein Kind.
Ich bin in einem erwachsenen Körper.
Gefangen, gefangen in einer erwachsenen Welt.

Gefangen in einer Welt geschlossener Zeit.
Die jedermann vergessen hat.
Ich bin noch ein Kind.
Gefangen und verloren in einem erwachsenen Körper.

Jennys Tagebuch

Kapitel 19

Flisha zog die Karte, die ihr Dr.McCracken gegeben hatte, aus ihrem Portemonnaie und wählte die Nummer auf der Karte. Sie war sich nicht klar darüber, was dieser Dr.Alexander tun konnte, aber Flisha war bereit, alles zu versuchen.

Es waren ja nicht nur die Rückenschmerzen, obgleich die schlimm genug waren. Alles geriet wieder durcheinander. Flisha konnte die Sachen kaum noch unter Kontrolle halten. Sie war aus dem Job in der Weberei ausgestiegen. Sie hatte Genesungsurlaub und verbrachte ihre Zeit mit Freunden und Männern; man trank und nahm Drogen.

Niemand war in der Lage, ordentlich zu denken. Auf Selena wirkten die Drogen kaum, doch die Anderen fühlten sich schrecklich davon. Es herrschte große Verwirrung. Jenny hatte sich sehr weit zurückgezogen, und niemand konnte sie spüren. Flisha war sich nicht sicher, was Jenny veranlaßt hatte, sich so weit in ihre Welten zurückzuziehen. Es schien keinen besonderen Grund zu geben. Es gab die normalen Probleme mit Michael und den Kindern. Da Selena nicht arbeitete, häuften sich die Rechnungen schneller als gewöhnlich. Michael machte ihr deswegen große Vorwürfe.

Niemand bekam genug Schlaf. Marcie ging frühzeitig zu Bett, aber innerhalb von Minuten wachte Selena durch einen schlechten Traum auf. Wieder im Bett, stand Lisa auf, um zu spielen, und hatte dann zuviel Angst, wieder schlafen zu gehen. Wenn Flisha die Kontrolle übernahm und zu Bett ging, übernahm sie jemand anders, sobald Flisha eingeschlafen war. Alle hatten schlechte Träume.

Selena schien darauf erpicht zu sein, jemand zu verletzen. Sie ließ irgendwelche Sexbilder so herumliegen, daß Marcie sie fand. Marcie war außer sich, schämte sich und machte sich Sorgen, daß die Kinder die Bilder sehen könnten.

Marcie war sowieso schon ganz durcheinander wegen der Art und Weise, wie sich Mama und Papa Payne aufführten. Papa Payne war der

Prediger ihrer neuen Glaubensgemeinschaft. Er und seine Frau bestanden darauf, daß sie in die Kirche und zu den Gebetsversammlungen kam, und führten sich auf, als ob sie ihre Tochter sei. Marcie ging hin, obwohl ihr Gerede über Dämonen und Exorzismus ihr Angst machte. Vielleicht hatten die Paynes ja recht. Marcie erzählte ihnen von den Gesichtern und Stimmen, die sie beunruhigten. Die Paynes sagten, sie wollten helfen, stellten aber ihren Glauben in Frage, und das tat weh.

Ärger und Eifersucht gab es zwischen Flisha und Selena auch wegen David Alman, dem Priester, den sie seit etwa einem Jahr ratsuchend aufgesucht hatten. Er schien sich ehrlich zu bemühen. Flisha schätzte seine Intelligenz und guten Umgangsformen. Sie glaubte, ihn zu lieben. Selena war ganz perplex, weil er nicht auf ihre Verführungskünste reagierte. Er sagte, daß er sie gern habe, aber bestand darauf, daß ihre Beziehung Grenzen haben solle. Selena hoffte, diese Grenzen etwas zu erweitern. In David sah sie ihre erste Chance für eine wahre Liebe, seit sie ihren Sugardaddy, Evan, verloren hatte.

Die Folgen des inneren und äußeren Drucks waren Angst, Ruhelosigkeit und Halluzinationen, die durch die Einnahme von Alkohol und Drogen noch verstärkt wurden. Das häufige Wechseln der Persönlichkeiten, charakteristisch für Zeiten mit Streß, rief Verwirrung und Verzweiflung hervor und führte zu einer schwerer werdenden Depression. Durch den Wechsel verloren die Persönlichkeiten den Kontakt sowohl zu Jenny als auch zueinander, und jeder blieb allein und verzweifelt zurück.

Michael und die Kinder waren keine große Hilfe. Michael hatte mit ihren emotionalen Problemen genauso wenig Geduld wie mit ihren körperlichen Beschwerden. Die meiste Zeit blieb er dem Haus fern. Er machte viele Überstunden. Nach der Arbeit und einem eilig eingenommenen Abendessen ging er zu seinem Freund Mason, um mit ihm in der Garage an Autos zu arbeiten. Zu Hause ließ er sich erschöpft auf das Sofa fallen, um fernzusehen, bis es Zeit war, ins Bett zu gehen. Wenn er frei hatte, ging er mit seinen Freunden jagen oder angeln.

Er reagierte kaum auf Jennys Depression oder ihren Drogenkonsum. Er wollte nicht, daß die Dinge außer Kontrolle gerieten, aber er hatte nicht den Eindruck, daß die Ärzte und Ratgeber ihr geholfen hätten, und er wollte nicht, daß sie Zeit und Geld an sie verschwendete. Er kam mit dem Begleichen der Rechnungen nicht mehr nach. Solange sie es mit den Drogen nicht übertrieb, machte er sich nicht allzu viele Sorgen. An ihre Stimmungsschwankungen war er gewöhnt.

Die Kinder wurden durch Jennys Depression mehr in Mitleidenschaft gezogen als Michael; Morgan mehr als Noel. Morgan war mit der High School und einem Job sehr beschäftigt, aber sie half im Haus und versicherte sich, daß ihre Mutter das Abendessen machte, so daß ihr Daddy sich nicht aufregen würde. Sie kaufte ihrer Mutter Geschenke und überredete sie zu Einkaufsbummeln.

Auch Noel war sehr beschäftigt. Es war sein erstes Jahr in der Junior High School, und er mußte jeden Tag zum Football-Training. Er konnte nicht mit ansehen, wenn seine Mutter traurig war und weinte. Wenn er zu Hause war, alberte er mit ihr herum und zeigte bei ihren Launen größere Geduld als sein Vater. Aber wie sein Vater wartete auch er nur auf einen Stimmungswechsel.

Mittels ihrer verschiedenen Persönlichkeiten kam Jenny den Erwartungen der Familie entgegen. Für sie war sie die normale Hausfrau und Mutter. Nur wenn Angst und Depression so schwer waren, daß sie das ganze System der Persönlichkeiten ergriffen, wurde sich die Familie der schwierigen Lage bewußt.

Sorgfältig wählte Flisha eine cremefarbene Hose und einen Pullover in Pastelltönen. Sie brachte ihr Haar, das sie als kastanienbraun betrachtete, und sich wünschte, es wäre länger, in eine weiche, hübsche Frisur. Sie war erleichtert, früh genug fertig geworden zu sein, um den Termin einhalten zu können. Sie legte ihren Lieblingsschmuck, einschließlich ihres Babyrings an, und fuhr zur Praxis. Ihre Erleichterung nahm noch zu, als sie von Dr. Alexander herzlich begrüßt wurde. »Treten Sie ein. Schön, daß Sie gekommen sind. Ich bin Rachel.«

Rachel Alexander sah entspannt aus. Sie hatte ein hübsches Gesicht und trug ihr braunes, lockiges Haar, durch das sich die ersten grauen Strähnen zogen, in einem pflegeleichten Kurzhaarschnitt. Außer Lippenstift trug sie kaum Make-up, ihre Kleidung bestand aus einem gut sitzenden Rock und einem Pullover. Sie war eine kleine Frau ohne übertriebene Kleidung und Gesten. Für eine Südstaatlerin war ihre Aussprache sehr deutlich. Zuerst fiel Flisha kein Wort ein, das sie beschreiben könnte. Ehrlich, unkompliziert, natürlich – das war's: natürlich.

Einige Zeit unterhielt sich Flisha mit Rachel. Sie erzählte der Psychologin, daß sie ihr High School-Diplom gemacht hätte und daß sie Gedichte schreibe. Sie hätte ihr mehr erzählt, aber Flisha konnte die Kontrolle in dem Interview nicht aufrecht erhalten. Selena drängte sich vor, um ihre Meinung zur Kindheit zu sagen, zu den schlimmen

Sachen. Marcie erschien, als Rachel Fragen zur gegenwärtigen Familie stellte. Marcie mußte von den Kindern erzählen und darüber, wie es ist, seine eigene Kindheit zu vermissen. Sandy redete über Hexerei und erzählte von einigen Sachen, die in der Sekte passiert waren.

Die Persönlichkeiten setzten ihre geschickten, in jahrelanger Praxis eingeübten Fähigkeiten zur Irreführung ein, um ihre unterschiedlichen Identitäten zu verheimlichen. Jede reagierte auf den Namen Jenny und machte den Übergang zu einem neuen Thema reibungslos genug, um den Eindruck der Kontinuität zu vermitteln.

Das Erscheinen verschiedener Persönlichkeiten wurde während des Interviews sowohl durch innere wie auch äußere Auslöser und Stichworte hervorgerufen. Flisha hätte die Kontrolle behalten, aber Marcie mußte auf Fragen zu den Kindern antworten. Selena reagierte auf ihr eigenes Bedürfnis, ihre Geschichte zu erzählen. Als Selena einmal auf die Verwicklung in die Sekte hinwies, trat Sandy vor, um sich den Angelegenheiten zu widmen.

Das Resultat war ein, scheinbar von einem einzelnen Individuum, in ruhiger, nüchterner Art vorgetragener Bericht. Bereitwillig legte dieses »Individuum« seine Geschichte dar: Angefangen beim Grund ihres Kommens – um sich mit ihren Rückenproblemen zu beschäftigen, die vor acht oder zehn Jahren zuerst aufgetreten waren, als sie ihr Auto in einen Zug gefahren hatte – über eine Schilderung ihres Ehemannes und der Kinder, und schließlich einer Geschichte von Mißbrauch, Sektenaktivitäten und mentaler Störungen. Sie erzählte leidenschaftslos, als ob die Ereignisse vor langer Zeit stattgefunden hätten oder jemand anderem passiert wären.

Erst nachdem die Anderen zu Wort gekommen waren, konnte Flisha wieder die Kontrolle übernehmen. Die Übergänge von einer Persönlichkeit zur nächsten konnten leicht vollzogen werden, weil Flisha, Selena und Marcie nebenbewußt waren, das heißt, jede konnte sich aussuchen, ob sie sich der Gedanken und Handlungen der Anderen bewußt sein wollte. Jede hatte die Fähigkeit, die Anderen auszublenden und sich der Persönlichkeit, die zu einer bestimmten Zeit die Kontrolle hatte, nicht bewußt zu sein. Doch in der ruhigen Atmosphäre der Psychologenpraxis wurde die Bewußtheit aufrecht erhalten.

Die Beziehung zu Sandy war etwas anders. Mit ihrem Nebenbewußtsein konnte Selena von Sandys Verhalten wissen, die meiste Zeit zog sie es jedoch vor, es zu ignorieren. Marcie und Flisha wußten von

Sandys Existenz, aber waren sich ihr nicht nebenbewußt. Nach einem Ereignis konnten jedoch beide Sandys Erinnerungen zwecks der Einholung von Informationen anzapfen. Jetzt wußte Flisha, daß sich Sandy in das Interview eingemischt hatte, weil sich Sandy ihre Brille aufgesetzt hatte. Keine der anderen Persönlichkeiten benutzte eine Brille. Flisha hatte nicht genug Zeit, den Vorfall über die Erinnerungen Revue passieren zu lassen. Sie wußte, daß man davon ausgehen konnte, daß Sandy über Sektenangelegenheiten gesprochen hatte. Flisha nahm die Brille ab und wandte ihre ganze Aufmerksamkeit Dr. Alexander zu.

Es freute Flisha zu sehen, daß Dr. Alexander, Rachel, am Ende des Interviews noch genauso freundlich aufnehmend war wie zu Beginn. Rachel gab keine Ratschläge, fällt keine Urteile, sie bot einfach an, wiederzukommen.

Nach dem Interview hatte Rachel Zeit, über die junge Frau nachzudenken, die ihr gegenüber gesessen hatte. Rachel konnte nicht wissen, daß sie einen Menschen mit *Multipler Persönlichkeitsstörung* gesehen hatte. Den größeren Teil der Stunde hatte die Frau Details ihres Lebens geschildert. Die Einzelheiten waren erschreckend, nicht die Art von Informationen, die man normalerweise in einem Eingangsinterview preisgibt, sondern eher der Art, die in langen therapeutischen Interaktionen aufgedeckt werden. Rachel hatte sich kurze Notizen gemacht, ohne sich durch das Schreiben die auf ihre Klientin gerichtete Aufmerksamkeit nehmen zu lassen.

Für Rachel war Jenny Harris ein Rätsel. Sie schien nicht in das häßliche Bild zu passen, das sie von ihrem Leben gezeichnet hatte. Jenny war hübsch. Ihr weiches, lockiges, rotblondes Haar umrahmte Gesichtszüge, die durch ein gekonnt aufgelegtes Make-up noch verfeinert wurden. Ihre Hände waren klein und manikürt. Von den verschiedenen Ringen, die sie trug, war Rachel besonders der zierliche goldene Babyring an ihrem kleinen Finger aufgefallen. Ihre Art zu reden, höflich und kontrolliert, paßte zu ihrer Kleidung, obgleich ihrem Vortrag in weicher Stimme manchmal doch umgangssprachliche Ausdrücke einer Weberei-Stadt der Südstaaten entschlüpften.

Rachel war von der Erscheinung der jungen Jenny beeindruckt. Ganz gewiß sah sie nicht alt genug aus, um all das durchgemacht zu haben, was sie behauptet hatte. Obgleich sie laut des Geburtsdatums, das sie genannt hatte, in weniger als vier Wochen vierunddreißig Jahre alt sein müßte, ginge sie leicht als Zwanzigjährige oder vielleicht sogar als noch jünger durch. Während sie jung aussah, legten Traurigkeit und Mißtrauen in ihren Augen Zeugnis von langen seelischen Schmerzen ab, an denen, wie Rachel dachte, sie nicht viel ändern könne, außer für sie da zu sein, wenn Jenny sich damit beschäftigen wollte.

Was die körperlichen Schmerzen betraf, war Rachel optimistischer, ihr helfen zu können. Als Jenny sagte, sie könne in Bilder »hineingehen« und daß sie in ihre eigenen Welten gegangen wäre, als sie klein war, hatte sie die Fähigkeit, sich abspalten zu können, beschrieben. Ihre außergewöhnliche Vorstellungskraft könnte von Nutzen sein, überlegte Rachel, um sich von ihren Schmerzen abzutrennen.

Rachel hatte nach etwas Positivem gesucht, auf dem man die nächste Sitzung aufbauen konnte. In einem ansonsten trostlosen Interview schien Jenny lebendig geworden zu sein, als sie mit Stolz erzählte, Gedichte veröffentlicht zu haben. Rachel schlug ihr vor, die Gedichte und andere Schriften ihrer Wahl zur nächsten Sitzung mitzubringen. Rachel holte auch Jennys Zustimmung dazu ein, daß es ihr nichts ausmachen würde, mit einem männlichen Therapeuten zu arbeiten. Rachel brannte darauf, ihre Eindrücke mit Karl, ihrem Ehemann, zu teilen und mit ihm einen Plan zu erstellen, wie man Jenny Harris' Schmerzen lindern könnte.

Die Praxis, die Rachel vor sieben Jahren eröffnet hatte, nachdem sie die Arbeit an ihrer Dissertation abgeschlossen hatte, lief auf mehreren Schienen. Einen Großteil von Rachels Zeit nahmen psychologische Tests und die Arbeit mit Schulkindern ein. Nachdem Karl mit in die Praxis eingestiegen war, konnten sie mehr psychologische Hilfe und auch Hypnotherapie anbieten. Karl begann in der Praxis zu arbeiten, als er seinen Magister-Grad als Berater abschloß. Er erfüllte sich damit den Wunsch, nach Jahren einer erfolgreichen Geschäftskarriere, direkter mit Menschen zu arbeiten.

Ihre Arbeitsbeziehung reflektierte den offenen Umgang und gegenseitigen Respekt, der sich in zweiundzwanzig Jahren Ehe entwickelt hatte. Schon in der High School waren sie ein Liebespaar gewesen, hatten geheiratet, als sie aufs College gingen, und waren stolz auf ihre zwei Kinder, die jetzt das College besuchten.

Zu diesem Zeitpunkt ihres Lebens konzentrierten sowohl Rachel als auch Karl ihre Aufmerksamkeit auf ihre Arbeit. Ihr Arbeitsstil war sehr unterschiedlich. Rachel war pragmatischer und logischer, Karl intuitiver und sensibler. Es war Rachels praktische Art, die sie veranlaßte vorzuschlagen, daß Jenny Harris Karl wegen ihrer Rückenschmerzen aufsuchte. Karl hatte im Moment einfach mehr Zeit.

Bevor sie den ersten Termin bei ihm hatte, lernte Karl Jenny am Telefon kennen. Selena fand die Telefonnummer auf der Karte mit dem nächsten Termin. Sie rief in der Praxis an und sagte, sie stände unter Drogen und wolle sterben. Unter Jennys Namen erstattete Selena einen zusammenhanglosen Bericht über ihre Probleme mit den Rechnungen, dem Haushalt und den Kindern und ihren Gefühlen der Verwirrung und Verzweiflung. Karl beruhigte sie und drängte sie, den einen Tag bis zu ihrem Termin durchzustehen. Selena wies darauf hin, daß sie keine Überdosis genommen hätte. Sie sagte, daß ihr Mann und die Kinder bei ihr zu Hause wären. Sie sagte, sie würde ihren Termin einhalten.

Trotz seiner großen Erfahrung aus Selbstmord-Schutzprogrammen spürte Karl immer noch das Gefühl der Hilflosigkeit, Traurigkeit und Wut, das durch solche Anrufe wachgerufen wurde. Es gab keine Möglichkeit festzustellen, ob er die Situation richtig eingeschätzt hatte.

Das Nebenbewußtsein der Persönlichkeiten, das während des Gesprächs mit Rachel möglich war, wurde in der stressigen Umgebung zu Hause aufgegeben. Flisha war sich Selenas Anruf nicht bewußt. Als sie zum zweiten Termin erschien, war sie überrascht, von Karl mit der gleichen Wärme aufgenommen zu werden, die sie bei Rachel erlebt hatte. Er schien ein Mann zu sein, der mit sich zufrieden war, überhaupt nicht eingebildet und selbstgefällig. »Mit sich zufrieden« war die richtige Beschreibung. Er war sportlich, aber gepflegt gekleidet, trug Jeans und ein Strickhemd. Sein Bart, grau gemischt mit braun, ging in ergrauende Schläfen über und hob seine braunen Augen hervor. Die gefärbten Brillengläser betonten die Augenfarbe und trübten nicht ihre Empfindlichkeit. In seiner Sprache war ein leichtes Zögern, das nicht aus Unsicherheit entsprang, sondern der Rest eines fast vollständig überwundenen Sprachfehlers aus der Kindheit war. Er war kein bemerkenswert stattlicher, aber ein gutaussehender Mann.

Flisha war überrascht, daß Karl ihnen zu glauben schien, ihnen allen, und sie alle akzeptierte, genauso wie Rachel es tat. Wie beim Interview mit Rachel tauchten Selena, Marcie und Sandy auf. Karl machte keinen Unterschied zwischen ihnen. Sogar als Selena damit rausplatzte, auf den Strich zu gehen, handelte sie sich keine mißbilligenden Blicke oder Worte ein.

Für Karl schien Jenny in bemerkenswert besserer Verfassung zu sein, als sie es am Telefon gewesen war. Sie brachte einen Stapel Papiere und Notizbücher mit, wie sie sagte, waren es ihre Gedichte und Tagebücher. Ihre Not wurde offenkundig, als sie sehr viel von dem wiederholte, was sie Rachel erzählt hatte.

Karl war ebenso verwundert wie Rachel. Er sah, daß Jenny unleugbar hübsch war. Ihre makelose Gesichtsfarbe und ihr weiches, glänzendes Haar verliehen ihrem Gesicht eine kindliche Unschuld. Ob das Geheimnis war, das sie für ihn darstellte, oder die Verletzungen in ihren Augen, die sie nicht verbergen konnte, Karl fühlte sich zu seiner Klientin hingezogen. Auf ihren unmittelbaren Ausdruck von Verwirrung und Verzweiflung und die für den Augenblick zurückgestellten Rückenschmerzen reagierte er mit dem Angebot der Unterstützung von seiner und Rachels Seite. Er bat Jenny, ihm ihre Aufzeichnungen bis zum nächsten Termin dazulassen.

Karl redete noch einmal kurz mit Rachel über ihren Eindruck von Jenny Harris, dann schaute er sich seine Notizen an, um ein besseres Gefühl für die Frau zu bekommen, die gerade seine Praxis verlassen hatte. Die Begegnung war verwirrend gewesen. Er wußte, daß es bei ihr wichtigere Belange gab als Rückenschmerzen, viel wichtigere.

Die skizzenhaften Anmerkungen des Eingangsinterviews behandelten viele Themen. Er klassifizierte sie und fand Informationen zu:

Ihre Probleme mit Schmerzen
- Fuhr vor 8 oder 10 Jahren auf einen Zug auf
- Reha-Schmerzklinik vor über einem Jahr
- TENS (Transkutaner Elektro-Nerven-Stimulator, eine Vorrichtung zur Schmerzkontrolle)
- Schmerzen ziehen vom 5. Lendenwirbel ins linke Bein
- Ziemlich viel Kopfschmerzen
- Nackenmuskeln wie Knoten

Ihre gegenwärtige Familiensituation
- Seit sie 15 ist, ist sie mit dem gleichen Mann verheiratet
- Kinder 16 und 12 Jahre alt
- Sohn hatte Geburtsfehler, viele operative Eingriffe, hyperaktiv
- Arbeitete in den letzten zwei Jahren in der Weberei
- Probleme, die Rechnungen pünktlich zu zahlen
- Möchte wieder arbeiten

- Kommt mit der Arbeit nicht klar
- Priester ist David Alman
- Nimmt Drogen, um aufzustehen
- Kann von Drogen lassen, wenn ich es möchte

Ihre Kindheit
- Keinen Vater
- Lebte mit Großmutter, bis sie 2 Jahre alt war
- Haßte die Schule
- Mutter hat mich nie berührt
- Im Keller eingesperrt
- Kartoffelkiste – eingesperrt
- Mutter und Freund machten etwas Schlimmes; Ärzte glaubten, sie könne keine Kinder bekommen
- Hatte einige Blackouts, als sie klein war
- Als ich klein war, hat Mutter mich für Sex verkauft
- Cousin brachte mich auf Drogen, als ich 9 war
- Cousin vergewaltigte mich, als ich 9 und 21 war
- War von Cousin mit 21 schwanger, Totgeburt nach drei Monaten

Ihre Leistungen
- High School Diplom
- Veröffentlichte Gedichte
- Unterrichtete Kunst und Handwerk im Seniorenzentrum

Ihre Geistesstörungen
- Im Alter von 12 wegen mentalem Zusammenbruch im staatl. Krankenhaus (war in Wirklichkeit 14), desgl. mit 21 wegen mentalem Zusammenbruch und Drogenmißbrauch
- 5 Jahre bei Dr. Stanger, Schizophrenie
- Dr. Stanger führte Elektroschock-Behandlung durch

Hintergrund des Okkultismus
- Mutter Okkultistin, entsprechend erzogen
- Exorzismus in der örtlichen Kirche, Öl in den Hals gegossen
- Freitagnacht, bevor sie LSD nahm, beschwor sie verschiedene Dämonen
- Sekte opfert Menschen, werden von außerhalb des Staates gebracht
- Sie sah, wie Menschen der Länge nach aufgeschlitzt wurden

- Hexen und Zaubermeister injizierten mir Drogen und vergewaltigten mich
- Im Moment keine Sektenaktivitäten

Ihre Leiden
- Erinnere mich an nichts zwischen 12 und 14 Jahren
- Etwas aus der Zeit läßt mich das Aufwachsen vermissen
- Ein Kind in einem erwachsenen Körper
- Ich spreche zu Blumen, sie sprechen mit mir
- Ich höre Stimmen, beruhigend
- Sehe Dinge, die andere Leute nicht sehen
- Ich bleibe verwirrt, kann Gefühle nicht kontrollieren
- Ich passe nirgendwo hin, egal wie sehr ich mich bemühe
- Ich wünschte, jemand würde mich festhalten

Die Notizen waren verwirrend. Beschrieben alle reale Vorkommnisse? Waren einige davon Wahnvorstellungen? Offenkundig war Jenny Harris in einer verzweifelten Lage. Genauso offenkundig war, daß sie gehört werden wollte und wollte, daß man ihr glaubte.

Sobald sie konnten, schauten sich Karl und Rachel die Schriften an, die Jenny mitgebracht hatte. Es waren einige Gedichte und viele in Prosa geschriebene Tagebucheintragungen. Viele waren mit der Schreibmaschine getippt, einige handschriftlich, und sie reichten bis zu fünf Jahren zurück. Die Schriften handelten von Liebe, Natur, Religion, Tod, verlorener Liebe, Schmerz und Verwirrung. Es waren deutliche, schmerzerfüllte Hilferufe. Ein getippter Eintrag von 1978 fragte:

Gibt es jemanden, der mich in den Arm nehmen und streicheln wird? Jemand, der keine Angst vor mir hat und der es schafft, daß ich mich wie ein Mensch fühle? Jemand, der mir das Gefühl gibt, in dieser Welt und nicht irgendwo anders zu leben?

So beunruhigend wie der Inhalt der Aufzeichnungen waren auch die bemerkenswerten Unterschiede der Handschrift, die von Druckbuchstaben über sorgfältige Schrift bis unordentlichem Gekritzel reichten. Die vielsagendsten Eintragungen waren in einem Spiralnotizbuch, und ihr Datum lag erst einen Monat zurück. Einem Tagebucheintrag in klarer, sorgfältiger Schrift, der besagte, daß sie den Lehrer ihres Sohnes gesprochen und ihre Schwiegermutter im Krankenhaus besucht hatte, folgte eine Eintragung in eng zusammengerückter Schrift:

Ich kann mich so leicht erinnern, sie kann es nicht. Ich weiß alles. Böses, böses Mädchen. Wir werden sie nicht in Ruhe lassen. Ich werde noch etwas schreiben, weil sie es nicht kann. Sie wird uns nie kennen. Aber wir kennen sie.

Eine Eintragung eine Woche später, wieder in sorgfältiger Handschrift, lautete:

Da ist etwas tief in mir, daß mich antreibt. Ich kann es fühlen. In mir ist etwas Schreckliches.

Dem folgte in wiederum anderer Handschrift:

Ich bin nicht schrecklich, sie ist es.

Der sorgfältigen Eintragung des Datums, drei Tage später, folgte etwas, das wie unbeholfene Druckbuchstaben eines Kindes aussah:

Ich kann nicht gut schreiben, aber ich mag es nicht, wenn sie mich krankmacht.

Zwischen Mitteilungen über Verwirrung und Depression stand die Frage: *Wer bin ich überhaupt?* Und inmitten der Beschreibung von Gefühlen einer Vision, die sie nicht mit den Augen gesehen hatte, war der Rest der Frage: *Wer sind sie?*

Kapitel 20

Rachel war nicht darauf eingerichtet, bei einem ihrer Klienten multiple Persönlichkeit auch nur zu vermuten. Die formale Abhandlung des Themas an der Universität hatte darin bestanden, daß der Psychopathologie behandelnde Professor auf den knappen Absatz im Text hinwies und sagte: »Das ist Quatsch, Hollywood-Material. Sie werden dem nie begegnen.«

Karl wiederum hatte keinen Grund, *Multiple Persönlichkeitsstörung* auszuschließen. Das Thema war während seines Studiums nicht behandelt worden. Er bat Jenny um Erlaubnis, seinen Kollegen ihre Aufzeichnungen zeigen zu dürfen. Am Freitag nahm er Jennys Tagebücher mit zu einem seiner wichtigeren Professoren. Nachdem er die Tagebücher studiert und nach einer Vorgeschichte des Mißbrauchs gefragt hatte, bestätigte er Karls Vorahnungen. Die Klientin könnte sehr wohl multipel sein.

Karl sprach mit einigen praktizierenden Professoren. Alle lehnten es ab, Jenny als Klientin anzunehmen. Er fragte bei einigen örtlichen Kollegen nach und stellte Kontakte im ganzen Staat her, um zu erfahren, ob jemand von ihnen wußte, wer *Multiple Persönlichkeitsstörung* behandle. Keiner kannte jemanden.

Obgleich seine Kollegen höflich waren, ließen ihre Absagen einen Hauch von Mißbilligung erahnen. Möglicherweise war es Ungläubigkeit. Niemand wollte Informationen über die hinaus, die Karl ihnen anfangs gab. Karl erklärte nur, daß er einen ersten Kontakt zu einer vierunddreißigjährigen Klientin hätte, die mit ziemlicher Wahrscheinlichkeit an *Multipler Persönlichkeitsstörung* leide. Er erwähnte, daß sie nicht über die nötigen Mittel für die Bezahlung verfüge, die über die begrenzte Versicherungssumme hinausgingen.

Karl war sich nicht sicher, inwieweit die Absagen von der mutmaßlichen Diagnose oder der Zahlungsunfähigkeit abhingen. In jeder Hinsicht waren die Reaktionen frustrierend und isolierend. Seine

Kollegen schlugen ihm keine Alternative zur Behandlung für seine Klientin vor und boten ihm auch keine beratende Unterstützung an. Er wandte sich an seinen Mentor im Studiengang: »Was soll ich tun, wenn ich niemanden finde, der sie in Behandlung nimmt?«

»Behandle sie selbst«, erwiderte sein Mentor.

Karl machte sich keine Illusionen darüber, daß er ausreichend qualifiziert wäre, eine solche Klientin zu behandeln. Seine Diagnose basierte mehr auf Intuition als auf Wissen. Als Student waren seine Erfahrungen begrenzt, und Rachel war diese Art von schwieriger Klientin in ihrer Praxis noch nie begegnet.

Jenny Harris stellte eine interessante Herausforderung dar und brachte ein verzweifeltes Bedürfnis nach Hilfe zum Ausdruck. Die Alexanders konnten ihre Anteilnahme, ihre Zeit und die Bereitschaft zu lernen anbieten. Vielleicht würde dies ausreichen, bis sie jemand fanden, der qualifiziert und bereit war, sie zu behandeln.

Jenny rief Karl bereits mehrere Male am Tag an. Karl war sich sicher, daß er während ihrer längeren Telefonate Veränderungen der Stimmlage und der Qualität des Gesprochenen ausfindig machte. Bei einer dieser Unterhaltungen hörte Karl eine kindliche Stimme sagen, daß sie draußen im Regen gesessen hätte. Sanft und freundlich fragte Karl: »Mit wem spreche ich?«

»Wollen Sie das wirklich wissen?«

»Ja, wirklich.«

»Ich heiße Lisa.«

»Sind noch andere bei dir?«

Lisa gab zu, daß noch andere da waren, wollte aber keine Namen nennen. Karl bat darum, mit einer der Anderen sprechen zu dürfen. Nach einer kurzen Pause sagte eine erwachsene Stimme: »Hallo.«

»Hast du draußen im Regen gesessen?«

Wieder eine Pause, dann antwortete sie: »Muß ich wohl, weil ich ganz naß bin.«

»Wer ist denn da?«

»Jenny«, antwortete die Stimme, überrascht, daß Karl sie nicht an der Stimme erkannt hatte.

Während des Wochenendes gingen Karl und Rachel noch einmal die Tagebücher durch. Da sie bis Montag keinen Zugang zu Fachliteratur hatten, lasen beide noch einmal *Sybil*. Es war jetzt zehn Jahre her, daß beide den Bestseller gelesen hatten, der die elfjährige Therapie einer Frau mit sechzehn Persönlichkeiten beschrieb.

Karl telefonierte wieder mit Lisa. Als sie gebeten wurde, Jenny zu beschreiben, sagte Lisa: »Sie ist ein Niemand, nur jemand, bei dem wir bleiben müssen.« Lisa schien sich vor jemand zu fürchten, wollte aber nicht den Namen preisgeben. Sie sagte Karl nur, daß noch zwei andere da seien, und eine von ihnen würde schlimme Sachen machen.

Schon bald hatte Karl »die Böse« am Telefon. Diesmal benutzte Selena ihren eigenen Namen. Sie machte nicht viel Federlesens und erzählte ihm einige Dinge über Flisha, Lisa und auch Jenny. Selena sagte, sie sei siebzehn und würde auf den Strich gehen, um Geld für die Rechnungen beizusteuern. »Alle wollen mich auf's Kreuz legen«, sagte sie, »aber so einfach kriegen sie mich nicht.«

Selena beschrieb Lisa als ein kleines zwölfjähriges Mädchen, eine Langweilerin. Sie nannte Flisha eine moderne Hure, beschrieb sie aber als einen Menschen mit Geschmack. Über Jenny sagte sie: »Ich glaube nicht, daß sie von uns weiß. Sie kapiert doch nichts.«

Karl fragte Selena, ob sie zu dem Termin am nächsten Tag in die Praxis käme. »Nein«, sagte sie. »Ich brauche Sie nicht! Nur Verrückte kommen zu Menschen wie Ihnen.«

Die Jenny Harris, die zu dem Termin erschien, trug einen Minirock und einen engen Pullover, was stark im Kontrast zu ihrer konservativen Erscheinung eine Woche zuvor stand. Sie machte irgendwie einen hochnäsigen Eindruck, kaute aber nervös auf einem Bubblegum. Eine Zeitlang plauderte Karl mit ihr und fragte dann: »Wie heißt du?«

»Selena«, sagte sie und sah erleichtert aus.

»Wie alt bist du?«

»Siebzehn.«

»Hast du jemals was von multipler Persönlichkeit gehört?«

Karl hatte sich überlegt, seinen Verdacht bei der ersten Gelegenheit zu äußern. Seine Offenheit wurde durch Selenas unverzügliche, obgleich unbeabsichtigte Bestätigung belohnt. Sie gab bereitwillig zu, Perioden verlorener Zeit zu erleben, sich an Orten zu entdecken, ohne zu wissen, wie sie dort hingekommen sei, sie würde beschuldigt, Sachen getan zu haben, die sie nicht gemacht hätte, sie würde mit verschiedenen Namen angeredet und ohne ihr Wissen zu Dingen wie Kleidung kommen oder sie verlieren. Selena wußte nicht, daß diese Phänomene bei Menschen mit *Multipler Persönlichkeitsstörung* ganz normal sind.

Die unbeständige Natur des Nebenbewußtseins bedeutete, daß Selena sich periodisch einiger Persönlichkeiten, wie Flisha und Marcie, bewußt war, von anderen Persönlichkeiten jedoch kein Bewußtsein existierte. Sie verstand nicht, warum sie manchmal wußte, was ein Anderer tat, und manchmal nicht. Sie erkannte nicht, daß jene, von denen sie wußte, *Alter egos*, andere Persönlichkeiten waren. Sie betrachtete sie als unterschiedliche Individuen, die irgendwie mit ihr verbunden waren. Sie kannte nur Stückchen ihrer Existenz und wußte von ihrer eigenen Existenz, daß sie diskontinuierlich und verwirrend war.

Wie ein Reisender, der in einem fremden Land zufällig auf jemanden stößt, der die eigene Sprache spricht, reagierte Selena auf Karls Verständnis. Als er für sie gewöhnliche, nach den meisten Verhaltensstandards jedoch bizarre Begebenheiten exakt beschrieb, nickte sie zustimmend. Sie gab zu, Flisha und Lisa und Jenny als unterschiedliche Individuen zu kennen. Sie schenkte seiner Vermutung jedoch absolut keinen Glauben, daß sie alle Teile der gleichen Person waren, einer Person, die trotz dieser Teile ein einzelnes Individuum war und die gerade wegen dieser Teile ein ganz besonderes Individuum war.

Karl sprach über zwei Faktoren, die er für ausschlaggebend für die Bildung einer multiplen Persönlichkeit hielt: mit der Fähigkeit abzuspalten oder zu dissoziieren, geboren zu werden und frühen Traumata oder schwerem Mißbrauch ausgesetzt zu sein. (Diese Faktoren werden von Braun, 1986, bestätigt.) Im ersten Interview mit Rachel und auch wieder in der Sitzung mit Karl war erheblicher Mißbrauch entdeckt worden. Von dem, was er soweit gehört und gesehen hatte, nahm Karl an, daß Jenny sensibel und kreativ ihre Fähigkeit zu dissoziieren genutzt hatte.

Selena war bereit, Karls Vortrag über die Bildung von Persönlichkeiten zuzuhören. Sie räumte ein, daß Jenny sensibel und kreativ war. Sie war sogar bereit, in Erwägung zu ziehen, daß »sie« multipel waren, konnte sich aber nicht als Teil dessen sehen.

Als Karl fortfuhr und sagte, daß man die Schaffung der Persönlichkeiten als eine Form von Trance oder Selbst-Hypnose betrachten könne, entrüstete sich Selena, schloß die Augen und war verschwunden. Karl war sich überhaupt nicht sicher, wieviel Selena verstanden oder akzeptiert hatte, aber es war wenigstens ein Anfang. (Der Begriff Selbst-Hypnose wird von einigen mehr als Beschreibung der unbewußten Natur des Phänomens benutzt.)

Selena wurde durch Lisa ersetzt, die sich schüchtern und verängstigt aufführte. Abgesehen von der Tatsache, daß sie einen vierunddreißig Jahre alten Körper bewohnte, war Lisa ganz offensichtlich ein Kind. Ihr Gesicht schien weicher. Ihre Bewegungen verrieten die feinen Unbeholfenheiten eines Kindes, das sich nicht ganz wohl fühlte.

Rachel, die ruhig geblieben war, während Karl mit Selena sprach, fing an, Kontakt zu Lisa herzustellen, wie sie es mit jedem Kind getan hätte. Sie sprach in ruhigem Ton und blieb sitzen, um auf der Höhe des Kindes zu bleiben. Rachel stellte einige Fragen über Lisas Leben und ihre Beziehung zu Jenny. Ihre Antworten waren so kurz und direkt wie die eines Kindes: »Ich bin einfach bei ihr. Ich mag gern spielen.« Lisa sagte, sie sei zwölf, wirkte aber jünger, als sie auf dem Stuhl herumzappelte.

Bei ihrer Arbeit mit Kindern gab Rachel ihnen oft Gelegenheit, sich über Kunst und Spiele auszudrücken. Sie bot Lisa Malstifte und Play-Doh an. Begierig griff Lisa nach dem synthetischen Lehm, wählte unter den Farben Blau aus und modellierte schnell einen kleinen Mann. Als man sie bat, etwas über ihr Werk zu erzählen, sagte sie nur, es sei der kleine Mann, den sie manchmal sähe.

Lisa zog sich zurück, und Selena erschien wieder, um kurz über Flisha zu sprechen. Begleitende körperliche Veränderungen ließen Selena als flippigen, gereizten Teenager erscheinen. Die Unterschiede der Persönlichkeiten wurden offensichtlich, so als ob sie es sich erlaubten, deutlich gesehen zu werden.

Selena sagte, Flisha sei schön, aber sie würde immer teure Kleidung und Schmuck kaufen und erwarten, daß Selena bei der Finanzierung mithelfen würde. Sie sagte, Flisha sei stark und beschütze Jenny, aber Jenny wäre, seit sie etwa zwölf sei, sehr verwirrt. »Alles fiel damals auseinander. Es war für alle eine schwere Zeit.«

Karl bat darum, mit Jenny sprechen zu dürfen. Als Jenny in der Sitzung erschien, war sie peinlich berührt, mit Play-Doh gespielt zu haben, besonders mit blauem Play-Doh. Blau, sagte sie, sei eine traurige Farbe, und sie wunderte sich, warum sie die Farbe gewählt hatte. Sie machte einen älteren Eindruck. Der Ausdruck ihrer Augen und ihre Körperbewegungen waren ruhiger. Zurückhaltung ersetzte Selenas verführerisches Posieren. Sie schien über die knallige Kleidung und das zu stark aufgetragene Make-up verärgert zu sein. Sie schloß die Augen und war verschwunden.

Selena kehrte zurück, um die Therapeuten zu warnen, daß Jenny nicht mit den »Anderen« umgehen könne. Es würde Jenny nur verletzen, wenn sie davon wüßte.

Kapitel 21

Das Klingeln des Telefons riß Karl aus seinen Gedanken. Die Stimme am Telefon war die einer Frau, erwachsen, höflich und beharrlich. Sie wollte über die Sitzung diskutieren, die sie mit den »Anderen« gehabt hatten. Nach der Begegnung, die Karl und Rachel am frühen Morgen mit Selena, Lisa und Jenny hatten, hatte Karl kaum Zeit gehabt, seine Gedanken zu ordnen. Die Anruferin stellte sich als Flisha vor und sagte: »Ich komme nicht sehr oft. Die meiste Zeit versuche ich, die Anderen beieinander zu halten und kümmere mich um Jenny.«

»Was meinen Sie damit?«

»Also, den meisten Ärger habe ich mit Selena.« Sie erzählte, wie sie Selena vor ein paar Jahren das Schlafzimmer überlassen hatte. »Was für ein Saustall – schwarze Lichter und schreckliche Farben. Ich mußte es ihr einfach wieder abnehmen und ein paar ordentliche Bilder und Kerzen besorgen.«

»Wie kümmern Sie sich um Jenny?«

»Als sie sich zum Beispiel versuchte umzubringen und ihre Handgelenke aufschnitt, hielt ich sie gleich nach dem ersten kleinen Schnitt auf und erfand eine Geschichte, um den Leuten erzählen zu können, was passiert war.« Sie erzählte weiter, daß sie erschienen sei, als Jenny sehr klein war, sie glaubte, daß Jenny ungefähr zwei gewesen war. Sie war ein artiges, kleines Mädchen, deshalb tat ihr ihre Mutter nicht so weh. Sie sagte, daß Jenny eine gewisse Vorstellung von dem, was vor sich geht, haben könnte, aber die Situation nicht wirklich verstehe.

Als Karl über *Multiple Persönlichkeitsstörung* sprach, griff Flisha die Idee auf, ohne in die Verteidigungsstellung zu gehen, die er bei Selena gesehen hatte. Flisha war bereit, ihren Teil als Multiple zu akzeptieren. Nicht, daß sie alles glaubte, was Karl vorbrachte, aber sie war wenigstens bereit, die Möglichkeiten in Erwägung zu ziehen. Flisha warnte Karl, daß Jenny nicht damit umgehen könnte, wenn man ihr von den anderen Persönlichkeiten erzähle. »Was Jenny wirklich braucht, ist jemand, der sie mag. Keiner mag sie, weil sie sich so verrückt aufführt.«

Karl merkte vorsichtig an, daß Jenny möglicherweise wegen dem, was die anderen Persönlichkeiten taten, so sonderbar schien. Als Flisha zustimmte, daß dies so sein könnte, hoffte Karl, daß er in Flisha eine starke Verbündete gefunden hatte. Um genau zu sein: sie hatte ihn gefunden. Jedenfalls stellte er schnell fest, daß er für Jenny Harris alle Hilfe brauchte, die er bekommen konnte.

Flisha begann, ihn über Selena aufzuklären. Sie schämte sich für das, was Selena mit Männern machte, und daß diese Jennys Ruf in der ganzen Stadt ruinierte. Sie ärgerte sich auch über die verletzenden Sachen, die Selena machte, wie Zwiebeln und Hamburger essen. Wenn Flisha oder eine der Anderen hervorkamen, nachdem Selena dies getan hatte, litt das aufgetauchte *Alter ego* unter Allergien oder war besorgt zuzunehmen, obwohl Selena davon unberührt blieb. (Unterschiede der physiologischen Reaktionen unter *Alter egos* wurden von Putnam, 1984, dokumentiert.)

So angewidert Flisha von Selena auch war, es rührte sie doch, daß Selena sich Sorgen machte, Jenny könnte mit dem Wissen um die anderen Persönlichkeiten nicht umgehen. Sie hatte die gleiche Angst wie Selena, daß alles wieder auseinanderfallen könnte, wie damals mit zwölf, »als keiner die Sachen mehr im Griff hatte«.

Im Hintergrund bellte ein Hund, und Flishas kräftige Stimme wurde durch eine zaghafte ersetzt. »Hallo.«

»Wer ist dort?«

»Hier ist Jenny. Wer sind Sie?«

Jenny entschuldigte sich am Telefon, weil sie eine Verabredung einhalten wollte, und ließ Karl wieder mit seinen Gedanken allein. Karl war von dem scheinbaren Eifer der Persönlichkeiten, sich zu zeigen, überrascht. Er kam zu dem Entschluß, den Telefonaten keinen Stein in den Weg zu legen. Sie schienen für die Persönlichkeiten eine Möglichkeit zu sein, sich bei ihrer Enthüllung sicher zu fühlen.

Innerhalb weniger Stunden rief Jenny wieder an, sie war aus der Fassung gebracht, weil sich Mama und Papa Payne, der Prediger und seine Frau aus ihrer neuen Glaubensgemeinschaft, darüber aufgeregt hatten, daß sie zu den Alexanders ging. Die Paynes sagten ihr, sie brauche zu keiner Art von Doktor zu gehen. Wenn sie genug Glauben hätte, könnte ihre Glaubensgemeinschaft sie heilen. Jenny erzählte Karl, daß sie dies schon zu oft gehört und versagen gesehen hätte. Sie wolle nichts mit den Paynes zu tun haben, aber auch deren Gefühle nicht verletzen. »Ich bin ein schlechter Mensch«, sagte sie zu Karl, »immer verletze ich alle.«

Karl versuchte, Jenny zu beruhigen, indem er ihr sagte, daß er und Rachel meinten, sie sei ein guter Mensch, aber eine barsche Stimme unterbrach, »Nein, sie ist's nicht. Sie ist kein guter Mensch.« Selena war wieder hervorgekommen.

»Scheiße«, murmelte Selena. Sie bat Karl, am Telefon zu bleiben. Die ruhige Musik aus dem Hintergrund wechselte zu Hard Rock. Als Selena über Flisha redete, mußte sich Karl wegen der lauten Musik anstrengen, sie zu verstehen. Sie erzählte, Flisha sei auf das College gegangen und könne gut lesen, nicht wie Selena, die es nur bis zur fünften Klasse geschafft hätte. Flisha kleide sich geschmackvoll, trinke Gewürztee und würde sticken. Ohne Selenas Gesicht zu sehen, konnte Karl manchmal nicht sagen, ob sie Verachtung oder neidische Bewunderung zum Ausdruck brachte.

Es entstand eine Pause, und Flisha redete mit ihm. Sie entschuldigte sich, und die Musik im Hintergrund wechselte zu ruhiger Klassik. Flisha teilte Jennys Gefühl bezüglich der Paynes und kritisierte Selena als jemanden, die sich verletzend über christliche Ideale ausließ.

Wie auf ein Stichwort donnerte Hard Rock los, und Selena war wieder am Telefon. Nachdem sie ein bißchen geredet hatte, kehrte Jenny zurück, verwirrt, daß soviel Zeit vergangen war, und eifrig darauf bedacht, die Konversation zu beenden.

Karl hatte kaum aufgelegt, als Lisa anrief. Sie hörte sich verängstigt an. Sie fürchtete, daß Flisha und Selena gemein zu ihr sein könnten, weil sie die erste gewesen war, die Karl von ihnen erzählt hatte. Sie beschrieb Flisha als streng und Selena als rachsüchtig. Karl versuchte, Lisa zu beruhigen, indem er ihr erklärte, sie sei, wie auch Flisha und Selena, ein Teil von Jenny und daß ihr weh zu tun auch bedeuten würde, Jenny und sich selbst weh zu tun. Als Karl sich reden hörte, dachte er, was er sage, müsse verrückt klingen. Aber die Worte schienen für Lisa einen Sinn zu ergeben. Sie schien sich zu freuen, die Möglichkeit zu reden gehabt zu haben. Außerdem war sie als sie selbst akzeptiert worden, auch wenn sie nur ein Teil von Jenny war.

Eine Stimme, die Karl noch nicht gehört hatte, unterbrach und sagte, daß Jenny sich in den Arm geschnitten hätte. Die Stimme klang erwachsen und berichtete, daß die Verletzung häufig vorkäme, und schließlich beschrieb sie den Schnitt nur als einen Kratzer. Die

Stimme, die sich nicht identifizierte, sagte, daß sich bald eine weitere Persönlichkeit namens Kathy vorstellen würde. Die Verbindung wurde unterbrochen.

Karl diskutierte die Unterhaltungen mit Rachel. Der Wochenanfang war anstrengend gewesen – und es war erst Montag. Am nächsten Tag würden sie Jenny gemeinsam empfangen und sie um die Erlaubnis bitten, die Sitzung auf Tonband aufnehmen zu dürfen.

Flisha erschien zu der Sitzung und stimmte der Tonbandaufzeichnung zu. Karl und Rachel waren über das Mitgefühl und die Offenheit überrascht, mit der sie über die Ursachen von Jennys Problemen sprach. Flisha erzählte von dem Mißbrauch durch die Mutter, davon, daß Jenny gefesselt und geschlagen worden sei, und daß man sie nachts oft allein gelassen hatte. »Das Schlimmste«, sagte Flisha, »war, daß man sie in die Kartoffelkiste gesteckt hat. Da konnten doch Spinnen oder Ratten sein. Es war dunkel und kalt, und man wußte nie, wie lange es dauern würde.«

Karl drängte nicht auf Details, sondern ließ Flisha frei reden. Flisha sagte, daß Jenny von einem Cousin vergewaltigt worden war, als sie neun war. Ein gemeiner und brutaler Cherokee-Indianer hatte sie aus der Badewanne gezogen und ihr gedroht, sie umzubringen oder ihr die Zunge abzuschneiden. »Danach hat er sich an mich herangemacht, wenn ich Klavier spielte, aber ich konnte ihn einfach ignorieren. Jenny konnte damit nicht umgehen. Ihre Mutter hat sie schon vor der Vergewaltigung an Männer verkauft. Lange Zeit wußte keiner, was passierte.«

Flishas mitfühlende Stimme wurde zornig, als sie über Selena sprach. »Sie benutzte Sex, um von Männern zu kriegen, was sie will. Sie ist egoistisch und kümmert sich überhaupt nicht darum, daß sie Jenny verletzt, wenn sie sich wie eine Landstreicherin benimmt. Ich ertrage es nicht, wenn sie Drogen nimmt oder sich mit ihren Freunden betrinkt. Andererseits muß ich zugeben«, das Mitgefühl kehrte zurück, und Flisha lächelte, – »sie kann an allen Sachen Spaß finden.«

Flisha gab zu, sich auch mit Männern zu treffen, aber wegen der Unterhaltung und Gesellschaft, nicht für Geld. Sie machte sich Sorgen, daß Jenny überhaupt keine Freunde hätte. »Jenny weiß nichts von uns. Vor langer Zeit haben wir uns unterhalten. Jetzt werden wir wütend und kommen und gehen. Sie versteckt auch alles. Keiner kümmert sich um sie.« Flisha sagte, daß sie Jenny im Laufe der Jahre zu Ärzten gebracht hätte, die ihr helfen sollten. Aber die Therapeuten empfingen sie ein paarmal oder ein paar Monate, und das war's dann auch schon. Keiner wollte länger mit ihr zu tun haben.

Karl redete beruhigend auf beide ein: »Rachel und ich kümmern uns um Jenny und um euch alle, als Teil von Jenny. Wir glauben zu wissen, was geschieht. Wir werden lange Zeit da sein, und so langsam wie nötig vorgehen, um zu helfen. Solange Jenny unsere Hilfe wünscht.«

Flisha schaute kaum länger als ein Blinzeln zu Boden, und Jenny erschien. »Wie bin ich hierher gekommen?« Wie schon zuvor schien sie schüchtern und verwirrt, jedoch nicht so zerbrechlich, wie Flisha und Selena sie beschrieben hatten.

Rachel und Karl, die von Jenny glaubten, sie sei die ursprüngliche Persönlichkeit, erklärten, Flisha wäre zu den Sitzungen gekommen, während Jenny einen Anfall von Amnesie erlebt hätte. Rachel und Karl erklärten, daß der Gedächtnisverlust als eine Abwehr gegen traumatische Erfahrungen in streßhaften Situationen hervorgerufen worden sein könnte. Rachel äußerte vorsichtig: »Es könnte sein, daß du das in der Kartoffelkiste gelernt hast.«

Jenny wich dem Hinweis auf die Kartoffelkiste aus. »Ich mache diese Sachen, von denen mir die Leute erzählen, oder? Ich fühle mich komisch. Mache ich komische Sachen?«

»Überhaupt nicht. Du kannst dir das Tonband von der Sitzung anhören, wann immer du willst.«

Jenny zeigte an dem Tonband kein Interesse. Sie machte sich Sorgen, weil Mama Payne am Morgen angerufen und gesagt hatte: »Ich spreche nicht mehr mit dir.« Jenny war ehrlich verwirrt.

»Scheiße, ich weiß wirklich nicht, was sie meinte.« Das letzte, an das Jenny sich erinnern konnte, war, daß sie Michaels Essen zubereitete und den Hund vor die Tür geschafft hatte. »Ich werde verrückt oder bin einfach nur ein schlechter Mensch.«

Bei der nächsten Sitzung hatte Selena schlechte Laune. »Warum laßt ihr sie nicht einfach zufrieden? Sie kann damit nicht umgehen. Sie kriegt's nicht hin. Sie hält mich, in eine Ecke gekauert, zu Hause fest.«

Karl und Rachel schlugen vor, daß Selena Jenny dabei helfen solle, multiple Persönlichkeit zu verstehen, und ihre Erinnerungen und ihr Wissen wiederzuerlangen. »Wenn ihr alle zusammenfindet, etwas, das Integration genannt wird, dann versteht sie die Sachen auch wieder und kann damit umgehen.«

»Ihr meint, dann kriegt sie die Sachen raus, die ich gemacht habe?

Dann wird sie mich daran hindern, mit Männern auszugehen und mich zu betrinken.« Jeder Zoll ein unabhängiger und entschlossener Teenager, warf Selena Karl einen Blick zu, der nahelegte, daß er dies doch wohl nicht ernst meinen könne. Sie schloß ihre Augen. Jenny erschien, unsicher, wie sie hierhergekommen war.

Karl fing an, zu erklären: »Wenn es für dich ungemütlich wird, versteckst du dich auf gewisse Art.«

»Nein-nein«, unterbrach die Stimme eines Kindes. »Ich war seit gestern nicht draußen.« Bei der Gelegenheit, etwas Aufmerksamkeit zu erlangen, grinste Lisa schelmisch. Sie erzählte Karl, sie hätte sich zurückgehalten, da Selena und Flisha miteinander stritten. »Als ich dann erschien, hat mich Michael ausgeschimpft, weil ich hin- und hergeschaukelt bin. Wenn ich mich streiten muß und schimpfen muß, will ich nicht größer werden.« Sie machte ein schmollendes Gesicht.

»Wie war es denn drinnen?« fragte Rachel.

»Wenn ich nicht draußen bin«, sagte Lisa, »ist es, als ob mich jemand eingeschlossen hat. Ich höre, wie sie sich streiten, aber ich kann die Sonne und den Regen nicht sehen.« Lisa erzählte ihnen, sie wälze sich gern im Gras, würde gerne Zeichentrickfilme im Fernsehen gukken und mit ihren Freundinnen spielen. »Becky ist sieben. Sie kam zum Spielen, als ihre Mutter an ihrem Geburtstag gemein zu ihr war.« Während Karl sich fragte, ob Becky ein anderes Kind oder eine weitere Persönlichkeit war, fuhr Lisa fort, zu klagen, daß Jenny keine Freundinnen hätte und sehr verwirrt wäre.

Nachdem er sich etwas mehr mit Lisa unterhalten hatte, fragte Karl: »Ist Flisha hier?« Bei Lisas trauriger Antwort fuhr er fast zusammen.

»Muß ich gehen?«

Flisha schaute sich im Zimmer um, dann auf ihre Hände und ihren Körper und hatte sofort ihre Haltung wiedererlangt. Sie sprach wieder über die Kindheit und sagte, daß Jenny einen Alptraum durchlebe. Sie wäre so oft alleingelassen worden, und ihre Mutter hätte sie verdroschen, nicht ein- oder zweimal, sondern jeden Tag. Seit sie klein war, hatte man ihr gesagt, sie sei ein Kind des Teufels, und man hätte sie bei Ritualen benutzt, und zwar für jeden Zweck, seit sie vier oder fünf war. Sie hätte Angst, Angst sich zu bewegen. Sie versuche zu sterben. »Manchmal waren die Gefühle so schlimm, sie machten mir Angst und zwangen mich . . .« Ihre Worte wurden leiser.

»Sind die Gefühle jetzt schlimm?«

»Ich habe mich gefühlt, als ob andere Leute oder eine starke Macht da sind.« Flisha drückte die Angst vor einer Zeit der Verwirrung aus, vor einer Zeit wiederkehrender Erstarrung, einer Zeit, in der sie verrückt genannt und wieder ins staatliche Krankenhaus eingewiesen wurde. Sie hatte kaum Erinnerungen an die erste Einweisung in das Krankenhaus, als sie vierzehn war. Für sie war es ein Gefühl, als ob sie tot war. Sie erinnerte sich an Vorfälle vor der zweiten Einweisung mit einundzwanzig. Sie war schwanger, und sie hatte sich schlecht gefühlt und Gift genommen. Sie erinnerte sich, daß sie im Krankenhaus einen Teddy für Morgan und einen Stoffhund für das Baby, Noel, gemacht hatte. Vielleicht konnte sich Selena an mehr erinnern.

Bevor Karl nach Selena fragte, versicherte er Flisha, daß sie nicht verrückt sei. Obgleich es eine Tendenz gibt, multiple Persönlichkeit mit gespaltener Persönlichkeit zu verwechseln, einem Begriff, der mit Schizophrenie in Verbindung gebracht wird, ist multiple Persönlichkeit weder eine Psychose noch eine Störung der Denkweise.

Schizophrenie schließt die Verrücktheit, vor der Flisha Angst hatte, ein, mit ihren Charakteristiken wie Selbsttäuschung, Denkstörungen und dem Verlust der Realität. Multiple Persönlichkeit ist eine dissoziative Störung, in der sich das Individuum in *Alter egos* – mehrere / andere Persönlichkeiten – aufsplittert, die eine Verbindung zur Realität aufrechterhalten, und die, wenn sie nicht von Streßfaktoren überfordert werden, das Individuum im Alltag funktionstüchtig erhalten. (Die Schutz- und Anpassungsfunktionen der Dissoziation bei multipler Persönlichkeit werden von Young, 1988a, erörtert. Vgl. auch Crabtree, 1987.)

Karl räumte ein, daß Therapeuten, die *Multiple Persönlichkeitsstörung* nicht kannten, ihre Diagnosen auf Schizophrenie erstellt haben könnten. Er und Rachel wollten die medizinischen und psychiatrischen Aufzeichnungen überprüfen, um ihr verstehen zu helfen, warum sie in der Vergangenheit als »verrückt« etikettiert wurde.

Selena wollte über die Gegenwart reden, nicht über die Vergangenheit. Sie war darüber verärgert, daß »Flisha uns gestern abend auf die Einkaufsstraße geschleppt hat«. Karl und Rachel bemerkten die Wahl des Plurals genauso wie ihren Ärger, daß Flisha die Kontrolle hatte. Selena sagte, sie hätte die Paynes auf der Straße getroffen, und sie hätte ihnen gesagt, sie sollten sich aus ihrem Leben verpissen. »Ich konnte es nicht ertragen, mit anzusehen, wie sie Mar... äh, Jenny verstört haben.«

Karl bemerkte, daß sie über den Namen gestolpert war, aber unterbrach sie nicht. Er wußte jetzt, warum Jenny Mama Paynes Ablehnung nicht verstand. Selena fuhr fort. »Ich hätte ihnen noch mehr gesagt, wenn Flisha mich rausgelassen hätte. Sie machen sich an dich ran und sie denken, sie wären ach-so-gut mit ihrer christlichen Scheiße. Gib dein ganzes Geld der Kirche, und wir heilen dich dann von den Dämonen.«

Selena verlagerte ihren Schwerpunkt, blieb aber unnachgiebig. »Ich laß keinen nahekommen. Ich mag's nicht, wenn Kerle mir erzählen, daß sie mich lieben. Schon das Wort macht mich krank. Jennys Mama prügelte sie und sagte dann ›Ich liebe dich‹. Es ist echt witzig, wenn ein Typ Jenny sagt, er liebe sie, und sie weiß nicht mal, daß ich mit dem Kerl am Abend davor zusammen war.«

»Was ist, wenn wir dir sagen, wir lieben dich?« fragte Rachel. »Keiner wird das. Ich weiß nicht, was Liebe ist. Ich gehe auf den Strich.« Mit scharfem Knall ließ sie ihr Bubblegum zerplatzen, als ob sie die Therapeuten dafür verachtete, daß diese sich um sie sorgten.

»Ich würde das nicht miteinander in Verbindung bringen«, sagte Karl. »Ich respektiere dich zu sehr. Wir mögen zwar nicht, was du manchmal mit Jenny machst, aber wir haben gesehen, daß du viele gute Eigenschaften hast. Du bist Teil von Jenny.«

»Wie denn das – sie ist so langweilig, so doof. Ich bin Selena, und ich bin nicht wie jemand anders.«

Karl lächelte. Darauf konnte er nichts sagen.

Nach der Sitzung gab es für Karl und Rachel viel zu überlegen und zu bereden. Ein Therapiemuster entwickelte sich. Alle Persönlichkeiten, die sie gesehen oder am Telefon gesprochen hatten, konnten leichter mit Karl umgehen. Wenn man bedenkt, was Karl und Rachel bisher vom Mißbrauch seitens der Mutter gehört hatten, konnten sie »deren« Abneigung, ausschließlich mit einer Therapeutin zu arbeiten, verstehen. Außerdem zogen sich die Sitzungen dahin. Karl stand ausreichend Zeit zur Verfügung, und die übliche Therapiestunde konnte nicht effektiv sein, wenn man sie auf so viele Persönlichkeiten verteilen mußte. Man brauchte mehr Zeit. Karl übernahm die primäre Rolle in der Therapie. Rachel war bei so vielen Sitzungen anwesend, wie ihr möglich war, und übernahm die Rolle der Beobachterin und leistete ihren Beitrag, wenn es angemessen schien. Zwischen den Sitzungen sprachen Karl und Rachel über ihre Beobachtungen, Gefühle und Vorstellungen.

Die Persönlichkeiten hatten sich dermaßen schnell offenbart, daß die Alexanders sich die Frage stellen mußten, ob eine Simulantin oder eine geschickte Schauspielerin ihnen etwas vormachte. In gerade etwas mehr als anderthalb Wochen waren ihnen vier Persönlichkeiten begegnet, von denen sie annahmen, daß eine die Geburtspersönlichkeit war.

Trotz ihrer Zweifel zeigte das Leiden eine Unverfälschtheit, und die Persönlichkeiten hatten Eigenarten, die man nicht ignorieren konnte. Die Wechsel der Stimmlage, der Erscheinung und die Art ihres Auftretens waren mehr als ein Rollenwechsel. Es war, als ob die Therapeuten total unterschiedlichen Menschen begegneten. Es hätte einer äußerst cleveren Darstellerin bedurft, um dermaßen überzeugende Auftritte zu bewerkstelligen.

Rachel war skeptischer als Karl. Nicht so sehr, weil Jenny eine Multiple war, sondern wegen des schrecklichen Mißbrauchs, der sich offenbarte, und die Hinweise auf ihre Verwicklungen in das Okkulte. Rachel kannte viele Beispiele von Kindesmißbrauch, aber Jennys Erfahrungen waren fast zu extrem, um wahr zu sein.

Die Anspielungen auf die Sekte mußten wenigstens zum Teil fiktiv sein, zumindest was die Andeutungen fremdartiger Torturen und Menschenopfer betraf. Sektenglaube ging von der Annahme einer Entität des Teufels aus und ließ darüber hinaus auf eine Verderbtheit der Menschen schließen, die über das Vorstellbare hinausging. Rachel war Christin; ihre Überzeugungen enthielten jedoch kein Konzept eines buchstäblichen Teufels als der Verkörperung des Bösen.

Karl, der einen ähnlichen christlichen Glaubenshintergrund hatte, erlaubte sich, die Existenz Gottes und des Teufels als eine Dichotomie im Universum zu betrachten. Er mochte sich nicht vorstellen, daß sich Menschen auf die Spielarten des Bösen einließen, wie sie Jennys Persönlichkeiten vermuten ließen, aber er war offener für die Möglichkeit solcher Erfahrungen.

Die Alexanders sichteten kurz, was sie bisher wußten. In den Sitzungen hatten sie Flisha als reif und sicher wahrgenommen, als jemand, der mit Geschäftsangelegenheiten umging und die Vorstellung multipler Persönlichkeit akzeptierte. Sie zeigte für Jenny Mitgefühl und war bereit, Hilfe anzunehmen. Selena schien der rebellische, straßenerfahrene Teenager zu sein, der Männer benutzte, um Geld zu verdienen. Sie war über Jenny verstimmt und lehnte es ab, multipel zu sein. Lisa war ein charmantes Kind, das für ihre zwölf Jahre noch jung schien, aber in ihrem Bitten um Aufmerksamkeit war sie entwaffnend. Sie nahm Jenny als gegeben hin, als jemand, mit der sie halt leben mußte. Jenny, die sich als die ursprüngliche Person zu erkennen gab, schien schüchtern und verwirrt. Sie wollte entgegenkommend sein, war aber über die Vermutung, daß es noch andere Persönlichkeiten geben sollte, verärgert.

Aus Telefongesprächen, durch Stimmen, die neu für ihn waren, oder durch Berichte bekannter Persönlichkeiten wußte Karl, daß es noch weitere Andere gab. Er hatte mit einer alten Frau gesprochen und von einem Mann, einer weiteren jungen Frau und einem weinenden Kind gehört. Er und Rachel fragten sich, was da noch auf sie zukomme. Sie wollten keinen Druck ausüben, sondern die Sachen sich in ihrem eigenen Tempo entwickeln lassen.

Die von den verschiedenen Persönlichkeiten gewonnenen Informationen waren überraschend in sich stimmig, mit einer Ausnahme. Sowohl Flisha, Selena als auch Lisa beschrieben Jenny als sehr in sich gekehrt und ohne Freunde. Doch die Jenny, der sie begegneten, war schüchtern, nicht extrem in sich gekehrt, und hatte mindestens Kontakt zu den Paynes. Selenas Stolpern über Jennys Namen, als sie über die Paynes sprach, war ebenfalls merkwürdig.

Bei ihrer Durchsicht der Literatur, sowohl populärer als auch wissenschaftlicher Natur, die sich mit *Multipler Persönlichkeitsstörung* beschäftigte, fanden sie die ursprüngliche oder Geburtspersönlichkeit als in sich gekehrt, verängstigt und verbraucht beschrieben, die sich seit der Kindheit in einem schlafähnlichen Zustand befand. Vielleicht hatten sie die richtige Jenny Harris noch nicht getroffen.

Mit ihrer Schlußfolgreung, die wirkliche Geburtspersönlichkeit noch nicht gesehen zu haben, lagen die Alexanders richtig. Anfangs benutzten alle Persönlichkeiten gegenüber den Therapeuten Jennys Namen. Als Lisa, dann Selena und Flisha sich offenbarten, benutzte Marcie Jennys Namen weiter. Die Alexanders vermuteten, daß sie die ursprüngliche Persönlichkeit sei, und Marcie setzte die Maskerade fort. Mit ihrer Gegenwart hatten die Persönlichkeiten Jenny seit der frühen Kindheit beschützt. Bei der Aufgabe dieses Schutzes gingen sie sehr vorsichtig vor.

Die Persönlichkeiten waren jedoch von dem, was Karl über multiple Persönlichkeit sagte, beeindruckt. Er wußte von verlorener Zeit und davon, sich irgendwo wiederzufinden, wohin man nicht gegangen war. Er hatte sogar eine gewisse Vorstellung von der schrecklichen Verwirrung. Er erkannte, daß sie unterschiedlich waren, und das war in Ordnung.

Karls Anerkennung machte es jeder Persönlichkeit möglich, die anderen zu erkennen und offen anzuerkennen. Vor langer Zeit, als sie noch Kinder waren, hatten Flisha, Selena und Marcie zusammen gespielt, und jede paßte auf die anderen und auf Jenny auf. Im Laufe der Zeit verloren sie sich aus den Augen. Im Verlauf der Jahre hatten sie manchmal Kontakt miteinander, aber oft waren sie allein. Jetzt schien es ihnen sicher genug, einander anzuerkennen und Jenny vorzustellen.

Sie hielten eine Versammlung ab, um darüber zu reden, ob sie offen zu den Alexanders sein sollten. Flisha übernahm die Leitung. Justin kam. Lisa kam, blieb aber ruhig. Flisha und Marcie sprachen sich dafür aus, Jenny herauszulassen oder sie aus ihren eigenen Welten zu schieben und zu ziehen. Sie hatten das Gefühl, daß man den Alexanders vertrauen konnte und daß Jenny dringend ihrer Hilfe bedürfe. In ihr stimmte etwas nicht, ganz und gar nicht. (Interne Kommunikation zwischen Persönlichkeiten und deren Anwendung in der Therapie wird von Caul, 1984, beschrieben.)

Justin hatte die Alexanders noch nicht persönlich getroffen, aber er war sich bewußt, was geschah. Er unterstützte Jennys Erscheinen, mahnte aber zur Vorsicht: »Wir müssen behutsam sein, sie ist so zerbrechlich.«

»Wenn sie so verdammt zerbrechlich ist, laßt sie, wo sie ist.« Lange Zeit war Jenny nicht Teil von Selenas Bewußtsein gewesen. Reichte es nicht, zuzugeben, daß es Andere gab? Sie hielt es kaum aus, gezwungen zu werden einzugestehen, daß Jenny weiterhin existierte. Selena hatte Angst vor Jennys Macht, die es ihr ermöglichte, vor Schmerzen zu fliehen, und sie haßte Jenny dafür, daß diese sie mit den Schmerzen allein ließ. Sollte Jenny doch für alle Zeiten in ihren eigenen Welten bleiben.

Trotz Selenas Protest stimmten Flisha und Marcie zu, Jenny in die wirkliche Welt zu schieben. Aus Selenas Perspektive machten Flisha und Marcie immer alles, wie sie es wollten. Bei der nächsten Sitzung wollte Marcie ihre Maskerade gegenüber den Alexanders aufgeben. Sie und Flisha waren geduldig gewesen, um sicher zu gehen, ob man den Alexanders vertrauen konnte, obwohl sie verzweifelt Hilfe gesucht hatten, die sie davor bewahren sollten, daß die Dinge so schlimm wurden und sie alle wieder von Angst und Depression überwältigt wurden.

Zur gleichen Zeit, als sich die Persönlichkeiten entschlossen, die wirkliche Jenny zu zeigen, planten die Alexanders eine Technik einzusetzen, die das Auftauchen der Geburtspersönlichkeit fördern sollte. Vielleicht war diejenige, die behauptete, Jenny zu sein, die Richtige; ihr Verhalten paßte jedoch nicht zu dem, was die Alexanders erwarteten. Aufgrund ihrer Lektüre stellten sie fest, daß es Monate, sogar Jahre dauern konnte, die Geburtspersönlichkeit zu enthüllen. Sie mußten trotzdem einen Versuch machen, mit ihr in Berührung zu kommen.

Sie wollten für Jenny einen besonderen Platz schaffen. Dazu ersahen sie den Lehnstuhl mit rückklappbarer Rückenlehne aus, der sich im Nebenraum des Zimmers befand, in dem die regelmäßigen Sitzungen stattfanden. Bei einer passenden Gelegenheit würden sie Jenny bitten, in diesem Stuhl zu erscheinen.

Die nächste Sitzung begann ähnlich, wie die anderen angefangen hatten, Flisha erzählte von der frühen Kindheit. Sie hatte einige alte Fotos mitgebracht. Als sie den Therapeuten die Bilder zeigte, erzählte sie, wie sehr sich Jenny gewünscht hatte, so dunkel wie ihr Vater zu sein. Sie sagte, daß dies der Grund wäre, warum Selena die ganze Zeit in der Sonne lag.

Marcie erschien, sie nannte sich immer noch Jenny und fragte: »Es war mal wieder so weit, oder?« Karl versicherte ihr, daß alles in Ordnung sei und bat sie, mit ihm und Rachel zu dem Lehnstuhl im Nebenzimmer zu gehen. Er sagte, der Lehnstuhl wäre Jennys Stuhl, ein sicherer Ort, wo nur sie sein dürfe. Keine andere Persönlichkeit könne den Stuhl benutzen.

Ohne zu zögern ging Marcie mit ihnen nach nebenan. Sie setzte sich in den Stuhl und ließ ihre Augen zufallen. Wie Rachel und Karl beobachteten, schien sie dann zu schrumpfen, sich in sich selbst zurückzuziehen. Als sich ihre Augen öffneten, erschien auf dem oberen Teil ihrer Brust ein roter Ausschlag. Die Hände zu Fäusten geballt, spannten sich alle Muskeln des Körpers an. Sie starrte auf den Fußboden. Nach einiger Zeit wagte sie einen kurzen Blick, als Karl sprach. »Hallo.«

»Hey«, flüsterte sie kaum wahrnehmbar.

»Wie heißt du?«

»Jenny, Jenny Lynn Walters.« Ihre Stimme zitterte vor Angst.

An diesem sicheren Platz sträubte sich Jenny nur wenig gegen ihre Rückkehr in die reale Welt. Zwei Wochen, nachdem Flisha die Alexanders zum ersten Mal besucht hatte, drei Tage nach ihrem vierunddreißigsten Geburtstag und 27 Jahre, nachdem sie sich in ihre eigenen Welten geflüchtet hatte, tauchte Jenny wieder auf.

Kurz stellte Karl Rachel und sich vor und sagte Jenny, sie wären da, um ihr zu helfen. Ihre Augen schlossen sich. Selena erschien. Behutsam, aber durchaus fest, nahm Karl Selenas Arm und führte sie aus dem Stuhl. Es war Jennys Stuhl. Sie hatten die wirkliche Jenny Harris getroffen.

Kapitel 22

Keine der Persönlichkeiten ließ Michael wissen, daß die Alexanders konsultiert worden waren. Marcie, Flisha und Selena erinnerten sich alle an eine Zeit, als er »sie« aus der psychiatrischen Klinik geschleppt hatte, weil er meinte, daß sich die Dinge verschlechterten und nicht besser wurden. Flisha glaubte, daß Michael keine Vorstellung hatte, wie das Leben wirklich war. Falls er von den Alexanders erfuhr, könnte er sich gegen jegliche Behandlung mentaler Probleme sträuben.

Die Alexanders waren sich bewußt, daß Jenny nicht für die umfangreiche Psychotherapie bezahlen konnte, derer sie bedurfte, und waren sich einig, ohne Bezahlung zu arbeiten. Michael konnte sich also nicht beschweren, daß sie wieder nur Rechnungen anhäufte. Selena erzählte Michael, daß die Alexanders Freunde waren und daß sie manchmal in ihrer Praxis »vorbeischaute«. Michael war es gewohnt, daß sie während des Tages einige Zeit bei Freunden verbrachte. Keine der Persönlichkeiten weckte seinen Verdacht, indem sie Marcie daran hinderte, zeitig zu Hause zu sein und ihm jeden Tag sein Essen zu machen.

Die Alexanders bestärkten Flisha darin, einen Arzt aufzusuchen, der sich ihrer körperlichen Probleme annehmen und falls notwendig, Medikamente verschreiben sollte. Die emotionale Erschöpfung und die extremen körperlichen Spannungen, die sie bei Jenny beobachteten, verdeutlichten ihnen den Streß, den das System der Persönlichkeiten auf den Körper ausübte.

Der Umgang mit dem zusätzlichen externen Streß durch ihre Familie, die Rechnungen und so weiter, fürchteten sie, könnte zu körperlicher und emotionaler Auszehrung führen. Außerdem wollten die Therapeuten Gewißheit, ob es organische Komponenten ihrer Rückenschmerzen, die sie ursprünglich zu ihnen geführt hatte, gab. Auch die Geistesstörung und die Kopfschmerzen, unter denen Jenny, Marcie und Flisha litten, sollten untersucht werden.

All diese Probleme können grundsätzlich der *Multiplen Persönlichkeitsstörung* zugeschrieben werden. So begleiten zum Beispiel Kopfschmerzen üblicherweise den Wechsel von Persönlichkeiten und nehmen bei häufigem oder schnellem Wechsel an Intensität zu. Die von Jenny bekundeten Muskelverspannungen könnten die Rückenschmerzen verursachen, oder die Schmerzen könnten »körperliche Erinnerungen« von Verletzungen aus der Vergangenheit sein. Karl ermöglichte es ihr mittels Entspannungstechniken, die Schmerzen ein wenig unter Kontrolle zu halten; es war jedoch wichtig, daß körperliche Ursachen ihrer Probleme nicht übersehen wurden.

Flisha meldete sich bei Dr. Bakker an. Sie hatte ihn schon wegen einer geringfügigen Krankheit aufgesucht. Bei ihrer neuen Konsultation schien er bemüht, doch etwas in Eile. Nach einer kurzen Untersuchung empfahl er ihr, das örtliche Krankenhaus aufzusuchen, um sich etwas zu erholen und ihm die Möglichkeit einer gründlichen Untersuchung zu geben.

Marcie und Flisha trafen die Entscheidung, ins Krankenhaus zu gehen. Selena sträubte sich anfangs, war aber dann zur Kooperation bereit. Selena litt nicht unter den Kopfschmerzen und Rückenschmerzen und spürte auch nicht die Erschöpfung, die Flisha und Marcie ein Gefühl der Handlungsunfähigkeit vermittelte. Als sich Selena erst einmal zur Kooperation entschlossen hatte, half sie, Michael zu überzeugen, der Einweisung zuzustimmen. Selena erzählte ihm, daß sie, falls sie ins Krankenhaus ging, wahrscheinlich wegen der Rückenprobleme ein Jahr lang Lohnausfallszahlungen beziehen könnte. Michael bot ihr an, sie ins Krankenhaus zu fahren.

Zu Hause packte Flisha mindestens ein dutzendmal Selenas knappes Nachthemd, Lisas Puppe und das Malbuch wieder aus. Aber als sie im Krankenhaus ihren Koffer öffnete, um auszupacken, entdeckte sie unter ihrer eigenen Ausgabe des *Cosmopolitan* Selenas Teenie-Magazin und das Malbuch. Das Nachthemd und die Puppe waren auch da. Flisha steckte sie unter ihre Sachen und hoffte, daß die Schwestern sie nicht entdecken würden.

Mit Flishas Zustimmung teilten die Alexanders Dr. Bakker ihren Eindruck mit, daß ihre Patientin, Jenny Harris, an *Multipler Persönlichkeitsstörung* leide. Dr. Bakker erkannte, daß sie sehr gestört war. Er bat seine Kollegin von der Universitätspsychiatrie, die am Gemeinde-Krankenhaus zur Konsultation zur Verfügung stand, sich Jenny anzusehen. Dr. Louise Samuels, die Psychiaterin, erklärte sich einverstanden, sie in der nächsten der regelmäßig angesetzten Sprechstunden zu empfangen.

Dr. Samuels unmittelbarer Eindruck war der einer klassischen *Multiplen Persönlichkeitsstörung*. Sie stimmte einer Nachuntersuchung in einigen Wochen zu und wollte Jenny wieder empfangen, wenn sie sich mit dem Krankheitsbild vertraut gemacht hatte. Sie sprach Empfehlungen aus, besonders hinsichtlich der Medikation, lehnte aber eine langfristige Behandlung Jennys von ihrer Seite ab.

Während der sechs Tage, die Jenny im Krankenhaus war, wurde außer chronischer Überlastung der Lendenwirbel keine eindeutige Ursache für ihre Rückenschmerzen gefunden; man stellte aber Hinweise auf ein Magengeschwür fest und verschrieb Medikamente. Die Medizin half, und sie kam zu Kräften. Die Atempause von dem Streß zu Hause wirkte sich vorteilhaft auf sie aus.

Die Alexanders statteten ihr während des Krankenhausaufenthalts jeden Tag kurze Besuche ab. Vor dem Hintergrund Jennys kürzlicher Rückkehr aus ihren Welten hielten sie es für wichtig, ihr helfend zur Verfügung zu stehen.

Im Krankenhaus war Flisha die meiste Zeit in der Lage, die Kontrolle aufrechtzuerhalten, aber wenn ein Arzt oder eine Schwester das Zimmer betraten, oder auch wenn das Telefon klingelte, drängelte sich Selena vor. Ihr frivoles Verhalten, wenn sie in ihrem durchsichtigen Nachthemd über die Flure ging, brachte Flisha in Verlegenheit. Trotz Karls Vorschlag, um Jennys Willen zu kooperieren, ärgerte sich Selena über Flishas dünkelhaftes Verhalten und stritt sich mit ihr.

Während eines Besuchs beobachtete Karl, wie Flisha verstummte. Der charakteristische Ausschlag erschien auf ihrer Brust, noch bevor ihn die zu Fäusten geballten Hände wissen ließen, daß Jenny aufgetaucht war. Wie vorher war sie in sich gekehrt und dadurch, daß sie Karl an diesem ungewohnten Ort sah, sehr verwirrt. »Bist du wirklich hier?« flüsterte sie.

Karl erklärte ihr, warum sie im Krankenhaus war. Sanft streckte er seine Hände nach ihren aus. »Man kann Sachen, die real sind, berühren. Ich bin real und bin bei dir.« Er saß so ruhig und schweigsam da, wie jemand es bei einem verängstigten Tier tun würde.

Langsam verstrichen die Minuten. Dann öffnete sie langsam ihre Hände und streckte sie die wenigen Zentimeter aus, um seine Hand zu berühren. Erleichterung nahm ihrem Körper die Anspannung. Nur für einen Augenblick sah Karl ihre sanfte, verwundbare Schönheit, dann zog sich ihre Hand zurück. Flisha nahm wieder ihre geziemende Distanz ein und plauderte mit Karl, bis die Besuchszeit vorüber war.

Die Telefonate zwischen den Krankenhausbesuchen der Alexanders dauerten an und wurden auch zwischen den Sitzungen in der Praxis fortgesetzt, nachdem Jenny wieder aus dem Krankenhaus entlassen worden war. Immer noch legte Karl den Anrufen keine Steine in den Weg, da sie wesentlicher Bestandteil der Enthüllungen waren. Innerhalb eines Monats hatten die Alexanders mit etwa dreißig Persönlichkeiten gesprochen oder von ihnen gehört. War ein erster Kontakt erst einmal hergestellt, offenbarten sich die Persönlichkeiten nach und nach »persönlich«.

Als Student hatte Karl ausreichend Zeit, sich der Telefonate anzunehmen, auch wenn es viele waren. Nach einer seiner Morgen-Vorlesungen diskutierte Karl Jennys Fortschritte mit seinem Hauptfach-Professor. Karl erklärte, wie das Telefon es den Persönlichkeiten erlaubte, sich vorzustellen oder aus sicherer Distanz über ihre Bedürfnisse zu sprechen. »Obwohl«, sagte er, »es ein bißchen so ist, als ob dreißig hysterische Frauen deine Telefonnummer kennen.«

Die Stimme nachmittags am Telefon klang viel tiefer als alle Persönlichkeiten, die Karl bisher gehört hatte. Karl lächelte, als er sich an seine beiläufig geäußerte Bemerkung über hysterische Frauen erinnerte. Das würde ihn lehren, nicht noch einmal in männlichen Chauvinismus zu verfallen. Die Stimme war entschieden männlich, höflich und direkt. »Ich heiße Justin. Normalerweise erscheine ich nicht, aber ich muß mit Ihnen reden.«

Karl versicherte Justin, daß ihm sein Anruf angenehm sei und er doch mehr von sich erzählen solle. Justin erklärte, daß er schon sehr lange bei Jenny wäre, seit sie sechs war und das Bedürfnis verspürte, einen Vater zu haben. Mit einem gutmütigen Gluckser gestand Justin, daß sein Haar mit siebenundfünfzig anfing grau zu werden, und er etwas rundlich werde. Er sagte, er rauche Pfeife, Tabak mit Kirscharoma. In der Vergangenheit hätte er oft die Gelegenheit gehabt, sich in seiner Kleidung zu Hause zu entspannen. Aber sogar damals hatte es fast einen Aufstand gegeben, wenn er sich die Haare schnitt.

Mit den vielen Frauen, die jetzt da waren, würde er kaum noch erscheinen. Er wäre aus einem besonderen Grund gekommen. »Jenny versuchte, mit Ihnen in Kontakt zu kommen, deshalb hat sie sich mit mir in Verbindung gesetzt.«

»Warum suchte sie Kontakt zu mir?«

»Sie hat viel Vertrauen zu Ihnen. Mehr als wir ihr zugetraut haben. Sie hat Sie gern. Manchmal glaubt sie, Sie wären gar nicht wirklich da. Als sie im Krankenhaus Ihre Hand genommen hat, war das eine gute Sache. Es ließ mich wissen, daß sie Ihnen vertraut.«

»Ich werde mich sehr bemühen, ihr Vertrauen zu verdienen.«

»Sie ist sehr zerbrechlich, wie eine Seidenrose, wegen der Kreativität, die in ihr steckt. Ihre Seele, ihr Geist ist schön. Nur ihrer, nicht der von den Anderen. Sie arbeiten mit jemandem, der sehr empfindlich und sehr schön ist.«

Karl war von der aufrichtigen Sorge, die Justin zum Ausdruck brachte, gerührt. Karl sah es als einen Ausdruck von Selbst-Liebe. Er hörte die Mischung von Traurigkeit und Erleichterung, als Justin dem Therapeuten die Rolle preisgab, die er so lange in Jennys Leben gespielt hatte.

»Sie glaubte, ihr Daddy hätte sie gehaßt, weil er sie nie besucht hat, nicht mal am Wochenende, nicht einmal im Monat, nicht einmal im Jahr.«

»Also sind Sie der Daddy gewesen, den sie gebraucht hat?«

»Ja, aber nicht so wie Sie. Ich bin drinnen. Sie braucht jemanden wie Sie.«

»Wie kann ich ihr Ihrer Ansicht nach helfen?«

»Da gibt's viele Sachen. Ob Sie das tun wollen oder nicht, ist eine andere Angelegenheit. Jetzt hält sie Sie für einen Doktor oder einen Therapeuten. Aber kümmern Sie sich um sie. Telefonieren Sie mit ihr und reden Sie mit ihr, auch wenn weiter nichts passiert. Gehen Sie mit ihr in Konzerte. Wäre sie ein Junge, würde ich sagen, spielen Sie Ball mit ihr – all die Sachen, die ein Daddy tun würde.«

Justin war für Karl sehr überzeugend in seinem ehrlichen Bemühen, für Jenny einen väterlichen Freund zu finden. Seine Darstellung ihres Vertrauens war übertrieben, seine Beschreibung ihrer Bedürfnisse zwingend. Nie war Karl einer Klientin begegnet, die so verletzt und ihrer Kindheit beraubt worden war. Justin ließ sie dermaßen verwundbar erscheinen, daß man leicht vergessen konnte, welche Kraft und welche Fähigkeiten sie eingesetzt hatte, ihre Vergangenheit zu überleben. Nun, es war leicht, wenigstens etwas von der Verantwortung zu übernehmen, die Justin als notwendig bezeichnet hatte.

»Was sollte ich nie tun?«

»Sie niemals anlügen. Sie selbst ist sehr ehrlich. Wenn sie ihr Wort gibt, hält sie es auch.«

»Ich würde keinen von euch anlügen.«

»Das weiß sie, sonst hätte sie nie Kontakt aufgenommen.« Karl dankte Justin für die Informationen. Er gestand Justin Unbehagen darüber zu, in einem Frauenkörper zu sein, und schlug vor, daß Justin aufpassen solle, was mit Jenny geschähe und Karl telefonisch informieren sollte. Falls es Justin eines Tages recht sein sollte, könnte er Karl in der Praxis besuchen.

Karl war froh, zusätzlich zu Flishas und Marcies auch Justins Beistand zu haben. Karl und Rachel trafen Marcie, kurz nachdem sie der richtigen Jenny begegnet waren. Marcie gab zu, daß sie es war, die sich als Jenny ausgegeben hatte, nachdem Lisa den blauen Play-Doh-Mann gemacht hatte. Marcie mochte Blau nicht, aber es war Jennys Lieblingsfarbe. Es war auch Marcie, die mit den Paynes zu tun hatte, und sie hoffte, die Sache wieder einrenken zu können. Sie kümmerte sich aufrichtig um Menschen, die sie mochten.

Auch nachdem sie ihre Tricks aufgegeben hatte, blieb Marcie die Beschützerin. Wenn sie in den Therapiesitzungen das Gefühl hatte, daß Jenny überbeansprucht wurde oder daß Karl sich irrte, erschien sie, um ihn zu strafen. Ihre Interventionen waren gutmütig, aber bestimmt.

Jennys Hoffnung auf Gesundung ruhte in den Persönlichkeiten, die nicht nur ihr Leben für sie lebten, sondern auch die Erinnerungen und Gefühle für sie bewahrten, die der Schlüssel dazu waren, sie zu einem Ganzen zu machen. Jenny selbst war wie ein verängstigtes Kind, das man plötzlich in eine Welt geworfen hatte, von der es wenig wußte. Für sie war die Praxis der Therapeuten ein sicherer Ort, obwohl sie wieder und wieder fragen mußte, ob es okay sei, hier zu lachen oder zu weinen. Sogar dort waren das Telefon, die Schreibmaschine, das Kopiergerät und die Aufnahmegeräte Bedrohungen, die erst nach langen Erklärungen durch Karl und Rachel versuchsweise akzeptiert wurden.

Falls er konnte, stellte Karl bei jeder Sitzung Kontakt zu Jenny her, half ihr, sich sicher zu fühlen und zu lernen. Oft nahm er ihre Hand, um ihr ein Gefühl der wirklichen Welt zu geben. Sie hatte soviel aufzuholen. Für sie war die äußere Welt ein Mysterium. Für sie lebte ihre Mutter noch, und sie selbst hatte keinen Ehemann und keine Kinder. Nicht einmal die Kleidung, die sie trug, erkannte sie als ihre. Sie konnte nicht Auto fahren, schaute in keinen Spiegel und konnte die Wählscheibe des Telefons nicht bedienen. Die Aufgabe, sie alles zu lehren, schien fast unmöglich, aber Karl fing damit an.

Als erstes brachte er ihr bei, sich in der Praxis zu bewegen. Er hatte bemerkt, daß sie von hübschen Dingen, leiser Musik, Blumen, angezogen wurde. Er überredete sie, sich mit ihm und Rachel in einen nahegelegenen Park zu wagen. Solange keine anderen Menschen im Park waren, wanderte sie zwischen den Blumen und Büschen umher. Die Therapeuten machten sie mit Essen bekannt, das sie nie geschmeckt oder vergessen hatte. Ihre erste Kostprobe war eine frische Orange. Als nächstes versuchte sie Schokoladeneis, Lisas Lieblingseis. Für Karl und Rachel waren dieser Unterricht und die Beobachtung von Jennys Freude bei Entdeckung ein Vergnügen. Aber sie konnte nicht alles lernen, was sie verpaßt hatte. Sie würde das Wissen und die Erfahrungen von ihrem anderen Selbst zurückgewinnen müssen.

Jetzt mußte sie erst einmal die Existenz der anderen Persönlichkeiten anerkennen. Eines Tages würde sie feststellen, daß sie ihre eigenen Kreationen waren. Karl benutzte die Tonbandaufnahmen mit den Persönlichkeiten, um Jenny zu helfen, sie kennenzulernen.

Beim Kennenlernen jeder Persönlichkeit bekamen Karl und Rachel die Zustimmung, erst Tonbandaufzeichnungen und später Videoaufnahmen der Sitzungen zu machen. Die Bänder konnten benutzt werden, um jede Persönlichkeit, aber insbesondere Jenny, von der Existenz Anderer zu überzeugen.

Es bedurfte einiger Sitzungen mit Jenny, bis sie zustimmte, sich das erste Tonband anzuhören. Sie saß schweigend da und hörte die Stimmen von Flisha, Selena und Marcie. Als das Band zu Ende war, sprach Karl, und Jenny schloß ihre Augen. Marcie antwortete. »Es war zuviel für sie.« Karl übte keinen Druck aus. Es reichte, daß Jenny zugehört hatte.

Bei der nächsten Sitzung konnte Jenny über das Band sprechen und zugeben, daß sie Menschen in der Praxis gesehen hatte, die ihr ähnlich sahen, aber nicht wie sie waren. »Sie sind ein Teil von dir«, sagte ihr Karl.

»Dann muß ich verrückt sein oder sehr böse, um sie dazu zu bringen, das zu tun, was sie tun.«

»Es passierte, als du noch sehr klein warst. Damals warst du gezwungen, es zu tun, um mit Sachen umgehen zu können, mit denen du sonst nicht fertig geworden wärst.« Jenny schaute zu Boden, ungläubig, beschämt. Mit seinem Zeigefinger hob Karl ihr Kinn, so daß sie ihn anschaute. »Schau mich an. Du hast keinen Grund, Angst zu haben oder dich schämen zu müssen.«

»Du hast eine wundervolle, kreative Vorstellungskraft, die dir geholfen hat zu überleben. Dieselbe Fähigkeit wird dir dabei helfen, gesund zu werden«, warf Rachel ein. Jenny hörte zu, dann war sie verschwunden.

Jennys Wiederauftauchen aus ihren Welten übte Druck auf die schwache Stabilität aus, die die Persönlichkeiten zu Hause aufrecht erhielten. Karl suchte ihre Kooperation, um Jenny dabei zu helfen, in der realen Welt weniger verwirrt zu sein. Er bat sie, davon abzusehen, die Möbel im Haus umzustellen, so daß Jenny, wenn sie erschien, sich an ihre Wohnung gewöhnen konnte. Karl wußte, daß die meisten Persönlichkeiten weiterhin Eintragungen in das Tagebuch machten. Das gemeinsame Tagebuch half Karl, die verschiedenen Ereignisse im Leben der Persönlichkeiten ordnen zu können. Das Tagebuch ließ ihn mit den Gefühlen bekannter Persönlichkeiten auf gleicher Höhe bleiben und sagte ihm, daß er noch weitere kennenlernen würde.

Er regte Jenny an, das Tagebuch zu lesen, und wenn sie konnte, selbst Eintragungen zu machen. Er bat Flisha, Notizen für Jenny zu machen, so daß sie verstehen konnte, was vor sich ging. Flisha machte Notizen zu Vorkommnissen in der Familie. Andere Persönlichkeiten schrieben über ihre Gedanken und Gefühle und scheuten sich nicht, die Eintragungen zu unterschreiben.

Jenny war bestürzt, als sie die vielen verschiedenen Handschriften sah. Sie waren ein unwiderlegbarer Beweis der Existenz der Anderen. Andererseits halfen sie ihr zu verstehen. Sie fing an, eigene Gefühle und Wahrnehmungen einzutragen. Neben die Aufzeichnungen der Anderen schrieb sie:

Ich habe große Angst. Ich habe sogar Angst, mich zu erinnern, weil die Sachen so schlimm sind, so unglaublich. Ich bin so schlecht, so verwickelt mit den anderen Personen. So viele Menschen sagen: Ich bin. O Gott, was bin ich, wer bin ich? Werde ich es jemals wissen? Werde ich jemals sicher sein?

Flishas Botschaften waren sehr sachlich:

Jenny, um 4.00 Uhr hast du mit Noel seine Brille abgeholt, Flisha.

Jenny, du hast Michaels Mama besucht. Dir war schlecht, deshalb hat Michael dich nicht lange aufgehalten. Selena nahm einige Pillen, von denen uns schlecht wurde. Außerdem hat Hilda alles im Haus kaputt gemacht. Nur daß du weißt, was passiert ist, Flisha.

Flishas nüchterne Schilderung ließ Karl wissen, wie normal die kleinen Aufstände zu Hause waren. Da viele Eintragungen nicht unterschrieben waren, war Karl sich nicht sicher, welche Persönlichkeiten übereinander schrieben. Sicher war er sich jedoch, daß Andere sich über Hilda ärgerten.

Jemand schrieb: *Hilda ist die Hölle. Leg dich nicht mit ihr an.*

Karl fragte Selena, was sie über Hilda wüßte. Selena sagte, sie hätte eine gewalttätige Ader, wenn man sich mit ihr anlege, würde sie einem das Leben zur Hölle machen. Gerade hätte sie einen Tobsuchtsanfall gehabt. Selena wußte nicht, was Hilda provoziert hatte. Karl brauchte sich nicht lange zu fragen, was es war.

Während der gleichen Sitzung redete er mit Jenny und sagte ihr, daß es normal sei, wütend zu werden, als ihn eine rauhe Stimme unterbrach: »Du verschwendest deine Zeit. Sie wird nicht wütend. Sie schluckt die Scheiße von Michael, er schreit sie an, und sie sagt nix.«

Jetzt wußte Karl, daß Michael sie provoziert hatte. »Du mußt Hilda sein.«

»Klar. Was zum Teufel willst du?«

»Erzähl mir von dir.«

Hilda sagte ihm, sie sei vierunddreißig und schon immer bei Jenny gewesen, weil die ihre Wut nicht rausließ. Sie erzählte ihm, wie sie eine Porzellankatze nach Michael warf, weil er sie hintergangen hatte. Sie redete betont, mit vielen ungeduldigen und angeekelten Seufzern, als ob Karl zu dumm sei, zu verstehen, was sie sagte.

»Jenny hatte Glück, daß du da warst. Jeder muß manchmal wütend werden, und sie hat oft Grund, wütend zu sein.«

»Sicher, aber sie wird ihre Gefühle nie zeigen. Sie schluckt's einfach. Es wäre am besten, aufzuhören.«

»Willst du Jenny helfen?«

»Die ändert sich doch nie.«

»Du bist ein Teil von Jenny.«

»Das bin ich nicht.«

Karl gab seiner Hoffnung Ausdruck, daß er und Rachel vielleicht Freunde von ihr, als Teil von Jenny, werden könnten. Hildas Blick ließ ihn wissen, daß sie eine solche Gunst kaum erwartete. »Ich weiß nicht, wie es ist, ein Freund zu sein.«

»Du kannst mit uns reden, deine Gefühle rauslassen. Komm uns besuchen oder ruf an, wenn du wütend bist. Zerstör nichts im Haus und versuche nicht, Leute zu verletzen.«

»Es wäre besser für sie, wenn sie tot wäre. Aber sie ist zu feige, es zu tun.« Hilda erzählte, wie Jenny geschlagen wurde, wie man sie miß-brauchte, wie man ihr gedroht hatte, die Zunge herauszuschneiden, und wie ihre Mutter ihr Wachs auf die Zunge geträufelt hatte. »Deshalb hat sie nie jemandem was erzählt.«

Karl verstand, wie Jenny als Kind ihre Wut für sich behalten hatte. Sogar als Erwachsene hielt sie sie in Schach, bis die Wut zur Raserei wurde, und Hilda auftauchte, fast wütend genug, um zu töten. Hilda war stark und mißtrauisch, aber sie war nicht geflüchtet, als Karl über Fürsorglichkeit sprach. Sie zeigte eine gewisse Anteilnahme für Jenny.

Schon allein zu erkennen, was Realität war, bereitete Jenny Probleme. Nicht immer konnte sie zwischen inneren Vorgängen und der äußeren Welt unterscheiden. Sie sagte, sie habe Angst, verrückt zu sein. Auch viele der anderen Persönlichkeiten hatten Probleme. Mit dem Schwanken ihres Bewußtseins von einander sahen oder hörten sie die Anderen manchmal und manchmal nicht. Diese bereits unsichere Wahrnehmung wurde noch von Halluzinationen überlagert.

Karl konnte erklären, daß das Hören von Stimmen, das für Opfer von *Multipler Persönlichkeitsstörung* normal ist, sich von gehörten Halluzinationen bei Psychosen unterscheidet. Bei multipler Persönlichkeit werden Stimmen im allgemeinen im Kopf gehört und werden nicht, wie bei Schizophrenie, als aus externer Quelle kommend wahrgenommen. Die Stimmen bei multipler Persönlichkeit sind entweder jene von miteinander kommunizierenden *Alter egos*, die von der die Kontrolle innehabenden Persönlichkeit mitgehört werden, oder die von Anderen, die in direkter Kommunikation mit der Kontrollpersönlichkeit stehen. (Vgl. Ross und Norton, 1988)

Die visuellen Halluzinationen konnte sich Karl nicht so leicht erklären. Es konnten Erinnerungsstückchen sein, die teilweise an die Oberfläche kamen. Es konnten Folgen von aktuellem Drogenkonsum sein oder die Rückblenden von vorausgegangenem Drogenkonsum. Er überlegte sich, Jenny lieber nichts von seiner Besorgnis zu sagen, daß Psychose als der dissoziativen Störung untergeordnete Krankheit in

Betracht gezogen werden müßte. Es konnte sein, daß bei einer oder mehreren anderen Schizophrenie auftrat, und sie deshalb auch als ein Aspekt von Jennys Problemen gesehen werden mußte. Für den Moment versicherte Karl, würde er ihr und den anderen so gut helfen, wie er könne, um zwischen Halluzination und Ereignissen in der externen Welt zu unterscheiden.

Als Selena am nächsten Nachmittag kam, war Karl nicht in der Praxis. Sie war aufgeregt, sprang von Zeit zu Zeit vom Sessel auf und klammerte sich an die Holztäfelung. Sie gestand Rachel, LSD genommen zu haben, aber regte sich noch mehr auf, als Rachel ihr vorschlug, zur Entgiftungsabteilung ins Krankenhaus zu gehen.

Als Rachel bei ihr wachte, konnte Selena erkennen, daß sie sich in der Praxis der Therapeuten befand und nicht in der Kartoffelkiste. Sie hörte auf, sich herauskämpfen zu wollen, entfernte aber unsichtbare Objekte, die sie auf den Tisch legte. Schließlich schaufelte sie diese in ihre Hand und warf sie in den Abfalleimer. Rachel dachte, daß es vielleicht ein Schlüssel zum Verständnis von Selenas Vergangenheit sein könnte. »Was ist es, Selena?« fragte sie mit ruhiger, professioneller Stimme.

»Wanzen.«

»Woher, glaubst du, sind die Wanzen gekommen?« wandte sich Rachel ganz ernsthaft an sie.

»Von anderen Wanzen.« Die Antwort kam genauso ernst wie die Frage.

Rachel grinste. Selena entspannte sich und grinste auch. Eine Zeit lang quälten sie ihre Visionen nicht mehr.

Bei der nächsten Sitzung fragte Karl Selena nach den Halluzinationen. Selena erzählte, daß sie fürchterliche Gesichter und Schlangen sähe. Sie sagte auch, sie sehe oft einen kleinen Mann, einen kleinen Kerl mit braunen Haaren und Augen, der ein rotes Hemd und weite, blaue Hosen trug. »Lisa hat eine Figur von ihm geformt.«

Karl erkannte ihn als die Play-Doh-Skulptur, die Lisa gemacht hatte, als sie das erste Mal gekommen war. Er fragte sich, wie viele der Persönlichkeiten die gleichen Visionen sahen. Er fragte Selena: »Gibt es ihn wirklich?«

»Klar, er spricht mit mir und berührt mich.«

»Ist er jetzt hier?«

»Sicher.« Selena zeigte auf die Tischecke. »Er steht da und lächelt.«

»Ich kann ihn nicht sehen.«

»Er läßt sich nur vor mir sehen.« Selena schaute auf die Ecke des Tisches. Karl faßte in die Richtung, in die Selena schaute. Ihr Gesicht zeigte Überraschung, als sie hervorstieß: »Deine Hand ging durch.« Sie bewegte ihre Hand auf den kleinen Mann zu, um sich durch eine Berührung zu vergewissern. Als Karl wieder zur Tischecke langte, war Selena verschwunden.

Marcie und Flisha gaben nacheinander zu, Dinge zu sehen, aber nicht darüber zu reden. Marcie erklärte, die Mutter hätte gedroht, sie einzusperren, wenn sie Sachen sähe, also sprach sie nicht darüber. Flisha sagte, wenn Sachen erschienen, käme Selena und würde sich ihrer annehmen.

Als Hilda wütend auftauchte und fragte, was er da täte, dachte Karl, daß sich der Kreis geschlossen hätte. Er sagte ihr, Selena hätte einen kleinen Mann auf dem Tisch gesehen, und fragte sie nach den Erscheinungen.

»Klar, verdammt, ich sehe sie, rede mit ihnen.«

»Ist der kleine Mann noch da?«

»Ja, sicher, er ist da drüben.« Hilda zeigte auf den Boden hinter Karls Stuhl. Karl langte hinunter. »Ha, jetzt läuft er vor dir weg.«

»Kannst du ihn fangen?«

»Ich glaub' schon.« Hilda ging durch das Zimmer, faßte auf den Boden, schnappte ihr unsichtbares Opfer und setzte es auf den Tisch. Karl streckte die Hand über den Tisch aus. Auf ihrem Gesicht erschien der gleiche ungläubige Ausdruck, der bei Selena erschienen war, und ließ Karl wissen, daß auch Hilda seine Hand durch den kleinen Mann hatte gehen sehen. Hier war eine Chance, dachte Karl, damit zu beginnen, den Persönlichkeiten zu helfen, die Halluzinationen zu verstehen. »Warum«, fragte er Hilda, »glaubst du, kann ich ihn nicht sehen?«

»Vielleicht« – Hilda zuckte mit den Schultern und machte aus ihrer Abscheu vor seiner Dummheit keinen Hehl – »stimmt mit dir irgendwas nicht.«

Soviel zu Lektionen über Realität.

Kapitel 23

Die Therapie mit Jenny Harris war anders als alle, die Karl oder Rachel je gemacht hatten. Durch die Erscheinung so vieler Persönlichkeiten war es, als ob sie plötzlich mit einer Vielzahl von Klienten arbeiteten. Wenn eine Persönlichkeit müde wurde oder nicht mehr in der Lage war, mit einem Thema umzugehen, erschien eine andere. Wenn die Persönlichkeiten auftauchten, schienen sie ausgeruht, als ob sie sich in totaler Entspannung in einem Trance-Zustand befunden hätten. Das Ergebnis war eine unermüdliche Klientin, die unbegrenzte Aufmerksamkeit erforderte. Es war ein dringendes Bedürfnis. In der Kindheit waren die Bedürfnisse nie befriedigt worden. Jetzt forderte jede Persönlichkeit die Möglichkeit, sich auszudrücken und akzeptiert zu werden.

Karl merkte, daß er fast jeden Tag lange Sitzungen mit Jenny hatte. Aus Tagen wurden Wochen. Karl verspürte bei den langen Sitzungen keine Müdigkeit. Es war ein faszinierendes Phänomen, und aus einem Grund, den er nicht erklären konnte, fühlte Karl sich durch seine Interaktionen mit den Persönlichkeiten voller Energie. Er blieb wachsam, interessiert und herausgefordert – und das über Stunden. Rachel fand die Zeit, an einem Teil von Jennys Sitzungen teilzunehmen und mit Karl einen fortlaufenden Dialog beizubehalten, um die ihnen präsentierten, unglaublichen Informationen zu ordnen.

Die Therapie bewegte sich zur gleichen Zeit an vielen Fronten vorwärts. Als sie die Persönlichkeiten kennengelernt hatten, fingen Karl und Rachel an, zu jeder ein Vertrauensverhältnis aufzubauen und dann zu stärken. Das war keine leichte Aufgabe. Karls und Rachels Fürsorge wurde von Jenny und den Anderen ununterbrochen getestet. Zusammen verbrachte Zeit oder anerkennende Worte konnten unverzüglich durch eine empfundene Kränkung negiert werden, die so banal wie ein verspäteter telefonischer Rückruf sein konnte. Für Karl und Rachel war es erschwerend, daß ihre Intentionen immer wieder in

Frage gestellt wurden. Diese Abneigung gegen Vertrauen konnten sie jedoch verstehen. Wann immer es notwendig wurde, begannen sie neues Vertrauen aufzubauen; Karl geduldiger als Rachel. Mit Hilfe von aufgebautem, sogar nur vorläufig aufgebautem Vertrauen, konnten die Therapeuten die Lebensgeschichten der Persönlichkeiten aufdecken, ihre Erfahrungen und Erinnerungen, die ursprünglichen Gründe, warum sie ins Leben gerufen worden waren, und den Zweck, dem sie dienten.

Bei allen frühen Begegnungen mit Persönlichkeiten waren Karl und Rachel vorsichtig. Sie wußten, daß sie das Fundament zu einer möglichen, eventuellen Integration legten, das heißt, zu einem Zusammenfügen separater Persönlichkeiten und zu einer stützenden Funktion als vereintes Individuum. Sie waren sich bewußt, daß Integration kein Einzelereignis, sondern eher ein Prozeß ist. Der Prozeß würde auch beinhalten, daß Jenny sich einer Vergangenheit erinnerte, die sich einzugestehen fast unmöglich war. Sie mußte Erinnerungen und Gefühle zurückgewinnen, die unter vielen Persönlichkeiten verstreut waren. Sie mußte eine neue Art des Umgangs mit ihrer Umwelt lernen und auch ihre *Alter egos* veranlassen, zu einer neuen Ebene kooperativen Funktionierens zu gelangen. (Andere Begriffe – Fusion, Zusammenschluß und Vereinigung – werden auf verschiedene Aspekte des Wiedervereinigens von Persönlichkeiten zu einem Wesen angewandt. Vgl. Kluft, 1988a.)

Um zu einer Integration, dem Zusammenschluß von Persönlichkeiten und verschiedenen Gruppen von Persönlichkeiten, zu kommen, mußten die Alexanders wissen, welche Gefühle und was für eine Beziehung jede der Persönlichkeiten zu Jenny hatte. Sie mußten wissen, was Integration für jede der Persönlichkeiten bedeutete, vor welchen Unannehmlichkeiten sie flüchten und was für einen Gewinn sie erwarten könnten, wenn sie ihre separate Existenz aufgeben würden.

Sie erfuhren zum Beispiel, daß Lisa es nicht mochte, wenn man mit ihr schimpfte, und daß sie ohne Streitereien aufwachsen wollte. Justin konnte den Frauenkörper kaum ertragen, in dem er lebte, besonders wenn er wußte, daß Jenny jemand anderen hatte, der sich um sie kümmerte. Flisha und Marcie freuten sich auf das Ende ihrer Verwirrung und waren bereit, fast alles zu tun, um Jenny zu helfen. Nur Selena hatte das Gefühl, vor nichts weglaufen zu müssen. Sie dachte, daß die Integration ihr nichts bringen würde.

Um Kontrolle über ihr Leben zu erlangen, mußte Jenny Wissen

und Gefühle zurückgewinnen, Kraft entwickeln, um ihre Erschöpfung zu überwinden, und lernen, in der realen Welt handlungsfähig zu sein. Von Beginn an bestand Karl darauf, daß sie, welche Veränderungen auch immer durch die Wiedererlangung des Gedächtnisses und durch den Prozeß der Integration zustande kämen, sich für Jenny nie mit weniger zufrieden geben würden, als sie gegenwärtig hatte. Sie hatte über dreißig Jahre mit ihren Persönlichkeiten funktioniert. Es sollte ihr möglich sein, ohne sie mindestens genausogut zu funktionieren.

Sowohl Karl als auch Rachel waren in den Techniken der Hypnotherapie ausgebildet. Karl fiel der Umgang damit leichter. In den Sitzungen hatten sie bei Jenny keine Form der Hypnotherapie angewendet. Sie hatte Angst vor Hypnose bekundet. Selena erklärte, daß sie Angst vor Hypnose hätten, seit Dr. Stanger, der Psychiater aus der psychiatrischen Klinik, erst Hypnose und dann Elektroschocktherapie eingesetzt hatte, um sie zu zwingen, zu tun, was er wollte.

Obgleich Karl gewissenhaft den Einzatz von Hypnose vermied, bemerkte er doch, daß ein großer Teil von Jennys Verhalten auf einen selbst hervorgerufenen Trance-Zustand schließen ließ. Veränderungen der Muskelanspannung, Weite der Pupillen und Temperatur der Hände, die bei Persönlichkeitswechseln auftraten, wiesen auf körperliche Reaktionen von Trance-Zuständen hin. Normalerweise ging dem Wechsel ein Schließen der Augen voraus sowie eine momentane Entspannung, dann nahm die erscheinende Persönlichkeit den Gesichtsausdruck und die Körperhaltung an, die charakteristisch für sie war.

Karl hatte sich an Jennys Flüchten, das heißt, den Wechsel zu einem *Alter ego*, gewöhnt, wenn sie Angst bekam oder während der Sitzung aus der Fassung geriet. Häufig erschien Marcie, doch manchmal tauchte eine neue Persönlichkeit auf. Immer wenn Jenny ihre Augen schloß, wartete Karl darauf zu sehen, wem er begegnen würde. Er erkannte die meisten Persönlichkeiten, denen er begegnet war, schon durch den Anblick. Wenn sie ihre Augen öffnete, und er das aufgetauchte *Alter ego* nicht erkannte, fragte er einfach: »Wie heißt du?«

Karl hatte mit Jenny über ihre Großmutter gesprochen. Das Thema war auf eine eher merkwürdige Art zur Sprache gekommen. Jenny fing ohne ersichtlichen Grund an, Lippen und Zunge zu bewegen, als ob sie einen unangenehmen Geschmack im Mund hätte. Sie sagte Karl, sie könne Schnupftabak schmecken. Karl bat sie, sich zu entspannen und an eine Zeit in der Vergangenheit zu denken, in der sie Schnupftabak geschmeckt hätte. Sie lächelte, als sie sich daran erinnerte, daß ihre Großmutter im Schlafzimmer des ersten Stocks gesessen und ein kleines Kleid für sie genäht hatte. Es war blau, wie die Farbe von Karls Hemd. Durch den Anblick der Farbe war diese frühe Erinnerung ausgelöst worden. Jenny erinnerte sich, den Schnupftabak zufällig probiert zu haben, und auch an das Streicheln, als Mamaw sie getröstet hatte.

Die angenehme Erinnerung war nur von kurzer Dauer. Jenny sprach über den Tod ihrer Großmutter, und die Andeutung eines Lächelns wurde von einer dünnen Linie zusammengepreßter Lippen ersetzt. Jenny sah kurz verwirrt aus, dann schloß sie ihre Augen. Ihre Schultern sackten herab, ihre Fäuste öffneten sich und ihr Kopf neigte sich nach vorn.

Karl wartete darauf, daß sie ihre Augen öffnete: das Signal des Erscheinens einer anderen Persönlichkeit. Jenny rutschte weiter in einen entspannten Zustand. Auch nach einigen Minuten blieben ihre Augen geschlossen. Karl fragte: »Wie heißt du?«

»Mind.« Die Antwort war kaum zu hören. Die Persönlichkeit hatte geschlossene Augen, war tief entspannt, scheinbar in Trance. Karl rückte näher, um die Antworten auf seine Fragen hören zu können.

Soweit er feststellen konnte, hatte Mind keine persönliche Lebensgeschichte. Sie hatte die Erinnerungen und das Bewußtsein aller Persönlichkeiten und Jennys. Mind beschrieb sich als zart, sie habe weiße Haut, blaue Augen, zerbrechliche Finger und seidenes Haar, das ihr bis zur Hüfte reiche. Karl stellte sich das ätherische Wesen, Mind, eher als Energie, denn als Substanz und als schön und wohlwollend vor.

Mind sagte, sie wäre schon immer bei Jenny gewesen. Jenny hätte sich schon in ihren eigenen Geist geflüchtet, bevor sie Sprache entwikkelte. Mind war das Reservoir von Jennys kollektivem Bewußtsein, von wortlosem Wissen und unausgesprochener Erinnerung. Mind sagte, sie könne die Rückkehr der Erinnerungen und Gefühle für Jenny kontrollieren und sie deshalb während des Integrationsprozesses vor Überlastungen schützen. Es schien, daß Mind aus dem Innersten von Jennys Existenz kam.

Mit dem Auftauchen von Mind als primärem Helfer des inneren Selbst oder Zentrums wurde das Erinnern erleichtert. Mind gestattete den bewußten Einsatz von Hypnose und wies Jenny und die Anderen an, es zu erlauben. Alle waren so exzellente Hypnosesubjekte, daß der Trancezustand mit wenig mehr als dem Bis-drei-Zählen und der Aufforderung, sich zu entspannen, erreicht werden konnte. Karl war in der Lage, die Trance zu vertiefen oder zu lockern, ganz wie es erforderlich war, um das Gedächtnis zurückzugewinnen, ohne unerträgliches Leiden hervorzurufen. (Leichte Hypnotisierbarkeit von Multiplen wird als Hinweis auf eine angeborene Fähigkeit zur Dissoziation betrachtet. Siehe Ross und Fraser, 1987.)

Der Prozeß des Erinnerns hatte behutsam mit Jennys Erinnerungen an ihre Großmutter begonnen, doch andere Erinnerungen riefen gewalttätigere Reaktionen hervor. Als Rachel zum Beispiel die Kartoffelkiste erwähnte, geriet Jenny sichtlich aus der Fassung und zitterte, als ob ihr kalt wäre. Hastig verließ sie ihren Sessel und kauerte sich in eine Ecke des Raumes. Sie sah sehr klein aus. Karl rief sie bei ihrem Namen, »Jenny.«

»Laß mich raus.« Sie weinte leise und kratzte an der Wandtäfelung. Ihre Stimme war die eines Kindes.

»Wie heißt du?«

»Becky.« Die Spielkameradin, von der ihnen Lisa vor Wochen erzählt hatte, war kein separates Kind.

»Wer hat dich dort hingebracht?«

»Mama. Es ist kalt und finster.« Sie kratzte stärker an der Täfelung.

»Wie alt bist du?«

»Klein.«

»Kannst du schreien?«

»Ich habe Angst zu schreien. Wenn ich schreie, kommt Mama zurück.«

»Was macht Mama?«

»Sie ist weggegangen, vor langer Zeit.« Becky wurde ruhig, ihre Augen schlossen sich und Selena erschien.

»Was habt ihr für'n Scheiß gemacht? Sie kann damit nicht umgehen.«

Karl erklärte, daß es Situationen in der Vergangenheit waren, mit denen Jenny nicht umgehen konnte. Jetzt würden die Persönlichkeiten die Erinnerungen an vergangene Erfahrungen enthüllen, darüber reden und sie Vergangenheit sein lassen.

»Was du meinst, ist, daß wir verschwinden werden.« Selena war wütend. Sie überließ es Marcie, sich mit Karl zu befassen. Karl bat darum, mit Jenny sprechen zu dürfen.

Jenny war immer noch sichtlich fassungslos. »Ich fühle mich, als ob ich auseinanderfalle.«

»Im Gegenteil, es beginnt sich wieder zusammenzufügen«, sagte Karl zu ihr. »Ich kann dir erklären, was passiert ist, aber das erklärt nicht, warum du dich so fühlst.«

Im Zusammenhang mit der Kartoffelkiste konnte sich Jenny an nichts Bestimmtes erinnern, obwohl sie sagte, daß sie allein beim Anblick der Kiste im Keller ihrer Tante durcheinandergeraten sei. Sie erinnerte sich undeutlich an einen roten Schaukelstuhl, aber bei dem Gedanken daran wurde ihr übel. Sie akzeptierte Karls Bericht, daß ihre Mutter sie in die Kiste gesteckt hätte. Um den Schaukelstuhl wollten sie sich ein anderes Mal kümmern.

Die warmen, tröstlichen Erinnerungen an die Liebe ihrer Großmutter wurden sehr schnell von der eisigen Vergegenwärtigung des Mißbrauchs durch ihre Mutter abgelöst. Jenny kannte ihre Großmutter nur zwei Jahre, aber ihre Wärme bestand in der Persönlichkeit Tante Sue fort. Es war Tante Sue, die Karl am Telefon gesagt hatte, daß Jenny sich schnitt.

Es war leicht, an das von Tante Sue angegebene Alter von vierundachtzig Jahren zu glauben. Als sie in der Praxis erschien, nahm sie Selenas Bubblegum übertrieben vorsichtig aus dem Mund: »Mir tun die Zähne davon weh«, sagte sie. »Viele habe ich ja nicht mehr.« Ihr Kopf bewegte sich fortwährend im rhythmischen Zucken der Lähmung, und als ihre Hände das Haar glätteten und zeitweilig zu einem »Oma-Knoten« hochhielten, wiesen sie ein feines Zittern auf. Sogar ihre Stimme hatte die zittrige Qualität fortgeschrittenen Alters.

Seit Jenny zwei war, war sie bei ihr und paßte auf sie auf. Als Jenny klein war, holte Tante Sue Sachen für sie aus dem Haus, wenn ihre Mutter sie ausgesperrt hatte – trockene Kleidung, etwas zu essen, Spielsachen. Als Jenny älter wurde, konnte Tante Sue sehen, wie sehr die schlimmen Sachen sie verletzten. Daher erzählte Tante Sue ihr, daß die schlimmen Sachen Träume waren und Tante Sues klugem, hübschem Mädchen nicht wirklich passierten.

Alles, was Jenny wollte, erklärte Tante Sue, war, daß ihre Mutter sie so liebte, wie jede Mutter ihr Kind liebte. Sie versuchte sogar, wie ihre Mutter zu sein, konnte es aber nicht. »Wahnola machte das, das mit dem Mißbrauch«, sagte Tante Sue. »Sie tat Jenny was an, verbrannte sie und schnitt sie. Aber die Leute dachten, Jenny täte sich das selbst an.«

Tante Sue warnte, daß man Wahnola in Schach halten müsse. Wenn man ihr erlaube, aufzutauchen, würde keiner sie kontrollieren können. Karl fragte sich, wann oder ob Wahnola erscheinen würde.

So gut er konnte, erklärte er Tante Sue sein Verständnis von einer internen, mißbrauchenden Persönlichkeit. Tante Sues Auffassung, daß Wahnola in dem Bemühen, ihrer Mutter zu gefallen, geschaffen wurde, kam der Wahrheit nahe. Jedes Kind verinnerlicht Aspekte der Eltern und imitiert Einstellungen und auch Verhalten. Wenn dieses aus Mißbrauch besteht, wird das Kind genau dies versuchen. Wenn er oder sie dann erwachsen ist, wird dieses Verhalten häufig auf die eigenen Kinder des früher mißbrauchten Kindes übertragen.

In Jennys Fall konnten auch andere Faktoren für den Selbst-Mißbrauch verantwortlich sein. In Fällen wiederholten Mißbrauchs tritt nach einer Episode des Mißbrauchs häufig eine Atempause ein, oder die mißbrauchende Person ist schuldbewußt oder will etwas gutmachen. Das Kind antizipiert diese endlich eintretenden Phasen der Erholung, es weiß, daß es für einige Zeit sicher ist oder daß man sich sogar um es kümmert. Oft glaubt ein Kind aber, daß es den Mißbrauch verdient und verletzt sich selbst, wenn niemand da ist, der es verletzt.

Das Verstehen, sogar das Erklären der Dynamik half Karl kaum, mit seinen Gefühlen bezüglich des Selbst-Mißbrauchs umzugehen. Er merkte, wie sich Zorn in seine Stimme schlich, als er mit Tante Sue darüber sprach. Er konnte akzeptieren, daß Jenny sehr oft ein Opfer war. Er konnte es nicht billigen, daß sich Jenny selbst zum Opfer machte.

In den letzten Jahren war Tante Sue zur Beobachterin geworden, zu alt, um einzugreifen, paßte sie jedoch immer noch auf Jenny auf. Wie Justin war sie erleichtert, als sie feststellte, daß Jenny jemand hatte, der auf sie aufpaßte. Sie glaubte, sie könnte bald sterben.

Es war ein wolkenverhangener Tag, und Karl dachte nicht an Jennys Abneigung gegen das Licht in seiner Praxis. Während er mit ihr redete, knipste er den Schalter an. »Das Summen«, sagte sie, bevor sie Kathy Platz machte.

Kathy war im gleichen Alter wie Jenny. Sie war erschienen, als Jenny klein war und es nicht ertragen konnte, in Spiegel zu schauen, weil sie sich so häßlich fühlte. Kathy war nicht häßlich. Sie konnte in Spiegel schauen. Jenny konnte es nicht, weil sie nur hübsche Dinge sehen wollte.

Kathy erinnerte sich, wie die hübschen Sachen Jenny Probleme geschaffen hatten. Als ihr Lehrer ihrer Mutter über ihre hübschen Sachen erzählte, hatte diese sie festgehalten und einen Elektrobohrer auf ihr Auge gerichtet. Der Bohrer mache den gleichen Summton wie die Leuchte, sagte Kathy. Bis Kathy es erwähnte, hatte Karl dem Summen der fluoreszierenden Installation keine Beachtung geschenkt.

Er unterhielt sich weiter mit Kathy und erfuhr, daß sie über ein gutes Verständnis der Welt verfügte. Falls morgens keine anderen Persönlichkeiten da waren, zog sie sich an. Sie wußte, wie man kochte und ein Auto fuhr, und hatte einige Erinnerungen an die Kindheit. Karl fragte sie, ob sie die Erinnerungen an den Bohrer mit Jenny teilen würde. Kathy stimmte zu. Karl gab ihnen einige Minuten, um sich zu verständigen und bat dann darum, mit Jenny zu sprechen.

Jenny sah aus, als ob sie weinen wollte, hielt aber die Tränen zurück. Sie erzählte, wie ihre Mutter ihr Auge verletzt hatte und sie wegen ihrer hübschen Sachen anschrie. Karl beruhigte sie damit, daß die Ereignisse in der Vergangenheit passiert seien. Die Leuchte summte weiter, aber Jenny schien sie nicht zu bemerken.

Jenny war hinsichtlich ihrer inneren Gefühle und ihrer Umgebung unglaublich sensibel. Jeder ihrer Sinne war auf's äußerste geschärft und reagierte auf interne und externe Reize. Für Jenny bedeuteten die Reaktionen häufig Schmerz und Angst.

»Blut.« Jenny sprach und sank dann im Sessel zusammen. Karl fragte: »Mind, bist du da?«

»Ich bin da.« Auf Karls Drängen erklärte Mind, was passierte. Jenny hatte eine rote Schrift von einem Filzschreiber gesehen, die Selena auf die Kunsttafel geschrieben hatte, und sie hatte sich an eine andere rote Schrift erinnert. Sie reagierte auf die Farbe, nicht auf den Inhalt der Schrift.

Karl dankte Mind für die Information über Jennys Reaktion. Er bat, wieder mit Jenny sprechen zu dürfen. Er lenkte Jennys Aufmerksamkeit auf die Schrift.

»Rot«, sagte sie. »Ich träumte, meinen Namen mit Rot in ein Buch geschrieben zu haben. Mutter machte es.«

Karl drängte sie, weiterzuerzählen. »Sie hat mich unten verletzt, so daß ich blutete. Dann habe ich meinen Namen geschrieben und das Blut getrunken. Für alle Zeit als schlecht und böse besiegelt.« Ihre Atmung beschleunigte sich, dann erschien Barbara. Barbara war ruhig, ihre Atmung regelmäßig. Sie sprach mit starkem Akzent. Karl bemerkte den Gebrauch von *ja* und *nein* und war nicht überrascht, als sie sagte, ihre Familie stamme aus Deutschland.

Barbaras Funktion war es gewesen, Jenny vor dem schwarzen Buch zu schützen. Als Kind wußte Barbara, wie der Priester in der Kirche und der Hohepriester der Sekte die Bibel benutzten. Das schwarze Buch verwirrte Jenny und machte ihr Angst, aber Barbara wußte, daß das Buch gut war. Daran hielt sie für Jenny fest.

Barbara berichtete über die Details des Vorfalls, als Jenny ihren Namen mit Blut schrieb. Die Mutter habe sie auf den Küchentisch gelegt und sie gezwungen, mit dem Buch im roten Schaukelstuhl zu sitzen. Als Karl zu Jenny sprach, hyperventilierte sie. Er half ihr, die Atmung zu beruhigen und sagte ihr, daß sie nicht geträumt, sondern eine Erinnerung erlebt hätte. »Aber du warst weder damals noch heute schlecht und böse.«

Als ob es darum ging, Karl heimlich zu widerlegen, verwiesen die Eintragungen in das Tagebuch auf das Böse. In stilisierten Druckbuchstaben erschien eine Warnung.

Rette sie, denn für sie gibt es nur die Hölle.

Ein paar Tage später stand geschrieben:

Ich verrate es nicht, ich warne dich. Da gibt es etwas Schlimmes, Sandy.

Nicht weit von der Eintragung stand in Kinderhand:

Ich habe Angst vor Sandy. Sie ist dabei, ihren Verstand zu verlieren.

Die Tagebuchbotschaften schienen dringend zu sein. Karl wartete nicht darauf, daß Sandy erschien. Während er mit Selena arbeitete, bat er darum, mit Sandy sprechen zu dürfen.

Obwohl sie empört darüber war, daß man sie gerufen hatte, kam Sandy. Sie war ruhelos und ging im Zimmer herum, die Schultern zurückgezogen und mit festem Schritt. Sie hielt wohlüberlegt Abstand, redete aber ganz offen mit Karl und Rachel, die beide bei der Sitzung anwesend waren.

Gebeten, sich zu beschreiben, sagte Sandy, sie habe langes, dunkles Haar und trage wegen der Überanstrengung ihrer Augen eine Brille. Sie sagte, sie wäre schon einmal in der Praxis gewesen und hätte mit Rachel über die Sekte gesprochen. Wie beiläufig redete sie über ihr Interesse an Hexerei. »Als ich einundzwanzig war, hat man mich zu einer Hohepriesterin gemacht. Aber ich habe die Sekte verlassen. Ich mache meine eigenen Sachen. Wissen Sie, ich praktiziere solo und auch nicht ganz nach Vorschrift. Ich habe meine eigenen Rituale, meine eigenen Leute.«

»Wie sind Sie dazu gekommen?«

»Vor Jahren wurden wir an den Teufel verkauft. Wir haben unsere Seele verloren. Man ist geopfert, verdammt für das ganze Leben. Alle Kinder der Sekte wurden geopfert und dann gequält. Ihre Mutter zwang sie, und der Rest von uns folgte.«

»War die Mutter eine Hexe?«

»Oh, die hatte keine Kräfte und Mächte, sie war einfach gemein. Die Quälerei war etwas, das sie machen mußte; man hat es ihr befohlen. Nach einiger Zeit hätte sie es sowieso von sich aus gemacht.«

»Weiß Jenny von der Sekte?«

»Ich bin nicht ganz sicher. Jenny haßte die Berge, es gab viele Rituale dort. Und das Haus, in dem sie mit ihrer Mutter lebte – schreckliche Sachen, die wir gemacht haben.« Sandy erzählte viel über sexuellen Mißbrauch, immer noch unsicher, wieviel Jenny wußte.

Schließlich setzte sich Sandy und schien weniger vorsichtig zu sein, als sie zu Beginn war. Wie bei jedem Treffen mit einer Persönlichkeit akzeptierten Karl und Rachel Sandys Bedeutung und bemühten sich um sie als ein Teil von Jenny. Sie fragten sie, ob sie bereit wäre, Jenny zu helfen.

Jenny war Sandy gleichgültig. Ihr eigenes Schicksal war unveränderbar vorherbestimmt. Ihre einzige Hoffnung war Reinkarnation. Sie wollte Jenny helfen, wenn für sie dabei etwas herausspringen würde.

Sandys Erscheinen und ihre eigene Identifizierung als Hexe veranlaßten die Alexanders, den Hinweisen auf Sektenverwicklungen zu glauben, von denen sie bislang angenommen hatten, es könnten Selbsttäuschungen sein.

Irgend etwas mußte an der Teufelsanbetung dran sein, wenn ein *Alter ego* existierte, das sich damit beschäftigte.

Die Art der Aktivitäten und Überzeugungen, die Sandy den Therapeuten präsentierte, stimmte mit dem überein, was diese bereit waren zu akzeptieren. Sandy sprach von einsamen Ritualen und Beschwörungen für sich selbst und gab zu verstehen, daß ihre Mutter das gleiche getan hatte. Die Gruppenaktivitäten, auf die sie hinwies, bestanden anscheinend aus heimlichen, sexuellen Exzessen und dem Gebrauch von Drogen. In der Gruppe wurde den Kindern Angst gemacht, sie wurden geradezu terrorisiert, um ihr Stillschweigen zu gewährleisten.

Karl und Rachel argwöhnten, daß Gladys Faye über die Sektenpraktik, Kinder zu verängstigen, hinausgegangen war und ihrer Tochter tatsächlich körperliches Leid zugefügt hatte. In den Händen dieser äußerst gestörten Mutter konnte ein relativ harmloser, quasi-religiöser Glaube zu einer gefährlichen Rechtfertigung für Kindes-mißbrauch geworden sein.

Weder Karl noch Rachel baten Sandy um eine Erklärung, was sie meinte, als sie sagte, daß Kinder dem Teufel geopfert und gequält wurden. Keiner der Therapeuten erinnerte sich an die Anspielung auf Menschenopfer, die bei der ersten Sitzung von Jenny Harris gemacht wurde, als sie sagte, sie hätte gesehen, wie ein Mann von oben bis unten aufgeschlitzt worden sei, und keiner fragte Sandy, was bei den Ritualen passierte. Dieses Übersehen könnte leicht mit der Informa-tionsflut erklärt werden, die im Prozeß der Enthüllungen von vier-unddreißig Persönlichkeiten, in einem Zeitraum von nur etwas mehr als einem Monat, entstanden war. Später erkannten sie, daß sie, falls sie Fragen gestellt hätten, nicht auf die Antworten vorbereitet gewe-sen wären. Sie hätten mit den Antworten nicht umgehen können.

Kapitel 24

Tägliche, lange Sitzungen beschleunigten Jennys frühe Therapie. Was man normalerweise in Monaten oder Jahren konventioneller Therapie, mit ein bis zwei Sitzungen pro Woche, erreicht hätte, wurde auf diese Weise in Wochen komprimiert. Die intensive Therapie stellte hohe Anforderungen, aber schien durch die Ergebnisse gerechtfertigt zu sein. In nur etwas mehr als einem Monat enthüllten die Therapeuten ein komplexes System von Persönlichkeiten.

In dieser frühen Phase stellte die Therapie an die Therapeuten beinahe größere Anforderungen als an die Klientin. Abgesehen von der in Sitzungen verbrachten Zeit mußten die Therapeuten die Informationen von Stunden sichten. Sie mußten die Notizen und Tonbandaufzeichnungen von vierunddreißig Persönlichkeiten sortieren und diskutieren. Sie forschten in der Fachliteratur nach, um Hinweise für ihre Bemühungen um Jenny zu bekommen. In den Fachzeitschriften fanden sie nur wenig zum Thema.

Während sie wartete, daß eine Computer-Nachforschung in der örtlichen Bibliothek abgeschlossen wurde, blätterte Rachel durch die *Social Issues Resource Series: Mental Health Vol. VII*. Beitrag Nummer 38, mit der Abdruckserlaubnis der *Palm Beach Post*, West Palm Beach, Florida, vom 12. November 1980, zitierte Dr. Bennett G. Braun, einen Psychiater aus Chicago, der als einer der wenigen Spezialisten für Multiple anerkannt wurde. Dr. Brauns Worte: »Sich mit solchen Patienten zu beschäftigen, heißt mehr als die einfache eine-Stunde-pro-Woche oder der fünf-Minuten-Anruf. Eine Sitzung kann bis zu acht Stunden dauern«, waren hervorgehoben und bezogen sich auf den Hinweis des Artikels, daß es manchmal vierundzwanzig Stunden Aufmerksamkeit bedurfte, um Persönlichkeiten zusammenzubringen.

Die in dem Artikel vorgetragenen Auffassungen stimmten damit überein, wie die Alexanders Jennys Bedürfnisse und ihr eigenes Verhalten in Reaktion auf diese Bedürfnisse sahen. Lange Telefonate und stundenlange Gespräche über Eindrücke von Jennys Situation hatten zur Folge, daß ihre Arbeit zu Hause weiter ging. Ihre Therapietermine und die Gewohnheit, Arbeit und Freizeit zu trennen, veränderten sich beachtlich, als sie begannen, sich um Jenny zu kümmern.

Bei Jenny hatte die anfängliche Zeit der Therapie kaum Auswirkungen auf ihr Leben zu Hause. In einem vollständig in Einzelabschnitte aufgeteilen Leben wurden die Ereignisse der Therapie von Jennys Funktion zu Hause getrennt. Die verschiedenen Persönlichkeiten erhielten ihre Rollen in Reaktion auf Michael und die Kinder aufrecht, so daß Jennys Familie sie nicht anders wahrnahm als sonst.

Obwohl die Familie sich nicht besorgt zeigte, bat Flisha die Alexanders, mit den Kindern zu sprechen. Sie wollte, daß die Therapeuten den Kindern zu verstehen halfen, was mit ihrer Mutter vor sich ging. Wenn die Kinder informiert waren, konnten die Persönlichkeiten sich entscheiden, ob sie ihnen ihre Identität preisgeben wollten.

Als sie darum bat, es den Kindern zu sagen, bat sie zur gleichen Zeit, es Michael nicht zu sagen. Flisha hatte das Gefühl, daß er es nicht verstehen konnte oder wollte, und sie hatte Angst, daß er »sie« zwang, die Therapie abzubrechen. Im Moment mischte er sich nicht ein. Karl wollte warten, bis Jenny selbst oder eines ihrer *Alter egos* ihn wissen ließ, daß sie bereit war, Michael zu informieren. Er und Rachel wollten sich erst mit den Kindern beschäftigen.

Morgan fühlte sich für ein sechzehnjähriges Mädchen in der Praxis der Therapeuten bemerkenswert wohl. Sie war so klein wie ihre Mutter, aber etwas dünner, und ihr Haar war ein wenig blonder. Ihre physische Ähnlichkeit und Jennys jugendliche Erscheinung ließen sie wie Schwestern erscheinen. Auch war ihr Umgang miteinander eher der von Geschwistern als von Mutter und Tochter. »Hör auf zu schmatzen«, sagte Morgan, als Selena auftauchte und anfing Bubblegum zu kauen. Die Kritik am Kaugummikauen ihrer Mutter wurde von einem Lächeln begleitet.

Der zwölfjährige Noel fühlte sich nicht so wohl. Er überspielte sein Unbehagen mit Zwanglosigkeit. Er flegelte sich in seinen Sessel, tat so, als sei er nicht interessiert und beantwortete die ersten Fragen der Therapeuten mit »Ja« und »Nee«. Er war ein stämmiger Junge, nicht groß, aber muskulös. Am meisten interessierte ihn das Militär, gab er schließlich zu. Das erklärte die Drillichkappe, die sein kurz geschnittenes braunes Haar bedeckte.

Nachdem sie den jungen Menschen Zeit gelassen hatten, sie kennenzulernen, brachten Karl und Rachel das Thema multiple Persönlichkeit zur Sprache. Sowohl Morgan als auch Noel akzeptierten die Diskussion mit Gleichmut. Ja, sie wußten, daß ihre Mutter anders war. Sie konnte launisch sein, in einer Minute streng und in der nächsten wie ihre Freundin. Morgan sagte, ihre Mutter benehme sich oft wie zwei vollständig andere Personen.

Die Beschreibung multipler Persönlichkeit durch die Alexanders schien den Kindern sehr viel verständlich zu machen. Die Therapeuten sprachen im allgemeinen. Sie erklärten, daß Jenny die Persönlichkeiten als verständliche Reaktion auf schlimme Erfahrungen, die sie als Kind gehabt hatte, entwickelt habe. Die Persönlichkeiten hätten ihr über die Erfahrungen hinweggeholfen und sie vor sehr schlimmen Folgen bewahrt. Aber jetzt würden die Persönlichkeiten nicht mehr gebraucht, um sie zu schützen, und sie stifteten in ihrem Leben Verwirrung, was sich in den mentalen Problemen, die Morgan und Noel kannten, niederschlagen würde.

Immer noch allgemein, sagte Karl, daß er die Persönlichkeiten kennengelernt hätte, die geholfen hatten, für Morgan und Noel zu sorgen, als sie noch klein waren, sowie weitere, die selbst noch Kinder waren. Noel bestätigte, daß er es verstanden hätte: »Ich will ja nur, daß sie ihre kleinen Freunde aus meinen Angelegenheiten raushält.« Morgan zeigte weniger von dem lebenswichtigen kindlichen Selbstinteresse als ihr Bruder und gestand, daß sie sich häufig frage, warum ihre Mutter am Daumen lutsche.

Die Erklärungen zur multiplen Persönlichkeit entlockten den Kindern weder Verurteilung noch Nachsicht. Karl hatte das Gefühl, daß sich ihre Beziehung zur Mutter kaum ändern würde. Beide drückten ihr gegenüber Wärme aus, und wie in der Vergangenheit akzeptierten sie ihr Verhalten. Nun hatten sie einen Namen für ihr Verhalten und eine Möglichkeit, es zu verstehen.

Auf den ersten Blick war die Reaktion der Kinder auf ihre Mutter überraschend. Für die Alexanders war der Eindruck von Jennys Verhalten dermaßen bizarr und die Unterschiede der einzelnen Persönlichkeiten so offensichtlich, daß es ihnen schwerfiel, Morgans und Noels Aufnahme, ja, sogar Fürsorge für ihre Mutter zu verstehen. Die Therapeuten suchten bei den Kindern nach Verstimmung, nach Wut, die von der Zerrissenheit der Mutter verursacht worden war.

Die Reaktionen der Kinder schienen aufrichtig zu sein. Sie reagierten auf die einzige Mutter, die sie kannten – launisch, oft krank, manchmal zurückhaltend, manchmal liebevoll – aber immer ihre Mutter. Sie zeigten die gleiche Anhänglichkeit, die die meisten Kinder zeigen würden. Kinder sind Eltern gegenüber loyal, ob sie mißbraucht oder geliebt werden. Wie auch immer ihre Situation ist, sie passen sich an.

Karl und Rachel machten sich Sorgen, daß Jenny vor dem Hintergrund ihres eigenen schweren Mißbrauchs ihre Kinder ebenfalls mißbraucht hatte. Häufig mißbrauchen Menschen, die mißbraucht worden sind, später ihre eigenen Kinder. Zumindest was ihre Rolle als Mutter von Morgan und Noel anbelangte, mußte ihr Verhalten merklich unbeständig gewesen sein. Es war jedoch unwahrscheinlich, daß Morgan und Noel solche Informationen den Alexanders preisgaben, von denen sie wußten, daß sie die Therapeuten und Freunde ihrer Mutter waren.

Mit genügend Zeit und Interaktion könnten die Therapeuten Beziehungen zu den Kindern aufbauen, die ihnen eine genaue Bewertung der Auswirkungen der Krankheit der Mutter auf ihre Kinder ermöglichen würde. Zu diesem Zeitpunkt hatten die Alexanders jedoch weder die Zeit noch die Sachkenntnis, um eine Therapie der Kinder anzustreben. Von einer Überweisung der Kinder zur Behandlung konnten sie auch keinen größeren Erfolg erwarten als sie bei dem Versuch mit Jenny gehabt hatten. In der Schule kamen Morgan und Noel ganz gut mit. Beide hatten Freunde und schienen zufrieden zu sein. Es wäre unverantwortlich gewesen, Probleme aufzudecken, für die sie ihnen keine Lösungen hätten anbieten können. Die Therapeuten boten den Kindern das gleiche an, was sie Jenny anbieten konnten – Hilfe beim Verstehen ihres Verhaltens und dessen Bedeutung und Ursachen.

Zur gleichen Zeit, als die Alexanders versuchten, Jennys Kindern verstehen zu helfen, waren sie auch um ein besseres eigenes Verständnis bemüht. Ein Artikel in der spärlichen Fachliteratur war äußerst hilfreich. Er baute auf den Informationen auf, die sie dem Zeitungsartikel und dem Buch *Sybil* entnommen hatten. Im *Journal of Nervous and Mental Disease*, Okt. 1980, behandelte ein Artikel von George B. Greaves, Ph.D., Fragen des Auftretens, Ürsprünge, Mechanismen und Behandlung. (Siehe die Literaturhinweise.)

Die Beschreibung der diagnostischen Merkmale stimmte mit den

Beobachtungen der Alexanders bei Jenny überein. Die Beschreibung des Entstehens anderer Persönlichkeiten als Reaktion auf ein Trauma sowie ihre Anzahl, die das Ausmaß des Traumas reflektierte, schien auch übereinzustimmen. Eine neue Persönlichkeit konnte erforderlich werden, um mit einer einzelnen traumatischen Episode umzugehen oder konnte als Folge eines wiederholten Traumas entstehen oder ein Ausdruck verteilter Bedürfnisse oder Emotionen sein. In diesem Lichte gesehen, korrespondierte nicht jede Persönlichkeit direkt mit einem spezifischen Trauma, sondern repräsentierte eher einen neuen Versuch, physische oder emotionale Schmerzen abzuwehren. Dr. Greaves schlug vor, daß bei der Behandlung die anderen Persönlichkeiten von ihren Erinnerungen und Emotionen, die früher einmal ihre Existenz notwendig machten, gelöst werden und dann in einen Prozeß der Integration einbezogen werden sollten.

Die Informationen waren beruhigend und schufen einige Richtlinien für die Behandlung. Was die Diagnostik und Therapie betraf, war in der Fachliteratur jedoch so wenig zu finden, daß sich Rachel und Karl zum größten Teil auf ihr Wissen über menschliches Verhalten und ihre intuitiven Reaktionen auf ihre Klientin verlassen mußten.

Während sie einer völligen Integration Jennys in der Zukunft entgegensahen, um sie als einzelnes, gesundes Individuum funktionieren zu sehen, mußten die Therapeuten auch nach Möglichkeiten suchen, ihr beim Funktionieren in der Gegenwart zu helfen. Sie dachten darüber nach, welche Veränderungen man in ihrer Umwelt vornehmen könnte und welche Veränderungen in ihrem Persönlichkeitssystem vorgenommen werden konnten, um ihr beim Umgang mit dem Hier und Jetzt zu helfen.

Die Persönlichkeiten durch gemeinsame Kommunikation zur Kooperation zu bewegen, unter anderem durch das Tagebuch, sowie sie dazu zu bringen, die Sachen im Haus nicht mehr umzustellen, trug dazu bei, daß die reale Welt für Jenny beständiger wurde. Die Kinder zu informieren, daß sie multipel war, nahm Druck von ihr.

Und doch gab es immer noch Verwirrung und Angst. Schon die Anzahl von Persönlichkeiten, die um Zeit wetteiferten, rief Diskontinuität und Frustration hervor. Ihre Funktionen bewegten sich auf der Skala von Tante Sues liebevollem Schutz bis Wahnolas verheerendem Selbstmißbrauch, von Barbaras Festhalten am christlichen Glauben bis zu weitergeführten Sektenpraktiken Sandys.

Unter den mehr als dreißig bekannten Persönlichkeiten gab es einige, von denen Karl und Rachel wußten, daß es volle Persönlichkeiten mit bedeutsamen Geschichten, Lebenserfahrungen und einer Vielzahl verhaltensmäßiger und emotionaler Reaktionen waren. Andere waren Persönlichkeitsfragmente, mit begrenzten Erfahrungen und Reaktionen, die in spezifischen Situationen auftauchten.

Es war nicht immer einfach, zwischen Persönlichkeiten und Fragmenten zu unterscheiden. Einige hatten mehr Tiefe, waren weiter ausgeformt als andere; einige Fragmente waren komplexer als andere. In gewisser Hinsicht brauchte man keinen Unterschied zu machen. Sie alle, Persönlichkeiten und Fragmente, waren für Jenny wichtig und enthielten kollektiv ihre Erfahrungen und Reaktionsmöglichkeiten. Alle mußten miteinander vereinigt werden, um Jennys Gesundung zu gewährleisten. Die Persönlichkeiten bedurften größerer Aufmerksamkeit während der Therapie als die Fragmente, um verschiedene Probleme und Bedürfnisse durchzuarbeiten und sie auf die Integration vorzubereiten.

Die Vereinigung von zwei oder mehreren Persönlichkeiten oder Fragmenten zu einem neuen funktionalen Wesen, waren Schritte auf dem Weg zur Integration. Es bedeutete eine Zunahme von Jennys Erinnerungen an vergangene Erfahrungen sowie eine neue Form des Umgangs mit dem Leben. Persönlichkeiten, einschließlich Selena, Flisha und Marcie, wie auch Fragmente wie Tante Sue, Kathy und Hilda, würden zu einer bestimmten Zeit gebeten werden, ihre Einzelexistenzen aufzugeben. (Nachdem ein Unterschied zwischen Persönlichkeiten und Fragmenten gemacht wurde, werden hiernach alle *Alter egos* ganz allgemein Persönlichkeiten genannt, und es wird anerkannt, daß sie über unterschiedliches Aussehen, Lebensdauer und Einfluß verfügen.)

Aus verschiedenen Gründen war es wichtig, so bald wie möglich mit der Integration von Persönlichkeiten anzufangen. Durch eine Reduzierung der Anzahl von Elementen, die in dem Persönlichkeitssystem operierten, würde nicht nur die Verwirrung verringert werden, sondern das System könnte auch durch eine Stärkung positiver und Abschwächung negativer Bestandteile verbessert werden.

Um die Integrationen vorzubereiten, brachte Karl soviel er konnte über die Persönlichkeiten in Erfahrung – wann sie erschienen waren, welchem Zweck sie dienten und die Erfahrungen, an die sie sich erinnerten. Er beriet sich häufig mit Mind und suchte ihren Einblick in

Hintergründe und Motive der Persönlichkeiten. Minds Kenntnisse des Systems verschafften ihr eine Genauigkeit in der Vorhersage von Risiken und Vorteilen, die von den Integrationen zu erwarten waren.

Allein durch einfaches Fragen war es Karl möglich, über jede Persönlichkeit Kontakt zu Mind herzustellen. Die gefragte Persönlichkeit entspannte sich in Trance, und Karl fragte einfach: »Mind, bist du da?«

»Ich bin da«, antwortete Mind stets gleichbleibend und verweilte in tiefer Trance. Zusammen beschlossen Mind und Karl, daß sie mit der Integration kleinerer Persönlichkeiten anfangen sollten, wie zum Beispiel den vier männlichen Persönlichkeiten, deren einzige Funktion darin bestand, mit dem komplexeren Justin für die Disziplin der Kinder zu sorgen.

Justin hatte seine Funktion als Beobachter für Karl fortgesetzt und sprach oft mit ihm am Telefon. Nachdem er schließlich seinen Widerwillen überwunden hatte, in Frauenkleidung gesehen zu werden, erschien er eines Tages in der Praxis, als Selena Jeans und ein buntkariertes Hemd trug. Er sagte, es sei ihm peinlich, mit Ohrringen gesehen zu werden, nahm sie dann ab, schlug entspannt die Beine übereinander und reichte Karl die Hand. Er sprach längere Zeit, von Mann zu Mann.

Karl sprach Justin auf die Integration an. Wie erwartet zeigte sich Justin kooperativ. Die anderen Männer tauchten so selten auf, daß Justin sich ihrer kaum bewußt war. Bei den wenigen Anlässen, zu denen sie erschienen, fühlten sie sich in Frauenkleidung auch nicht wohler als Justin.

Der Reihe nach sprach Karl mit den männlichen Anderen – Jeff, Bob, Phil und Terry. Karl fand heraus, daß sie erst spät, als Reaktion auf Jennys Frustration mit ihren kleinen Kindern, in Jennys Leben aufgetaucht waren. Da die Kinder älter waren, gab es mit diesen *Alter egos* vor der Integration scheinbar nichts mehr zu klären.

Karl wandte seine Aufmerksamkeit wieder Justin zu, der vorschlug, daß die Männer erst miteinander reden sollten. Karl wartete schweigend und beobachtete, wie seine Klientin, eine kleine, hübsche Frau, anscheinend die Augen schloß, um sich auszuruhen, während in ihrem Kopf fünf Personen eine Unterhaltung führten. Wenn die innere Konversation beendet war, würde Karl wieder mit einer Einzelperson sprechen, die sich als Mann wahrnahm.

Obgleich es schwer zu verstehen war, zweifelte Karl nicht daran, daß sich die Persönlichkeiten unterhalten konnten. Er respektierte die Realität ihrer Erfahrungen. Es war schwer, sich vorzustellen, wie eine Persönlichkeit oder ein Bewußtsein den Körper mit einer ganzen Reihe anderer bewohnen konnte, wobei gleichzeitig ein Bewußtsein die Kontrolle hatte. Noch schwieriger war es, sich das Nebenbewußtsein vorzustellen – eine Persönlichkeit war sich zur gleichen Zeit der Gedanken und Handlungen einer anderen bewußt. Die innere Konversation schien noch eine weitere Existenzebene erforderlich zu machen. Um miteinander zu reden, mußten Persönlichkeiten mit vielen nebeneinander bestehenden Meinungen zur gleichen Zeit den Körper bewohnen.

Als die Persönlichkeiten ihre Unterhaltung beendet hatten, sprach Justin für alle. Sie waren übereingekommen, daß die Integration sofort stattfinden solle.

Karl wendete Bild-Techniken an, um den Prozeß zu erleichtern. Er half Justin, sich zu entspannen und sich vorzustellen, er stände auf der obersten Stufe einer Treppe, ganz ruhig und friedlich, und würde beobachten, wie die anderen Männer die Treppe heraufkämen. »Du bleibst ganz entspannt. Ich werde von eins bis fünf zählen. Wenn ich bei fünf angekommen bin, werden Jeff, Bob, Phil und Terry nacheinander in dich hineingehen, die Integration wird abgeschlossen sein, und du wirst die Augen öffnen.«

Karl war sich nicht sicher, was er zu erwarten hatte. Wenn die Integration stattfand, wäre es Jennys Werk. Eine Psyche, der es möglich war, sich in andere Persönlichkeiten aufzuteilen, sollte auch in der Lage sein, die Persönlichkeiten wieder zu vereinigen. Karl stellte nur eine Umgebung und Erwartungshaltung zur Verfügung.

Justin öffnete die Augen und lächelte. Karl konnte keinen Unterschied feststellen, obgleich er sich benahm, als ob er sich anders fühlte. Er sagte, es wäre eine angenehme Erfahrung gewesen. Er hätte beobachtet, wie die anderen zu ihm heraufgekommen wären und sich dann irgendwie mit ihm verschmolzen hätten. Er verspürte keine Nebenwirkungen außer einem leichten Gefühl der Völle und Schwere. Karl bat ihn, sich wieder zu entspannen, wenn auch nicht ganz so tief, und bei fünf solle er die Schwere loslassen, die eine normale Folge tiefer Entspannung sei. Der Prozeß schien gut zu funktionieren.

Karl stellte die Integration nicht auf die Probe. Er verhielt sich so, als ob die Veränderung stattgefunden hätte. Er erwartete, den vier kleineren Persönlichkeiten nicht mehr zu begegnen. Der Prozeß schien verführerisch einfach zu sein, vielleicht, weil es sich nur um Persönlichkeitsfragmente handelte. Andererseits war die Integration kein kompliziertes Manöver des Psychotherapeuten, sondern eher ein Willensakt des Klienten, eine Handlung, die Motivation zur Erlangung von Ganzheit demonstrierte.

Für diese erste Integration wurde nur wenig Zeit zur Anpassung gebraucht, scheinbar wegen der Widerspruchsfreiheit unter den Involvierten. Karl erkannte jedoch, daß die Integration Streß auf die Persönlichkeiten ausüben könnte, und versuchte, für sie eine Zeit der Anpassung an neue Gedanken und Gefühle, als Folge der Verbindung mit Anderen, vorzubereiten. Er ermutigte sie, sich miteinander zu unterhalten und es sich bezüglich des Prozesses so bequem wie möglich zu machen, bevor sie damit anfingen.

Im Vertrauen auf Gottes Schutz und ihre eigene Frömmigkeit erklärte sich Barbara ohne Zögern bereit, auf Karls Vorschlag einzugehen, einer Integration mit Sandy zuzustimmen. Es war Sandy, die sich weigerte. Sie war davon überzeugt, daß niemand sie wollte. Sie war zu böse. Falls sich eine andere Persönlichkeit zur Integration bereit erklärte, wollte Sandy es nicht riskieren, daß Satan Macht über jemand anderen bekam. Nur sie sollte verdammt sein.

Karl hoffte nicht nur, die kümmerlichen Reste ihres Glaubens für Jenny retten zu können, sondern auch ein für allemal die Treue zur Sekte und die Möglichkeit einer erneuten Kontaktaufnahme zu den Teufelsanbetern zu beenden. Er erinnerte sich, daß Sandy darüber geredet hatte, daß sie an Reinkarnation glaubte. Was wäre, wenn sie eine Reinkarnation Barbaras würde? Da ein vollkommen neues Wesen geschaffen würde, könnte jede die schlechten Eigenschaften aufgeben und gute Eigenschaften miteinander verbinden, wie etwa Kenntnisse der Heiligen Schrift und die Kraft, Widrigkeiten zu begegnen.

Zur Zeit der Integration sah sich Barbara in der Nähe des alles umschließenden, schwarzen Vorhangs und spürte die kalte Härte des Steinaltars; so gut hatte Sandy es ihr beschrieben. Die Wärme eines Feuers streifte ihre Wangen, als Sandy mit ihr verschmolz.

Barbara benahm sich wie Justin, so, als ob die Vereinigung sie verändert hatte. Sie sprach von einem tieferen Verständnis der Heiligen Schrift und drückte ihre Dankbarkeit für das so schnell erhaltene Wissen aus. Obwohl Sandy gesehen hatte, daß die religiösen Worte pervertiert worden waren, um dem Satanismus einen Platz zu schaffen, war ihr Ziel, Jenny beim Verständnis der Bibel zu helfen, nicht so weit von

Barbaras entfernt. Mit Sandy als Teil von ihr konnte Barbara ihr Wissen und ihren Einfluß dazu nutzen, Jenny von dem der Bibel inhärenten Guten zu überzeugen. Die Integration hatte die Folgen, die Karl erhoffte. Das Fokussieren der einst divergierenden Bemühungen dieser zwei *Alter egos* trug dazu bei, etwas Ruhe in Jennys Verwirrung bezüglich Religion zu bringen.

Lisa rief Karl an. Flisha und Selena stritten sich wieder. Diesmal ging es um einen Prediger, David Alman. Nach drei Jahren zog er sich aus der Beziehung zurück, und jede gab der anderen die Schuld. Karl sagte Lisa, er würde mit Flisha und Selena über David reden.

Bevor Karl die Möglichkeit hatte, die beiden in der Praxis zu sehen, kam es zu einer Krise. David nahm den Ruf einer Kirchengemeinde außerhalb des Staates an und verließ die Gegend unverzüglich.

Als Karl sie sah, schien Flisha mit den Umständen spielend fertig zu werden, wohingegen Selena in eine tiefe Depression sank. In der Praxis brach sie in Tränen aus. »Früher wollte er was von mir, jetzt nicht mehr.«

Karl scheute keine Anstrengung, um ihr klarzumachen, daß David als Priester und verheirateter Mann der Beziehung Grenzen setzen mußte. Vielleicht mußte er sich zurückziehen, um sich über seine Gefühle klarzuwerden. In gewisser Weise könnte David ihr ja seine wahren Gefühle gezeigt haben, indem er eine Beziehung beendete, die sich nicht weiterentwickeln konnte. Selena war nicht zu überzeugen.

»Ich wollte, daß er mich liebt.« Sie bat fast flehentlich. »Ich meine, ohne Sex. Ich möchte jemandes Herz zum Singen bringen. Ich möchte, daß jemand mit mir lacht, mit mir weint. Ich möchte jemand, der gut ist, keinen von der Straße. Ich bin ein dummes, kleines Mädchen. Ich habe mich geöffnet. Ich möchte nicht, daß man mir immer weh tut.«

Als ob es ihr peinlich wäre, ohne Abwehr erwischt worden zu sein, wurde Selena zurückhaltend. Sie sagte, sie könne Mauern um sich errichten, und keiner käme mehr an sie heran. Sie begann mit Karl zu scherzen. Sie erzählte ihm, wie sie einmal während des Ferien-Bibelunterrichts den Priester mit Limonade beschüttet hätte, weil er mit Jenny schimpfte. Karl fragte sich, ob der Zwischenfall mehr zu bedeuten hätte, etwas, das ihr scheinbares Bedürfnis, erst mit Priestern eine Verbindung herzustellen und sie dann fallenzulassen, erklären könnte.

Er forderte sie auf, sich zu entspannen, und Selena glitt leicht in Trance. Er bat sie, in ihrer Erinnerung bis zu einer Zeit zurückzugehen, in der ein Priester eine besondere Bedeutung gehabt hatte. Sie begann die Stirn in Falten zu ziehen. »Er faßt mich an – da unten«, sagte sie mit kleiner Stimme, »nachdem er Flisha zum Weglaufen gebracht hat.«

»Wie alt bist du?«

»Klein.« Sie erzählte Karl die Geschichte mit der Stimme eines Kindes. Karl erkannte, daß das Kind, das sprach, keine neue Persönlichkeit, sondern die regredierte Selena war. Sie erzählte ihm, daß Jenny eine Rolle bei einer Weihnachtsaufführung gehabt hatte und Flisha da war, um beim Singen zu helfen. Der Prediger nahm Flisha an der Hand und führte sie die Treppe hinunter in den Raum, in dem die Gewänder für den Chor aufbewahrt wurden. Dort belästigte er Selena. Nach dem Vorfall rächte Selena sich, obwohl sie den Grund bereits vergessen hatte.

Vielleicht konnte Selena, nachdem sie sich an den Vorfall erinnert hatte, ein besseres Verhältnis zu sich entwickeln. Karl ermutigte sie, ihren Gefühlen zu Davids Fortgang freien Lauf zu lassen. Sie wußte fast nicht, wie; sie war es nicht gewohnt, Gefühle zu haben.

Obwohl alles einfacher war, nachdem sich die Anzahl der anderen verringert und Selena sich beruhigt hatte, war Jenny immer noch ziemlich fragil. Sie war nur für kurze Zeitspannen in der Lage, da zu sein, so daß sie nicht viel aus ihren Erfahrungen lernen konnte. Karl war bereit herauszufinden, ob Jenny dadurch Kraft gewinnen konnte, wenn er ein *Alter ego* direkt mit ihr integrierte.

Mind stimmte zu, daß die Wahl logischerweise Kathy traf. Kathy war die Persönlichkeit, die es Jenny im frühen Schulalter ermöglichte, nur die hübschen Dinge zu sehen. Jenny konnte nicht in Spiegel schauen, da sie sich für häßlich hielt, daher benutzte Kathy Spiegel für sie. Kathy hatte ein gutes Verhältnis zu sich selbst, hatte ein annehmbares Wissen über die gegenwärtige Welt und hatte begrenzte Erinnerungen an Kindheitstraumata. Vor kurzer Zeit war es Jenny möglich gewesen, Kathys Erinnerung daran zu akzeptieren, daß ihre Mutter ihr Auge mit einem Bohrer verletzt hatte. Mind würde das Tempo des Inputs aller Erinnerungen Kathys zu Jenny bestimmen, so daß der Schock nicht zu groß für sie wurde. Karl bat Mind, Jenny soviel wie möglich in der Praxis erinnern zu lassen, da er dort zur Hilfe bereit stünde.

Dieses Mal beschäftigte sich Karl nur mit der Persönlichkeit, deren Eigenständigkeit eliminiert werden sollte. Er erklärte Kathy, daß sie nur noch in Jenny existieren würde,wenn er zu Ende gezählt hätte, und daß sie Jenny all ihre guten Eigenschaften und Kenntnisse über die Welt zukommen lassen sollte. Als er zu Ende gezählt hatte, öffnete sie die Augen.

»Hallo, Jenny, wie geht's dir?«

»Okay. Warum steht das Diktaphon da?«

Soweit Karl wußte, hatte Jenny nicht gewußt, was ein Diktaphon ist. Sie schaute ihn direkt an. Es war schwer zu erklären, aber sie schien irgendwie an Substanz gewonnen zu haben. Der charakteristische Ausschlag erschien auf ihrem Oberkörper, aber sie hatte nicht die Fäuste geballt. »Wie heißt du?« Er mußte es überprüfen.

»Jenny. Mein Kopf hat sich komisch angefühlt, als ob er geplatzt wäre.«

»Aber du fühlst dich okay?«

»Ich fühle mich komisch, anders, als ob ich etwas wüßte. Als ob mein Kopf geplatzt wäre, konfuses Zeugs rausgeflogen ist und sich etwas geöffnet hätte.«

»Du siehst großartig aus, glücklich und voll da. Komm, schau in den Spiegel.« Jenny starrte sich an, trat zurück, bewegte sich näher und berührte das Glas, einem Kind ähnlich, das mit seinem Spiegelbild spielt. Seit sie klein war, hatte sie sich nicht mehr deutlich in einem Spiegel gesehen. Kathy hatte ihr ihr Abbild wiedergegeben.

Rachel war nicht in der Praxis, und Karl wollte diesen Moment mit ihr teilen. Eine so große Veränderung hatte er nicht erwartet. Er bat Jenny, Rachel zu Hause anzurufen, einfach nur ein paar Worte mit ihr zu wechseln. Aber zuerst wollte er Jenny eine Frage stellen. »Was weißt du über multiple Persönlichkeiten?«

»Alle sind anders, aber alle in einem.«

»Bist du multipel?«

»Ja.«

»Kannst du mir die Namen der anderen sagen?«

»Flisha, Selena, Marcie, Lisa. Es gibt viele.«

»Bist du verheiratet?«

»Ja, mit Michael, und wir leben in Elkton.«

»Du hast heute viel gelernt.«

Jenny nahm den Hörer ab und wählte. Sie hatte nicht gewußt, wie man ein Telefon benutzt. Jetzt wußte sie sogar die Telefonnummer.

Es war besetzt, also redeten sie und Karl noch etwas darüber, wie ihr die Persönlichkeiten im Umgang mit dem Leben halfen. Als Jenny nach dem Telefon griff, klingelte es. Sie fuhr fast aus ihrer Haut und verschwand. Sie hatte viel gelernt, war aber noch sehr fragil.

Kapitel 25

Selenas Stärke und Dominanz im Persönlichkeitssystem wurde immer offensichtlicher. Den Alexanders hatte sie sich als »die Verdorbene« vorgestellt, sie präsentierte sich als selbstbezogener, sorgloser Teenager, der wußte, was auf der Straße los war. Sie leugnete jegliches Verantwortungsgefühl für etwas oder jemand anderen als sich. Ihr Verhalten strafte ihre Selbstwahrnehmung jedoch Lügen. In Wirklichkeit zeigte sie viel Verantwortung in ihren Bemühungen um das Haus, in ihrer Sensibilität gegenüber Jennys Kindern und ihren Anstrengungen, genug Geld zu verdienen, um die Rechnungen zahlen zu können.

Ohne Selenas Behauptung, sie sei unabhängig, zu widersprechen, meinte Karl, daß sie einige Probleme mit den Rechnungen und dem Umgang mit Hausangelegenheiten haben könnte. Er fragte sich laut, ob sie gerne auf den Strich ging, ob sie es wirklich wollte.

»Mir macht das gar nichts aus«, antwortete Selena. »Ich mache gut Kohle.«

»Weißt du, daß du verletzt werden oder dir eine Krankheit einfangen könntest?«

Was das Risiko einer Geschlechtskrankheit betraf, war Selena wirklich naiv. Sie machte sich auch keine Sorgen, daß sie verletzt werden könnte. In bezug auf Sex spürte sie keine Schmerzen. Sie sagte, sie habe nichts gegen einige der Kerle; sie wären nett zu ihr. Mit anderen gäbe es Ärger.

Karl konnte sehen, daß sie begann, eine zornige Haltung einzunehmen, als ob sie von ihm ein moralisches Urteil erwartete. Er versicherte ihr, daß es ihm egal sei, was sie tue, er würde nur nicht gerne sehen, daß sie verletzt oder krank würde oder, daß sie wegen Prostitution festgenommen würde. »Rachel und ich wollen dir helfen, euch allen und Jenny. Das können wir nicht, wenn du in ein Krankenhaus eingeliefert wirst oder in irgendeinem Gefängnis landest.« Karl fragte,

ob sie in Erwägung ziehen könnte, dem Strich zwei Monate fernzu-
bleiben, sozusagen als eine Versuchszeit.

»Ich glaub' schon, wenn Ezra mich zufrieden läßt.« Sie erklärte,
daß Ezra für einen Anteil an dem Geld Männer zu ihr schicke. Er
konnte sehr hartnäckig sein, aber sie dachte, sie könnte ihn für zwei
Monate ruhig stellen. »Das einzige Problem ist, wo kriege ich dann
Geld her?«

»Vielleicht kriegst du einen Job.«

Selena zuckte mit den Achseln. »Ja, kann sein. Ich hab' früher ja
schon in der Weberei gearbeitet. Ich glaub' schon, daß ich was finden
kann.«

Es dauerte nicht lange, bis sie einen Job gefunden hatte. Sie kannte
eine Frau, die einen kleinen Schmuckladen führte. Sie stellte Selena
für die Weihnachtszeit ein und sagte, sie könne im Dezember fünf
oder sechs Tage die Woche arbeiten.

Selena fuhr größere Umwege, um nicht an dem kleinen Laden vor-
beizukommen, der Ezra gehörte. Er rief ein paarmal abends an, um
ihr zu sagen, daß er versucht hatte, sie tagsüber zu erreichen. Selena
sagte ihm, sie arbeite, deutete aber an, daß sie ihm später wieder zur
Verfügung stehen könnte. Sie wollte Ezra nicht verärgern. Es könnte
ja sein, daß sie ihn irgendwann mal brauchen würde.

Im Moment richtete Selena jedoch ihre Aufmerksamkeit darauf,
Schmuck zu verkaufen. »Jede Frau würde so ein Armband lieben.«
Selena grinste und hielt ihren Arm hoch, um dem rundlichen, kleinen
Mann den Schmuck zu zeigen. Er kaufte das Armband und einen dazu
passenden Ring, lachte mit Selena darüber, daß es »ja nur Geld ist«
und zahlte die beachtliche Rechnung. Viele Männer kauften zur
Weihnachtszeit Schmuck. Schon in ihrer dritten Arbeitswoche ver-
kaufte Selena mehr als die normalen Angestellten.

Eines Freitags, nachdem sie einen Kunden zur Tür begleitet hatte,
trat Selena vor die Tür, um frische Luft zu schnappen. Als sie wieder
zum Ladentisch zurückkehrte, geriet sie in Panik. Die Zweihundert-
Dollar-Uhr, die sie dem Mann gezeigt hatte, war verschwunden. Die
Managerin war im Hinterzimmer, wie schon den ganzen Vormittag.
Niemand war sonst im Laden.

Selena wagte es nicht, der Managerin etwas zu sagen. Sie mußte
nachdenken, aber es war schwierig. Ihr Kopf schmerzte. Sie war es
nicht gewöhnt, Schmerzen zu fühlen. Sie erinnerte sich, eine grauhaarige Frau im Laden gesehen zu haben. Die Frau hatte mit dem Mann

gesprochen, bevor Selena ihn zur Tür begleitet hatte. Könnte die Frau die Uhr gestohlen haben? Selena hatte keine Möglichkeit, die verlorengegangene Ware zu bezahlen. Sie mußte einfach darauf hoffen, daß keiner sie vermißte.

Sie ging wieder zur Tür, um ihre Gedanken zu sammeln und blickte zum Schaufenster. Im vorderen Fenster lag die Uhr. Selena wußte nicht, wie sie dorthin gekommen war. Sie mußte Zeit verloren haben.

Es war Selena schon immer schwergefallen, längere Zeit zu arbeiten. Jetzt verspürte sie Kopfschmerzen, die durch Persönlichkeitswechsel oder das Zurückhalten einer Persönlichkeit verursacht wurden. Der Job verstärkte den Druck auf alle Persönlichkeiten. Es fiel den Anderen schwer, während Selena arbeitete, den ganzen Tag nicht zu erscheinen. Alle fühlten sich frustriert. Selena hatte Angst, die Kontrolle nicht aufrechterhalten zu können. Sie machte sich Sorgen, daß Hilda erscheinen könnte und die Schaufensterauslagen oder etwas anderes zerschlagen würde. Sie schaffte es, Hilda in Schach zu halten, konnte die Kontrolle aber nicht vollständig aufrechterhalten.

Einmal war sie sich sicher, Jennys Mutter im Laden gesehen zu haben, die dann wieder auf die Straße gegangen war. Jenny versuchte zu erscheinen und ihr zu folgen, aber Selena war in der Lage, wieder die Kontrolle zu bekommen.

Niemand im Geschäft bemerkte etwas, und Selena erwähnte niemandem gegenüber, die Mutter oder die grauhaarige Frau gesehen zu haben. Die Leute, mit denen sie arbeitete, könnten denken, sie sei verrückt. Sogar Karl könnte denken, sie würde wie Jenny.

Karl fuhr damit fort, zu Integrationen zu ermutigen, um die Anzahl der um Zeit und Aufmerksamkeit wetteifernden Persönlichkeiten zu verringern. Lisa stimmte zu, sie war bereit. »Ich werde mit Marcie gehen, dann kann ich groß werden, und außerdem macht sie nicht so schlimme Sachen wie Selena.« Lisa war wegen ihrer Entscheidung nervös, aber entschlossen.

»Selena ist kein schlechter Mensch. Sie muß nur besser über sich denken.«

»Wie kann man glauben, daß man gut ist, wenn man es nicht ist?«

Karl versuchte zu erklären, daß Selenas Verhalten ihre Art war, mit dem Leben umzugehen, aber Lisa glaubte ihm nicht. Sie wechselte das Thema. »Ich will dich mal was fragen. Wirst du uns immer lieben?«

»Ganz bestimmt. Warum fragst du?«

»Ich kriege Angst – weißt du, wenn wir verschwunden sind.«

»Ich werde immer durch Jenny wissen, wer da ist.«

»Du mußt Selena auch lieben. Sie braucht das mehr als wir anderen. Sie trägt die ganzen Schmerzen.« Lisa hatte verstanden.

Karl hatte beobachtet, daß die Integrationen ein gewisses Verlustgefühl und Gefühle der Einsamkeit bei den Persönlichkeiten hervorriefen. Trotzdem war er nicht ganz auf Marcies und seine eigene Reaktion vorbereitet.

Als die Integration mit Lisa abgeschlossen war, füllten sich Marcies Augen mit Tränen. Während Lisa in sie hineinkam, hatte sie sich leicht und lustig gefühlt, aber sowie es geschehen war, stellte sie fest, daß das Kind verschwunden war. Karls Augen wurden auch feucht. Er war überrascht festzustellen, daß auch er den Charme und die Wärme Lisas vermissen würde.

Seine Reaktion überraschte ihn jedoch nicht so, wie Selenas Reaktion es tat. Selena war tief gerührt. »Du und Marcie, ihr seid nicht die einzigen, denen zum Heulen zumute ist«, sagte sie. »Ich brauche mir jetzt kein Heulen und Jammern mehr anzuhören oder Kreide und Puppen vom Fußboden einzusammeln, aber ich werde es vermissen.« Selena hatte nie gut über Lisa gesprochen oder über Jennys Kinder, wenn wir schon dabei sind. Es war für sie neu, weiche Gefühle zuzugeben.

Die Veränderungen in dem System der Persönlichkeiten veranlaßten sogar Hilda, etwas weicher zu werden. Sie beklagte sich bei Karl, wie sehr sie es haßte, den Abwasch zu machen. »Kannst du dir den Abwasch dort vorstellen? Jeder hat jeden Morgen ein Geschirr und eine Tasse, so wie sie ihre eigene Kleidung haben.«

»Kann nicht jeder seinen eigenen Abwasch machen?«

»Das ist meine Aufgabe. Einer macht die Betten, einer wischt Staub, einer wischt die Böden, andere tun dies und das. Und mir bleibt der Rest. Ich mache für alle den Abwasch.«

Karl lächelte und gab zu bedenken: »Wer die Möbel reinigt, kriegt den Staub von allen.« Hilda warf Karl einen ihrer Blicke zu, die seine Intelligenz in Frage stellten, aber sie lächelte und gab zu, daß es jetzt besser war, seit sie nicht mehr so viele waren.

Flisha entschied, daß es Zeit wäre, die Anzahl noch weiter zu verringern. Sie war bereit zur Integration mit Jenny. Sie hatte das Gefühl, daß sie mehr helfen könnte, wenn sie ihre Kraft an Jenny gab, als wenn sie getrennt bliebe. Vor der Integration wollte sie nur noch einen Tag haben, an dem sie mit Morgan und Noel ihr Lieblingsmuseum besuchen konnte.

Am nächsten Samstag spazierte Flisha, ihren Arm um Morgans Schultern gelegt, durch das Museum und erklärte ihr die Fossilien und einige Kunstexponate. Noel schlenderte allein durch die Ausstellungen und schloß sich gelegentlich Flisha und Morgan an, um gemeinsam ein Ausstellungsstück zu bewundern. Flisha ließ sich Zeit, als ob sie soviel wie möglich in sich aufnehmen und als ihr Erbe mit Jennys Kindern teilen wollte.

Flishas Integration mit Jenny verlief glatt. Jenny kam zu Bewußtsein und wußte, wie man Klavier spielt und sang. Sie verspürte die übliche Völle und etwas Verwirrung, erlebte aber keine unangenehmen Erinnerungen oder Emotionen von Flisha.

Weitere Integrationen wurden durchgeführt, die Persönlichkeiten gaben manchmal einzeln, manchmal in Gruppen ihr Einzeldasein auf. Der neue Justin, die neue Barbara und Hilda wurden mit anderen integriert. Tante Sue starb, wie sie vorhergesagt hatte. Laut Mind wurde Wahnola sehr schwach. Wahnola war nie in Karls Gegenwart erschienen und verlor scheinbar in dem Maße an Kraft, in dem Jenny an Stärke zunahm.

Selena weigerte sich weiterhin, integriert zu werden. Sie konnte sich vorstellen, daß Andere Teil von Jenny waren, aber sie doch nicht. Sie gab zu, manchmal zu träumen, sie sei Jennys Zwillingsschwester. Bei näherer Betrachtung war das keine angenehme Vorstellung, mehr ein Alptraum als ein Traum.

Selena hatte ihre Mauern, wußte, daß sie schlimme Sachen machte, aber sie verzog sich doch nicht in andere Welten wie Jenny. Wegen der Sachen, die sie mit Drogen und Männern machte, glaubte Selena, daß sich keine andere Persönlichkeit mit ihr verbinden wolle, und sie wollte nicht mit Jenny zusammengebracht werden. Sie bestand darauf, anders zu sein. »Ich weiß eine Menge Sachen, die Jenny nicht weiß, außer von diesen zwei Jahren.« Sie bezog sich auf die Jahre zwischen ihrem zwölften und vierzehnten Lebensjahr. »Vielleicht weiß jemand was über die zwei Jahre. Aber Jenny ganz bestimmt nicht.«

Selena wies den ganzen Integrationsprozeß zurück. »Die ganzen Menschen, mit denen wir aufgewachsen sind, die immer da waren, alle sind verschwunden. Es macht mir Angst. So, als ob jemand stirbt, und du verlierst was und kriegst dafür einen ganzen neuen, anderen

Fremden, der mit dir lebt. Wie ein Fremder und doch kein Fremder. So, wie mit Justin: als er da war, wenn das Auto kaputt ging, hat er's repariert. Die anderen haben sich alle verändert, keiner zieht mehr sein Ding durch wie früher. Ich erkenn' sie gar nicht wieder. Und ich bin nie allein gewesen.«

Mind bestätigte die Unvermeidbarkeit von Selenas Standpunkt und sagte Karl, es würde am Ende darauf hinauslaufen, daß es nur noch Selena und Jenny gäbe. »Und es wird einen Kampf geben«, sagte Mind. »Selena und Jenny werden sich nicht freiwillig integrieren lassen. Da ist so viel Haß. Sie werden um ihre Identität kämpfen. Für die, die am Ende übrig bleibt, wird das sehr schmerzhaft.«

Im Moment war Karl darum bemüht, Jennys Verständnis der realen Welt zu verbessern. Insbesondere wollte er, daß sie begreift, daß ihre Mutter tot war und sie nicht mehr verletzen konnte. Er versuchte, es ihr zu sagen, aber sie konnte ihm nicht glauben. Jenny glaubte, ihre Mutter gesehen und mit ihr gesprochen zu haben. Karl glaubte, Jenny würde weniger Angst haben, weniger leiden, wenn sie erst einmal wüßte, daß ihre Mutter gestorben war.

Karl fragte Selena, was sie über den Tod der Mutter wisse. Selena teilte ihm mit, sie hätte Gladys Faye, Chunk, nie als Mutter betrachtet. Sie hätte kaum an der Beerdigung teilgenommen, aber sie kannte die Einzelheiten der plötzlichen Hirnblutung, als Jenny neunzehn Jahre alt war. Sie wußte, daß Gladys Faye im Krankenhaus gestorben war und bei der New Hope Church beerdigt worden war.

»Wie hast du dich bei Chunks Tod gefühlt?«

»Ich war stinksauer auf Jennys Mutter, daß sie starb«, antwortete Selena mit bitterer Überzeugung. »Ich hoffte, daß ich sie eines Tages hätte umbringen können.«

Marcie erinnerte sich deutlich an Gladys Fayes Krankheit und ihren Tod, drückte aber keine Wut darüber aus. Sie würde ihre Erinnerungen mit Jenny teilen, wenn sie integriert wurden.

Marcie war bereit, auf ihre Rolle in dem Persönlichkeitssystem zu verzichten. Sie war an ihrem Aussöhnungsversuch mit den Paynes fast verzweifelt. Sie behaupteten, sie zu lieben, sagten aber, sie würden sie ablehnen. Nachdem Marcie mit ihnen über multiple Persönlichkeit gesprochen hatte, redeten sie wenigstens nicht mehr über Dämonen. Vielleicht versuchten sie ja zu verstehen. Aber Marcie war die Anstrengungen leid. Sie konnte mit den Problemen in der Kirche und zu Hause nicht mehr umgehen. Die Kinder waren fast erwachsen und brauchten sie nicht mehr. Sie war für eine Verbindung mit Jenny bereit.

Karl diskutierte den Prozeß mit Mind und sichtete die Qualitäten, die Marcie in die Integration einbringen würde: ihr umgängliches Wesen, ihre Liebe zu und Sorge um die Kinder und ihre Fähigkeit, zu lachen und zu weinen.

Karl erleichterte die Integration auf gewohnte Weise. Als er zu Ende gezählt hatte, öffnete Jenny ihre Augen und lachte leise auf. Wie schon bei der Integration mit Kathy schien sie an Substanz gewonnen zu haben. Sie hielt sich aufrechter, und ihre Hände waren nicht zu Fäusten geballt. Karl bat sie, sich zu entspannen und an Marcies Erinnerungen zu denken. Einen Augenblick lang schaute sie leicht seltsam und stellte dann eine einfache Tatsache fest: »Morgan und Noel sind wirklich meine Kinder.«

Karl bestätigte ihr Wissen und fragte: »Hast du Erinnerungen an deine Mutter?«

Jenny schien fast zu zerbrechen, als sie rief: »Meine Mutter ist tot.« Ihre Schultern sanken, und sie wurde von Schluchzern geschüttelt. »Sie ging davon, bevor wir sie veranlassen konnten, uns zu lieben.«

»Deine Mutter liebte dich auf ihre Art. Sie war sehr krank. Sie kann dir nicht mehr weh tun.« Mit besänftigender Stimme erzählte ihr Karl die Details von Gladys Fayes Tod.

Jennys Gesichtsausdruck änderte sich. Sie sprach zu Karl, als sei er ihre Mutter. »Du hast mich gehaßt. Du hast mich verletzt. Ich habe dich so gebraucht. Ich war so einsam, hatte solche Angst. All die anderen schlimmen Sachen tun nicht so weh, wie nicht von Dir in den Arm genommen und nicht gewollt worden zu sein.«

Karl legte ihr beruhigend die Hände auf die sich hebenden und senkenden Schultern und ließ sie schluchzen und schluchzen. Sie wurde ruhiger und flüsterte dann ihre Verzweiflung, »Was soll ich tun? Du bist gegangen und kannst mich jetzt nicht mehr lieben.«

Teil VIII

Gehört werden

Hier drin ist das Ding, vor dem wir soviel Angst haben.
Wie stark ist es?
Ist es stärker als wir alle und Jenny?
Ist es das, warum keiner die fehlenden Stücke kennt?
Werden wir sie je kennen?

Jennys Tagebuch

Kapitel 26

Als das Muster der Integration erst einmal klar war, schritt der Prozeß schnell voran. Mitte Januar, drei Monate nach Beginn der Therapie, war das System von vierunddreißig Persönlichkeiten auf drei reduziert – Jenny, Selena und Mind. Karl versicherte ihnen, daß diese Zahl so lange beibehalten werden könnte, wie sie gebraucht wurde. In der Therapie arbeitete man weiter an akuten Problemen und neuen Formen für den Umgang mit dem Alltagsleben. Wenn Jenny sich für die vollständige Integration entscheiden würde, könnte sie eintreten.

Zum gegenwärtigen Zeitpunkt sollten die drei eigentlich mit allem umgehen können. Mind verfügte über Kenntnisse der Vergangenheit und war weiter in der Lage, das Tempo von Jennys Erinnern so zu regulieren, daß diese es ertragen konnte, und sie schützte Jenny davor, sich selbst etwas anzutun. Selena beschäftigte sich mit den Sachen im Haus und mit Michael und den Kindern. Falls notwendig, konnte sie auch arbeiten. Sie konnte mit Menschen umgehen und Spaß haben. Obwohl Jenny immer noch sehr erschöpft war, gewann sie an Stärke, als sie sich Erfahrungen und gefühlsmäßiger Nähe in der realen Welt zuwandte.

Jenny hatte Zugang zu dem Wissen und den Fähigkeiten aller Persönlichkeiten, da diese ja schließlich ihre Schöpfungen waren. Im Prozeß der Integration erhielt sie Teile des Wissens und der Fähigkeiten zurück. Jenny konnte in Spiegel schauen, lachen, singen, auf dem Klavier spielen, und sie kannte ihre Kinder. Doch es gab Grenzen. Jenny konnte zwar singen, erreichte aber nicht Flishas hohe Töne. Sie konnte lachen, doch nicht mit Marcies Unbekümmertheit. Sie wußte, daß Morgan und Noel ihre Kinder waren, aber es mangelte ihr an mütterlichen Gefühlen.

Die teilweise Rückkehr von Fähigkeiten, die früher auf viele Persönlichkeiten verteilt waren, war vielversprechend. Die Fähigkeiten konnten zurückkehren, wenn Jenny in der Lage war, mit ihnen umzugehen. Eine plötzliche Rückkehr von Fähigkeiten hätte sie überfordert, weil sie Werkzeug erhalten hätte, von dem sie nicht wüßte, wie es benutzt werden müßte. Alles brauchte seine Zeit. Karl konnte nicht voraussagen, wann Jenny ihre Fähigkeiten zurückgewinnen würde. Er konnte ihr nur die Logik klarmachen, die ihn erwarten ließ, daß es eines Tages passieren würde.

In der sicheren Umgebung der Praxis erschien Jenny immer häufiger und wagte es, Blicke auf andere Plätze und Orte zu werfen. Zu Hause erschien sie gerade so lange, um einen Eintrag in das Tagebuch zu machen oder sich ein Lied im Radio anzuhören. Immer noch brauchte sie die Sicherheit der Praxis der Alexanders oder ihre beruhigende Gegenwart, um lange »draußen« bleiben zu können.

Selena hatte das Gefühl, daß sie alles alleine machen mußte, das Haus säubern und kochen, Michael und die Kinder abfertigen und Wäsche waschen. Mind konnte ihr sagen, wie man es machte, zum Beispiel, wie Marcie Bohnen gekocht hatte. Trotzdem mußte Selena die Arbeit erledigen. Der Preis für ihre neue Freiheit und Kontrolle war zusätzliche Verantwortung.

Da alle Persönlichkeiten verschwunden waren, wußte Selena nicht, was sie mit all den Sachen der Persönlichkeiten machen sollte. Sie begann herumzuexperimentieren, indem sie Teile ihrer Kleidung trug, aber irgendwie gefiel es ihr nicht. Lisas Jeans waren zu kurz und Flishas Kleider zu ausgefallen. Die einzigen Sachen, die sie gebrauchen konnte, waren einige Pullover und Blusen von Marcie. Die anderen Sachen verstaute sie weit hinten im Schrank.

Die Kosmetikartikel, die nicht von ihrer Marke waren, packte sie in einen Karton, und sie schob die Schachtel unter den Abfluß im Badezimmer. Vielleicht könnten sie oder Jenny sie später gebrauchen. Die Shampooflaschen waren zu groß und paßten nicht in die Schachtel. Selena benutzte sie für die Wäsche. Das Shampoo machte in der Waschmaschine zwar zuviel Schaum, aber sie ersparte sich das Kaufen von Waschpulver, und außerdem hatte die Kleidung noch nie so gut gerochen.

Zuerst dachte Selena, sie hätte ihre Halskette verlegt. Aber als auch ihre Ohrringe fehlten, kam sie zu der Überzeugung, daß Jenny sie irgendwo hingelegt hatte und es ihr nicht sagen wollte. Als sie in die Praxis kam, erzählte sie Karl, sie glaube, daß Jenny ihr Streiche spiele.

Als Karl sie fragte, stritt Jenny ab, etwas über den Schmuck zu wissen. Selena geriet aus der Fassung. »Ich verlier' nicht einfach Sachen«, rief sie, »ich verliere Zeit und hab' Kopfschmerzen.«

Karl wußte, daß Kopfschmerzen oft die Anwesenheit einer anderen Persönlichkeit signalisierten, die aufzutauchen versuchte. Konnte es sein, daß es noch weitere Persönlichkeiten gab, die er noch nicht kennengelernt hatte? Konnte es sein, daß sie die Integrationen zu schnell durchgeführt hatten? Vielleicht war die therapeutische Hilfe Jenny nicht angemessen, und sie mußte auf dissoziative Abwehrformen zurückgreifen, um mit ihrem täglichen Leben umgehen zu können.

Während sich Selena in Trance befand, bat Karl darum, mit dem oder der sprechen zu dürfen, die gerade da war. Seine direkte Herangehensweise lockte eine Reihe von Persönlichkeiten hervor, die sich Jennys nicht bewußt waren, sondern im Dienste Selenas funktionierten. Alle waren weiblich und waren zuerst erschienen, als Selena noch jung war. Einige halfen ihr dabei, mit Männern ohne Ängste und Schuldgefühle umgehen zu können; ein Kind machte ihr das Spielen möglich, und eine Beschützerin bewahrte sie davor, die Mutter zu sehr zu reizen. Diese Beschützerin war es, die Selenas Schmuck in Sicherheit gebracht hatte und die die Uhr in das Schaufenster des Schmuckgeschäftes gelegt hatte, ohne Selena absichtlich in Verlegenheit bringen zu wollen.

Mind war genauso überrascht wie Karl, neue Persönlichkeiten zu entdecken, die scheinbar Abkömmlinge Selenas waren. Mind vermutete, daß die Schaffung der Persönlichkeiten Jennys Form von Fürsorge für Selena war, weil Jenny persönlich ja nicht bleiben konnte, um zu helfen.

»Glaubst du, es gibt noch weitere?«

»Ich wußte nichts von diesen.« Mit kaum wahrnehmbarer Tonveränderung der Stimme fuhr Mind philosophisch fort: »Mit der Zeit werden wir's wissen.«

Selena sträubte sich, jegliche Beziehung zu den Persönlichkeiten zu sehen. Sie hatte Angst, es bedeute, wie Jenny zu sein, und sie hielt Jenny für verrückt.

Karl zeigte Selena seine Aufzeichnungen von den Sitzungen mit »ihren« Persönlichkeiten. Sie zuckte mit den Schultern. »Das müssen Jennys sein. Meine sind's nicht.« Karl erzählte ihr Einzelheiten ihrer verlorenen Zeit, Informationen, die er von den Persönlichkeiten hatte und von denen Jenny nichts wußte. Er zeigte ihr Videos von den Persönlichkeiten, die erklären sollten, wie sie ihr halfen. »Das bedeutet, ich bin so krank wie Jenny«, stimmte sie zu.

»Du bist Jenny«, versicherte ihr Karl nochmals.

»Ich mag sie nicht, und ich werde nicht wie sie sein.«

Es dauerte Monate, bis Selena Karls Erklärungen zuhörte, daß die Persönlichkeiten Jennys Weg, ihr zu helfen, waren, und sie zustimmte, bei dem Integrationsprozeß zu kooperieren, unter der Voraussetzung, daß die anderen sich in sie hineinbewegten und nicht sie in die anderen.

Im Prozeß der Integration gestattete sich Selena ihr Alter den gegenwärtigen vierunddreißig Jahren Jennys anzupassen. Es wurde schwierig, siebzehn zu sein, besonders mit der Verantwortung für das Haus und mit Jennys Kindern, die selbst Teenager waren. Zum ersten Mal sah Selena die paar Falten um ihre Augen. Sie war sich der zusätzlichen Pfunde um die Mitte ihres Körpers bewußt. Sie war sich nicht sicher, ob ihre Entscheidung, über dreißig zu sein, gut war.

Jenny freute sich, etwas über Selenas Persönlichkeiten zu erfahren und zu hören, daß Selena so alt wurde wie sie. Sie sträubte sich nicht einmal dagegen, daß Karl ihr erzählte, daß sie die Persönlichkeiten genauso geschaffen hatte wie Selena selbst. Jenny sagte gedankenversunken: »Es ist, als ob man etwas schafft, das sich selbst formt und ein eigenes Leben führt.«

Jenny überlegte: »Selena muß wissen, was ich fühle. Sie ist meine andere Hälfte. Dies ohne sie durchzustehen, heißt, daß wir immer getrennt sein würden. «Jenny erhob sich aus dem Sessel, nahm einen blauen Stift und malte einen zierlichen Schmetterling auf die Tafel. Auf jeden Flügel malte sie viele Punkte. Die Flügel seien sie und Selena, sagte sie, die Punkte wären die Persönlichkeiten. »Jetzt können die beiden Seiten zusammenfinden.«

Karl war sich bewußt, daß viele von Selenas Persönlichkeiten ihr geholfen hatten, mit Männern umzugehen. Er bat sowohl Selena als auch Jenny, sich zu überlegen, aus welchen Gründen sie auf Männer so reagierten und warum sie glaubten, daß es zur Prostitution gekommen sei. Als sie ihre Gründe vortrugen, listete Rachel sie an der Tafel auf. Unter Jennys Namen schrieb sie: Sie nannten mich hübsch, fühlte mich gemocht, nicht Angst, allein zu sein. Unter Selenas Namen: Sie nannten mich hübsch, gaben mir Geld und Geschenke; wollte mit ihnen abrechnen, sie verletzen, weil sie mich verletzt haben.

Nachdem Karl ihnen erklärt hatte, warum diese Gründe nicht mehr bestanden, bat er beide, die Gründe auszuwischen. Zum Beispiel konnten Freunde ihr helfen, sich hübsch und nicht mehr allein zu fühlen. Langsam wischte Jenny die ganze Liste aus, aber Selena ließ die beiden letzten Punkte stehen. »Mit ihnen wegen der Verletzungen abrechnen zu wollen, geht nie vorbei«, sagte sie verbittert. Karl und Rachel bekamen ein Gefühl dafür, wie stark die Motive waren. Das Aufgeschriebene und das Ausgewischte symbolisierten die Arbeit des Aufdeckens und Befreiens von den vielen Verletzungen.

Es war nicht schwer, Selena von einer allgemeinen Diskussion über Männer auf ihren Vater zu bringen. Obwohl sie Gladys Faye nie als Mutter anerkannt hatte, akzeptierte Selena Jennys Vater, Donald Poehlman, auch als ihren Vater. Karl fragte, was sie zu Donald sagen würde, wenn er jetzt hier wäre.

»Ich würde nicht mit ihm reden, ich würde ihn umbringen.«

»Warum bist du auf mich wütend?« Karl übernahm die Rolle des Vaters. »Ich mußte fortgehen.«

»Du hast mich mit ihr sitzenlassen, bist abgehauen und hast eine andere geheiratet und einen Stall voll Kinder gekriegt.« Selena drückte ihre Verachtung aus.

»Ich konnte nicht bei Gladys Faye bleiben. Ich konnte nicht mit Gladys Faye zusammenleben.«

»Du hast sie beschützt, wie alle anderen auch, so daß keiner gemerkt hat, daß sie verrückt ist. Wenn du schon nicht den Mut gehabt hast zu bleiben, hättest du mich wenigstens mitnehmen sollen.« Ihr Arm schoß so schnell vor, daß es Karl nur teilweise gelang, den Schlag auf seine Brust abzufangen. Selenas Augen schlossen sich, und ihre Schultern sanken in sich zusammen, als sie in eine tiefe Trance flüchtete.

Auf Karls Bitte erschien Mind und erklärte, daß Selena fortgelaufen wäre, weil sie den Haß nicht ertragen konnte. »Sie trägt mehr Haß in sich, als du jemals erfahren wirst.« Minds ruhiger, langsamer Tonfall und der Ernst ihrer geschlossenen Augen ließen ihre Weisheit besonders tiefgründig erscheinen. »Um sich von dem Haß zu befreien, wird sie vergeben müssen.«

»Wie können wir ihr helfen, damit umzugehen?«

»Halte sie weiterhin dazu an, zu verzeihen.«

Als Karl am nächsten Tag wieder auf ihren Vater zu sprechen kam, flüchtete sich Jenny sofort in eine tiefe Trance. Mind sagte zuerst, sie könne Jenny nicht finden. Aber als Karl weiter darauf bestand, kehrte Jenny zurück, obwohl sie sich weigerte, über ihren Vater zu sprechen.

Karl erlaubte ihr, nicht über ihren Vater zu sprechen. Statt dessen verwickelte er Jenny in eine Diskussion über eine hypothetische Situation, die darin bestand, eine Freundin zu haben, die ihren Vater haßte. Ohne Umstände schlüpfte Jenny in die Rolle der Freundin, und ebenso leicht wurde Karl von ihr zum Vater gemacht. »Ich weiß, daß du mich haßt«, bemerkte Karl vorsichtig, »aber ich konnte nicht mit deiner Mutter zusammenleben.«

Jenny hielt sich die Ohren zu und wandte sich ab, jedoch nicht, bevor Karl ihre Tränen gesehen hatte. Er berührte ihre Schulter. Zu seiner Überraschung fuhr Jenny herum und schlug nach ihm: »Geh weg, ich hasse dich.«

»Erzähl mir mehr darüber, wie du dich fühlst, und ich laß dich zufrieden.« Karl war sanft, aber beharrlich.

»Wie konntest du mich in den Arm nehmen und dann fortgehen? Du hast mich bei ihr zurückgelassen.« Als Jenny in Karls Augen schaute, sah sie ihren Vater und drückte ihre Verletzung und Ablehnung aus.

»Es tut mir sehr, sehr leid. Kannst du mir verzeihen?«

»Daß du mich verlassen hast? Nein!« entgegnete Jenny mit uncharakteristischem Nachdruck. Ihre Wut blitzte kurz, aber unmißverständlich auf.

Schon dieser kurze Zornesausbruch reichte aus, um Jenny in große Ängste zu stürzen. Vor langer Zeit hatte man Jenny gelehrt, daß Zorn eine Sünde sei. Sie hatte Angst vor unverzüglicher, schrecklicher Strafe. Karl brachte ihre Aufmerksamkeit sofort wieder in die Gegenwart zurück und erinnerte sie daran, daß sie in seiner Praxis sei und er da wäre, um ihr zu helfen. Er berührte ihre Hand, um es ihr zu erleichtern, in der realen Welt Fuß zu fassen. Jenny begann leise zu weinen. Karl versicherte ihr ohne Umschweife, daß sie nichts getan hätte, was ihren Vater veranlassen konnte, sie zu verlassen.

Mind war davon begeistert, daß Jenny Gefühle gezeigt hatte. Die offene Art, mit der Mind Jenny in Richtung Gesundung schob, beeindruckte Karl immer wieder. »Laß Jennys Wut und Verbitterung weiter freien Lauf«, sagte Mind. »Bring sie dazu, alles herauszuschreien. Sie muß sich an all die schlimmen Sachen erinnern.«

Als Karl am Abend mit Rachel sprach, erzählte er ihr von Minds Reaktion. Er wiederholte auch eine frühere Feststellung Minds, daß für Jenny der Umgang mit den Emotionen, die im Zusammenhang mit ihren Erfahrungen standen, schwerer war als der Umgang mit den Erinnerungen. Sie fragten sich, wieviel »Schlimmeres« es noch für Jenny zu erinnern gab.

Kapitel 27

Es dauerte nicht lange, bis Karl und Rachel eine Krise erwarten mußten, die immer nach bedeutenden Fortschritten auftrat. Jenny erinnerte sich nicht nur an Ereignisse, sie erlebte sie mit fast der gleichen Intensität und dem Schrecken wie in ihrer Kindheit wieder. Obwohl Karl die Unvermitteltheit ihrer Erinnerungen mit hypnotischen Suggestionen milderte, indem er ihr sagte, sie solle die Ereignisse wie in einem Film betrachten, und sie würde die Schmerzen nicht fühlen, durchlebte Jenny häufig die körperlichen und emotionalen Schmerzen, die das ursprüngliche Erlebnis kennzeichneten.

Diese Art von Erinnerungen trat nicht nur in Therapiesitzungen auf, sondern drangen in Form von Erfahrungsblitzen aus der Vergangenheit auch in ihr Bewußtsein. Die Vergangenheit bekam dadurch einen unvermittelten und bedrohlichen Charakter. Jenny und ihre *Alter egos* erlebten diese Rückblenden im Wachzustand und in Alpträumen. Sie erfuhr, daß die Rückblenden eine zu erwartende Reaktion auf ein Trauma waren und weiter unterdrückte Erinnerungen an die Oberfläche bringen würden. Mit der Zeit würden sie lernen, eine gewisse Kontrolle über die Rückblenden zu gewinnen. Zum gegenwärtigen Zeitpunkt fühlte sie sich den Erinnerungen hilflos ausgesetzt.

Ihre Reaktion auf das aufgetauchte Material war ein Gefühl der Scham. Statt auf Grund der Ereignisse Zorn und berechtigte Empörung zu empfinden, bekam sie Schuldgefühle und schämte sich, ein so schlechter Mensch zu sein, der eine solche Behandlung verdiente.

Nach Erinnerungsperioden starrte sie unveränderlich auf den Boden und war unfähig, Karl anzuschauen. Genauso unveränderlich hob er ihr Kinn mit seinem Zeigefinger und brachte ihre Augen auf die gleiche Höhe wie seine. Er wollte, daß sie wußte, daß es für sie keinen Grund gab, sich zu schämen. Wieder und wieder bat er sie zu begreifen, daß die Vorfälle zwar real waren, aber in der Vergangenheit lagen, und daß sie keine Kontrolle über und keine Verantwortung für die schlimmen Sachen hatte, die man ihr angetan hatte. Ihr schwaches Lächeln deutete ihren Wunsch an, ihm glauben zu wollen, aber sie brachte es einfach nicht fertig. Mehrdeutig erwiderte sie manchmal: »Aber ich habe Sachen getan, Sachen, von denen ich weiß, daß sie falsch waren. Ich war dafür verantwortlich.« Sie wollte oder konnte nicht erklären, was sie damit meinte. Die Details waren ihr schleierhaft, obwohl sie sich ganz sicher war, daß sie etwas Schlimmes, ganz Schlimmes getan hatte.

Bei den seltenen Gelegenheiten, bei denen es sich Jenny erlaubte, Wut zu fühlen und zu zeigen, war das darauf folgende Schuldgefühl noch stärker. Sie ging mit ihrem Leid um, wie sie es schon immer getan hatte, sie zog sich in ihre Welten zurück.

Jennys Leid und ihr Rückzug ließen Selena allein und verängstigt zurück. In ihrer Angst verordnete sie sich Selbstbestrafungen durch Alkohol oder Drogen oder sie schnitt oder verbrannte sich, ohne es zu spüren. Diese Akte des Selbstmißbrauchs verschafften ihr für gewisse Zeit etwas Erleichterung von den beunruhigenden, schrecklichen Gefühlen.

Diese Erleichterung konnte aber nicht die depressiven Phasen und die Zeiten der Untätigkeit verhindern, in denen sie davon sprach oder schrieb, sterben zu wollen. Der Tod, sagte sie, sei die einzige Möglichkeit, den Schmerzen und der Verwirrung zu entkommen. Wenn sie tot wäre, würde sie endlich Frieden finden und zu etwas Ganzem werden.

Die Selbstmorddrohungen blieben konstant. Die verzweifelten Gefühle waren die unausweichliche Reaktion auf langen Mißbrauch. Manchmal kamen die Gefühle deutlicher zum Ausdruck als zu anderen Zeiten, aber sie verschwanden niemals ganz. Das übliche Verfahren, selbstmordgefährdete Patienten einzuweisen, war für Jenny nicht geeignet. Es hätte einen fast ununterbrochenen Krankenhausaufenthalt für sie bedeutet, und es gab keine Einrichtung, die über Personal verfügte, das Kenntnisse über den Umgang mit Multiplen hatte.

Die Therapeuten mußten sich der Realität stellen, daß Jenny Selbstmord begehen könnte und sie vielleicht nicht in der Lage waren, es zu verhindern. Jenny konnte durch eigene Hand sterben oder Opfer eines internen Mordes werden. Eine Persönlichkeit, für die die Wahrheit, gemeinsam mit anderen einen Körper zu bewohnen, unerträglich war, könnte versuchen, eine andere zu verletzten oder zu töten.

Karl und Rachel hofften, Jenny vor ernsthaften Verletzungen

schützen zu können. Wenn eine Persönlichkeit ihnen gegenüber Gedanken von Selbstmord oder Selbstmißbrauch äußerte, baten sie Mind, in Jennys Interesse gesteigert wachsam zu sein.

Auf Selbstbestrafung und Selbstmordgedanken folgten oft Selbstvorwürfe. Sie meinte, sie würde die Aufmerksamkeit der Alexanders nicht verdienen. Sie stehle ihnen zuviel ihrer Zeit. Sie sollte die Therapie abbrechen. Sie sollte sich einen Job suchen, oder sie müsse wieder auf die Straße, um die sich ansammelnden Rechnungen und Sachen, die die Kinder brauchten, zahlen zu können. Die Telefongesellschaft drohte den Anschluß zu sperren. Der Kühlschrank mußte repariert werden. Sie mußte mit der Therapie Schluß machen.

Karl und Rachel erkannten das Verhaltensmuster als einen Hinweis auf Schmerzen und auf ihr Bedürfnis, sich zurückzuziehen, um der Wucht der Therapie entgegenzuwirken. Es war schwierig, mit den Krisen umzugehen. Soviel Zeit sie ihr auch ließen und welche Hilfsmittel sie für sie ausfindig machten, sie schien mehr zu brauchen. Die entsetzlichen Entbehrungen ihrer Kindheit schufen Bedürfnisse, die scheinbar unmöglich zu befriedigen waren. Die Therapie stellte an alle hohe Anforderungen.

Die Stimme am Telefon klang vertraut, war aber weder Jennys noch Selenas. Ihr Name sei Pam, und sie wolle mit Karl sprechen. Karl schüttelte den Kopf und wußte, daß sie das Zeichen seiner Enttäuschung nicht sehen konnte. Die relative Stabilität des Persönlichkeitssystems nach der Integration von Selenas Persönlichkeiten war nur von sehr kurzer Dauer gewesen. War Pam die letzte andere Persönlichkeit, oder war sie die erste in einer weiteren Reihe, der er begegnen würde?

Psychotherapie schreitet meist stufenweise voran, man beschäftigt sich mit einem Trauma nach dem anderen, ähnlich dem Schälen einer Zwiebel, bis man den inneren Kern erreicht hat. Wenngleich der Kern die signifikantesten Traumata enthält, so enthält er auch das Potential für eine Erneuerung, eine Wiedergeburt. Karl fragte sich, wie vielen Schichten, bevölkert mit Fragmenten von Jennys Selbst, er noch begegnen würde, bevor Jenny den inneren Kern einer Ganzheit finden würde.

Als Pamela in der Praxis erschien, war sie erregt und konnte nicht still sitzen. Sie war achtzehn, dünn, wog etwa fünfundneunzig Pfund und war mit 165 cm etwas größer als Jenny und hatte kürzeres Haar.

Karl drängte sie nicht. Er sah, daß sie zu zappelig war, um still sitzen und reden zu können, daher schlug er ihr vor, an der Tafel zu malen. Viele Persönlichkeiten waren in der Lage gewesen, ihre Vorstellungen und Gefühle durch Malen an der Tafel auszudrücken. Pam zeichnete schnell, und in wenigen Minuten hatte sie die Tafel mit Bildern vollgemalt.

Sie war feindselig und schroff, gab Karl aber die Interpretationen, um die er gebeten hatte. Er überließ Pam die Reihenfolge, in der sie die Bilder beschreiben wollte. Als erstes war da eine Hand, auf deren Innenfläche »böse« stand, sie bedeutete, daß jede Hand sie verletzt hatte. Die fette Frau stand dafür, daß Jenny Fett haßte und nie fett sein wollte. Ein weinendes Auge in einem Dreieck stellte Jennys verwirrten Geist dar, und eine angrenzende Spirale bedeutete, daß alle Dinge innen enger zusammengedrückt wurden. Eine Reihe kleiner, undeutlicher Kreaturen stellte die Wesen dar, die Jenny fortwährend sah. Eine aus Herzen bestehende weibliche Gestalt zeigte, daß Jenny sich ungeliebt fühlte. Pam sagte, dies sei der Grund, aus dem sie gekommen sei, nämlich um Jenny das Gefühl zu nehmen, sie werde nicht geliebt. Sie konnte sich an viele Sachen erinnern, die Gladys Faye gemacht hatte und die Jenny dazu brachten, sich nicht geliebt zu fühlen.

Nachdem sie über die Bilder geredet hatte, war Pam ruhiger. Karl streckte seine Hand nach ihr aus, war aber nicht überrascht zu sehen, wie sie zurückfuhr, da sie Schmerz erwartete. Nachdem er gesehen hatte, wie sie die Hand zeichnete, hatte er erwartet, daß sie so reagieren könnte. Er hatte diese Reaktion auf Berührungen bei verschiedenen Persönlichkeiten beobachtet. Sie waren so oft verletzt worden, daß für sie jede Berührung schmerzhaft war. Zu lernen, daß Berührungen liebevoll sein können und daß sie Kontrolle darüber erlangen könnte, wie sie berührt werden wollte, würde ein Teil von Jennys Heilung ausmachen. Wie auch bei anderen, konnte Karl Hypnose einsetzen, um Pam von den Schmerzen zu befreien. Er bat Pam, sich in eine Trance zu begeben, und suggerierte ihr, daß Berührungen angenehm für sie sein könnten. Aus dem Trancezustand zurück, probierte sie versuchsweise seine Hand zu berühren und arbeitete sich schließlich bis zu einer linkischen Umarmung vor. Sie war von Karls Fähigkeit, ihr den Schmerz zu nehmen, beeindruckt. Sie wurde weniger feindselig und zeigte mehr Bereitschaft, ihre Erinnerungen mitzuteilen.

Das beherrschende Element von Pams Erfahrungen war Wasser und die Art und Weise, wie die Mutter Wasser benutzt hatte, um Jenny zu mißbrauchen. Pam erzählte Karl, wie Gladys Faye – Pam nannte sie Chunk – Jenny bestraft hatte, weil sie die Höschen naß gemacht hatte, indem sie ihr Gesicht in die Toilette drückte und den Abfluß so lange betätigte, bis das Kind in dem rauschenden Wasser fast keine Luft mehr bekam.

Pam wußte davon, daß Chunk Blut in die Badewanne getan hatte und Jenny zwang, in der eiskalten, roten Flüssigkeit zu sitzen und sich ihr Geschrei über böse Geister anzuhören. Sie wußte auch, daß Chunk Jenny während eines Gewitters mit nach draußen genommen hatte, als sie etwa sechs war. Chunk warf sie in das schlammige Wasser der überfluteten Straße neben Tante Mamies Garten und hielt sie unter Wasser, bis ihr Körper schlaff wurde. Das Wasser war nicht kalt, sagte Pam, aber für Jenny war es so kalt und so blutig wie das Badewannenwasser. Wie konnte sich jemand noch ungeliebter fühlen, dachte Pam laut nach, als zu wissen, daß die eigene Mutter versucht hatte, einen zu ertränken.

Mind warnte, daß die Erinnerung daran, fast ertränkt worden zu sein, besonders hart sein könnte, und schlug vor, daß man Jenny gestatten sollte, Pams Erinnerungen langsam zu übernehmen. Schon nach wenigen Wochen war Pam mit einer Integration mit Jenny einverstanden.

Wie Karl vermutet hatte, war Pam eine von verschiedenen, neu aufgetauchten Persönlichkeiten. Sie erzählte Karl, sie wisse, daß es noch andere gab, aber sie wisse nicht, wie sie heißen. Für sie waren sie schattenhaft, sie würden aber bald auftauchen. Einmal machte sie eine Zeichnung; ein Wesen mit einem Auge, scharfen Zähnen, einer krummen Nase und fünf Hörnern.

Bei der Integration mit Pam erlebte Jenny ein Gefühl der Nässe auf ihren Armen, als Mind sie mit einigen Erinnerungen konfrontierte. Sie erinnerte sich an Einzelheiten des Bades in Blut und gestand Karl, daß es in der letzten Zeit vorgekommen sei, daß sie in der Badewanne saß und ihr das Wasser plötzlich kalt und blutig erschien. Karl beruhigte sie, daß dies nicht mehr passieren würde, da sie jetzt den Grund kenne.

Karl war während der Monate der Behandlung aufgefallen, daß nach jedem Aufsuchen der Toilette eine andere Persönlichkeit von Jenny, normalerweise Selena, wieder zurückkam. Karl bat Jenny, sich mit ihm das Badezimmer anzuschauen und besonders auf die Einrichtungen zu achten. Jenny gab zu, schon seit ihrer Kindheit kein Badezimmer mehr aufgesucht zu haben, und wenn sie auch etwas Angst hatte, glaube sie, sie könne es jetzt benutzen. Nervös hörte sie Karls Erklärungen zu. Dann benutzte sie, allein gelassen, triumphierend die Einrichtung. Pam hatte ihr eine grundlegende Fähigkeit wiedergegeben.

Einige Zeit später erinnerten sich Jenny und Selena an den Vorfall, bei dem sie fast ertrunken wäre. Es war für beide sehr schmerzhaft. Beide konnten weinen. Selena wurde wütend: »Ich wollte damals nicht leben, und ich will's heute auch nicht.« Sie versuchte zu flüchten, aber Karl half ihr, zu bleiben und sich der Traurigkeit zu stellen. Es war ihm nicht möglich, Jennys Flucht zu verhindern.

Als Jenny von ihrem Rückzug in ihre Welten zurückkehrte, gab sie der Kreatur, die Pam gezeichnet hatte, einen Namen. Sie erzählte Karl, sie wäre gefallen, von sich selbst abgekommen, und Wände hätten sie in der Dunkelheit festgehalten. Auf dem Rückweg in die reale Welt wäre sie durch Türen gezogen worden, und die Wände wären wie schmelzende Butter gewesen. Sie verbrannte ihre Hände an den Wänden. Sie sah ein schreckliches Gesicht und hörte den Namen Blair. Karl bat sie zu zeichnen, was sie gesehen hatte. Die Zeichnung war identisch mit der Kreatur, die Pam vor Wochen gezeichnet hatte.

Karl legte Papier und Bleistift auf den Tisch. Jenny befand sich in tiefer Trance, als er fragte, ob eine Persönlichkeit da sei, die ihn hören und mit ihm sprechen könnte. Jennys linker Arm hob sich und bedeckte ihr Gesicht. Ihre rechte Hand nahm den Bleistift und schrieb

Geh weg.

»Wer bist du?«

Blair.

»Bist du männlich oder weiblich?«

Männlich.

»Beschreibe dich.«

Häßlich. Sein Gesicht immer noch versteckt, zeigte Blair auf die Zeichnung an der Tafel.

»Sprich mit mir, dein Aussehen stört mich nicht.«

Mit seinen Armen vor dem Gesicht war Blair schwer zu verstehen. Er erklärte, sein Daseinszweck wäre gewesen, Jenny dabei zu helfen, sich nicht häßlich zu fühlen. Er hätte versucht, sie hinter den Wänden hervorzubekommen. »Aber sie wurde durch die Türen der Zeit gesogen.«

»Warum siehst du so aus?«

»Chunk sagte mir immer, ich sei häßlich. Meine Augen brennen. Ich kann noch nicht mal gut sehen.«

Karl ging in den Flur, so daß Blair sich entspannen konnte und sich nicht befangen fühlte. »Beschreib mir, wie du gerne aussehen würdest«, wies Karl ihn an. Mittels Hypnose ließ Karl Blair sich so sehen, wie er gern sein wollte, 1,80 m, blond und gutaussehend. Dann ließ er ihn das Bild von der Tafel wischen, da diese Kreatur nicht mehr existierte.

Blair machte es sich im Sessel bequem, schlug die Beine übereinander und war glücklich, Beine zu haben, die er übereinanderschlagen konnte. Er erzählte, daß Jenny ein hübsches kleines Mädchen war, aber ihre Mutter ihr das Gefühl gegeben hatte, häßlich zu sein. Als er erfuhr, daß die Mutter tot war, wußte er, daß er nicht mehr gebraucht wurde, und ließ sich mühelos mit Jenny integrieren.

In der Verschiedenartigkeit der mit Pam und Blair aufgetauchten Persönlichkeiten erkannten Karl und Rachel ein Muster wieder, das sie bei Selenas Persönlichkeiten beobachtet hatten. Die Gruppe bestand aus fünfzehn oder sechzehn Persönlichkeiten. Eine der ersten, die auftauchten, trat als Vorbote oder Sprecher derjenigen auf, die noch kommen würden. Die in der Gruppe aufgeteilten Funktionen waren: eine/r half Selena bei allem, was sie gerade tat, sei es Prostitution oder ehrliche Arbeit; ein zwölfjähriges Kind, das in Jennys Alter zu Beginn der verlorenen Jahre war; ein Kind von sieben oder acht, das mit der Zwölfjährigen spielte; eine innere, für Selbstmißbrauch zuständige Persönlichkeit; eine/r war zuständig für das Auffangen und Bewahren von Jennys negativen Gefühlen zu sich selbst; ein Helfer des inneren Selbst, der Minds beschützende Funktionen vermehrte; und einer oder mehr, um mit Ereignissen der Vergangenheit umzugehen.

In dieser neuen Schicht von Persönlichkeiten wurden die Erinnerungen vergangener Erlebnisse zunehmend schrecklicher und die sie verkörpernden Persönlichkeiten extremer. Die Therapeuten hofften, sie hätten die Tiefe von Jennys Mißbrauch und ihre daraus resultierende Abspaltung erreicht.

Selena strich sich über die Wange und lächelte, als sie sah, wie sich das Mehl von ihren Fingern löste. Der Keks, den Michael geworfen hatte, lag noch immer auf dem Fußboden. »Er sollte froh sein, daß der Keks kein Loch ins Linoleum gemacht hat«, sagte sie laut vor sich hin und lachte. Als Michael wütend zur Arbeit gestampft war, ohne das von ihr für ihn gepackte Lunchpaket mitzunehmen, hatte sie es nicht gewagt, ihn direkt anzusprechen.

Sie hatte gedacht, Michael mit den Majonäse-Keksen, die Marcie immer gemacht hatte, einen Gefallen zu tun, aber sie machte etwas falsch, weil die Dinger hart wie Stein wurden. Mein Gott, sie war halt nicht die perfekte Köchin, und Michael meckerte jedesmal, wenn die Kartoffeln zu dunkel wurden oder sie ein Kotelett zuwenig in die Bohnen tat. Was sollte sie sagen, außer, daß sie sich Mühe gab? Schließlich konnte sie Michael nicht erzählen, daß sie nie gekocht hatte, als die Anderen noch da waren.

Sie vermißte sie, nicht nur Marcies Kochen, sondern auch ihre Sorge um die Kinder. Sie vermißte Ninas Fürsorge um Michael und wie sie ihn glücklich machte. Sie wäre sogar mit Flishas Überheblichkeit klargekommen, wenn die sich um die geschäftlichen Angelegenheiten gekümmert hätte – die Rechnungen zahlen, Verabredungen einhalten und sich mit Leuten zu unterhalten. Sie wünschte sich Justin zurück, um die Kinder auf Vordermann zu bringen und ihr zu helfen, wenn es Probleme mit dem Auto gab.

Selena hatte das Gefühl, daß sie alles alleine machen mußte und es manchmal einfach zuviel wurde. Sie konnte nicht so mit Leuten reden wie Flisha. Das war einfach nicht ihr Ding. Sie gehörte auf die Straßen, mit Drogen und Menschen, die sie so akzeptierten, wie sie war. Bei ihren alten Freunden brauchte sie nicht vornehm tun. Sie könnte glücklich sein, in Sandalen und Jeans, mit einem Drink, einem Joint oder etwas LSD.

Aber jetzt war alles vollkommen durcheinander. Sie war kein Kind mehr. Sich auf der Straße rumzutreiben war okay, als sie siebzehn war. Jetzt war sie vierunddreißig. Sie konnte nicht mehr zurück. Sie hatte versucht, es Karl zu erklären. Das Leben, das sie kannte, lief auf einer anderen Schiene, aber sie gehörte nicht mehr dorthin. Mit ihrem Hintergrund, all den Sachen, die sie in der Vergangenheit gemacht hatte, könnte kein normaler Mensch sie akzeptieren. Also hielt sie sich in der Mitte und steckte die Schläge von beiden Seiten ein. Der von Michael nach ihr geworfene Keks war nur *ein* Beispiel.

Als Karl vorschlug, Michael über die Art ihrer Probleme zu unterrichten, war Selena geneigt, zuzustimmen. Vielleicht würde es was nützen, wenn Michael es verstand – falls er es verstehen konnte. Und was war, wenn sie nicht mehr zu den Alexanders gehen durfte? Das war ihr auch vollkommen egal.

Selena war etwas überrascht, als Jenny zustimmte, es Michael zu erzählen. Noch überraschter war sie, als Karl ihr sagte, daß Jennys Hauptgrund gewesen sei, Selena das Leben leichter zu machen.

Als der Zeitpunkt gekommen war, es Michael zu erzählen, verspürte Selena eine gewisse Ängstlichkeit. Sie hatte ihn glauben gemacht, daß sie die Alexanders als Freunde besuchte und daß sie soviel Zeit dort verbrachte, weil sie in der Praxis aushalf. Sie wollte zu Hause bleiben, während Karl Michael die Wahrheit sagte, aber Karl bestand darauf, daß sie dabeisein sollte.

Davon abgesehen, daß er mit Michael ein paar Worte gewechselt hatte, wenn dieser Jenny zur Praxis brachte, ging ihre Bekanntschaft über das Grüßen nicht hinaus. Karl rief Michael an, um ihm mitzuteilen, daß er und Rachel Jennys Therapeuten seien und daß sie ihn gerne treffen würden. Um die Aussprache zu erleichtern, wollten sie vorher zusammen ein Videoband des Films *Sybil* anschauen.

Während des Films schwieg Michael. Als er zu Ende war, richtete er seine Frage an Karl. »Meinen Sie, daß Jenny so was hat?« Es mangelte ihm an der lockeren Akzeptanz, die die Kinder gezeigt hatten, aber er war wenigstens bereit zuzuhören.

Karl und Rachel erklärten Michael gemeinsam, wie als Reaktion auf eine Kindheit voller Mißbrauch Persönlichkeiten entstanden seien. Michael schien Jennys Veränderlichkeit besser akzeptieren zu können als die Tatsache, daß sie mißbraucht worden war. Er war sich bewußt, daß Jenny oft depressiv war und häufig eine Neigung zu Selbstmord hatte. Er sagte, er ignoriere es einfach.

Michael wurde es bei der Diskussion ungemütlich. Er gab zu, Jenny nicht zu verstehen, und es schien fast entschuldigend zu klingen, als er sagte, daß er sie liebe, obwohl sie ihm doch große Probleme mache. Aus seinem Verhalten und seinen zurückhaltenden Bemerkungen gewannen sie einen gewissen Eindruck von seinen Erwartungen. Er hielt es für seine Pflicht, seine Frau und die Kinder zu versorgen. Dafür erwartete er, daß sie ihn respektierten und ihm gehorchten. Was auch immer geschah, Familie war Familie, Heim war Heim.

Selena machte sich Sorgen, daß Michael nach dem Treffen wütend sein könnte. Er erwähnte es nicht einmal mit einem Wort. Sein Verhalten ihr gegenüber veränderte sich nicht. Wie vorher wollte er, daß seine Mahlzeiten pünktlich auf den Tisch kamen und seine Kleidung sauber war. Er nannte sie Lynn oder Jenny Lynn und zog ihr die Hand weg oder schimpfte, wenn er sie mit dem Daumen im Mund entdeckte. Aber er zwang sie nicht, die Therapie zu beenden.

Selena entdeckte, daß sie unruhig war. Obgleich ihr Zeit verlorenging, erlebte sie eine nie zuvor erfahrene Kontinuität. Rachels Vorschlag, zur Schule zu gehen, schien keine schlechte Idee zu sein. Da Flisha die Kontrolle nicht mehr übernehmen konnte, war es Selena möglich zu studieren, was sie wollte, obgleich sie nicht genau wußte, was sie wollte. Sie wußte, daß sie eine praktische Begabung hatte, und sie wollte mit Menschen arbeiten. Nachdem sie Lehrpläne und Vorlesungsverzeichnisse mit Rachel studiert hatte, um eine Vorstellung von den Möglichkeiten zu bekommen, entschied sie sich für ein Junior College Programm, um physiotherapeutische Assistentin zu werden.

Selena war ganz aufgeregt, was die Schule betraf. Sie hatte Angst, daß sie die Kursaufgaben nicht bewältigen würde. Die größten Probleme hatte sie beim Lesen und bei der Rechtschreibung. Sie schien Lernstörungen zu haben. Rachel unterzog sie Tests und verifizierte die Lernschwäche. Rachel war sich jedoch nicht sicher, ob die Störung eine organische Funktionsstörung darstellte oder ein Resultat des dissoziativen Prozesses war. Vielleicht konnte das Erlernte, das Selena in der Grundschule wegen der Persönlichkeitswechsel versäumt hatte, im Prozeß der Integration wiedererlangt werden. Aber Selena mußte jetzt als Studentin funktionieren.

Rachel bot ihr Hilfe an. Eine Zeitlang widmete man einen Großteil der Therapiesitzungen der Förderung und Verbesserung ihrer Fähigkeiten. Da Selena unfähig war, bestimmte Konzepte und Prinzipien zu begreifen, und gezwungen war, langsam zu lesen und sich mit vielen unvertrauten Wörtern zu beschäftigen, mußte sie einfach sehr viel auswendig lernen. Mühsam schaffte sie es, mit ihren Klassenkameraden Schritt zu halten. Sie freute sich über jeden Erfolg, begann aber jeden Test, jede neue Klasse mit der Angst, zu versagen. Sie konnte Rachels Versicherung, alle Studenten hätten bei Schulbeginn und später bei Prüfungen Ängste durchzustehen, nicht glauben.

»Das ist ganz gut.«

Selena glaubte ihren Ohren nicht zu trauen. Mr. Rutland lobte doch tatsächlich ihre Arbeit. Sie versuchte, sich in seiner Klasse unsichtbar zu machen. Er weigerte sich, ihre Lernstörungen anzuerkennen, und bestand darauf, daß sie die gleiche Leistung wie die anderen Studenten brachte. Sie konnte mit dem Mann einfach nicht umgehen. Und jetzt nahm ihr Anatomie-Professor sie tatsächlich wahr.

Ihre Zeichnung des Nervensystems einer Katze lag vor ihr auf dem Pult. Jenny hatte die Zeichnung gemacht, und sie war gut. Wenn es ums Zeichnen ging, gab Selena ihr Bestes. Zu Hause konnte ihr Jenny helfen. Selena übernahm alle Sezierungen. Jenny hielt es nicht aus, tote Tiere zu sehen.

»Das war gute Arbeit mit der Katze. Ich habe gemerkt, daß du alle Schnitte gemacht hast.« Mr. Rutland setzte seine Bewertung fort.

»Ja, mein Laboratoriumspartner ist ein Muttersöhnchen.« Selena grinste und gab ihrem Klassenkameraden einen Rippenstoß.

Mr. Rutland erwiderte Selenas Lächeln. »Du bist die Beste, die ich seit langer Zeit in diesem Laboratorium gesehen habe.«

Darüber hinaus zollte Mr. Rutland ihren Fähigkeiten weitere Anerkennung, als er sie um eine spezielle Sezierung eines menschlichen Armes zur Demonstration vor Medizinstudenten und um Vorbereitung fotografischer Vorlagen für ein Lehrbuch bat. Dies spezielle Vorhaben bedeutete, mit Mr. Rutland einen Tag zum Medizinzentrum der Universität zu fahren und vor mehreren unbekannten Beobachtern zu arbeiten. Selena war uncharakteristisch zuversichtlich. Die Erlebnisse in der Sekte hatten sie darauf vorbereitet.

Der Formaldehydgeruch war stark, störte sie aber nicht. Sie machte langsame, sorgfältige Schnitte, arbeitete sich durch die Hautschichten zu den Muskeln, Nerven und Sehnen bis zu den Kontaktstellen am Knochen. Ihre Schnitte waren akkurat und genau, als sie sich von Schicht zu Schicht vorarbeitete, um die komplizierten Mechanismen des früher einmal lebenden Gliedes freizulegen, ohne einen einzigen Nerv oder ein Blutgefäß zu durchtrennen. Mr. Rutland wunderte sich über ihre Fähigkeiten. Er fragte nie, wo Selena dermaßen viel über menschliche Anatomie gelernt haben könnte oder warum sie so gut mit einem Messer umgehen konnte.

Die Schule verschaffte Selena, und stellvertretend Jenny, die Erfolge, von denen Karl und Rachel hofften, daß sie ihr ernsthaft beschädigtes Selbst-Bild verbessern würden. Es gab ihr auch eine Möglichkeit, in einem neuen sozialen Umfeld Erfolge zu haben. Als sie zur Klassensprecherin in den Studentenausschuß gewählt wurde, erfuhr sie, daß die anderen Studenten sie mochten.

Dozenten und Lehrer legten ihr ein konservatives Erscheinen und Verhalten nahe, bestanden darauf, daß sie während des Unterrichts von ihrem Bubblegum ließ und ihr Make-up sowie die Kleidungsgewohnheiten dezenter wurden, um ein dem Beruf entsprechendes Erscheinungsbild zu schaffen. Selena akzeptierte ihre Vorschläge, ohne sie als Kritik zu betrachten.

Ab und zu kam es auf dem Campus zu einem Bruch. Gelegentlich tauchte ein *Alter ego* auf, verließ die Klasse zu einem falschen Zeitpunkt – oder blieb –, machte sich keine Aufzeichnungen oder gab unpassende Antworten. Einmal sorgte eine junge männliche Persönlichkeit für Aufregung, als sie die Männertoilette benutzte. Doch die meiste Zeit überließen die Persönlichkeiten Selena die Schule.

Ihre Krankheiten, Unfälle und Krankenhauseinweisungen verursachten viele Unterbrechungen während ihrer Schulzeit. Da die Professoren ihr gestatteten, nicht abgeschlossene Arbeiten in den folgenden Semestern fortzusetzen, war es ihr möglich, ständig Fortschritte zu machen, obgleich sich für sie das normale Zweijahresprogramm über mehr als drei Jahre erstreckte.

Kapitel 28

Karl wußte, daß Selena oft wütend auf ihn war, aber darauf, daß sie auf ihn losgehen würde, war er nicht vorbereitet. Der Biß war zwar nur oberflächlich, aber der Angriff sollte ihn verletzen.

Karl wich ihren Versuchen, ihn zu beißen und zu schlagen, aus. Sie wirbelte herum und begann mit ihren Fäusten gegen die gläserne Eingangstür zur Praxis zu hämmern, scheinbar entschlossen, sie zu durchbrechen. Er bat sie, mit ihm zu reden, ihm zu sagen, was schiefgelaufen sei, aber ihre Lippen waren zu einer dünnen Linie zusammengepreßt. Da sie ziemlich klein war, konnte Karl ihre Raserei zügeln.

Als er sie festhielt, merkte er, wie sie sich entspannte, und als sie kraftlos wurde, fing Minds Stimme eine Erklärung an. Am Ende einer Sitzung hatte Selena nebenbei bemerkt, daß ihr Cousin, Billy Joe, in der Stadt war. Sie hatte ihn nicht gesehen, aber von Tante Mamie gehört, daß er da war. Karl hatte bemerkt, daß sie ohne besondere Emotionen über den Mann sprach, der sie vergewaltigt hatte, aber der Persönlichkeitswechsel war ihm entgangen. Mind versicherte ihm, daß sie die Persönlichkeit bis zur nächsten Sitzung kontrollieren könne, und ließ Selena erscheinen, um nach Hause zu gehen.

Vera Ann Birchausen war jung, um die sechzehn. Sie betrachtete sich als groß und schlank, mit schwarzen Augen, schwarzen, zu Zöpfen geflochtenen Haaren und dunkler Haut. Ihr Vater war Indianer, ihre Mutter weiß. Als Halbindianerin wie Billy Joe war sie verschlagen genug, ihn zu überlisten, und stark genug, um es im Kampf mit ihm aufnehmen zu können.

Karl hatte keine Probleme, sie zu erkennen, als sie zur nächsten Sitzung eintraf. Er hatte Rachel um ihre Anwesenheit gebeten, um sicher zu sein, Vera oder sich selbst im Notfall schützen zu können. Veras Bewegungen hatten etwas Animalisches an sich. Sie bewegte sich leise, immer darauf vorbereitet, flüchten zu können. Sie saß mit untergeschlagenen Beinen auf dem Boden, und während sie in der nächsten Stunde mit ihr redeten, reagierte sie nur mit einem Knurren. Schließlich bat Rachel sie, sich von Mind sagen zu lassen, wer sie seien und daß sie ihnen vertrauen könne. »Sei ganz einfach ruhig und hör auf die innere Stimme.«

»Höre nichts. Traue keinem Menschen.«

Sie hörte sich so sehr nach einem alten Western an, daß es einen Moment lang schwerfiel, sie ernst zu nehmen. Ihr Sprung zur Tür und ein Schlag nach Karl waren, eine umgehende Erinnerung an ihre Feindseligkeit und die von ihr verkörperte Gewalttätigkeit. Sie war hart und wütend, auch wenn Jenny sie nur aus der Vorstellung eines Kindes von Indianern geschaffen hatte. (Der Stellenwert der Fantasie bei der Entwicklung der *Multiple Personality Disorder* wird von Young, 1988b., untersucht.)

Karl hielt Vera fest. Als sie kraftlos wurde, tauchte Selena auf. Selena erzählte Karl und Rachel, daß es zu Hause Ärger gab, weil Vera nicht mit den Tabletten und dem Schnaps umgehen konnte, die sie nahm. Sie hätte deswegen schon Reibereien mit Michael gehabt. Vera wäre vor Jahren erschienen, als Billy Joe Selena Drogen gegeben hatte. Jetzt nahm Vera die Drogen, um nicht daran denken zu müssen, daß Billy Joe in der Nähe war.

Selena hatte von Tante Mamie gehört, daß es Billy Joe nicht gut ginge. Mamie sagte, er hätte eine schlechte Farbe, er sei dünn und schwach, wahrscheinlich vom jahrelangen Trinken.

Seine Frau, Rose, hatte ihn vor Jahren verlassen und lebte allein in Texas oder sonstwo. Zwei seiner Kinder lebten noch in der Gegend. Er war gekommen, sie und den Rest der Familie zu besuchen. Selena hatte sich damit entschuldigt, in die Schule zu müssen, um einer Begegnung aus dem Wege zu gehen.

Vera widerstand Karls Bemühungen, ihr Vertrauen zu gewinnen oder sie von Alkohol oder Drogen abzubringen. Nach ein paar Wochen ließ ihre Verhärtung etwas nach, aber sie weigerte sich, über Integration zu diskutieren. Falls er versuchte, sie auszuschalten, würde sie sich, Jenny und Selena umbringen, sagte sie. Obwohl Billy Joe wieder nach Texas zurückgekehrt war oder wohin auch immer, ohne daß sie ihn gesehen hatte, richtete Vera immer noch Verwüstungen an und hinterließ eine Selena, die unfähig war, mit ihrer Familie oder der Schule umzugehen.

Die Probleme mit Vera verschwanden so schnell, wie sie aufgetreten waren. Es tauchte das Gerücht auf, Billy Joe sei einsam in einem Veteranen-Krankenhaus gestorben. Seinen Leichnam würde man zur Beerdigung an die New Hope Church schicken.

Veras ausagierendes Verhalten wurde sofort durch das beherrschte Auftreten einer Persönlichkeit ersetzt, deren Funktion darin bestand, sich mit Todesfällen in der Familie zu beschäftigen. Bridgette war nicht oft erschienen. Andere Persönlichkeiten hatten die Funktion, sich um den Tod von Freunden, Bekannten oder entfernten Verwandten, sogar den Tod von liebgewonnenen Haustieren zu kümmern. Bridgette war zum ersten Mal erschienen, als Jennys Großmutter starb. Sie war zur Beerdigung ihrer Mutter aufgetaucht und war bis zu diesem neuen Todesfall in der Familie nicht mehr erschienen.

Bridgette stand mit der Familie im Beerdigungsinstitut und nahm die Beileidswünsche entgegen. Sie zeigte ehrliche Trauer um diesen verstorbenen Cousin und hegte keine schlechten Gefühle für Billy Joe. Für einige Wochen blieb sie die dominierende Persönlichkeit und teilte ihre Trauer mit Tanten, Onkel und Cousins.

Während Bridgette der Familie ein angemessenes Verhalten zeigte, zog sich Jenny weit in ihre Welten zurück und hinterließ Selena mit einem Gefühl der Einsamkeit. Selena war sich der Gegenwart Minds bewußt, aber Mind hatte nicht die Art von Realität für Selena wie Jenny. Obwohl sie durch eine Form der Gedankenübertragung miteinander kommunizieren konnten, schien Mind wenig mit ihr gemein zu haben. Es war für Selena so, als ob sie sich durch enge Spalten zwängen müßte, um Kontakt mit Mind zu bekommen. Wenn Jenny in ihren Welten war, sah sich Mind außerstande, Selena davor zu bewahren, sich allein zu fühlen.

Es war Selenas Idee, mit Karl und Rachel an die Orte ihrer Kindheit zu gehen. Sie fanden den Vorschlag gut. Sie waren wirklich neugierig zu sehen, wie Jenny auf die Umgebung reagierte, in der soviel Mißbrauch geschehen war. Sie hofften, Jennys Gefühl dafür stärken zu können, daß das, was geschehen war, der Wirklichkeit entsprach und in der Vergangenheit lag.

Jenny zeigte ihnen den Weg zu Tante Mamies Haus, zog sich aber zurück, als sie in die Kieswegeinfahrt bogen. Selena betrat mit ihnen das Haus. Ihrer Tante stellte sie Karl und Rachel als Freunde vor, und sie plauderten über das Wetter und andere neutrale Themen. Nach einiger Zeit ging Selena in den Keller, um ein paar Gläser eingemachter Bohnen und Pickles zu holen, die Mamie gleich neben den alten hölzernen Kartoffelkisten aufbewahrte. Selena rief Karl und Rachel, damit sie ihr halfen, die Gläser zu tragen. So konnte sie ihnen die Kisten außerhalb der Hör- und Sichtweite ihrer Tante zeigen.

Außer etwas Nervosität zeigte Selena keine Anzeichen von Schmerzen oder Bedrängnis. Karl und Rachel waren sehr ergriffen. Die rauhen Kisten zu sehen, genau wie sie ihnen beschrieben worden waren, groß genug für ein Kind, konfrontierte sie mit der nackten, nüchternen Realität. Karls Vorstellung von Jennys Qualen war so lebendig, daß er fast laut losgeweint hätte. Rachel flüsterte Karl zu, daß die Kisten für sie der Beweis für den Mißbrauch wären, der zu extrem schien, um wahr sein zu können.

Vom Haus der Tante fuhren sie zu Jennys alter Schule. Sie gingen über das verlassene Gelände und schauten ab und zu durch die Fenster des niedrigen Granitgebäudes. Selena erzählte ihnen die Geschichte aus der Zeit, als sie in die fünfte Klasse ging. Sie hatte ihren BH ausgezogen, um der »Klugscheißerin, Margaret Ann, richtige Titten zu zeigen, die immer von Schaumgummi geredet hat«. Selenas entspanntes Lachen über den Vorfall auf dem Schulhof nahm den Alexanders das bedrückende Gefühl, das sie beim Anblick der Kartoffelkisten bekommen hatten.

Im Auto war es kühl. Sie hatten die Fenster geöffnet und standen im Schatten zweier großer Eichen. Sie waren im Begriff zurückzufahren, als Selena auf ein kleines Haus gegenüber der Schule zeigte. »Chunk ist mit uns dort hingezogen, als Jenny ungefähr zwölf war«, sagte sie. »Alles wurde schlimmer, und ein Doktor sagte zu Chunk, daß sie Jenny aus Mamies Haus schaffen sollte.«

»Wie lang habt ihr dort gelebt?«

»Bis Nina Michael heiratete und sie in den Wohnwagen gezogen sind«, erwiderte Selena mit geübtem Desinteresse.

»Ist irgendwas Wichtiges in dem Haus passiert?«

»Nicht, daß ich wüßte. Von dort sind wir ins staatliche Krankenhaus gekommen, das war alles.«

Karl hielt das Auto an, um sich das Haus anzuschauen. Für ein so kleines Haus hatte es viele architektonische Details. Ein überdachter Eingang zu einer überwölbten Eingangstür, an den sich eine um das Haus ziehende Veranda anschloß. Runde Dachbodenfenster betonten das spitze Dach. Daher war es um so bedauerlicher, daß das Haus dermaßen vernachlässigt war.

Wenn die Tür des verlassenen Hauses nicht offengestanden und einen einladenden Eindruck gemacht hätte, wären sie wohl weitergefahren. Selena zögerte kurz, tat dann unbekümmert und ging durch die gewölbte Eingangstür. Einige Minuten studierte Karl die Einzelheiten im Inneren des Hauses, die genauso sorgfältig gearbeitet waren und noch mehr einer Reparatur bedurften. Er bemerkte, daß Ziegel aus dem Kamin gerissen worden waren und die Wände mit Meißeln bearbeitet waren. Die Wände waren vollgeschrieben, aber er schenkte dem keine Beachtung. Seine Aufmerksamkeit war auf Selenas zunehmendes Leiden konzentriert. Ihr Unbehagen wurde offenkundig, als sie die hölzerne Wandbekleidung des alten Schlafzimmers sah, beim Anblick der faulig gelben Wände des Eßzimmers wurde es noch deutlicher. Sie bewegte ihren Mund, versuchte einen fauligen Geschmack loszuwerden und griff sich an den Bauch, als Übelkeit und schmerzende Krämpfe ihren Körper schüttelten. Sie wußte, daß im Haus schlimme Sachen passiert waren, konnte sich aber an keine Einzelheiten erinnern. Karl führte sie hinaus und half ihr, sich auf gegenwärtige Dinge zu konzentrieren, einige Blumen inmitten des Unkrauts im Hof, den Straßenverkehr, um ein Abreagieren zu vermeiden, bis man sich zu einem günstigeren Zeitpunkt mit den zweifellos schrecklichen Erinnerungen und den sie begleitenden schmerzhaften Affekten beschäftigen könnte.

Als Selena sich wieder etwas besser fühlte, bat Karl sie, wieder hineinzugehen, nur um einen Blick auf die Schreibereien an der Wand zu werfen. Irgend etwas hatte Karls Aufmerksamkeit erregt. Selena hatte die Schreibereien nicht bemerkt. Als sie darauf hingewiesen wurde, hatte es keine besondere Bedeutung für sie. Sie zeigte keine Gefühle, als sie die Reste des Schule-Spielens ansah, Rechenaufgaben und Grammatiklektionen. Sie las die Liste mit Namen und sah die kindlichen Zeichnungen, ohne einen Kommentar dazu abzugeben. Sie wurde erst nachdenklich, als sie die ihr vertraute Warnung las: *Ich muß meinen Mund halten, sonst bekomme ich Ärger.*

Karl sah ihren traurigen Gesichtsausdruck, als sie das Haus verließen; er merkte, welch starken Einfluß die Warnung immer noch auf sie hatte. Wie Rachel wußte er, daß Jenny, ein Teil von Jenny, die Inschriften an die Wände des kleinen Hauses gemacht hatte.

Nach dem Besuch des kleinen Hauses hatten sowohl Selena als auch Jenny aufblitzende Erinnerungen und Gefühle der Verwirrung. Karl fragte Selena, ob sie mit ihm noch einmal in das Haus gehen würde.

Diesmal würde er jedes Abreagieren zulassen und längere Therapiesitzungen arrangieren, um ihr bei der Bearbeitung der Erinnerungen und Gefühle zu helfen. Von seinen Erfahrungen mit Vera, der wütenden Indianerin, wußte er, daß er gewalttätige Ausbrüche physisch kontrollieren konnte, falls es notwendig wurde. In der nächsten Woche ging er mit Selena wieder in das Haus.

Als Reaktion auf einen fauligen Geschmack begann Selena sofort ihren Mund zu bewegen. »Erzähl mir, was passiert ist«, wies Karl sie an.

»Leute, die ich nicht kenne, haben mich in eine Kiste gesperrt und mit gelbem Pulver nach mir geworfen, das furchtbar schmeckte, in den Augen brannte und wie eine tote Katze roch. Dann hat man mich mit lebenden Hühnern in die Kiste gesperrt, die nach mir gekrallt haben, bis ich mich an nichts mehr erinnern konnte.«

Bevor Karl eine Frage stellen konnte, schloß sie ihre Augen, ein Zeichen für einen Persönlichkeitswechsel. Kurz bevor die Faust in das Fenster knallte, griff Karl ihren Arm. »Wer bist du? Laß mich dir helfen«, bat Karl, aber derjenige, der das Fenster zerschlagen wollte, starrte nur vor sich hin und blieb stumm. »Ist da jemand, mit dem ich reden kann?«

»Das ist Todd«, antwortete ein Stimmchen. »Er redet nicht. Er zerbricht Glas, weil es uns weh tut.«

»Wer bist du?«

»Abby. Sie wollen uns nicht mehr spielen lassen.«

Abby war neun Jahre alt. Sie lächelte und erzählte von den Zeiten, als sie Schule spielten und sie die Lehrerin war. Sie zeigte Karl, wo sie Unterrichtslektionen an die Wand geschrieben hatte. »Chunk wollte uns keine Tafel besorgen.« Sie wurde traurig und erzählte von Zeiten, in denen man ihr weh getan hatte. »Sie haben uns mit einem komisch aussehenden Ding weh getan. Chunk war weg, und sie haben uns in dem bösen Zimmer weh getan. Sie haben uns falsche Namen gegeben. Sie nannten uns Jenny. Sie haben uns nicht lieb gehabt. Sie haben uns gezwungen, schlimme Sachen zu machen, die kleine Mädchen nicht tun sollten.«

Karl fragte nicht nach. In der Phase des Enthüllens verschreckte man Persönlichkeiten durch Fragen. Die Rückkehr in das Haus verschaffte Zugang zu mehreren Schichten abgespaltener Persönlichkeiten. In den nächsten Monaten zeigte sich eine verwirrende Anzahl von Persönlichkeiten, darunter viele Kinder, deren einzige Funktion im

Spielen bestand. Außer Abby erinnerten sich einige wenige an schlimme Sachen wie das Einklemmen von Händen in Türen und Schubladen, an den Versuch, sich in Ecken zu verstecken und Angst davor zu haben, eingeschlossen zu werden. Die Persönlichkeiten waren bruchstückhaft, und keine hatte ein Gefühl für die Kontinuität von Zeit und Ereignissen in dem kleinen Haus.

So schnell wie die Kinder-Persönlichkeiten integriert wurden, tauchten weitere auf, einige, deren Erinnerungen weit in Jennys Vergangenheit reichten, andere ohne Geschichte mit gegenwärtigen Schutzfunktionen. Die neu geformten Persönlichkeiten bestätigten Karls Verdacht, daß Jenny immer noch den Abwehrmechanismus der Dissoziation benutzte, um mit Streß umzugehen.

Jennys Halt in der Realität war jetzt so dürftig wie zu Beginn der Therapie. Für Karl war es, als ob sie sich hinter einem Schleier befand und es ihr nie möglich war, die Dinge dieser Welt deutlich zu erkennen. Jenny sagte, es sei, als ob man die Dinge wie durch einen Spiegel sah. Es konnte Stunden dauern, bis sie sich auf etwas konzentriert hatte und ein Gefühl für die wirkliche Welt bekam.

Karl sprach mit Mind über die Situation. Karl meinte, daß es eine Möglichkeit geben müsse, die Zeit und den Energieaufwand zu verringern, die erforderlich waren, Jenny aus ihren Welten zu holen oder in dieser Welt zu halten. Karl bat Mind, sich ein Stichwort auszudenken, ein Wort, eine Redewendung oder auch eine Geste, die es Jenny erleichtern würde, unverzüglich zu erscheinen.

Mind erzählte Karl von der Kristalloberfläche ihrer Welt. Jenny könne sich und die anderen in den Facetten der Oberfläche sehen und über diesen wertvollen Besitz ein Gefühl für ihre Verbindung mit der wirklichen Welt bekommen. »Kristalloberfläche« war das Stichwort.

Karl war darüber erfreut, wie gut das Stichwort funktionierte. Obwohl sich Jenny der Wirkung nicht bewußt war, machte die Erwähnung des Stichworts sie aufmerksamer.

Es war Anfang Oktober, und es war fast genau ein Jahr vergangen, seit Jenny die Therapie begonnen hatte. Die Farben waren überwältigend, alle Töne von Gold bis Rot über Violett. Egal, wie oft sie die Farben des Herbstes in den Appalachen schon gesehen hatten, diese großen Farbflächen auf den sanft geschwungenen Bergen kamen Karl und Rachel jedesmal wie ein Wunder vor.

Jenny hatte die Reise zum staatlichen Krankenhaus machen wollen.

Die Zeit, von der man ihr gesagt hatte, sie hätte sie dort zugebracht, schien ihr so unwirklich. Sie wollte den Ort sehen, um sich zu überzeugen, daß sie dort gewesen war. Karl und Rachel hatten zugestimmt, weil sie sich vorstellen konnten, daß die Rückkehr an den Ort, an den sie von dem kleinen Haus gekommen war, dazu beitragen könnte, Ereignisse aus den verlorenen Jahren zu enthüllen.

Auf der Fahrt war sie unruhig, schwankte zwischen der schweigenden Jenny und der nervös plappernden Selena. Die Berge machten ihr Angst, und die wechselnden Farben der Blätter verstärkten die Angst. Herbst, rote Blätter, rote Sonnenuntergänge, rotes Blut, Bruchstücke tauchten auf. Schlimme Sachen, das Glitzern von Silber über ihrem Gesicht, das Gefühl eines Messers in ihrer Hand, Gewänder, schreckliche Gesichter – die Erinnerungsblitze ergaben keinen Zusammenhang.

Der Spaziergang über die ausgedehnten Flächen des Krankenhauses schufen Jenny endlich ein Gefühl von Realität. Sie sah die Schaukeln, auf denen Lisa gespielt hatte. Sie erinnerte sich, daß Marcie alten Menschen geholfen und Hilda den Abwasch gemacht hatte. Selena erinnerte sich an den Aussichtsturm, und während sie Karl und Rachel dort hinführte, erzählte sie von den Aktivitäten, an die sie sich erinnerte. Sie deutete auf ein vergittertes Fenster des riesigen Ziegelgebäudes, um ihnen zu zeigen, wo ihr Zimmer gewesen war. Zusammen waren Jenny und Selena in der Lage, sich die wenigen Monate im Krankenhaus im Alter von vierzehn Jahren und die wenigen Wochen im Alter von einundzwanzig Jahren zu erklären und die Gewißheit zu haben, daß es sich nicht um Jahre handelte, wie es geschienen hatte.

Die Fahrt brachte keine neuen Aufschlüsse über die verlorenen Jahre. Aber als sich der Oktober dem Ende näherte, nahmen die Persönlichkeiten eine neue, düstere Wesensart an. Wie die Schar der Kinder, die nach der Fahrt zu dem kleinen Haus aufgetaucht war, erschien nach der Fahrt in die Berge eine ganze Schar von Hexen. Die meisten waren Teenager und hatten eine begrenzte Funktion. Tolanda war vierzehn, hatte Quälereien ausgehalten und Selena vor Fehlern bei den Ritualen bewahrt. Sie sagte, sie wolle Luzifers Gefallen erwecken und versuche, Bücher über das Okkulte zu studieren. Autumn (Herbst), die ihren Namen der Jahreszeit entlehnt hatte, widersetzte sich. Sie wollte Luzifer nie gefallen, und sie gab sich nie geschlagen.

Jenny begann, von vagen Erinnerungen an die Dinge, die in der

Sekte passiert waren, zu erzählen. Erinnerungsblitze: sie selbst auf dem Altar, der Geschmack von Drogen und Blut, Tiere, Kinder und Erwachsene wurden geopfert. Jenny war verängstigt und schämte sich.

Karl und Rachel hatten Probleme, zu verarbeiten, was ihnen über Jennys Verwicklungen in der Sekte erzählt worden war. Sie hatten von Leuten, die Hexerei praktizierten und Tränke zubereiteten, gehört und gelesen. Sandys Bericht über ihre allein praktizierten Übungen paßte zu dem, was sie von Hexerei hielten. Sie hatten noch nie von Gruppen gehört, die Satan anbeteten oder ihm Opfer brachten, Menschenopfer, wenn man den Persönlichkeiten Glauben schenken konnte.

Karl begann nach populärer und auch wissenschaftlicher Literatur zu suchen. Es war kein Thema, das man über Gespräche erkunden konnte. Falls die Sekte existierte und in der Gegend tätig war, handelte es sich um ein gut gehütetes Geheimnis, möglicherweise ein tödliches Geheimnis.

Karls Lektüre bestätigte ihm, daß das, was Sandy und Selena berichtet hatten und was jetzt von Tolanda und Autumn erzählt wurde, wahr sein konnte. Es gab keine konkreten Beweise für die Ereignisse, es gab nur das Wissen, daß andere Menschen ähnliche Geschehnisse beschrieben hatten. Es verschaffte Karl und Rachel ein einzigartiges Verständnis für Jennys Schwierigkeiten, ihre Erinnerungen als realistisch zu akzeptieren.

Die jungen Hexen warnten Karl, daß ein mächtiger Dämon, Mindoline, erscheinen würde, um von Selena Besitz zu ergreifen, damit sie dem Okkulten nicht abtrünnig würde. Karl bat, mit dem Dämon sprechen zu dürfen.

»Guck mich nicht an. So häßlich. Von der dunklen Seite.«

»Sag mir, wie du aussiehst.«

Der das Gesicht verdeckende Arm sank. Ihre Augen schlossen sich. Mind erklärte: »Sie mag nicht daran denken, wie sie aussieht – wie rohes Fleisch.«

Karl bat darum, daß Mindoline zurückkehrte, damit er ihr erklären konnte, wie er ihr bei ihrem Aussehen helfen könnte. Mittels Hypnose suggerierte Karl Mindoline, jede Form anzunehmen, die sie wünschte, und bat sie dann, mit ihm zum Spiegel zu gehen und sich anzuschauen. Mindoline schaute auf ihre Füße. »Keine Hufe«, sagte sie. Unbeholfen ging sie auf den fremden Füßen zum Badezimmerspiegel. »Ich sehe wie die anderen aus«, stieß sie hervor. »Menschlich.« Sie berührte ihr Gesicht und ihren Kopf. »Die Haare sind fort und die Hörner. Meine Haut ist weiß, nicht blutig.«

Karl dachte an die Parallele zu Blair, der Personifizierung des Häßlichen, die ihre Mutter verursacht hatte. Mindoline mußte die Häßlichkeit repräsentieren, die von der Sekte hervorgerufen worden war. Er verspürte ein großes Mitleid mit Mindoline, da er wußte, daß der abstoßende Dämon auf seine Weise versuchte, Jenny zu helfen.

Karls scheinbare Macht, ihr Jennys Aussehen zu verleihen, beeindruckte und verängstigte Mindoline. Sie sah, wie Karl sich Notizen mit der linken Hand machte, und murmelte: »Böses Kind«, laut genug, daß er es hören konnte. »Bist du von dort? Kennst du die dunkle Seite?«

Karl lächelte. »Ich kenne nur diese Welt.«

Mindoline schaute skeptisch. »Schick mich nicht zurück«, bat sie. »All die schreienden Seelen dort.«

Kapitel 29

Obgleich die Alexanders voraussagen konnten, daß dem Fortschritt in der Therapie eine Krise folgen würde, konnten sie diese nicht verhindern. Selena drohte ernsthaft, die Therapie bei den Alexanders abzubrechen, und überzeugte Jenny, eine Erklärung zu unterschreiben, daß es ihre eigene Entscheidung sei, die Therapie nicht fortzusetzen. Nachdem sich Selena für das College-Programm eingeschrieben hatte, verlangsamte sich das Vorankommen in der Therapie, doch brachte der weiterhin gemachte Fortschritt Scham, Schmerzen und Verwirrung mit sich. Das auftauchende Material über die Sektenverwicklungen war besonders qualvoll.

Jenny begann ein Gespräch damit, wie schlecht sie doch sei, sie verdiene die Zeit nicht, die die Therapeuten für sie aufbrachten. Wie könnten sie sich ernsthaft um einen so bösen Menschen kümmern. Selena bestätigte die Gefühle. Ihre trotzige Ich-brauche-euch-überhaupt-nicht-Einstellung stand im Kontrast zu Jennys demütiger, niedergeschlagener Haltung.

Selena verlagerte die Betonung auf Routineprobleme – die Rechnungen, Michael, die Kinder. Sie schaffte die Arbeit im Haus nicht mehr, und Michael schimpfte sie wegen der Rechnungen aus. Sie war in Zahlungsverzug bei den Arzneimittelrechnungen und beim Kühlschrank. Niemand half ihr. Ezra drängte darauf, daß sie wieder anschaffen ging.

Wenn die Therapeuten nicht mehr taten, als sich diese Klagen anzuhören, verlagerte Selena das Gesprächsthema erneut. Erst deutete sie an, dann sprach sie offen aus, daß sie mehr Therapiezeit brauche. Sie brauche mehr Zeit, mehr Aufmerksamkeit, genau wie Jenny. Selena fragte sich, ob es was nützen würde, ins Krankenhaus zu gehen.

Die Alexanders hielten eine Krankenhauseinweisung nicht für angebracht, und sie sahen auch keine Notwendigkeit, die bereits beachtlichen Therapiesitzungen noch zu verlängern. In diesem Verhaltensmuster, das sich ständig wiederholte, erkannten sie eine Manipulation. Ihre Versuche, das Muster zu durchbrechen, waren jedoch frustrierend. Weder Jenny noch Selena waren in der Lage, das Paradox zu erkennen: Sie war nichts wert; sie verdiente Beachtung; sie sollte nichts bekommen; sie sollte alles bekommen. Sie nahm jede Haltung ein, die Erfolg versprach.

Karl und Rachel waren verletzt, weil das Vertrauen, das sie so sorgfältig aufgebaut hatten, wieder einmal auf die Probe gestellt wurde. Sie wußten, daß Jenny ihre Umwelt, in der sie niemandem vertraute, manipulierte, um zu überleben. Aber sie hatten ihr Vertrauen nie mißbraucht. Die Beschäftigung mit ihr war frustrierend. Die Therapeuten mußten jedoch ihre Fähigkeiten anerkennen. Sie war eine Meisterin der Manipulation.

Selena weigerte sich, wieder auf den Strich zu gehen. Sie kontaktierte mehrere Priester, konnte aber bei keinem fortlaufende Hilfe und Beratung finden. Selena sprach häufig mit Dan Burke, einem Familien-Counselor. Dan riet ihr, sich an die psychiatrische Klinik zu wenden. Diesen Schritt schob sie vorerst auf.

Während des Jahres war sie zweimal wegen Problemen mit dem Handwurzelknochen an beiden Handgelenken operiert worden. Nach jeder Operation riß eine Persönlichkeit die Schnitte auf, um sich selbst zu verletzen, ein Blutopfer zu bringen, um Böses herauszulassen; Selena kannte den Grund nicht. Ihre Gefühle wurden vom Zorn des Chirurgen verletzt. Sie konnte ihm nicht sagen, wie oder warum sie sich Schaden zugefügt hatte.

Selena wußte, daß sie in der Klinik kein Anrecht auf Behandlung mehr hatte, da sie nicht mehr in dem Landkreis wohnte. Aber ihre Anrufe waren so beständig und sie so beharrlich, daß Mr. Mooreland einwilligte, sie zu empfangen.

Mr. Mooreland war jetzt Programm-Direktor der Klinik. Viele Jahre waren vergangen, um genau zu sein zweiundzwanzig, seit er Jenny Walters zum ersten Mal gesehen hatte. Als er damals eine Einweisung in das staatliche Kankenhaus für das sehr gestörte vierzehnjährige Mädchen empfahl, war er Personal-Sozialarbeiter. In seiner Zusammenfassung für die Einweisung merkte er damals an, sie äußere Selbstmordabsichten, spreche von »einer anderen Welt« und hätte eine »ziemlich unbeständige Kindheit« gehabt.

Nachdem er die sechsunddreißigjährige Jenny gesehen hatte, hatten die Bemerkungen von Mr. Mooreland ironischerweise eine verblüffende Ähnlichkeit mit seiner damals geäußerten Meinung. Dieses Mal schrieb er: »Sie beschreibt sich als depressiv und behauptet sterben zu wollen.« In Einzelheiten gab er ihre Erklärung wieder, sie sei Selena und nicht Jenny, und ihre Darstellung von den verschiedenen Persönlichkeiten. Sie hatte ihm ihre Tagebücher mit unterschiedlichen Handschriften gezeigt. Er bemerkte: »Sie erzählte, wie diese unterschiedlichen Persönlichkeiten in verschiedenen Welten lebten, zum Beispiel in Kristallwelten oder hinter Spiegelwänden. Sie machte einen offen psychotischen Eindruck, schien in ihrem Denken aber alle verschiedenen Persönlichkeiten strukturiert zu haben.« Sein diagnostischer Eindruck, daß »diese Person ein ernsthaft paranoider Mensch ist... der unter Wahnvorstellungen leidet«, versäumte es, sie als Multiple zu erkennen, obgleich Selena ihm darüber so viel erzählte, wie sie selbst verstand. Wie in der Vergangenheit empfahl Mr. Mooreland eine Krankenhauseinweisung. Dieses Mal lehnte Selena es ab.

Am Tag nachdem sie Mr. Mooreland außerhalb des Landkreises aufgesucht hatte, war Selena in der psychiatrischen Klinik ihres Kreises und erzählte, daß sie multipel sei und sterben wolle. Die zur Klinikleitung gehörende Mrs. Buxton, die Selena empfing, bestand auf einer Einweisung wegen Suizidgefahr. Falls sie nicht freiwillig ginge, würde Mrs. Buxton eine Zwangseinweisung in die Wege leiten.

Irgendwie schaffte es Selena, sie zu überzeugen, damit zu warten. Selena sagte, sie müsse sich zu Hause noch um einige Sachen kümmern, bevor sie dann eine Zeitlang fort wäre. Mrs. Buxton stimmte zu, solange sie sichergehen konnte, daß die Klientin, auf einen Krankenhausaufenthalt vorbereitet, um ein Uhr mittags in der Klinik erschien.

Selena ging in die Schule und hielt ein mündliches Referat über eine Arbeit, die sie für den Psychologieunterricht geschrieben hatte. Da die Hälfte der Arbeit aus mündlichen Quellen stammte, hätte sie die Arbeit nicht erstellen können, wenn sie dem Unterricht ferngeblieben wäre. Für das Referat bekam sie eine Eins. Sie war pünktlich in der Klinik.

Sie verbrachte drei Wochen in der psychiatrischen Abteilung. Es war eine Erleichterung, nicht dem Druck der Schule ausgesetzt sein und nicht für den Haushalt, Michael und die Kinder sorgen zu müssen. An ihrem ersten Tag zerbrach sie ihr Glas und schnitt sich die Handgelenke auf, es waren zwar nur Kratzer, aber sie waren Grund genug, sie in die geschlossene Abteilung zu verlegen. Sie liebte die

Ungestörtheit ihres eigenen Zimmers und war froh, nicht an Gruppentreffen teilnehmen zu müssen, wie es in der offenen Abteilung gefordert wurde. Sie nahm die meisten der ihr gegebenen Medikamente ein, spülte aber einige Tabletten in der Toilette hinunter, da sie davon Gesichtszuckungen bekam. Als sie entlassen wurde, rief sie Karl an und fragte, ob sie die Therapie wiederaufnehmen könnte.

Ein Jahr lang war sie der von den Alexanders angebotenen Hilfe ferngeblieben. Sie ließ sie jedoch wissen, daß sie alles unternahm, um Erleichterung von ihren Schmerzen, physischen wie psychischen, zu erlangen. Sie rief viele Male an, eine Zeitlang täglich. Keiner der Therapeuten bestand darauf, daß sie zurückkehrte. Sie standen ihr zur Verfügung, wenn sie sich entschließen sollte, sich wieder in ihre Obhut zu begeben.

Sie hatten sowohl Jenny als auch Selena gesagt, daß sie glaubten, es wäre nicht zu ihrem Besten, wenn sie die Therapie abbrechen würde, ließen sie aber wissen, daß es ihre Entscheidung wäre. Ihre hohe Toleranzschwelle erreichte eine Grenze, als Dan Burke anrief, um ihnen zu sagen, er mache sich Sorgen um Selena, die wegen ihrer Ablehnung sehr verletzt sei. Innerhalb weniger Tage rief der Krankenhausgeistliche an, um ihnen seine Besorgnis darüber mitzuteilen, daß sie eine bedürftige Klientin abgewiesen hätten.

Rachel war zorniger als Karl. Sie hatte das Gefühl, daß ihr professioneller Ruf bedroht war, wenn diese falsche Information die Runde machte. Karl erinnerte sie daran, daß Jenny Harris in der Gegend wohlbekannt war, ganz gewiß allen religiösen, psychiatrischen und für die Gesundheit zuständigen Institutionen. Welche Anschuldigungen Jenny auch machte, diese würden durch die festgefahrenen Meinungen der Gemeinde gemäßigt. Mit der falschen Darstellung waren die Therapeuten jedoch ganz und gar nicht glücklich. Sie würden sich der Angelegenheit annehmen, sobald sie wußten, wie gut Jenny mit ihrem System von Persönlichkeiten funktionierte.

Als die Therapie wiederaufgenommen wurde, brachte Karl das Thema mit etwas Besorgnis zur Sprache. Soweit er Einblick hatte, war Selena diejenige gewesen, die zur Unterbrechung der Therapie und dem Aufsuchen anderer Ärzte und Beratungsstellen aufgestachelt hatte. Trotz des Risikos, das multiple Verhaltensmuster von Selbstmitleid, Selbstvorwürfen, Selbstrechtfertigung oder des Weglaufens vor Problemen zu reaktivieren, fragte er Selena nach dem Krankenhausgeistlichen.

Selena schaute verdutzt. Sie hatte mit keinem Krankenhausgeistlichen gesprochen. Es mußte eine andere Persönlichkeit gewesen sein. Karl konnte nicht mit Sicherheit sagen, ob es ihre tatsächliche Wahrnehmung oder ein bewußtes Leugnen war. Er beschuldigte sie nicht weiter. Er sprach darüber, daß sie eine einzige Person sei, auch wenn sie sich als eine von vielen wahrnehme. Er ließ sie wissen, daß er davon ausging, daß Jenny hören könne, was er zu Selena sagte. Er sagte ihr, daß er sie für verantwortlich für das gegenwärtige Verhalten von Jenny Harris hielt.

Jennys Dilemma entging Karl nicht. Ihr ganzes Leben war sie vor physischen und emotionalen Schmerzen davongelaufen und hatte ihre Flucht über *Alter egos* bewerkstelligen können. Indem sie sich weigerte, Andere als Teil von sich anzuerkennen, konnte sie der Verantwortlichkeit für deren Handlungen aus dem Wege gehen. Sie konnte flüchten und für die Flucht nicht verantwortlich gemacht werden. Wenn sie den durch die Therapie aktivierten psychischen Schmerzen zu entkommen suchte, war sie in ihrer üblichen Weise geflüchtet. Das bedeutete nicht nur ursprüngliche Vermeidung, sondern auch dissoziatives Ausweichen.

Zu Beginn der Therapie hatten Karl und Rachel Videoaufzeichnungen der Sitzungen mit *Alter egos* gemacht, um unleugbare Beweise von deren Vielzahl für Jenny und ihre Persönlichkeiten zu schaffen. Über ein Jahr zeichneten sie zeitweise Sitzungen auf. Danach unterbrachen sie die mühsamen Aufzeichnungen, da sie diese Art von Beweis nicht länger für notwendig hielten.

Die meisten der Anderen akzeptierten es, ein Teil von Jenny zu sein, und bedurften keiner anderen Beweise als der Erklärung der Therapeuten oder einer inneren Kommunikation mit Mind. Jenny und Selena gaben oft zu, multipel zu sein, aber sie wiesen jede Verantwortlichkeit von sich, weil sie die Persönlichkeiten als von sich getrennt behandelten.

Jenny konnte niemals die Kontrolle über ihr Leben erlangen, wenn das Muster von Leugnen und Ausweichen beibehalten würde. Indem Karl sie wissen ließ, daß er sie für verantwortlich hielt, hoffte er, daß Jenny sich in Richtung Kontrolle bewegte und ihr Reaktionsmuster ändern würde.

Als die Alexanders Jenny mit nach Chicago nahmen, war das für beide Seiten von gleichem Nutzen. Ihre Therapie stellte die höchsten Anforderungen, die sie je erlebt hatten, und in ihrer Arbeit fühlten sie sich bestenfalls isoliert. Bei einer dermaßen komplexen Klientin erkannten sie die Grenzen ihrer Arbeit. Da sie sich aber außerstande sahen, ihr anderweitig angemessene Behandlung zu empfehlen, fühlten sie sich verpflichtet, sich um sie zu kümmern.

Sie hatten alles gelesen, was die Fachliteratur zu bieten hatte, und erreichten, daß ihre Diagnose von Psychiatern anerkannt wurde. Es mangelte ihnen jedoch an Unterstützung von Kollegen, und sie hätten gerne die Anleitung von Therapeuten mit Erfahrung bei der Behandlung der *Multiplen Persönlichkeitsstörung* in Anspruch genommen. Zu wissen, daß der Mangel an Fachkenntnissen und die Anerkennung der multiplen Persönlichkeit seitens der Heilberufe sich in ihrer Gegend nicht vom größten Teil des Staates unterschied, war nur ein kleiner Trost.

Jennys fortgesetztes Bedürfnis, jede sich bietende Quelle auszunutzen, seien es Priester, Ärzte oder Psychiater, trug nur zur Vergeudung von Energie bei und vereitelte die Bemühungen der Alexanders, Fortschritte in der Therapie zu erzielen. Bei jeder Einweisung in Einrichtungen, die mit der Behandlung solcher Klienten nicht vertraut waren, verloren sie an Boden. Die antipsychotischen Drogen und starken Tranquilizer, die ihr häufig verschrieben wurden, schienen die Symptome eher zu verstärken als zu lindern. Diagnosen von Psychosen, Schizophrenie oder Borderline-Persönlichkeit wurden immer noch von vielen als für Jenny zutreffender erachtet als die Diagnose einer dissoziativen Störung.

Das *Dissociative Disorders Program* am *Rush-Presbyterian-St. Lukes Medical Center* wurde 1984 eingerichtet, ein Jahr nachdem die Alexanders angefangen hatten, mit Jenny zu arbeiten. Die Alexanders wußten jedoch bis 1986 nichts von der Existenz, als ihre Anfrage an das *National Institute of Mental Health* mit Informationen über das Programm beantwortet wurde. Das *Center* lag zwar in einiger Entfernung, konnte mit dem Auto aber durchaus erreicht werden. Sie baten sofort schriftlich um eine psychiatrische Beurteilung Jennys und um eine Konsultation mit einem erfahrenen Kliniker.

Das Treffen mit Dr. Walter Young hatte für alle eine heilsame Wirkung. Er traf sich mit Jenny allein, mit den Alexanders allein und dann mit allen zusammen. Seine Beurteilung Jennys bestätigte die Erkenntnisse der Alexanders, daß sie Symptome der klassischen *Multiplen Persönlichkeitsstörung* aufwies. Durch sorgfältiges Erläutern seiner Forschungsergebnisse erweiterte Dr. Young ihr Verständnis der Krankheit und brachte ihnen Strategien für die Arbeit mit Jenny nahe. Er lobte die von ihnen erzielten, bedeutsamen Fortschritte und ermutigte sie, die Arbeit mit ihr fortzusetzen. Er gab ihnen den Rat, mit dem Prozeß Geduld zu haben und mit Optimismus auf das Ergebnis zu warten.

Den Alexanders half die Bestätigung eines Fachkollegen, eines Experten in der Behandlung dissoziativer Störungen, den Gefühlen entgegenzuwirken, die entstanden waren, weil sie von ihren Kollegen fast drei Jahre lang geächtet oder mindestens als Außenseiter betrachtet worden waren. Jenny genügte es, daß man ihr glaubte, und sie als multipel und nicht verrückt anerkannt wurde. Alle profitierten von Dr. Youngs herzlicher Aufnahme und seinen pragmatischen Einsichten. Karl mußte jedoch lächeln, als Dr. Young auf einen Symbolismus in Jennys Tagebuch hinwies. Durchgehend schrieb sie »else« falsch und schrieb »elfs«. Karl konnte nicht glauben, daß er ihren einfachen Hinweis auf eine Vielzahl von Wesen in einem verwirrten Selbst nie bemerkt hatte.

Selena war nervös. Ihre Anstrengungen, es nicht zu zeigen, machten es noch offenkundiger. Sie war zu stark geschminkt und trug einen kurzen, flauschigen Pullover zu engen Jeans. Ihr im Staccato knallendes Bubblegum unterbrach ein ansonsten ununterbrochenes Geplapper. »Morgan hilft nicht das Haus sauberzumachen und führt sich auf, als ob sie sterben müßte, wenn sie mal das Essen für ihren Daddy kochen muß (peng), und auf dem Küchenfußboden stapelt sich die Schmutzwäsche, und die Hälfte gehört ihr (peng), und alles, was Noel will, ist rumlaufen und mit seinen Freunden Soldat spielen, als ob er nichts anderes zu tun hätte, wie den Rasen mähen oder den dreckigen Hund waschen (peng), und wenn mir die verdammten Kinder nicht helfen, komm' ich in der Schule nicht mit (peng), und vielleicht hat das ja sowieso keinen Sinn (peng), weil Mr. Rutland neulich sagte, wir müssen alle Knochen und Muskeln und Nerven im Gesicht beim Namen nennen können (peng), und dann hat er die Klausur nicht schreiben lassen, nachdem ich die ganzen verdammten Wörter gelernt hab' (peng), Scheiße (peng), ich werd' sie vergessen, bevor er uns danach fragt.«

Rachel dachte daran, wie Selena in der Vergangenheit über das Verstecken hinter Mauern und Wänden gesprochen hatte. Jetzt konnte man es scheinbar wörtlich nehmen, mit ihrer Menge an Lidschatten und Rouge und ihrer faktischen Mauer von Worten. Sie mußte Selena jedoch bewundern, da sie wußte, wie verängstigt sie war, und doch hatte sie genug Vertrauen oder wollte gesund werden und unternahm diesen Trip mit ihnen.

Sie hofften, die Bedeutung wenigstens einiger der wiederkehrenden Träume zu entdecken, die Selena zu schaffen machten. Obwohl die Bilder unvollständig waren, tauchten Kleinigkeiten und Ausschnitte aus Szenen immer wieder in ihren Alpträumen auf: Sie wurde von in Gewänder gekleideten Gestalten gejagt, ein Wasserrad, Scheiterhaufen. Im Wachzustand und im Schlaf sah sie Gesichter von Monstern, Dämonen und Kindern – verletzten, zu Tode verängstigten Kindern.

Ein Bild hatte nur Umrisse. Sie zeichnete, was sie sah. Im Vordergrund war ein großes Rechteck, auf dem ein Dreieck stand. Im Hintergrund waren einige gebogene, senkrechte Formen.

Karl befaßte sich mit der Zeichnung, die der einfachen Zeichnung eines Kindes von einem Haus sehr ähnlich war. Aber das Haus hatte keine Fenster. Es konnte eine Scheune sein, mit einem Heuhaufen dahinter. Selena stimmte zu, es könne eine Scheune sein. Sie wußte, daß die Sekte für viele Rituale alte Scheunen benutzte. Karl malte große Scheunentore auf das Bild.

Er bat Selena, sich in Trance zu begeben und sich an mehr zu erinnern, falls es möglich war. Sie wußte, daß es ein Ort war, an dem etwas Wichtiges passiert war. Er fragte sie, ob sie wüßte, wie man dort hinkäme. »Highway Siebenunddreißig. Ich kann das Schild sehen.«

Als sie über den Highway fuhren, erkannte Selena die Seitenstraßen, von denen sie sagte, sie führten zu Häusern, von denen sie Leute für die Versammlungen abgeholt hätten. Eine führte zu einem Campingplatz, an den sie sich erinnerte, weil die Sekte ihn mehrere Sommer bis zu einer Woche lang benutzt hatte. Sie kamen an einer Reihe Scheunen vorbei. Viele waren alt, aber keine war Selena vertraut. Sie begann sich zu beruhigen. Die Sachen, die sie sah, stellten für sie kaum eine Bedrohung dar.

Karl beobachtete ihre Reaktionen besonders im Hinblick auf die Landschaft und die Gebäude, an denen sie vorbeifuhren. Sofort bemerkte er ihr Unbehagen, als sie an Marsden's Kühlhaus vorbeifuhren. Das kleine weiße Gebäude sah ziemlich alt aus. Sein einfaches Schild bot niedrige Preise für Fleischverarbeitung und Kühlboxmieten an. Es schien sich von den Dutzenden und Aberdutzenden Lagerhäusern nicht zu unterscheiden, die in Gegenden üblich waren, in denen Menschen Rinder und Schweine züchteten.

Selena begann zu zittern, als ob ihr kalt wäre. Ihre Lippen färbten sich leicht blau, und ihr Gesicht wurde blaß. Karl parkte das Auto und bat Selena, sich zu entspannen und zu erinnern.

Selena erinnerte sich an die beißende Kälte, an harte Hände, die sie schlugen, an das blendend grelle Licht in ihren Augen, als sie sich an einem Ort von reinem Weiß, kalter weißer Qualen entdeckte. Sie erinnerte sich an Gladys Fayes Gesicht unter einer Kapuze und daran, daß die Mutter sie an einen dunklen Ort trug, wo man sie wärmte. Schwarzgewandete Gestalten sangen leise auf sie ein: »Weiß zu schwarz. Alles Gute ist verschwunden.« Sie war sechs Jahre alt.

Während Rachel mit Selena wartete, ging Karl hinein. Es könnte hier passiert sein, wie sie sagte. Kalte Luft strich sanft über metallene Tische und weiß gestrichene Wände. Karl konnte sich vorstellen, daß es vor dreißig Jahren sehr ähnlich ausgesehen haben könnte. »Kann ich Ihnen helfen?«

»Ich wollte nur wissen, wieviel bei Ihnen eine Rinderhälfte kostet.«

Wieder draußen, betrachtete Karl das Schild mit neuem, traurigem Verstehen. Das Schild offerierte SCHLACHTUNG AUF WUNSCH.

Karl und Rachel unterhielten sich lange mit Selena, um die Erinnerungen zu ordnen und ihr zu versichern, daß es der Wahrheit entsprach und in der Vergangenheit lag. Sie fühlte sich einigermaßen wohl, also beschlossen sie, noch ein paar Meilen weiter zu fahren, bevor sie umkehrten. Falls sie die Scheune entdecken sollten, konnten sie später in Sitzungen in der Praxis darüber reden.

Karl hörte, wie Selena der Atem stockte. Sie waren in einer Kleinstadt. Es waren keine Scheunen in Sicht, nur eine große Ziegelkirche, der sich ein Friedhof mit großen, modern aussehenden Grabsteinen anschloß. Karl fuhr auf den Parkplatz. Selena sieg aus dem Auto und wandte sich von der Kirche ab. Sie kämpfte gegen Wellen der Übelkeit, leugnete jegliches Wissen darüber, was hier passiert war, und flüchtete.

Louann war zwölf Jahre alt. Sie konnte sich gut an diesen Ort erinnern und begann den Alexanders zu erzählen und zu zeigen, was hier vor sich gegangen war. Sie führte sie auf einem dreckigen Pfad über den Friedhof. Sie erkannten, daß die moderneren Grabsteine einen älteren Friedhof umschlossen, dessen Grabsteine bis in das 18. Jahrhundert zurückreichten. Sie führte sie zu einem Stein, auf dessen Spitze die Statue eines Engels stand, und erzählte, wie man die Kinder gezwungen hatte, Gott und die Engel zu verfluchen.

»Das beweist, daß dies ein Ort für die Kinder Satans ist.« Sie zeigte auf einen großen rechteckigen Stein mit dreieckiger Spitze. Als sie zu dem Stein hinübergingen, streckte Louann ihre Hand aus, um ihn ehrfuchtsvoll zu berühren. Hinter dem Stein waren mehrere Reihen alter Grabsteine. Schwarzer Schimmel machte die Inschriften auf den klassisch abgerundeten Marmorsteinen unleserlich. Sie hatten die »Scheune und die Heuhaufen« von Selenas Zeichnung entdeckt.

Louann zeigte ihnen das Grab, auf das man sie gelegt hatte, um durch sie Dämonen heraufzubeschwören. Sie beschrieb, wie man ihr Drogen verabreicht und sie gequält hatte und daß sie Selena Platz gemacht hatte, als die Schmerzen von den durch ihren Körper hervortretenden Kreaturen sie überwältigt hatten.

Tage später, bei Sitzungen in der Praxis, erinnerte sich Selena an die Vorfälle auf diesem Friedhof. Sie sagte, sie müsse zurückkehren, um die Dämonen wieder in ihren Abgrund fahren zu lassen und den Kindern Frieden zu schenken. Sie war überzeugt, daß die erschienenen Gesichter die der Dämonen waren, die man auf die Welt losgelassen und nicht mehr hatte kontrollieren können, und die der gequälten Kinder, die man geopfert hatte, um Satan und seine Dämonen zu beschwören.

Bei der Arbeit mit Jenny hatten sich Karl und Rachel bereits über die üblichen Grenzen einer Therapie hinweggesetzt. Sie sahen es als sinnvoll und für die Therapie wertvoll an, mit ihr an die Orte ihres Mißbrauchs und anderer bedeutsamer Ereignisse zurückzukehren, hegten jedoch gewisse Zweifel an einer Therapie außerhalb der Praxis.

Auf der *Third International Conference on Multiple Personality/Dissociative States* in Chicago hatte Rachel die Möglichkeit, Fragen zu Jennys Therapie zu stellen. Die Konferenz, an der etwa fünfhundert mit Multiplen arbeitende Fachleute teilnahmen sowie andere Interessierte und einige Leidtragende der *Multiplen Persönlichkeitsstörung* verschaffte Rachel unschätzbare Kenntnisse und Informationen, die sie Karl mitteilen würde.

Rachel konnte ihre Fragen zur Therapie außerhalb der Praxis an Dr. Cornelia Wilbur stellen, die Psychiaterin, die Sybil behandelt hatte und zu den Pionieren der Behandlung von Multiplen gehörte. Der Gedankenaustausch war beruhigend.

»Würde es Ihre Klientin oder Sie selbst in Gefahr bringen, wenn Sie auf den Friedhof gingen?«

»Nicht, daß ich wüßte.«

»Dann tun Sie, was Sie tun müssen.«

Rachel lernte aus erster Hand, daß sich viele ihrer Kollegen in ihren Städten genauso isoliert fühlten wie sie und Karl. Sie erfuhr, daß übermäßige Beschäftigung, besonders bei der ersten Behandlung eines Multiplen, so weit verbreitet war, daß man sie geradezu als unvermeidlich bezeichnen konnte. Viele dieser Klienten litten so sehr, hatten Lebensgeschichten, die durch dermaßen extremen Mißbrauch und Deprivation gekennzeichnet waren, daß sich die um sie sorgenden Therapeuten veranlaßt sahen, ihren Energie- und Zeitaufwand für die Klienten zu erweitern oder eine Beziehung zu ihnen aufzubauen, die über ein normales Klienten-Therapeuten-Verhältnis hinausging. Rachel lernte, daß sie sehr aufmerksam sein mußte, um den notleidenden, oft clever manipulierenden Klienten die erforderlichen Grenzen zu setzen.

Im Plenum wurden sowohl von Rachel als auch von anderen Fragen zu Klienten gestellt, die mit Sekten zu tun gehabt hatten. Auf die Fragen wurde jedoch nicht im Plenum, sondern in einer einberufenen Ad-hoc-Versammlung für Interessierte eingegangen.

In der kurzen, spannungsgeladenen Sitzung hörte Rachel knappe Berichte über rituellen Mißbrauch und Menschenopfer. Eine Teilnehmerin wies darauf hin, sie wisse, daß mit dem Heranrücken von Halloween noch mehr Menschen im Namen Satans sterben müßten. Wieder erhielt Rachel einen Beweis dafür, daß das, was die Persönlichkeiten über Jennys Erfahrungen sagten, der Wahrheit entsprach.

Karl und Rachel kamen zu dem Schluß, daß eine Rückkehr zu dem Friedhof Jenny und Selena helfen könnte, die damaligen Ereignisse als Tatsache zu akzeptieren. Auch wenn Selena nur eine Erleichterung von ihren Halluzinationen erführe, und sei es nur für kurze Zeit, könnte das nicht schaden. Karl arbeitete mit ihr daran, Grenzen festzulegen, so daß sie nicht aufschreien oder Schmerzen spüren würde, und sie wußte, daß sie im Hier und Jetzt war, wenn er die Worte »endgültige Realität« aussprach. Das Schlüsselwort, wie Jennys »Kristalloberfläche«, würde dazu beitragen, Selena in der realen Welt zu festigen.

Noch einmal ging Selena den Pfad entlang, den Louann ihnen gezeigt hatte, und setzte sich auf das dem alten Grabstein gegenüberliegende Grab. Ihre Atmung beschleunigte sich, und ihre Hände ballten sich zu Fäusten. Ihre Augen begannen, sich ziellos hin und her zu bewegen, dann zu schließen. Ihr Gesicht sah traurig aus und nahm dann einen Ausdruck von Angst an. Karl und Rachel erkannten an ihren schnellen Augenbewegungen, daß Selena tatsächlich ihren ganzen Horror sah. Nach wenigen Minuten entspannten sich ihre Hände und über jede Wange lief eine Träne. Sie fiel in tiefe Trance.

»Du hast auf dem Grab gelegen, und alle Dämonen sind durch dich wieder in den Abgrund gefahren. Der Fluch ist von allen Kindern genommen, sie sind wieder heil und integriert. Du wirst keine Gesichter mehr sehen. Wenn ich bis zehn zähle, wirst du die endgültige Realität von allem, was passiert ist, erkennen und wissen, daß es wirklich geschehen ist und der Vergangenheit angehört.«

»Frei«, flüsterte Selena, als sie das Bewußtsein wiedererlangte. Sie schaute kurz verdutzt drein und sagte dann: »Vater.« Karl und Rachel wußten nicht, was sie meinte, bis sie auf den Grabstein zeigte. Nachdem sie wußten, was es bedeutete, konnten Karl und Rachel die verwitterte Inschrift, »Vater«, lesen, die kaum leserlich über einem geöffneten Buch aus Stein geschrieben stand. Selena kannte die Inschrift aus ihrer Erinnerung.

Die Erfahrung auf dem Friedhof hinterließ bei Selena das Gefühl, schmutzig zu sein. Sie fühlte auch das Blut, den Schmutz und den Dreck von dem Grab. »Ich muß ein Bad nehmen.« Während der Therapiesitzung konnte sie nicht still sitzen. Karl schlug ihr vor, sich ein Bad ganz nach ihren Wünschen vorzustellen. Er ließ sie in Trance gleiten und sich von ihr erzählen, wie sie die Reinigung erlebte.

Selena erzählte, wie sie durch einen Wald mit wilden Blumen ging, in dem auf einer Lichtung eine große Wanne mit Lavendelwasser stand, das sich wie Satin anfühlte. Sie zog sich aus und setzte sich in das warme Wasser. Das Wasser fing an, sich zu bewegen; wie ein Wind, der über ihren Körper strich. Als das Wasser sich um sie schloß und vibrierte, begann sich der Schmutz von ihr zu lösen, nur nicht von ihrem Gesicht und ihrer Brust. »Such einen Schwamm«, sagte ihr Karl.

Sie konnte keinen Schwamm finden, entdeckte aber eine Blume, die aussah wie Tausende kleine Finger. Sie wusch sich sehr lange. Sie reinigte ihre Augen, Ohren, Zunge und ihren Oberkörper mit der Blume. Die Verletzungen in ihrem Herzen und ihrem Kopf waren die schlimmsten. Sie spürte, wie das Wasser ruhig wurde. Sie fühlte sich leichter. Sie zog den Stöpsel heraus, um das Wasser abfließen zu lassen, und nachdem das Wasser abgeflossen war, war die Wanne so sauber wie die Luft. Die Luft war rein und frisch, sie ließ ihre Haut warm werden und prickeln. Selena zog sich an, ging den Waldpfad zurück und wußte, daß der Schmutz, die Scham und die Schuld zumindest für eine Zeitlang verschwunden waren.

Teil IX

Dunklere Geheimnisse

Eine dunkle, verborgene Angst,
Eine, die tief innen verborgen ist.
Eine, an die ich nicht herankomme.
Eine, die nicht hinauskann.
Eine tief verborgene Angst,
Eine, von der niemand etwas wissen will.

Jennys Tagebuch

Kapitel 30

Kecias Daumen machte ein feuchtes »Pop«, als sie ihn aus dem Mund zog. Sie brauchte beide Hände, um an den Schnürsenkeln zu ziehen. Sogar mit beiden Händen gelang es ihr nicht, die Bänder von Noels Basketballschuhen der Größe 45 fest genug anzuziehen, damit sie an ihren Füßen blieben. Um nicht herauszurutschen, mußte sie damit über den Boden schlurfen. Ein paar Minuten hatte sie Spaß mit den Schuhen, aber es waren eben doch nicht die Spielschuhe, die sie zu finden gehofft hatte.

»Was machst du mit meinen Klamotten?« Noels Stimme sollte schroff klingen, aber Kecia spürte, daß er diesmal nicht wirklich sauer war. Eigentlich hatte sie sich in seinem Zimmer nicht erwischen lassen wollen. Er konnte manchmal richtig wütend werden, wenn sie sich an seinen Sachen vergriff. Dieses Mal war sie so sehr mit den Schnürsenkeln beschäftigt gewesen, daß sie nicht gehört hatte, als er aus der Schule nach Hause kam. Sie kicherte und versuchte, vor ihm wegzulaufen, landete aber nach ein paar Schritten in den viel zu großen Schuhen auf dem Boden. Als Noel sein Eigentum zurückforderte, machte sie ein schmollendes Gesicht. »Ich brauch' die jetzt selbst, sofort«, sagte er, aber sie ließ sich nicht erweichen.

Noel ließ ihr die Schuhe und ging aus dem Zimmer. Gleich darauf war er zurück und zog die Spieldose in einer kuscheligen Stoffpuppe auf. Der Mechanismus bewegte Kopf und Arme der Puppe in schläfrigem Rhythmus zu einem klingenden Wiegenlied. Unfähig, sich dem zu entziehen, machte das Schmollen einem Lächeln Platz. Kecia ließ die Schuhe fallen und griff mit einer Hand nach der Puppe, während die andere schon bei den ersten blechernen Tönen ihren Weg in den Mund gefunden hatte. Noel wechselte die Schuhe und ging weg, um sich mit seinen Freunden zu treffen. Er ließ ein glücklich beschäftigtes kleines Mädchen zurück, das gleichzeitig seine Mutter war.

Kecia war mit den kleinen, flachen Lederschuhen nicht zufrieden, aber noch schlimmer waren die hochhackigen Dinger, die sie immer wieder an ihren Füßen entdeckte. Bei der ersten Gelegenheit streifte sie die Schuhe ab und war barfuß viel glücklicher.

»Was ist mit deinen Schuhen?«

»Zu eng.« Obgleich er sie nicht erkannte, ließ die piepsige Stimme Karl wissen, daß er es mit einem Kind zu tun hatte. Nach einer Sitzung hatte er Selena zur Tür begleitet, plötzlich blieb sie abrupt stehen, schaute auf ihre Schuhe und schleuderte sie von den Füßen. Karl wußte, daß ein Wechsel stattgefunden hatte. Das Kind schaute sich im Zimmer um, bis ihre Augen an der Zeichentafel hängenblieben.

»Möchtest du was malen?«

»Au ja.« Kecias plötzliches, entwaffnendes Lächeln erinnerte Karl an Lisa. Seit Lisa mit der Integration ihr Einzeldasein aufgegeben hatte, war eine ganze Schar von Kindern erschienen und wieder verschwunden. Auch sie waren mit anderen integriert worden, nachdem sie ihre Erinnerungen offenbart und ihren Zweck erfüllt hatten. Und doch schien es, als ob es immer noch ein Kind gab. Häufig waren die Kinder etwa sieben oder acht Jahre alt. Vielleicht brauchte Jenny das Kind, um eine Kindheit fortzusetzen, die sie in dem Alter aufgegeben hatte. Karl brauchte sich mit Kecias Integration nicht zu beeilen.

Begierig griff Kecia nach den Stiften und begann ein farbiges Bild zu malen. Sie zeichnete sanft gewellte, grüne Hügel und Bäume und dahinter Berge mit braunen Gipfeln, das Tal dazwischen ließ sie durch eine untergehende Sonne orange erstrahlen. Sie fügte der Szene einen blauen See hinzu und machte alles zum Hintergrund für ein Männerportrait. Die Augen des Mannes waren schwarz und hatten ein wildes, böses Aussehen. Ein kräftiger, roter Schnitt verlief über seine Kehle. Das gleiche Rot tropfte von einem großen Messer in seiner Hand.

Karl bat das Kind, ihm von sich und dem Bild zu erzählen. Kecia kicherte, schob den Daumen in ihren Mund und sagte ihm befangen ihren Namen und daß sie acht Jahre alt sei. Als Karl sie fragte, ob sie hübsch sei, kicherte sie wieder und antwortete: »Ich glaub' schon.«

Jegliche Leichtigkeit verschwand, als sie anfing, ihm von dem Bild zu erzählen. In ihrem Bedürfnis, alles auf einmal zu erzählen, sprudelten die Worte nur so hervor. »Sie sagten dem Mann, er soll sich mit dem Dolch die Kehle durchschneiden, und er hat's gemacht, aber als das Blut kam, hab' ich Angst gekriegt und bin in den Wald gerannt, aber die Leute kamen hinter mir her, und ich konnte nicht laufen, weil die Steine mir die Füße aufgeschnitten haben, und sie hatten Hunde, also haben sie mich eingefangen und haben mich zu dem Feuer zurückgebracht und mir gesagt, ich soll mit dem Dolch in meinen Arm schneiden, aber das hab' ich nicht gemacht.«

In den vergangenen Wochen hatte Selena Karl von einem wiederkehrenden Traum erzählt, in dem sie sich in den Bergen befand und durch den Wald vor etwas Bösem flüchtete. Nach Kecias Geschichte bestätigte Mind Karls Vermutung, daß der Traum davon handelte, daß Kecia flüchtete, als sie den Selbstmord beobachtete. Als man Kecia eingefangen hatte, erzählte ihm Mind, wäre es Selena gewesen, die sich in den Arm geschnitten und mit Glut verbrannt hätte, um durch ihre Verletzung ihr erneuertes Gehorsamsgelöbnis gegenüber der Sekte unter Beweis zu stellen.

»Ist das der Grund, warum sie sich heute immer noch verletzt?«

»Es könnte ein Teil davon sein.« Mit ihrer emotionslosen Eintönigkeit stimmte Mind zu, Selena solle ihr Gedächtnis wiedererlangen.

Selena sprang auf, als ob man ihr einen Schreck eingejagt hätte, und drehte sich aus Angst vor dem Bild und seiner Botschaft von der Tafel weg. Nur durch Entspannung in einer Trance war sie fähig, über ihre Beobachtung des Selbstmordes, und wie man sie zwang, das Messer gegen sich zu wenden, zu reden.

Als sie aufhörte zu reden, bat Karl sie aufzustehen, die Tafel abzuwischen und die Gefühle der Angst und Verletzung verschwinden zu lassen, während sie das Bild entfernte. Bedächtig wischte Selena nacheinander die Berge, Bäume und den See weg, und schließlich auch die Gestalt des Mannes. Die das Messer haltende Hand ließ sie jedoch an der Tafel.

»Mach weiter«, ermutigte Karl sie. Sie begann mit der Hand und dem Messergriff, zögerte aber bei der Klinge. »Alles«, sagte Karl und erkannte die tiefe Traurigkeit in ihren Augen, als sie die Tafel sauberwischte. Wieviel gab es noch zu erinnern?

Sich zu erinnern, war nur die Hälfte des Problems für Selena und Jenny. Mit jedem neuen Tag klarzukommen, war fast genauso schwer. Selena hatte Angst vor den Veränderungen, die sie an sich bemerkte – das Aufkommen von Gefühlen und die Erfahrung körperlicher Schmerzen. Obwohl sie »Wände« gegen Gefühle errichten und mühelos Schmerzen »betäuben« konnte, war allein die Tatsache, daß sie in ihr Bewußtsein drangen, beunruhigend. Sie sah, wie sie immer mehr wie Jenny wurde, aber sie wollte nicht wie sie sein.

Häufig tauchten Rivalitäten und die damit verbundenen schlechten Gefühle auf. Schon bei etwas so Einfachem wie dem Kauf eines Pullovers kam es zu Meinungsverschiedenheiten. Selena wollte ihre Lieblingsfarbe, Purpurrot. Als Symbol des Schmerzes bedrückte Jenny die Farbe, und sie bestand auf Blau. Selena mochte Hamburger und Bier; Jenny zog gegrillte Hähnchen und Eistee vor.

Sie wetteiferten um Zeit. Zu Hause wollte Selena sonnenbaden oder lernen; Jenny wollte zeichnen oder auf dem Klavier spielen. Selena nahm Jenny und den anderen die Therapie übel. Jenny ärgerte sich darüber, daß Selena in die Schule ging, um einen Job zu bekommen. Jenny hatte nie vor zu arbeiten.

Sosehr Jenny und Selena auch wütend und eifersüchtig aufeinander waren, so sehr brauchten sie sich auch. Selena brauchte Jennys Gegenwart, um nicht allein zu sein. Jenny brauchte Selenas Fähigkeiten, um mit der realen Welt umgehen zu können.

Karl schlug ihnen vor, es mit einer vorläufigen »Fusion« zu versuchen. Er gebrauchte den Begriff, um den Prozeß, den er vorschlug, von der bleibenden Verbindung zu unterscheiden, die er sich für sie erhoffte, nachdem genug von der Vergangenheit bearbeitet und genügend Probleme gelöst worden waren, um sich in einer letzten Integration zu vereinen. Die Fusion würde es ihnen gestatten, sich als eine vollständige Person für gewisse Zeit und an einem sicheren Ort zu erleben.

Karl und Rachel arbeiteten die Richtlinien aus. Die Fusion sollte in der Sicherheit der Praxis und mit Karls und Rachels Unterstützung stattfinden. Sowohl Jenny als auch Selena könnten die Verbindung jederzeit beenden. Während der Fusion könnte keine die Gelegenheit ergreifen und in das Gebiet der anderen eindringen. Selena durfte Jennys Welten nicht betreten und Jenny sich nicht hinter Selenas Wände wagen.

Karl half Selena in eine mäßig tiefe Trance und schlug vor, daß nach dem Zählen bis zehn die Fusion zustande kommen sollte. Er wollte bis fünfzehn weiterzählen, so daß sich Gefühle von Völle und Verwirrung auflösen konnten.

Als er zu Ende gezählt hatte, konnte Karl sehen, daß sie Probleme hatte, aus der Trance aufzutauchen. Um den Zugang zur Realität zu beschleunigen, setzte er die Schlüsselworte ein.

»Wir wollen die endgültige Realität erreichen und möchten, daß die Dinge so klar werden wie eine Kristalloberfläche«, sagte er. Sie blinzelte mit den Augen und war äußerst wachsam.

»Wie heißt du?«

»Jenny.«

Karl und Rachel waren von dem, was sie sahen, fasziniert. Die »neue« Jenny schien ganz locker, fast extrovertiert zu sein. Ihre Hände waren entspannt und ihre Stimme kräftig. Karl bat sie, in den Spiegel zu schauen und zu beschreiben, was sie sah. Sie schien angenehm überrascht. »Ich bin so hübsch wie Selena, aber mein Gesicht ist schmaler und mein Haar ist blonder.«

»Fühlst du dich anders?«

»Voller. Selena ist hier drinnen.«

»Fühlst du dich merkwürdig?«

»Ich fühle mich traurig, allein.«

»Sie wird immer hier sein.«

»Aber sie ist nicht hier draußen, wie ich. Ich sehe sie nicht bei mir.«

»Aber du kannst sie fühlen.«

»Ich habe Angst. Sie ist nicht da. Ich weiß nicht, ob ich das mag oder nicht.«

»Weil du die Verantwortung hast?«

»Für alles, zur Schule gehen, das Haus, Michael und die Kids.«

»Um mit ihnen umzugehen, mußt du vielleicht wie Selena denken.«

»Es ist, als ob ich meine beste Freundin begraben habe.« Die Kraft war aus Jennys Stimme gewichen. Sie schloß ihre Augen und glitt in tiefe Trance.

Mind erzählte Karl und Rachel, daß sich Jenny ausgestopft, verwirrt und sehr allein gefühlt hatte. Selena fühle sich allein und mochte den Kontrollverlust nicht. Obgleich die Fusion nur von kurzer Dauer war, versicherte Mind den Therapeuten, daß Jenny und Selena das Vereinigen an einem sicheren Ort weiterüben wollten. Beide hatten Angst davor und sehnten sich aber gleichzeitig danach, miteinander ausgesöhnt zu sein.

Humorvoll beschrieb Jenny später ihre Erfahrung mit der Fusion. »So schlimm war es nicht«, sagte sie.

»Wie hat es sich angefühlt?«

»Wißt ihr«, antwortete sie, als ob sie von ihnen erwartete, es wirklich zu wissen, »wie ein Schmetterling mit Stiefeln.«

Ein paar Wochen später nahmen Karl und Rachel die Einladung zu ihrer Taufe an. Sie wußten, daß Jenny ein dauerhaftes Interesse an christlichem Glauben hatte, ein Interesse, das sich in verschiedenen

Persönlichkeiten manifestierte. Barbara, Marcie und Flisha hatten sich mit Religion und Kirchen beschäftigt. Da alle verschwunden waren, hielt Selena an dem Wunsch fest, Christin zu werden. Von Zeit zu Zeit tauchten kleinere Persönlichkeiten mit religiösen Aufgaben auf, aber es war Selena, die das Interesse aufrechterhielt.

Karl und Rachel wußten, daß es ein mutiger Akt von ihr war, getauft werden zu wollen, da man ihr so lange gesagt hatte, daß die Kirche ein Ort des Feindes sei. Sie verstanden ihr Bedürfnis nach einer feierlichen Bestätigung ihres Glaubens an Gott, da sie sich im Schatten der Erinnerungen an Teufelsanbetungen bewegte. Sie sahen es auch als eine Bestätigung des Wunsches nach Ganzheit, als sie den Priester sagen hörten: »Jenny *Selena* Harris, ich taufe dich...«

Bei der sich der Taufe anschließenden Abendmahlsfeier war Selena etwas verunsichert. Als sie die Hostie nahm und den Wein trank, hatte sie die ganze Zeit Angst, auf der Stelle tot umzufallen. Während sie mit den Alexanders die Kirche verließ, erschien Jenny, um sich das bunte Kirchenglasfenster an der Vorderseite der Kirche anzusehen. Der Priester trat von hinten an sie heran und berührte ihre Schulter, als er sprach. Jenny zuckte erschreckt zusammen, und da Selena verärgert war, sah sich Kecia dem Priester gegenüberstehen.

Karl fing ihren Blick auf und stoppte sie mit einem Kopfschütteln, als sie ihren Daumen in den Mund stecken wollte. »Es war eine sehr schöne Feier«, sagte er zu dem Priester.

»Komm, wir bringen dich zu deinem Auto«, sagte Karl, als er Kecia von dem Priester wegführte. »Hol Selena oder jemand anders, der in diesen Schuhen gehen kann«, wies er sie an.

»Ich weiß nicht, wo sie sind.«

»Dann zieh einfach die Schuhe aus.«

»Selena flippt aus, wenn ich ihre Strümpfe ruiniere.« Kecia sah so verloren aus, daß Karl nicht weiter drängte. Er nahm Kecias Arm. Mit Rachel auf ihrer anderen Seite würde vielleicht niemand bemerken, wie sie in den hochhackigen Schuhen stakste. Er hoffte, Selena würde auftauchen, wenn sie erst mal in sicherer Entfernung von der Kirche waren.

Wie nach Plan folgte dem Fortschritt die Krise. Während eines schweren Wolkenbruchs im Frühling schleuderte Selenas Auto in ein steckengebliebenes Fahrzeug. Niemand in dem anderen Auto wurde verletzt. Man behielt Selena über Nacht zur Beobachtung im Krankenhaus und entließ sie, als sich herausstellte, daß sie nur blaue Flecken hatte.

Nach etwas weniger als zwei Monaten war sie wieder im Krankenhaus, um sich einer Operation zur Korrektur einer Blasenfunktionsstörung zu unterziehen. Die postoperative Genesungsphase wurde durch Infektionen erschwert. Ihre Ärzte konnten sich den zu langsamen Heilungsverlauf und die trotz des relativ einfachen Eingriffs wiederkehrenden Probleme nicht erklären. Ihr ging es trotzdem nicht besser.

Karl hatte den Verdacht, daß dabei Selbstmißbrauch eine Rolle spielen könnte. Nach einigen Wochen entdeckte er ein Persönlichkeitsfragment, das durch das Auflösen von Abflußreinigergranulat vorsätzlich die Harnröhre und das Perineum verätzte.

Karl konnte seine Gefühle nur mühsam beherrschen. Von allen frustrierenden Aspekten von Jennys Krankheit konnte er Selbstmißbrauch am schwersten akzeptieren. So viele Menschen hatten sie so oft verletzt. Wie konnte sie sich selbst verletzen? Wenn er die Handlung auch als Teil ihrer Krankheit verstand, er war trotzdem wütend.

Karl wußte, daß Selena seine heftigen Gefühle spürte, also faßte er sie in Worte. »Ich kann's nicht ändern, aber ich werde wütend, wenn du dich selbst verletzt.«

»Du brauchst mich nicht anzuschreien. Ich habe nichts gemacht.« Selena wehrte sich lautstark gegen Karls ruhig ausgesprochene Mißbilligung. Ihre Abwehrhaltung veranlaßte Karl, sich zu fragen, wieviel Selena über die Selbstverletzungen wissen könnte. Beschuldigte er Selena, um ein Ziel für seinen Zorn zu haben? War Jenny nicht ein Mensch, den man für all seine Handlungen verantwortlich machen konnte? Oder mußte er anerkennen, daß Selena, wie auch Jenny, Opfer eines verborgenen Teils ihrer selbst war, der sie dazu trieb, sich zu verletzen?

In Jennys komplexem System von Persönlichkeiten schien es viele Fragmente mit begrenzten Zielen zu geben. Sie waren Opportunisten, die sich still verhielten, aber stets bereit waren, ihre Funktionen wieder aufzunehmen, wenn ein externes Ereignis sie hervorrief.

Dieses selbstmißbrauchende Fragment gab seine Funktion auf, als Karl es davon überzeugte, daß Jenny genug gelitten hatte.

Die Erholung und Genesung von der Operation, die eigentlich nur ein paar Wochen hätte dauern sollen, sich aber über Monate hingezogen hatte, war abgeschlossen.

Die körperlichen Probleme blockierten den Fortschritt in der Therapie. Bei so viel aktuellem Leid konnten die Alexanders ihr nicht weiter behilflich sein, die Vergangenheit aufzudecken. Eine namenlose Stimme, eine Persönlichkeit oder ein Fragment, klärte Karl über das auf, was gemieden wurde. Sie sprach mehrdeutig und ließ sich nicht befragen. »Jeder hat ein verborgenes, dunkles Geheimnis, das man keinem erzählt. Es gibt etwas tief, ganz tief unten, das große Angst macht und das keiner wissen darf.«

Karl ging sensibel auf die große Angst ein: »Es könnte sein, daß es Jenny besser geht, wenn man das Geheimnis mit jemand teilt und es offen ausspricht. Wir werden keinen Druck auf dich oder irgendeine Persönlichkeit ausüben. Aber, egal wie verborgen oder schlimm das Geheimnis ist, an unserer Sorge für Jenny, oder dich als Teil von Jenny, wird das nichts ändern.«

Kapitel 31

Karl war sich nicht sicher, was er davon halten sollte, als Jenny zu einer Sitzung mit einem Ring am Finger erschien, den ein geflügelter Teufel zierte. Zuerst verhielt sie sich zurückhaltend und sagte, daß sie den Ring nur irgendwo zu Hause gefunden hätte und daß er wohl Sandy gehört hatte. Karl fragte, ob es vielleicht jemanden geben könnte, der mehr über den Ring wüßte.

»Ich kenn' mich ziemlich gut aus.« Die Stimme klang zynisch, fast feindselig.

»Können wir darüber reden? Ich bin ein Freund von Jenny.«

Den üblichen Zweifeln an der angebotenen Freundschaft folgte die übliche Bereitschaft, über andere Persönlichkeiten, insbesondere Selena, zu reden. Die Stimme stellte sich als Amanda vor. Siebzehn Jahre alt, dunkelhaarig, Hexe. Sie sagte, sie habe vor, zur Sekte zurückzukehren. Sie glaube, Selena würde auch zurückkehren, war sich aber nicht sicher. Amanda schien verächtlich, sie zweifelte an der Aufrichtigkeit von Selenas Wunsch, zur Sekte zurückzukehren.

Amanda berichtete, sie habe Selena zu Hause auf dem Kaffeetisch Weihrauch und Kerzen verbrennen sehen. Selena hatte einen Messingkerzenständer und ein umgekehrtes Kreuz auf ihren Behelfsaltar gestellt und beschwörende Worte zur Kontrolle eines Menschen, wahrscheinlich Michael, angestimmt.

Sie sammelte wieder Bücher und hatte begonnen, Eintragungen in einen neuen *Grimoire* zu machen, eine Auswahl persönlicher Beschwörungsformeln und Liedern. Mit der Post waren neue Kataloge von Objekten für Beschwörungen und kultische Anbetungen gekommen.

»Vielleicht meint sie es ja doch ernst«, vermutete Amanda schließlich. »Ich habe Selena im *Necronomicon* lesen sehen.« Als Karl sie verständnislos anschaute, erklärte sie ihm, daß Selena ein Buch der Toten studierte, wie man mit ihnen in Kontakt treten konnte und wie man sie benutzte, um dem Meister zu Gefallen zu sein.

Die Erwähnung, »dem Meister zu Gefallen zu sein«, ließ Amanda nachdenklich werden. »Man mußte die Sachen direkt während der Zeremonie tun. Man durfte den Rhythmus nicht stören, nicht mal, wenn man noch ein Kind war.«

»Was passierte, wenn man einen Fehler machte?«

»Oh, da gab's einiges, wie zum Beispiel zu beweisen, daß man des Meisters würdig war. Sie banden einem die Hand an den Körper oder an ein Brett, und sie zwangen einen, zu singen oder zu zählen. Ein Mann stand mit einem Dolch daneben, um einem den Finger abzuschneiden, wenn man etwas falsch machte. Sie mußten es tun. Man mußte sich als würdig erweisen, oder man machte das Opfer fertig.«

»Haben sie das immer bei einem Fehler gemacht?«

»Nee, manchmal bekam man keine Chance, sich würdig zu erweisen. Dann haben sie einfach eine Zange genommen und deine Fingernägel rausgerissen.«

Karl merkte, daß sich seine Hände bei dem Gedanken an eine solch grausame Bestrafung schützend zu Fäusten ballten. Amanda fuhr fort: »Wir haben unsere Fingernägel abgekaut, so daß sie sie nicht fassen konnten.«

Über die von ihm in den Monaten der Therapie beobachtete Gewohnheit, an den Fingernägeln zu kauen, hatte Karl sich keine großen Gedanken gemacht. Die eine oder andere Persönlichkeit versuchte, die Nägel wachsen zu lassen, und schützte sie während des Wachsens mit künstlichen Nägeln. Aber bevor sie lang genug waren, biß eine Persönlichkeit oder Jenny selbst sie bis auf das Nagelbett ab.

Als Karl bewußt seine Hände entspannte, dachte er an Jennys unablässig zu Fäusten geballte Hände. Er fragte sich, ob die mittlerweile vergessene angedrohte Bestrafung durch die Sekte der Grund dafür war, daß sie es immer wieder nicht schaffte, ihre Hände zu öffnen. Er hatte gehofft, daß die Erinnerung an die Geschehnisse in der Kartoffelkiste ihr helfen würden, das Fäuste-Ballen aufzugeben. Aber das war nicht der Fall.

Mindestens zwei Gründe für das Fäuste-Ballen waren in der Kartoffelkiste aufgekommen. Erstens galt es die Schäden zu verbergen, die entstanden, als sie versuchte, sich aus der Kiste herauszukratzen. Und zweitens hatte sie in der Kiste Ratten zu Tode gequetscht. Jenny hatte sich an beides erinnert, hielt ihre Hände aber weiter zu Fäusten geballt. Karl fragte Amanda, ob sie bereit sei, ihr Wissen über das Herausreißen der Fingernägel Jenny und Selena mitzuteilen. Amanda war einverstanden.

Nach einer Zeit stiller, innerer Kommunikation erschien Jenny und starrte auf ihre Hände. »Öffne deine Hände«, wies Karl sie an.

»Blutig«, flüsterte sie. Gerade erst in Kontakt mit der wirklichen Welt, zog sie sich wieder zurück. Karl erinnerte sie, die Dinge so klar zu lassen wie eine Kristalloberfläche. Mit großer Anstrengung redete Jenny über die Bestrafung. Karl hob ihren Kopf mit seinem Zeigefinger so oft, wie sie ihn aus Scham sinken ließ. Das Wiedererleben ihrer Erinnerungen bedeutete, daß sie nicht nur das Blut sah und die Schmerzen des ursprünglichen Erlebnisses fühlte, sondern daß sie auch die Scham darüber erlebte, versagt zu haben.

Zu Karls beruhigenden Worten, daß sie nicht für die schrecklichen Dinge, die man ihr angetan hatte, verantwortlich sei, sagte Jenny: »Aber ich habe Dinge getan, von denen ich wußte, daß sie falsch waren – Sachen, die so schlimm sind, daß man sie nicht erzählen kann.« Sie schämte sich weiterhin.

Selenas Reaktion war ein wenig anders. Karl bat sie, sich auf ihre Fingernägel zu konzentrieren und ihm zu sagen, warum sie wehtaten. Wie Jenny ballte sie die Hände zu Fäusten, die Daumen nach innen. »Nein«, sagte sie, mit einem Ton von Zorn und Widerstand in der Stimme. Sie erinnerte sich an Zeiten, in denen sie sich mit von der Zange blutigen Händen wiederfand. Ihre Anzeichen des Zorns machten schnell einer Art resignierender Zustimmung Platz. Es würde einige Zeit dauern, zu der Wut vorzudringen.

Als Selena aufhörte, über ihre Hände zu reden, hielt sie inne, öffnete sie wieder und starrte auf ihre Handflächen.

»Was siehst du?«

»Löcher.«

»Wie entstanden die Löcher?«

»Nägel.« Sie begann leise zu weinen. »Wir waren an ein Kreuz genagelt. Wir sollten leiden und sterben und in Satan auferstehen. Wasser – kalt – Berge...« Ihre Stimme wurde leiser. Sie neigte ihren Kopf und war verschwunden.

Amandas Erscheinen war der Vorbote einer neuen Reihe von Persönlichkeiten, größtenteils Hexen und Kinder, die sich an bestimmte Vorkommnisse in der Sekte erinnerten. Sofort begann Karl jene Persönlichkeiten mit Amanda zu integrieren, die über Erinnerungen verfügten. Sie hatten Kenntnisse von den ganzen Ereignissen, die stattfanden, als Jenny noch sehr klein war. Amanda ordnete und zeichnete die Erinnerungen auf, so daß sie später Jenny und Selena zur Verfügung standen.

Amanda nahm die Rolle ernst. Sie ging geduldig mit den Schwierigkeiten der Alexanders um, die diese hatten, die neuen Informationen zu akzeptieren. Den Therapeuten war gesagt worden, daß Jenny im Alter von fünf oder sechs in die Sekte eingeführt wurde. Sie glaubten, Jenny sei zwar sehr früh von ihrer Mutter mißbraucht worden, hätte aber vor dem Schulalter keinen rituellen Mißbrauch erlebt. Was Amanda zu verstehen gab, bedeutete, daß Jenny viel früher mit der Sekte in Berührung kam, und das mit weitaus nachhaltigeren Folgen, als sich die Alexanders vorstellen konnten.

Während weitere Persönlichkeiten stückchenweise Informationen preisgaben, machte sich Amanda Notizen – Ortsnamen, die Nummern der Highways und Details wie Seile, Kälte, Eis, Vater. Sie brachte alte Photos und Postkarten mit, die sie zu Hause in einer Schachtel gefunden hatte. Die Karten und Photos waren von Orten in den Bergen, an denen Jenny, laut Amanda, an Ritualen teilnahm. Sie bat die Alexanders, ihre Hände zu untersuchen und sich die Narben von der Kreuzigung anzusehen, an die sich Selena teilweise erinnert hatte. Ihre Hände wiesen kaum sichtbare Narben in den Handflächen und auf den Handrücken auf. Karl mußte ihre Hände gegen das Licht halten, um die kleinen gekrümmten Narben im Licht glänzen zu sehen, die dadurch entstanden sein konnten, daß man Nägel durch die Hände eines kleinen Kindes getrieben hatte.

Der Zusammenstoß mit diesen Erinnerungen versetzte Jenny in Schrecken. Sie erschien nur, wenn Karl darauf bestand. Ihre Hände waren immer noch zu Fäusten geballt. Als Karl sie bat, sich ihre Handflächen anzuschauen, sah sie keine Narben.

Selena war gleichermaßen in sich gekehrt und zog sich hinter ihre Wände zurück. Manchmal überließ sie Amanda tagelang die Arbeit im Haus und in der Schule. Sie wurde von Träumen gequält, in denen man sie in eine kleine, schwarze Kiste legte. Sie hatte das Gefühl, daß sie furchtbare Schmerzen im Herzen gehabt hatte.

Amanda sagte Karl und Rachel, daß sie von der Kiste und den Schmerzen wüßte. Zu gegebener Zeit wollte sie Selena und Jenny helfen, sich zu erinnern. »Aber«, warnte sie, »sie müssen erst verstehen, was vorher war. Wir müssen mit dem ersten Ritual anfangen.«

»Heute kannst du uns ja von der schwarzen Kiste erzählen.« Leidenschaftslos, aber im Vertrauen auf ihr Wissen erzählte Amanda ihre Geschichte. Sie erzählte von einem ganz besonderen Ereignis.

Es dauerte Stunden, Jenny vorzubereiten. Sie wurde gebadet, man rieb sie mit dem wertvollen Öl ein, das man aus den Körpern ungetaufter Babys gewonnen hatte, die in einem früheren Ritual geopfert wurden. Man injizierte ihr zu diesem Zweck hergestellte Flüssigkeiten, um ihr Blut zu reinigen. Sie wurde in ein weißes Gewand gehüllt und in einen großen runden Raum geführt. Man ließ sie einen Pfad entlang gehen, der von vielen schwarzgewandeten Menschen gebildet wurde. Der Pfad war von Fackeln beleuchtet, und Jenny wurde von zwei vorausgehenden Gestalten geführt. Einer trug ein umgekehrtes Kreuz, der andere läutete langsam eine große Messingglocke.

Jenny wurde zu einem Altar gebracht, auf dem ein nackter Mann lag. Ihre Mutter stand zwar neben dem Altar, aber schaute sie weder an, noch sprach sie mit ihr. Jenny beobachtete, wie der Dolch herunterfuhr, die Kehle des Mannes durchschnitt und das Blut in einem Kelch aufgefangen wurde. Sie sah, wie man ihm das Herz herausschnitt und es auf eine Platte gelegt wurde und wie die Leute daran vorbeischritten, um es zu berühren. Sie sah, wie das Herz in Stücke geschnitten wurde und man es den Leuten mit dem Blut zum Essen und Trinken anbot.

Nach dem schwarzen Abendmahl nahm jemand Jenny die Robe ab und hob sie auf den Altar. Ihre Beine wurden festgebunden und ihr Kopf zu einer Seite gezogen. Sie versuchte, ihren Kopf zu heben, um das Pentagramm unter der gewölbten Decke anzusehen, aber ein Priester hielt sie für einen verhöhnenden sexuellen Übergriff fest.

Als wilde Gesänge der erregten Menge in ihren Ohren dröhnten, sah Jenny den Meister höchstpersönlich vor ihr stehen. Ein schwarzes Cape bedeckte seinen behaarten Körper, konnte aber seine schrecklichen Klauen und den furchterregenden Ziegenkopf nicht verbergen. Er hob seine Arme, und das Cape flog auf, um die glänzende Silberrute zur Schau zu stellen, die er in sie stoßen würde, wenn er sie auf dem Altar bestieg.

Als der Meister sprach, wurde die Menge still. »Nun werden wir eins werden und die Macht des Universums erlangen. All dein Verlangen wird mir, und nur mir allein gelten. Ich allein liebe dich, und für immer wirst du mein sein.« Amanda war sich des genauen Wortlauts nicht sicher, aber es bedeutete, daß sie die Auserwählte des Satans war.

Jenny verspürte ein triumphierendes Gefühl. Sie wandte ihr Gesicht ihrer Mutter zu und lächelte. Sie wollte es herausschreien: *Du liebst mich nicht. Aber jemand liebt mich. Er will mich, nicht dich. Ich habe die Macht. Ich werde begehrt. Ich bin die Auserwählte.*

Sie blickte gerade noch rechtzeitig zurück, um den Dolch über sich zu sehen. Die Klinge war sehr dünn und scharf, und auf ihr war der Umriß einer Heuschrecke eingraviert.

In dem Augenblick, in dem ihr klar wurde, daß sie geopfert werden sollte, fuhr die Klinge nieder. Sie schloß die Augen. Sie konnte kaum atmen. Sie konnte den Stich spüren und das warme Blut auf ihrer Haut. Aber irgend etwas war merkwürdig. Sie fühlte, wie man die Klinge aus ihrer Brust riß. Sie öffnete die Augen und sah, daß die Hände des Priesters zitterten, als er das Messer auf den Altar fallen ließ.

Er gab die Anweisung, sie fortzuschaffen. Sie wurde vom Altar hochgehoben und in eine kleine schwarze Kiste gelegt. In dem mit schwarzem Satin ausgelegten Sarg trug man sie durch die Menschenmenge aus dem runden Raum.

Als nächstes wurde ihr bewußt, daß sie in einem erbsengrünen Zimmer war. Sie lag auf einem Tisch und hatte einen großen Verband um ihre Brust. Ein Mann, ein Arzt, kniete neben ihr, und sie hörte ihn etwas sagen, das so klang wie: »Sei gegrüßt, Fürstin der Finsternis, jetzt werden sie gewiß deine Macht fürchten.«

Karl und Rachel waren verblüfft. Ohne sie zu unterbrechen, ohne ihr Fragen zu stellen, hatten sie Amanda ihre Geschichte erzählen lassen, obwohl sie ihr gerne gezeigt hätten, daß die Geschichte ihrer Phantasie entsprungen war. Jetzt fragte Rachel: »Wie kam es, daß sie nicht getötet wurde?«

Amanda war sich nicht vollkommen sicher, aber sie legte ihnen mögliche Gründe dar. Vielleicht wollte der Priester sie nicht töten, sondern nur Blut fließen lassen und eine Show abziehen. Chunk war eine Freundin des Hohepriesters. Konnte ja sein, daß sie etwas ausgemacht hatten, obgleich Amanda das bezweifelte. Chunk verfügte in der Sekte über wenig Einfluß.

Der Hohepriester konnte einen Fehler gemacht haben. Er war verpflichtet, genaue Vorschriften einzuhalten. Er hätte ihr mit einer einzigen Bewegung das lebendige Herz herausschneiden müssen. Als dies nicht klappte, konnte er seinen Fehler nicht eingestehen, indem er einen weiteren Schnitt durchführte. So zu tun, als ob das Kind tot sei, könnte ihn und auch sie gerettet haben.

»Was haben sie dann mit ihr gemacht?«

»Sie haben sie einige Monate versteckt gehalten, bis alles verheilt war. Dann hat man sie wieder zur Sekte zurückgebracht und gesagt, sie sei die Zwillingsschwester. Ich weiß nicht, wer es geglaubt hat, aber sie konnten schlecht etwas gegen das sagen, was der Hohepriester gesagt hatte. Sie wußten ja sowieso, daß Jenny Walters über gewisse Kräfte verfügte. Sie bereiteten sie darauf vor, eine Braut des Teufels zu werden.«

Karl ging nicht weiter auf das neue, von Amanda aufgebrachte Problem ein. »Wann ist das mit dem Erdolchen passiert?«

»Jenny war gerade fünf geworden. Das war im Oktober, ich glaube 1954.« Das Datum hatte für Karl keine besondere Bedeutung. Die Bedeutsamkeit erkannte er erst später.

»Da muß doch so etwas wie eine Narbe sein.«

»Ja, unter einer Brust. Sie war ja nur ein kleines Kind.«

»Könntest du sie mir zeigen?« fragte Rachel. Sie ging mit Amanda in das abgeschiedene Badezimmer. Unbefangen öffnete Amanda ihre Bluse. Die Narbe war zwar nur sehr dünn, aber im hellen Licht konnte man das Narbengewebe, das sich von der unteren Hälfte des Brustbeins bis unter die linke Brust zog, schimmern sehen.

Weder Jenny noch Selena konnten die Narbe sehen. Für sie existierte sie nicht. Mind machte Karl und Rachel genauso wie Amanda darauf aufmerksam, daß Jenny und Selena erst verstehen müßten, was vor dem Opferritual passiert sei. Wenn Jenny und Selena die Erinnerung als Tatsache anerkannten, würden sie auch die Narbe sehen.

Kapitel 32

»Ich wußte, daß das dicke Ende noch kommt.« Selena war gut aufgelegt. Die Familie hatte eine gute Thanksgiving-Feier mit allem Drum und Dran gehabt. Sie hatten Freunde und Angehörige von Michaels Familie eingeladen. Alle waren den ganzen Tag gut gelaunt gewesen.

Es war eine angenehme Erleichterung im Gegensatz zur Vorwoche, als Morgan einen heftigen Streit mit ihrem Vater gehabt hatte. Er hatte ihr mit einem Monat Hausarrest gedroht, als sie von einer Verabredung einige Minuten zu spät nach Hause kam. Morgan wurde wegen des angedrohten Ausgehverbots böse und drohte, auszuziehen und mit ihrem Freund zusammenzuleben. Sie sprach drei oder vier Tage kein Wort mit ihrem Vater und fing an, ihre Sachen zu packen.

»Jenny war hin- und hergerissen und verzog sich in ihre Welten, und ich hatte den ganzen Krempel am Hals. Scheiße, ich gebe Morgan keine Schuld. Michael ist manchmal so streng und dünkelhaft. Morgan hat einen Job. Sie ist doch kein kleines Kind mehr. Ich dachte, ich lass' sie das alleine regeln. Ich weiß gar nicht, wie sich alles wieder beruhigt hat.«

Mit Minds Hilfe fand Karl heraus, was die Situation beruhigt hatte. Marcie war wieder aufgetaucht, als sie bemerkt hatte, daß Morgan litt. Obwohl sich Marcie vor über einem Jahr mit Jenny hatte integrieren lassen, schien es ihr bei entsprechenden Stimuli möglich, ihre separate Rolle wieder aufzunehmen.

Karl und Rachel nahmen Marcies Erscheinen mit gemischten Gefühlen auf. Sie war eine sanfte, hilfsbereite Persönlichkeit gewesen. Ihre Rückkehr zeigte jedoch, wie zerbrechlich die für Jenny erworbene Stabilität war. Sie stellten fest, daß sogar eine verwirklichte vollständige Integration nicht einfach als etwas Erfreuliches angesehen werden konnte. Beim Auftreten einer Menge hinreichender Streßfaktoren würde die Einheit wahrscheinlich wieder vielen *Alter egos* Platz machen.

Die wiedergekehrte Marcie war so fröhlich und entgegenkommend, wie sie es beim ersten Treffen mit den Alexanders gewesen war. Jenny gegenüber war sie genauso beschützend. Sie nahm ihre Rolle zu Hause und in der Therapie wieder ein. Sie kochte spezielle Mahlzeiten, unter anderem zwei Eichhörnchen, die Michael von der Jagd mitgebracht hatte und die Selena nicht zubereiten konnte. Sie machte einen gründlichen Hausputz. Gleich nach Thanksgiving dekorierte sie für Weihnachten. Sie machte den Kindern Geschenke, nahm sie mit zum Einkaufen und ließ sie sich an den Weihnachtslichtern erfreuen.

In den Therapiesitzungen strafte Marcie Karl für kleine Irrtümer wieder auf ihre gutmütige Art. Wie früher erschien sie, wenn sie das Gefühl hatte, Karl behandle Jenny zu hart. Sie brauchte nicht häufig zu erscheinen. Karl ging die Therapie während der Weihnachtszeit leicht und unterstützend an und bewahrte soviel Stabilität wie möglich.

Nach den Weihnachtstagen war Marcie klar, daß Morgan nicht ausziehen würde. Sie sagte zu Karl, daß sie wieder gehen würde. Sie sagte, daß sie sich in die tiefste Ecke von Jennys Herz zurückziehen würde. Karl fragte Mind, ob sie helfen könnte, und Marcies Gehen war so sanft, wie ihr Wiedererscheinen gewesen war.

Selenas gute Stimmung wurde von depressiven Gefühlen unterbrochen. Sie hatte weiterhin störende Träume und sprach mit Karl darüber. Sie spürte vage Schmerzen, die sich durch die linke Körperseite zogen, besonders in ihrem Kopf, der Schulter und der Hüfte. Fortwährend sah sie Ortsnamen, konnte ihnen aber keine Bedeutung beimessen. Sie wußte, daß mit einem Ort, Fontana, etwas besonders Wichtiges verbunden war.

Januar war nicht die beste Zeit, um in die Berge zu fahren, aber Mind, Selena und Amanda bestanden darauf, daß sie dorthin müßten. Amanda hatte sich weiterhin zusammenfassende Notizen zu den Erinnerungen an die Sekte gemacht und schaute sich Photos und Souvenirs an, um Hinweise auf Jennys Kindheit zu bekommen.

Amanda wußte, was in Fontana geschehen war. »Es war der Anfang«, sagte sie. Sie würde Jenny und Selena dabei helfen, sich zu erinnern, aber die beiden würden sehr viel Angst haben und sagen, es wäre eingebildet und nie passiert.

Die lange Fahrt in die abgelegene Gegend in den Smoky Mountains war beeindruckend schön. Ein ungewöhnlich starker Schneefall bedeckte die Berge, die einen grauen Bart aus kahlen Bäumen trugen.

Schneewolken ließen ab und zu Sonnenstrahlen durch, ohne die Herrschaft über den Himmel aufzugeben, und verliehen der Landschaft eine stählerne Schattierung.

Es herrschte wenig Verkehr, und die Straßen waren überraschenderweise bis zum Parkplatz am Eingang zu der normalerweise belebten Touristenattraktion geräumt.

Eine Eisdecke und kleine Schneewellen bedeckten den Fußweg in Richtung des Dammes. Es waren keine anderen Autos oder Menschen zu sehen.

Sie brauchten keine Wegweiser, um ihren Weg zu finden. Ein leises Donnern aus der Richtung des Dammes vertiefte sich und schwoll an, als sie den kurzen Spaziergang bergab zum Besuchercenter machten. Karl ging zur Tür und entdeckte, daß sie nicht abgeschlossen war. Sie traten in die Wärme eines kreisrunden, fast gänzlich aus Glas bestehenden Aussichtsraumes.

Die Aussicht war ehrfurchtgebietend. Der große, fast einhundertfünfzig Meter hohe Betondamm staute einen vierzig Quadratkilometer großen See, der so grau war wie der Himmel dieses Tages. Der breite Gehweg auf dem Damm war von stählernen Sicherheitsschienen begrenzt, die so stark wie ein Männerbein waren. In regelmäßigen Abständen standen Laternen. Trichterförmige Schächte an den Seiten des Dammes führten zu Schleusen, die die massiven Turbinengeneratoren am Fundament antrieben. Hier spürte man die Macht der Natur und des Menschen kalte, graue Macht.

Karl bat Amanda, noch einmal mit ihm durchzugehen, was sie ihm über den Ort erzählt hatte. Mind ließ Jenny und Selena soviel mithören, wie sie aushalten konnten. Karl bat beide zu erscheinen, um sich wenigstens zu überzeugen, daß der Ort tatsächlich existierte. Sie sollten sich für den Moment an so viel erinnern, wie sie aushielten. Falls Jenny oder Selena versuchen sollten, wegzulaufen oder sich zu verletzen, wollte Amanda sofort die Kontrolle übernehmen.

Amanda erzählte ihnen, es sei Nacht gewesen, und Karl und Rachel konnten fast das gespenstische Blau sehen, das die Lichter auf dem Wasser und dem Damm erzeugten. Zu Beginn gab es eine Zeremonie in dem runden Raum. Dann marschierten die Menschen zur Mitte des Dammes und trugen Jenny über ihren Köpfen. Das Kind war von Kopf bis Fuß mit Seilen gefesselt worden. Ein Ende des Seils band man an die Sicherheitsschiene, und auf Befehl des Hohepriesters warf man das Kind hinab.

Amanda konnte nicht sagen, ob man sie verletzen oder in Schrecken versetzen wollte. Jedenfalls fiel das Kind zu tief und schlug vor die abgeflachten Betonwände am unteren, verstärkten Teil des Dammes und verletzte sich am Kopf, der Schulter und der Hüfte. Benommen und zu Tode erschrocken baumelte sie eine Zeitlang, bis man sie heraufzog und sich um das dem Satan geweihte Kind kümmerte. »Jenny war erst zwei«, sagte Amanda, »als alles anfing.«

Karl und Rachel stellten die Genauigkeit der Erinnerung nicht in Frage. Für Jenny war das Ereignis gewiß real, gleich, ob sich die Erinnerungen dadurch verschlimmerte, daß man ihr später von dem Ereignis erzählt hatte, oder ob sie sich so weit zurückerinnern konnte.

Die Erinnerung traf Jenny und Selena hart. Die meiste Zeit behielt Amanda die Kontrolle, und Jenny und Selena erschienen nur für kurze Zeit. Auf Karls Bitte tauchte Jenny in dem runden Raum auf. Sie hielt die Luft an und verkroch sich beim Anblick des Dammes. Karl setzte sich zu ihr auf den Boden und bestand darauf, daß sie sich den Damm anschaute, den Namen des Ortes sagte und erkannte, daß er existierte. Jenny tat wie geheißen, schluchzte kurz auf und war verschwunden.

Selena war fast ebenso überwältigt. Als sie jedoch eine Zeitlang mit ihm geredet hatte, überwand Neugier ihre Angst. Sie bat, auf den Damm gehen zu dürfen. Karl stimmte unter der Bedingung zu, daß sie zwischen ihm und Rachel ging und über ihre Gefühle sprach. Sie gab zu, daß sie ein großes Bedürfnis verspürte, hinüberzuspringen. Sie wiederholte die Geschichte, die Amanda ihnen erzählt hatte. »Wir sind an dem Ort, an dem alles angefangen hat«, sagte sie.

Selena verstand, daß die Schmerzen, die sie an ihrer Seite spürte, von den Erinnerungen an diese Zeit verursacht wurden. Körperliche Erinnerungen, physiologische Reaktionen wie Geschmack, Geruch oder Empfindungen sind unter Menschen, die an dissoziativen Zuständen leiden, weitverbreitet. Körperliche Erinnerungen sind hartnäckig und häufig die ersten Anzeichen für verdrängtes Material. Sie rufen beständig Empfindungen der Vergangenheit hervor, die nur schwer von den in der Gegenwart entstehenden zu unterscheiden sind. Es ist, als ob der Körper Schmerzen oder Beschwerden wiederholt und darauf wartet, daß der Geist sich daran erinnert und die Empfindung mittels Gedanken zu einer vereinigten, ganzheitlichen Erfahrung integriert.

Schon bald nach dem Trip brachte Amanda eine kleine Pappschachtel voller Photos mit in die Praxis. Karl und Rachel schauten sich die Bilder mit Amanda an. Ihnen fielen drei Bilder mit ähnlich falschen Farben auf, die den Eindruck machten, als ob sie mit dem gleichen schadhaften Film gemacht worden seien. Der Film-Entwickler hatte die Bilder auf der Rückseite mit dem Datum versehen. Das erste Photo zeigte Blumen auf dem Grab von Jennys Großmutter. Die zwei anderen datierten zwei Monate später. Auf einem sah man eine betrübte Jenny neben einer lächelnden Mutter. Das andere zeigte den Fontana Damm.

Die alten Photos lieferten weitere Hinweise auf Jennys Vergangenheit. Auf verschiedenen Photos trug Jenny ein dunkles Cape. »Hatte das Cape eine besondere Bedeutung?« fragte Karl.

»Sie war eine kleine Prinzessin«, erklärte Amanda. Sie gab Karl ein Bild von Jenny, auf dem sie das Cape trug und die Hand zum Gruß erhoben hatte. »Siehst du, sie sagt: ›Heil, alle Macht dem Satan!‹«

Amanda sagte, daß Jenny nach Fontana eine Art Ausbildung begonnen hatte. Einen Teil erledigte ihre Mutter, aber auch Mavis, eine alte Frau, die in den Bergen lebte, machte sehr viel. Manchmal schickte man Jenny für mehrere Wochen zu ihr, damit sie unterwiesen wurde.

Jenny mochte Mavis. Sie war alt, hatte aber ein hübsches Gesicht, trug wie Oma eine Brille und hatte ihre Haare zu einem Knoten gesteckt. Sie hatte Jenny im Schaukelstuhl auf dem Schoß, sang ihr kleine Lieder vor und erzählte ihr Geschichten über Pilze und Kröten. Sie brachte Jenny dazu, Geschichten zu erfinden, und lobte sie dann für ihre Phantasie. Sie gab Jenny Spezialtees zu trinken, die ihre Phantasie anregten und sie die magischen Welten sehen ließen, von denen sie ihr erzählte. Manchmal ließ sie Jenny einen Schluck von ihrem schwarzgebrannten Schnaps trinken oder sie ihren Schnupftabak probieren. Während ihre Mutter sie dafür schlug, daß sie Dinge sah und sie böse nannte, sagte Mavis ihr, sie sei klug und sehr gut. Jenny erkannte nicht, daß Mavis und ihre Mutter sie auf eine besondere Stellung in der Sekte vorbereiteten. Jenny wünschte sich, die ganze Zeit, und nicht nur im Sommer, in den Bergen bei Mavis zu bleiben.

Es war Winter, als man Jenny in die Berge zurückbrachte. Am Ufer eines Flußes waren kleine Holzkreuze ausgelegt, die sich deutlich gegen den Schnee abhoben und aus der Entfernung des Feuers kalt wirkten. Es waren mehr Kreuze und Kinder, als Jenny zählen konnte. Wie die anderen Kinder entledigte man sie ihrer Kleidung und legte sie auf ein Kreuz. Eine Gestalt in einer Robe band ihre Hände am oberen Teil des Kreuzes fest und spreizte dann ihre Beine, um sie an den Enden des Kreuzes zu befestigen.

Sie gab keinen Laut von sich, als eine zweite Gestalt Nägel durch die Mitte jeder kleinen Hand trieb. Schweigend lag sie mit den anderen Kindern da und hörte den rhythmischen Gesängen des Rituals zu. Nachdem die entsprechenden Worte gesagt waren, wurde jedes Kind mit dem Kopf zuerst in den Fluß getaucht – als lebendige Blasphemie des gekreuzigten Christus –, um in einem unheiligen Geist die Taufe zu empfangen.

Die Nadelstichen ähnlichen Schmerzen ließen Selena erscheinen. Sich darum bemühend, wieder Luft zu kriegen, lag sie auf dem Kreuz. Das Wasser in ihrem Haar, auf ihren Lippen und um ihre Augen gefror. Lange Zeit lag sie dort und hörte das Wimmern und Keuchen der anderen Kinder. Schließlich erschien jemand, der sie in eine Decke hüllte. Selena schaute unter die Kapuze und sah das Gesicht der alten Frau, die versuchte, sie behutsam warm einzuhüllen. Es war Mavis, und Jenny kehrte zurück, um mit ihr in Verbindung zu kommen.

Jenny konnte nicht verstehen, was Mavis sagte. »Warum«, fragte Mavis, ohne jemand Bestimmten zu meinen, »setzen sie dein Leben vor dem Fest aufs Spiel? Haben sie denn nicht gemerkt, daß du über mehr Kräfte verfügst, als wir es lange gesehen haben?«

Die Erinnerung an Mavis' Worte half Amanda, die Einzelheiten zusammenzufügen und den Damm, die Unterweisungen und das Kreuz als Vorbereitung von Jennys Opferung zu erkennen. Sie sagte Karl den Namen der geschilderten Feier, die alle achtundzwanzig Jahre zu Ehren der Rückkehr Satans zu seiner Gefolgschaft veranstaltet wurde. Der Dolchstoß wurde Jenny 1954 zum Fest des TIERES versetzt.

Einige Erinnerungen beschäftigten Selena weiter. Sie erinnerte sich an Fontana und sprach darüber mit Karl. »Haben sie mir so wehgetan, bloß weil Mama mich nicht geliebt hat?«

»Es war Teil eines Planes. Kannst du mir etwas darüber sagen?«

»Ich habe von einer schwarz eingefaßten Kiste aus Pinienholz geträumt, die in einem runden Zimmer stand. Ein Kind wurde in die Kiste gelegt, aber es war zu blutig, um erkennen zu können, wer es war.« Sie holte tief Luft. »Es sieht aus wie ich.« Die Erinnerung war zur Wirklichkeit geworden. Selena flüchtete.

Mind schlug vor, daß Karl Selena die ganze Sache in Form einer Geschichte erzählen sollte, von Fontana bis zum Fest, so könne sie sich das anhören, was sie bereit war zu hören. Karl entgegnete, daß Selena mit den Erinnerungen gut genug umginge. Vielleicht sollte Jenny eine Geschichte schreiben.

Karl erwähnte Jenny gegenüber keine Besonderheiten. Er bat sie nur, für ihn eine Geschichte zu schreiben, über alles, was ihr gerade in den Sinn kam. Jenny schien der Vorschlag zu gefallen. Sie machte sich an die Aufgabe, und schon nach wenigen Minuten reichte sie Karl ihre Geschichte. »Lies es mir vor«, sagte er. Jenny grinste etwas verlegen, aber las ihm die Geschichte auf sein Drängen hin vor.

»Es lebte einmal ein kleines Mädchen im Wald der TIERE. Ihre einzigen Freunde waren die Tiere, die Bäume und die Blumen. Aber sie durfte nicht bei den äußeren Mauern des Königreichs spielen. Sie mußte bei den inneren Mauern des alten Königs und der Königin bleiben.

Dann mußte eines Tages ihr Vater, der sie sehr liebte, in den Kampf gegen die wilden Tiere des Waldes ziehen. Er kehrte nie zu seiner kleinen Prinzessin zurück. Die böse, alte Königin gab dann bald den wilden Tieren des Waldes nach. Für viel Gold verkaufte sie die Prinzessin, um ihr eigenes Leben zu retten.

Das kleine Mädchen mußte sich den Vorschriften der wilden Tiere fügen und alles tun, was von ihr verlangt wurde. Ihr zerbrechlicher, kleiner Körper war zierlicher als der aller anderen Mädchen des Königreichs, und ihr langes goldenes Haar wurde rot. Sie erkannten große Kräfte in ihr, deshalb wollten sie das Mädchen dem GRÖSSTEN der TIERE opfern.

Sie wurde in den kostbarsten Ölen gebadet, und ihr Haar wurde so lange gebürstet, bis es wie die Sonne glühte. Aber sie ahnte nicht, daß ihr der Tod bevorstand.

Sie kamen mit Gewändern. Sie trug Weiß, die Tiere trugen Schwarz. Sie gingen in zwei Reihen, und die Prinzessin ging zwischen ihnen. Sie war sehr tapfer, um zu zeigen, daß sie keine Angst hatte, und um den Tieren zu zeigen, daß sie wirklich eine Prinzessin war.

Der Tisch, auf den sie gelegt werden sollte, wurde vorbereitet. Als sie vor dem Tisch stand, befahl das GRÖSSTE TIER den anderen, sie zu entkleiden und auf den Tisch zu legen. Sie ging zum Tisch, setzte sich darauf und legte sich nieder. Sie war bereit, dem GROSSEN zu begegnen.

Er legte die Robe ab und bestieg sie. Er hatte ein goldenes Schwert, das im Schein des flackernden Feuers glitzernde Strahlen aussandte. Sein Leuchten löste ein schauriges Gefühl aus, als die Worte gesprochen wurden. ›Hier ist das Opfer, das ich dem Fürst der Finsternis darbiete.‹ Und die Prinzessin sah das Schwert herniederfahren und in ihre Brust schlagen. Nie wieder vergossen die traurigen Augen Tränen, weil sie nicht geliebt wurde.«

Als Jenny ihre Geschichte beendete, senkte sie ruhig den Kopf. Außer einer gewissen resignierenden Traurigkeit hatte sie kein Gefühl gezeigt. Karl wollte sie nicht entgleiten lassen.

»Was wäre geschehen, wenn die Prinzessin nicht gestorben wäre?« fragte er.

»Sie hätte dem GROSSEN TIER oder der Königin gegenübertreten müssen. Sie wäre niemals glücklich.«

»Wie könnte sie glücklich sein?«

»Vielleicht hätten die Bäume oder Tiere oder Blumen sie an einen sicheren Ort gebracht, vielleicht zu einer Kristallwelt. Dann kam eines Tages ein Prinz, aber er wußte nicht, wie man die Kristalle zerbricht. Die Prinzessin hätte herauskommen müssen, hätte Vertrauen haben müssen. Aber sie hatte Angst, da sie nichts von der Welt wußte, aus der er kam. So ging sie zurück, und die Tiere erzählten ihr, wie man mit der Angst umging. Aber es gab immer noch etwas Tiefes und Dunkles in ihr. Die Prinzessin hat große Angst, daß eines Tages das TIER oder jemand anders kommt und ihre Welt zerschlägt und sie einen einsamen und traurigen Tod stirbt. Manchmal wünscht sie sich, daß das kleine Mädchen auf dem Tisch gestorben wäre. Das wäre das Ende, nie mehr fliehen, keine Schmerzen oder Tränen.«

Jennys Phantasiegeschichte der Vergangenheit war zu einer gegenwärtigen Realität geworden. »Du kennst die ganze Geschichte«, sagte Karl.

»Ich war doch nur ein Kind«, sagte Jenny, »und es waren meine Schmerzen. Es waren nicht mal Selenas.« Sie weinte, schlang die Arme um sich und schaukelte langsam vor und zurück. Dieses Mal konnte Karl nicht verhindern, daß sie ging.

Mind tauchte auf, um zu bestätigen, daß Jenny vom Fest des TIERES wußte, warnte aber, daß es noch viel gab, das sie nicht wußte.

»Laß einfach die erscheinen, die erscheinen müssen«, verlangte Karl. Als Amanda erschien, fragte Karl sie nach Jenny und Selena.

»Sie brauchen Zeit für sich. Es gibt so viele Verletzungen. Sie sind gerade zusammen.« Scheinbar hatten sich die zwei für gewisse Zeit verbunden, um ihre Kräfte für eine Art des Selbst-Tröstens zu vereinigen.

Kapitel 33

Karl glaubte für eine Begegnung mit der Mutter bereit zu sein, aber die tatsächlichen Ereignisse der ersten Versammlung und der nachfolgenden waren einige der beunruhigendsten Erfahrungen mit Jennys Persönlichkeiten gewesen. Er war von Amanda gewarnt worden, daß er mit dem Erscheinen der Mutter rechnen müsse. Als Grund für diese Warnung gab Amanda an, Selena hätte sich in einem von Gladys Fayes alten Kleidern wiedergefunden.

Karl konnte die Existenz einer Mutter-Persönlichkeit verstehen. Im Verlauf des Aufwachsens verinnerlichen alle Kinder ihre Eltern. Für Jenny bestand diese Verinnerlichung in dem Erschaffen eines *Alter egos*. Die Persönlichkeit mußte sich über die Zeit hinweg entwickelt haben und Gedankengänge und Charakterzüge angenommen haben, die Jenny ihr zuschrieb. Jenny lernte diese Wesenszüge ihrer Mutter-Persönlichkeit durch ihren Umgang mit der Mutter und dem, was ihre Mutter über ihre eigene Vergangenheit erzählte.

Eine weitere Möglichkeit, sich die Mutter-Persönlichkeit vorzustellen, war etwas, das sich mit Ahnen- oder Vorfahren-Besessenheit bezeichnen ließe. In seiner Arbeit mit Klienten, die unter multipler Persönlichkeit litten, begegnete Adam Crabtree dem Geist der Eltern, der nach dem Tode in ihren Kindern weiterlebte. Sie könnten als *Alter egos* oder als die Eltern selbst angesehen werden, die auf dieser (Bewußtseins-) Ebene weiterbestehen, um Probleme zu lösen oder vielleicht Vergebung zu finden, bevor es ihnen möglich ist, sich zu einer neuen Ebene der Existenz zu bewegen. (Vgl. Crabtree, 1985.)

Obgleich das Konzept von der Besessenheit durch Vorfahren Karl in diesem Fall nicht angemessener erschien als das von der Besessenheit durch Dämonen, machte er sich trotzdem mit den Konzepten vertraut. Theorien über Besessenheit konnten außer acht gelassen werden oder auf relevante Fragestellungen geprüft werden. Karl sah sich nach solchen Fragestellungen um.

Seinen Erfahrungen mit Jenny nach, hatten die Wesen, denen Karl begegnete, ihren Ursprung in ihr und entsprangen keiner äußeren Quelle. Die Hexen und Dämonen waren *Alter egos*, die Aussöhnung mit dem Wesen suchten, das sie bewohnten, und nicht eine Austreibung. Karl erwartete das gleiche Phänomen bei der Mutter-Persönlichkeit zu finden.

Vom Verständnis abgesehen, war es für Karl schwer, sich ins Bewußtsein zu rufen, daß er sich mit der Mutter als *Alter ego* beschäftigte. Wegen seiner Gefühle der Wut auf den von ihr begangenen Mißbrauch und dem Mißbrauch, dem sie ihre Tochter ausgesetzt hatte, kam ihm Jennys Mutter als sehr wirkliche und separate Entität vor.

Sie erschien frech und feindselig, egozentrisch und Jenny gegenüber gleichgültig. »Kannst du nicht das Licht ausmachen?« Der Sarkasmus schien seine Intelligenz in Frage zu stellen und erinnerte an Hilda, obgleich sie zynischer war und es ihr an jedem Anzeichen von Humor mangelte.

Karl ignorierte das implizite »dumm« der Frage und schaffte es, trotz ihrer Niedertracht nicht zusammenzuzucken. Nie hatte er eine solch rohe, kalte Wut erlebt, wie er sie in den Augen sah, die ihn anblitzten, bevor sie sie zusammenkniff und sich mit beiden Händen an den Kopf griff. Karl schaltete das fluoreszierende Licht aus. »Warum schmerzt dein Kopf?«

»Er tut immer weh. Lange Zeit konnten die Ärzte nicht sagen, warum. Jetzt sagen sie, es kommt von Blutungen und hohem Blutdruck. Meine Nase blutet deswegen auch.«

»Wäre es nicht angenehmer, wenn es nicht weh tun würde? Wenn du mir etwas vertraust, könnte ich versuchen, dir zu helfen, die Schmerzen abzustellen.«

»Ich traue niemand. Die Ärzte glaubten, sie könnten mir helfen, aber sie haben es nicht geschafft.«

Mit weiterer unausgesprochener Verachtung ließ sie ihn wissen, daß sie seine Unverfrorenheit zu glauben, ihr helfen zu können, für lächerlich hielt.

Im Gegensatz zu anderen Persönlichkeiten, die Karls Hilfe annahmen, blieb diese Repräsentation einer Mutter mißtrauisch und zornig und ließ nicht zu, daß Karl es ihr erträglicher machte. Fortwährend bezeugte sie Ekel vor ihrer Erscheinung und weigerte sich, Karls Bitten, sich zu beschreiben, nachzukommen.

»Du weißt, wie ich aussehe«, antwortete sie, als ob er sich über sie lustig machen wollte. Sie benutzte den Spitznamen Chunk, als ob sie der herabwürdigenden Bedeutung noch Nachdruck verleihen wollte.

Manchmal mußte Karl Mind um Hilfe bitten, Chunk ruhig zu halten, um mit ihr weiterreden zu können.

Ohne Minds Einfluß hatte sie eine verächtliche Meinung von Jenny und schrie Karl manchmal an: »Laß sie zufrieden. Sie ist eine Brut des Satans.«

Sie erzählte Karl, sie hätte keine Wahl gehabt. Sie mußte das Kind der Sekte geben. »Ist ja nicht so, daß es leicht war. Es war ein Vierundzwanzig-Stunden-Job, sie auszubilden, die Heilige Schrift ins Gegenteil zu kehren, sie die Gesänge zu lehren und sie darauf vorzubereiten, daß Männer sie benutzen konnten, wenn sie drei wurde.«

Was Jennys Position in der Sekte anbelangte, war sie ambivalent, stolz, daß die Führer Kräfte in dem Kind wahrnahmen, und eifersüchtig auf ihre Macht. Sie beschrieb Jenny als hübsch, sensibel und gescheit. Jenny konnte mehr als andere Kinder. »Aber ich mußte sie immer bestrafen, weil sie böse ist, Satansbrut. Ich hoffe, sie stirbt, bevor ich sie umbringen muß. Sie muß sterben.«

Karl versuchte, Chunk zu einem positiven Gefühl gegenüber Jenny zu bewegen. Er lenkte ihre Aufmerksamkeit auf den Ring am kleinen Finger. Er sagte ihr, wie Jenny davon erzählt hätte, daß ihre Mutter den Babyring gekauft hatte.

Chunk unterbrach ihn: »Er hing an einem Armband, aber ich hab' mal darauf rumgetrampelt, als sie eine Rotznase war.«

Karl war beharrlich. »Könnte es nicht sein«, fragte er, »daß du tief in dir Jenny in Wirklichkeit geliebt hast?«

Chunk warf ihm einen falschen Blick zu, als ob sie darüber nachdachte. »Nein, nicht wirklich«, entschied sie dann.

Chunk tupfte ihre Nase mit einem Papiertaschentuch ab. Wie sie ihren Kopf hielt und auf das Tuch schaute, ließ Karl fast das Blut sehen. Auf seinen Vorschlag hin legte sie sich kurz auf die Couch, und als sie ihre Augen öffnete, konnte Karl sehen, daß der kalte Haß durch leidendes Schuldgefühl ersetzt worden war.

Als sie die Unterhaltung aufnahm, hatte sich ihre Stimme bemerkenswert verändert. »Jenny ist ihrem Vater so ähnlich, die gleichen Augen und das Lächeln, und sie ist so sanft wie er.« Als sie ohne Zorn oder Eifersucht über das Kind sprach, lächelte sie leicht. »Als sie erst vier oder fünf war und noch keine Noten lesen konnte, konnte sie schon Stücke auf dem Klavier spielen, und sie konnte allerliebste kleine Bilder malen.«

Chunk hatte sich zweifellos verändert. Karl konnte nicht sagen, ob die Traurigkeit in ihren Augen ihr selbst galt oder dem Kind. Vielleicht beiden. »Ich hatte nie etwas«, sagte sie. »Wir waren zu viele. Keiner kümmerte sich darum, ob ich lesen oder schreiben konnte. Jenny hatte immer jemand, der sich um sie kümmerte.«

Sie fuhr fort, als ob sie über Dinge nachdachte, an die sie sehr lange Zeit nicht gedacht hatte. »Manchmal guck' ich sie an und seh', daß sie verletzt ist, und ich hab' keine Ahnung, wie's dazu gekommen ist. Ich habe ihr gesagt, sie soll zu mir kommen und daß ich sie liebe, und sie rannte weg, oder steht da und schreit und weint.«

»Hast du sie jemals verletzt?«

»Oh, ich hab' ihr manchmal den Hintern versohlt. Wir waren richtig krank, und sie ging mir so auf die Nerven. Ich hatte solche Kopfschmerzen. Aber wenn ich sie angeschrien habe oder ihr 'ne Ohrfeige gegeben habe oder sie verprügeln mußte, habe ich ihr später die Haare gebürstet oder sie eingewickelt und ihr gesagt, daß es mir leid tut.«

»Wie heißt du?«

»Gladys Faye Walters.«

Karl bemerkte ihren Hinweis auf das »wir« und stellte fest, daß sie keine veränderte Chunk war, sondern eher eine zweite Repräsentation der Mutter. Es gab keine Möglichkeit zu beweisen, daß Jennys Mutter eine Multiple war, obgleich es jetzt offenkundig war, daß Jenny sie als mindestens zwei verschiedene Persönlichkeiten erfahren hatte.

Er lenkte Gladys Fayes Aufmerksamkeit auf ihre Hand. »Hast du ihr den Ring gekauft?« fragte er und zeigte auf den Baby-Ring an ihrem kleinen Finger. Ihre Hände schlossen sich zu Fäusten und sie fing an zu weinen. »Tief im Innersten hast du Jenny geliebt?«

Gladys Faye weinte weiter, als sie nickte und »ja« flüsterte, dann nahm sie ihren schmerzenden Kopf in die Hände.

»Entspann dich, atme tief durch und laß passieren, was auch immer passiert. Es gibt einen Grund für die Kopfschmerzen.« Gladys Fayes Hände entspannten sich, als sie seine Anweisungen befolgte.

»Mama«, weinte Jenny. Sie ballte ihre Hände zu Fäusten und sah verwirrt aus. »Ich habe von Mama geträumt. Mama hat Schmerzen. Es tut ihr weh, und ich kann ihr nicht helfen.«

»Deine Mutter ist tot. Es kann ihr nichts mehr weh tun.« Karl beruhigte sie. Für den Augenblick ließ er sie glauben, daß das Erlebnis ein

Traum war. Er versuchte ihr zu helfen, sich auf die Gegenwart zu konzentrieren. Es war an der Zeit, die Sitzung zu beenden.

Karl antizipierte eine Zeit, in der es Jenny möglich war, sich den Personifikationen ihrer Mutter in ihr zu stellen, eine Zeit, in der vielleicht eine Aussöhnung möglich war. Aber im Moment, mit den verletzenden Erinnerungen an die Sekte, blieben sich Jenny und Selena, Gladys Faye und Chunk, denen Karl begegnete, unbewußt.

Es gab zwei Repräsentationen der Mutter. Die erste war eine feindselige, haßerfüllte Frau, die ihr Kind der Sekte gegeben hatte, um ihr Leben zu retten – wie sie sagte. Die andere war schuldbewußt, niedergeschlagen und schämte sich, dabei versagt zu haben, ihr Kind zu beschützen und es so zu lieben, wie dies es gebraucht hätte.

Nach zwei Monaten Arbeit mit den Persönlichkeiten zog Karl wieder in Betracht, Jenny und Selena sich ihrer Mutter-Persönlichkeit wieder bewußt werden zu lassen. Mind war überzeugt, daß sie zu diesem Zeitpunkt nicht mit den Wesensmerkmalen der Mutter umgehen könnten. Es bestanden ihnen gegenüber noch zu viele Haßgefühle. Selena hatte sich furchtbar aufgeregt, als sie sich im Spiegel in einem alten Kleid der Mutter entdeckte. Sie akzeptierte Karls Erklärung, daß eine neue Persönlichkeit es im Kleiderschrank gefunden haben müsse. Mehr wollte sie darüber nicht wissen.

Selena erlebte wieder einen Traum, den sie als Kind viele Male gehabt hatte, bis die Mutter starb. In dem Traum kam das Kind von der Schule und war, wie gewöhnlich, ausgeschlossen. Nach einer Zeit ging die Tür von selbst auf, und sie ging hinein. Sie sah Blut auf dem Fußboden. Als sie von einem Zimmer ins nächste ging, fand sie Körperteile – eine Hand, ein Bein, einen Rumpf –, alles war blutig. Sie war zu Tode erschreckt, mußte aber weitersuchen. Irgendwie wußte sie, daß es die Hände und Beine ihrer Mutter waren, aber sie mußte sich vergewissern. Sie rannte die Treppe zum Schlafzimmer hinauf, das sie mit der Mutter teilte. Der Kopf lag auf dem Boden, neben dem Bett. Die Mutter war tot. Im Traum lächelte Selena. Sie war sicher.

Statt zu der Konfrontation, die sich Karl zwischen Jenny und der Mutter ausmalte, kam es zu einer inneren Aussöhnung. Einige Zeit arbeitete Karl mit Chunk und Gladys Faye weiter. Chunk blieb feindselig, obwohl sie nach und nach weniger gewalttätig wurde. Sie fühlte sich alt, müde und nutzlos. Um ihren andauernden Kopfschmerzen aus dem Wege zu gehen und sich nicht mit Jenny beschäftigen zu müssen, stimmte sie zu, mit Gladys Faye integriert zu werden.

Nachdem sie Chunk akzeptiert hatte, machte Gladys Faye eine Zeit der Verwirrung und der gemischten Gefühle durch, aber sie äußerte ununterbrochen ihren Wunsch, es irgendwie wiedergutmachen zu wollen, daß sie Jenny nicht beschützt hatte. Gladys Faye glaubte, wenn sie sich mit Jenny bekannt machte, würde dies Wut und Haß erzeugen, den sie verdiente, aber dem sie sich nicht stellen konnte. Als Karl andeutete, daß sie noch eine Chance habe, reagierte sie mit großer Erleichterung. Sie könnte zu einem Helfer des inneren Selbst werden und Jenny jedes nur mögliche Gefühl von Mutterliebe geben.

Es gab nur wenige erfreuliche Erinnerungen, aber Gladys Faye brachte Jenny dazu, an die Zeit zu denken, in der sie auf den Verandastufen saß und ihr einen Ball zuwarf, oder an die Zeit, als sie hinfiel, sich das Knie aufschrammte und von ihr in den Arm genommen wurde. Gladys Faye erinnerte sie an die hübschen Kleider, die sie ihr gekauft hatte, und an die Geburtstagsparty, die sie für sie veranstaltet hatte, als sie sechs war. Sie blieb nahe bei Jenny und half ihr bei der Beschäftigung mit den Erinnerungen an die Sekte. Sie willigte ein, sofort zu erscheinen und Jenny aufzuhalten, falls diese versuchte, sich etwas anzutun.

Amanda konzentrierte sich weiter auf die Sektenerinnerungen, sammelte Notizen und fand Bilder von bedeutsamen Vorfällen, die Jenny und Selena immer noch verborgen waren. Sie bat um einen weiteren Ausflug in die Appalachen. Mind bestätigte das Bedürfnis, die teilweisen Erinnerungen an die dort stattgefundenen Rituale zu vervollständigen und Jenny und Selena dabei zu helfen, sie als wirklich zu erkennen. Karl und Rachel stimmten zu, daß eine Fahrt an die Orte hilfreich sein könnte. Der Trip zum Fontana Damm hatte eine vollkommen neue Bewußtseinsebene eröffnet. Es war, als ob ein Damm brach und eine Flut von Erinnerungen strömte.

Nach dem Trip zum Damm hatte Karl den Gebrauch eines Schlüsselwortes eingerichtet, um Reaktionen Einhalt zu gebieten, die drohten, gewalttätig oder überwältigend zu werden. Obwohl es ihm möglich gewesen war, Jenny in all ihren Persönlichkeitszuständen körperlich in Schranken zu halten, wenn es nötig war, hoffte er, eine innere einschränkende Institution zu schaffen, die sie vor schädlichen oder peinlichen Handlungen bewahren würde, insbesondere wenn sie sich außerhalb der privaten und schützenden Praxis befanden. Er benutzte eine Technik, die ihm Dr. Young vorschlug, der Jenny in Chicago untersucht hatte und den die Alexanders wegen Jennys Therapie konsultiert hatten.

Karl arbeitete mit Mind daran, ein Schlüsselwort einzurichten, das das Verhalten und die Gefühle zu einem Halt bringen sollte, wenn es zeitlich oder örtlich unpassend war. Obgleich Karl sich bewußt war, daß das Schlüsselwort nicht immer wirken konnte, entwickelte er Vertrauen in die Technik, als er das Wort benutzte, um Chunks gewalttätige Ausbrüche zu beruhigen und Jenny abzuhalten, sich in ihre Welten zu flüchten, wenn sie durch Erinnerungen oder Gefühle Angst bekam. Wenn Karl das Schlüsselwort benutzte, fielen die Persönlichkeiten, mit denen er arbeitete, im allgemeinen in tiefe Trance und waren in der Lage, wieder aufzutauchen und sich auf das Hier und Jetzt zu konzentrieren, oder erlaubten einem anderen *Alter ego* aufzutauchen, wenn Karl darum bat.

Die Alexanders glaubten, daß das Verhalten der Vergangenheit am ehesten auf zukünftige Handlungen schließen ließ, und sie erwarteten nicht, daß Jenny unkontrollierbar gewalttätig wurde oder ihre Selbstverletzungen bis zum Selbstmord trieb. In der Vergangenheit waren Jenny und ihre Anderen vertrauens- und verständnisvoll ihnen gegenüber gewesen und hatten ihre Bitten, sich zu beruhigen, befolgt. Die innere einschränkende Institution des Schlüsselworts stellte einen zusätzlichen Schutz für sie dar.

Karl benutzte Hinweise aus teilweisen Erinnerungen und arbeitete mit Amandas Hilfe eine Route auf der Landkarte aus. Interstate Highways und allgemein verbesserte Straßen würden die Reise viel einfacher machen, als sie zu Jennys Kindheit war.

Am Tag der Reise war Amanda ruhig und sachlich. Sie trug bequeme Hosen, ein kurzärmeliges Strickhemd und flache Schuhe. Sie war darauf vorbereitet, sich mit Erinnerungen zu beschäftigen und Jenny und Selena dazu zu bringen, sich zu erinnern, aber auch die Kontrolle zu übernehmen, wenn die Erinnerung zu schwierig für sie wurde.

Selena war nervös und gesprächig. Wenn ihr der Gesprächsstoff ausging, las sie laut aus einer Diätbroschüre vor. Jenny war verängstigt und ruhig. Sie trat im Auto nur für kurze Zeiten in Erscheinung, als sie sich von der Schönheit der Berge im Frühherbst erst angezogen und dann abgestoßen fühlte. Kecia war wegen der Reise ganz aufgeregt. Sie hatte ihre Puppe mit der Spieldose mitgenommen und drückte sie an sich, während sie am Daumen lutschte.

Karl und Rachel lachten über Kecias Gesichtsausdruck, als sie den Daumen das erste Mal in den Mund steckte. Sie zog ihn schnell aus dem Mund und untersuchte ihn, um herauszufinden, warum er sich nicht gut anfühlte oder richtig schmeckte. Karl erklärte ihr, daß Selena am Vorabend künstliche Fingernägel angebracht hatte. »Ist schon okay, Kecia«, beruhigte er sie, »vielleicht nimmt Selena sie nach einer Weile ab.« Kecia starrte den langen, rosa Nagel auf ihrem Daumen an, zuckte die Schultern und steckte den Finger wieder in den Mund. Sie war kleinere Unannehmlichkeiten gewohnt, da sie ihren Körper mit erwachsenen Persönlichkeiten teilte, die Wert auf Mode legten.

Die Spiegelung der alten Mühle in dem bilderbuchartigen Teich schien schwarze Rituale auszuschließen. Es waren noch einige andere Besucher da, die die sich zu verändern beginnenden Farben der Blätter bewunderten, als Karl, Rachel und Selena den Weg am Mühlteich entlanggingen und dem leisen Quietschen des sich langsam drehenden Wasserrads lauschten.

In der restaurierten Mühle war es nicht ganz so freundlich. Von dem Getreide hing ein modriger Geruch in der Luft, und das Gebäude zitterte von den sich drehenden Mühlsteinen. Von den sich drehenden Steinen fasziniert, streckte Selena bedächtig ihre Hand aus, um sie dazwischen zu stecken. Bevor Karl das Schlüsselwort sagen oder ihre Hand greifen konnte, zog sie die Hand aus der Gefahrenzone. Scheinbar hatte Gladys Faye ihr Versprechen gehalten, Jenny zu beschützen. Karl führte sie nach draußen.

Sie saßen im Schatten einer riesigen, alten Eiche, und Amanda erschien, um Rachel und Karl zu erzählen, daß man Jenny als Kind hierhergebracht und gedroht hatte, ihre Hände zu zermalmen, wenn sie bei der Beschwörung der Dämonen versagen sollte. Ganz erstaunt fragte Karl, »Werden Dämonen nicht üblicherweise an Gräbern beschworen?«

»Oh doch«, versicherte ihm Amanda und führte die Therapeuten einen Pfad entlang, den sie vorher nicht bemerkt hatten, bis sie zu einem kleinen, umzäunten Familienfriedhof hinter der Mühle kamen. Der Friedhof war durch die umstehenden Bäume nicht zu sehen, aber leicht zu finden, wenn man wußte, daß er dort war.

Karl und Rachel waren sich sehr wohl bewußt, daß allein der Aufenthalt in den Bergen für Jenny und Selena schwer war. Wenn sie sahen, daß sich beide unbehaglicher fühlten, war das ein Hinweis darauf, daß sie sich in der Nähe eines Ortes aufhielten, an dem es zu Sektenaktivitäten gekommen war. Durch behutsames Fragen und Erkunden der Örtlichkeiten gewannen die Therapeuten ein Bild von den Geschehnissen.

Es war schwer zu akzeptieren, daß das, was ihnen beschrieben wurde, der Wahrheit entsprach. Die Alexanders konnten sich jedoch nicht erklären, wie es sonst zu so genauen Kenntnissen der Gegend gekommen sein könnte. Jenny mußte schon einmal an den Orten gewesen sein.

An einem Ort, nicht weit von der Mühle, nahm ein Teil der abgerundeten Bergspitze die Form eines sich zurücklehnenden Teufels an. An einem Ende war ein säulenförmiger Felsen, am anderen Ende formte ein riesiger Stein ein Gesicht. Aus der Entfernung konnte man das Gesicht auch als phallische Form sehen. Wenn man näher kam, verloren sich die Umrisse in den dort wachsenden Pflanzen und den Felsformationen. Amanda blieb die leidenschaftslose Reporterin, als sie mit den Therapeuten umherstreifte und ihnen erzählte, was passiert war.

Es war Abend, und am Fuße der riesigen »Satansrute« wurde ein Feuer errichtet. Die Kinder mußten in einiger Entfernung warten und kauerten sich unter einen Felsvorsprung. Als der Vollmond aufging, wurde Jenny mit den anderen Kindern aufgefordert, an sexuellen Riten teilzunehmen, bei denen Erwachsene nackt tanzten und die Kinder mit kleineren Ruten willig gemacht wurden. Die Erwachsenen marschierten in einer Prozession über den »Satansrücken« und trugen die Kinder zum Kopfende des Berges. Jenny wurde an einem Seil festgebunden und über die Klippe zum Schlund des großen Gesichts heruntergelassen. Man sagte ihr, wenn sie wirklich ein Kind des Teufels sei, würde sich der Berg nicht öffnen und sie verschlingen. Sie bestand die Probe, die ihre Position in der Sekte rechtfertigte.

Karl und Rachel sprachen mit Jenny und Selena darüber, wie sie als Kind für die Sekte ausgebildet wurde. Ihre Lehrer, die versuchten, ihren Geist, den Körper und die Seele zu kontrollieren, setzten sie fortwährend Double-Bind-Situationen aus. Um richtig zu handeln, mußte das Kind beweisen, daß es böse war. Ihre einzige Möglichkeit, überhaupt ein Selbstwertgefühl zu bekommen, war, die Lektionen zu lernen, wie man ihr sie beibrachte.

Wenn man ihre Erfahrungen als Schulunterricht betrachtete, war es ganz offensichtlich, daß das Gebiet der Appalachen ihren Lehrern eine riesige Quelle für Anschauungsmaterial bot. Höhlen, Wasserfälle, Flüsse und seltsame Felsformationen wurden als die Quellen aller Macht des VATERS, Satans, betrachtet. Die Kinder wurden gelehrt, diese Macht immer zu fürchten und gleichzeitig zu erstreben.

Die Lektionen, die die Alexanders zu hören bekamen, schienen ihnen oft wie willkürliche Akte der Brutalität, die scheinbar keinen anderen Zweck erfüllten, als die Kinder zu terrorisieren und zu erniedrigen. Was sie in Bridal Veil Falls hörten, erinnerte sie daran, daß die Maßnahmen ein Teil des Plans waren, zumindest die auserwählten Kinder unwiderruflich an die Sekte zu binden. Jenny war eine der Auserwählten.

Der weiche Nebel der Wasserfälle erfrischte ihre Gesichter an diesem warmen Tag. Karl und Rachel hatten jedoch keine Probleme, sich die Kälte der Nacht im Spätherbst vorzustellen, die Amanda beschrieb, als die fünfjährige Jenny in ein weißes Gewand gekleidet und hinter dem Wasserfall auf einen Altar gelegt wurde. Nachdem man ihr Drogen injiziert hatte, wurde sie mit Ölen gesalbt, und Satan wurde beschworen, seiner zukünftigen Braut gegenüberzutreten. Durch Drogen benebelt, sah sie eine gehörnte und geflügelte Kreatur kommen, um von ihr Besitz zu ergreifen.

Sie alle spürten die tatsächliche Kühle des anbrechenden Abends. Sie gingen zum Auto zurück, um nach Hause zu fahren. Karl beruhigte Jenny und Selena, sie bräuchten sich nicht an alles zu erinnern, was die Reise in ihnen ausgelöst hatte. In den Therapiesitzungen gäbe es ausreichend Zeit, die Erinnerungen und die damit verbundenen Gefühle an sich vorbei ziehen zu lassen und zu verarbeiten. Sowohl er als auch Rachel erinnerten sie daran, daß sich nichts daran ändern würde, daß sie sich um sie sorgten und kümmerten. Sie verstanden, daß sie keine Kontrolle darüber hatten, was ihnen in der Sekte angetan wurde.

Wieder im Auto, schleuderte Kecia ihre Schuhe von sich und langte nach ihrer Spieldosen-Puppe. Mit dem Daumen im Mund schlief sie schnell ein.

Selena wachte einige Minuten später auf und zog geistesabwesend die Spieldose auf. Als das Schlaflied ertönte, bewegte der Mechanismus den Kopf und die Arme der Puppe. Beim Erklingen der Musik drehte sich Rachel um und sah den überraschten Ausdruck auf Selenas Gesicht.

Es war, als ob die Puppe lebendig geworden wäre. Zärtlich schaute Selena das sich windende Baby in ihren Armen an und legte es dann auf ihre Knie. Ihr Gesicht zeigte Traurigkeit und Angst. Sie schaute auf, als Rachel Karl bat, das Auto anzuhalten.

»Was ist?« fragte Rachel und berührte Selenas Hand.

Selena begann zu weinen und machte keine Anstalten, die Tränen aufzuhalten oder sich wegzuwischen. »Sie war so hübsch, schwarzes Haar und blaue Augen, und sie hat so sehr geweint.« Sie wiegte die Puppe in ihren Armen und schaute ihr ins Gesicht, während ihre Tränen weiter flossen.

»Was ist mit ihr geschehen?«

»Der Teufel hat sie geholt.« Selenas leidender Gesichtsausdruck war überzeugend.

Rachels Magen zog sich zusammen, als sie die Bedeutung von Selenas Worten verstand. Selena hatte beobachtet, wie die Sekte ihr ein Baby (war es vielleicht ihres?) weggenommen hatte. Rachel reagierte automatisch. Gedanken rasten durch ihren Kopf. »Es kann sein, daß sie dir dies in der Sekte erzählt haben, aber vielleicht ist das Baby in Sicherheit«, sagte sie tröstend.

»Wie alt warst du?« fragte Karl.

»Ich glaube zwölf. Ich hatte ein Baby, aber sie haben es mir weggenommen.« Als sich Selena in tiefe Trance flüchtete, wurden ihre Gliedmaßen schlaff. Karl und Rachel ließen ihr die Ruhe.

Die Therapeuten waren erstaunt. Rachel wollte es nicht glauben, aber genauso wie Karl wußte sie, daß es die Wahrheit war. Man hatte Jenny gezwungen, ihr eigenes Kind der Sekte zu geben. Die verlorenen Jahre hatten im Alter von zwölf begonnen. Soviel Horror Jenny auch erduldet hatte, daß man ihr das eigene Kind genommen hatte, konnte Jenny nicht einmal mit Selenas und der Hilfe der anderen Persönlichkeiten aushalten.

Mind tauchte auf, um ihnen zu sagen, daß die Lage kompliziert geworden sei. Dann ließ Mind Kecia erscheinen und weiterschlafen.

Jenny erinnerte sich auf ähnliche Weise an das Baby wie Selena. In einer Therapiesitzung tauchte sie aus der Trance auf, als ob sie geschlafen hätte. Während der Trance hatte sie gestöhnt, ihre Beine angezogen und sich den Unterleib gehalten. Scheinbar hatte sie die Schmerzen einer Geburt wiedererlebt.

Als sie Karl erzählte, sie hätte geträumt, jemand habe ein Baby bekommen, war sie ganz ruhig. »Ich durfte sie halten«, sagte sie. »Aber nach zwei Wochen konnte ich sie nicht mehr finden.«

Sie wurde aufgeregt, als das vergangene Geschehnis unmittelbar vor ihr stand. »Sie haben sie. Ich schreie, aber sie halten mich fest – und sie schneiden sie in zwei Teile.«

Bevor Jenny sich in tiefe Trance flüchtete, war es Karl möglich, sich zu vergewissern, daß sie schwanger gewesen war, als ihre Mutter mit ihr in das kleine, der Schule gegenüberliegende Haus gezogen war. Die Geburt fand in dem Haus statt, und sie hatte gesehen, wie das Baby geopfert wurde.

Als Jenny flüchtete, kam Kecia, um an ihrem Daumen zu lutschen und sich auszuruhen.

Als Karl und Rachel kurze Einblicke in die Ereignisse der verlorenen Jahre bekamen, verstanden sie Jennys Bedürfnis zu vergessen, den Horror zu leugnen, besser denn je. Und doch mußten sie Jenny in die Realität bringen.

In der nächsten Sitzung erinnerte Karl Jenny daran, daß das Baby kein Traum gewesen war. Es wurde wieder real und gegenwärtig für sie.

»Halt, halt, tut es nicht«, schrie sie.

»Was kannst du tun?« fragte Karl.

»Ich hasse sie. Mein Baby. Sie tun mir weh.« Jenny wurde kraftlos und schlaff.

»Ich weiß, daß es dir weh tut«, sagte Karl zu ihr, da er glaubte, daß sie ihn, wo auch immer sie sich hin geflüchtet hatte, hören konnte. »Es war außerhalb deiner Kontrolle. Ich möchte, daß du weißt, das wir es verstehen.«

Nach einer Rücksprache mit Mind sprach Karl mit Selena, um sie wissen zu lassen, daß Jenny sich an das Baby erinnert hatte. Selena sah traurig aus. »Man kann sich wirklich nicht davor verstecken«, sagte sie beherrscht.

»Vielleich kannst du dich mit Jenny einige Minuten zusammenschließen, um euch bei dieser Sache gegenseitig zu helfen.« Selena war einverstanden und setzte die Fusion bei Karls Worten »Tut es bitte jetzt« in Kraft. Jenny setzte sich auf und hielt ihren Kopf. Sie brauchte ein paar Minuten, um ihre Gedanken zu ordnen.

»Was fühlst du?«

»Alles ist durcheinander. Die Gedanken sind anders, voller Schuldgefühle, voller Schmerzen, voller Haß.« Mit ihren Armen umfaßte sie ihre Schultern. »Niemand hat mich genug geliebt, um mich in den Arm zu nehmen. Ich weiß nicht, was mehr weh tut, der Haß oder die Kränkung, nicht geliebt worden zu sein.«

Ohne äußere Veranlassung erinnerte sie sich an das Baby und fing an zu weinen. »Ich hatte jemanden, der mir gehörte und den ich in den Arm nehmen konnte, und er wurde getötet. Oh, Gott, das tut weh.« Ihre Hand schlug so schnell aus, daß es Karl fast vom Stuhl geworfen hätte. Sie schrie auf: »Die Kristalle zerbrechen!«

Karl sagte das Schlüsselwort und sah, wie sie sich entspannte. Als er sie in tiefer Trance ausruhen ließ, fragte sich Karl, ob ihr Versuch, wütend sein zu wollen, ihre Kristallwelt zerstört hatte. Könnte es ein, daß sie in der realen Welt leben wollte?

Teil X

Hoffnungen

Es bedarf sehr viel Mut und bringt große Schmerzen mit sich, aber ich werde wiedergeboren. Dieses Mal als ich selbst.
Heute morgen öffnete ich meine Augen und sah zur Abwechslung mal die Zukunft. Ich habe viel zu lange zurückgeschaut. Es wurde Zeit, daß ich begriff, daß man die Vergangenheit nicht ändern kann. Nur die Zukunft zählt wirklich.

Jennys Tagebuch

Kapitel 34

Ohne von außen veranlaßt worden zu sein, stellte sich Ayla Karl vor. Sie war eine religiöse junge Frau, die jede Kenntnis der kürzlich erinnerten Ereignisse leugnete. Sie erzählte keine Einzelheiten aus ihrer Kindheit und behauptete, ihre Kindheit sei angenehm gewesen. Ihre Leugnung des Mißbrauchs und der Kenntnisse über die Sekte war aufrichtig. Sie hatte keine Geschichte. Sie wußte nichts über Jennys Vergangenheit. Ayla war blond, hübsch und eine gute Christin.

Karl bemühte sich nicht, seine Rolle zu erklären oder den Kontakt mit Ayla auszudehnen. Er bat darum, mit Jenny zu sprechen, und gab Ayla die Anweisung, ihre Augen zu schließen und sich zu entspannen. Er war erleichtert, den Ausschlag über dem Kragen ihrer Bluse zu entdecken und zu sehen, wie sich ihre Hände zu Fäusten ballten. Jenny war einige Wochen in ihren Welten gewesen, seit sie sich an das Baby erinnert hatte.

Jennys Kopf war gebeugt. Sie starrte auf den Boden. Karl hob ihr Kinn mit seinem Zeigefinger. »Schau mich an. Du hast keinen Grund, Angst zu haben oder dich zu schämen.« Er wiederholte die unzählige Male gemachte Versicherung und bat dann: »Erzähl mir von Ayla.«

»Sie ist ein guter Mensch, nicht schlecht und böse«, antwortete Jenny. Ihr schuldbewußter Blick besagte: *Nicht wie ich.*

Karl wußte, daß Jenny sich schämte, Persönlichkeiten geschaffen zu haben. Er fragte sie behutsam, um ihr das Eingeständnis zu erleichtern, daß sie Ayla erst kürzlich geschaffen hatte.

»Sie ist gut. Sie hat nie schlimme Sachen gemacht. Sie kann in der richtigen Welt leben.«

»Jenny, du bist ein guter Mensch... Du bist nicht verantwortlich für die schlimmen Sachen, die man dir in der Vergangenheit angetan hat. Damals hattest du keine Wahl, aber heute. Laß uns dir helfen, in der realen Welt zu leben.« Er hob wieder Jennys Kinn an, damit sie ihn anschaute. »Was mit dem Baby geschah, war Wirklichkeit. Du selbst warst noch ein Kind und hast getan, worauf man dich fast seit deiner Geburt trainiert hat.« Karl bemerkte eine unglaubliche Traurigkeit in ihren Augen, bevor sie sich von ihm abwandte. Aber sie flüchtete nicht.

»Wir brauchen Ayla nicht«, sagte Karl. »Du hast sie geschaffen. Kannst du sie wieder entfernen?«

Jenny wandte sich ihm wieder zu. Sie nickte.

»Tu es bitte jetzt.«

Jenny konzentrierte sich äußerst scharf. Ihre Augenbrauen waren gerunzelt und ihre Muskeln vor Anstrengung angespannt. Einige Minuten war sie mit ihrem inneren Kampf beschäftigt, auf ihrem Gesicht bildeten sich Schweißtropfen, obgleich es in der Praxis angenehm kühl war. Als sie Karl wieder ihre Aufmerksamkeit zuwandte, sagte sie einfach: »Sie ist fort.«

Jennys bewußtes Entfernen einer Persönlichkeit war von großer Bedeutung. Manchmal gab sie zu, multipel zu sein, manchmal leugnete sie es. Ihre aktive Reaktion beim Rückgängigmachen der neuen Persönlichkeit markierte eine neue Ebene der Akzeptanz und vielleicht eine neue Ebene der Kontrolle.

Das Muster der Persönlichkeiten änderte sich. Amanda, Gladys Faye und Kecia hatten ihre Funktion, Jenny bei den Erinnerungen zu helfen, abgeschlossen. Sie waren über einen Zeitraum bei ihr gewesen, der sich von ihrer Initiation am Fontana Damm im Alter von zwei bis zum Alter von zwölf Jahren erstreckte, als sie ihr eigenes Kind der Sekte gab, was den Beginn der verlorenen Jahre markierte.

Gladys Faye verschwand langsam. Amanda blieb, um sich mit Schul- und Hausangelegenheiten zu beschäftigen, bis sich Jenny und Selena stabilisierten und dann mit Minds Hilfe mit Selena integriert wurde. Kecia integrierte sich mit Jenny. Karl brauchte die Integration nicht mehr mit bildhaften Vorstellungen und Strukturen zu unterstützen. Da Probleme ruhten oder Funktionen beendet waren, betrieben die Persönlichkeiten ihre eigene Auflösung.

Karl hatte eine vor Monaten gemachte Drohung vergessen, daß der Vater kommen würde, um Jenny zu holen. Selena erinnerte ihn daran, als sie auf einen Eintrag in Jennys Tagebuch hinwies: *Paß auf, alter Mann. Ich werde sie kriegen – in ihrem Geist, wo du nicht hinkommst. Ich weiß, daß das Herz schwach ist, aber ich werde es bekommen.* Der Eintrag war mit *Der Vater* unterschrieben.

Karl war erzählt worden, daß der Teufel persönlich kommen würde, um Jenny zu holen. Er wußte, daß Jenny glaubte, es verdient zu haben. Selena sagte ihm, daß Jenny sehr beunruhigt war, als sie sah, was in ihr Tagebuch geschrieben worden war. Was sie selbst betraf, zog sie es vor zu resignieren. Sie paßte nicht in die Welt, die Karl ihr anbot. Vielleicht sollte sie dorthin zurückkehren, wo sie hingehörte.

Selena sagte, sie hätte den Vater gesehen. Er war alt, und seine Haut war grau wie Lehm. Manchmal hatte er einen Ziegenkopf, ein anderes Mal einen fleischlosen Schädel. Man konnte ihn nur in schwachem oder flackerndem Licht sehen. Selena war nur mäßig überrascht, als Karl das fluoreszierende Licht ausschaltete und bat, mit dem Vater sprechen zu dürfen. Sie willigte kommentarlos ein.

»Was zur Hölle willst du?« Die Stimme war düster und zornig.

»Herausbekommen, was *du* willst.« Karls Glaube erkannte die Möglichkeit physischer Entitäten des Guten und des Bösen an. Er konnte es nicht verhindern, Angst zu verspüren, als er sich vorstellte, daß der Teufel sich materialisieren könnte, falls er es wünschte.

Es war nur eine kurze Überlegung. Die Person ihm gegenüber behauptete nicht, der Teufel zu sein. Es war nicht der Meister, sondern eines der Ebenbilder der vielen spirituellen Väter, die Jenny in der Sekte unterrichtet hatten. Er war nur als Stellvertreter gekommen, sie für den Meister zurückzufordern.

Vertreter oder nicht, er sprach mit Autorität. »Ich will sie. Ich werde sie bekommen. Außer einer habe ich alle, und ich werde sie kriegen.«

»Wer ist sie?«

»Jenny, das Kind der Geburt.«

»Ich glaube nicht, daß sie dir gehört.«

»Die anderen gehören mir. Ich werde sie bekommen.« Mit dieser Erklärung verschwand Der Vater und ließ Selena zurück, die sich ihren schmerzenden Kopf rieb.

Als Selena sich entspannte, um die Schmerzen zu lindern, die durch den schnellen Wechsel entstanden waren, hatte Karl Zeit zu überlegen. Andere, Hexen und Dämonen, hatten ihre Aufmerksamkeit auf andere Persönlichkeiten konzentriert, die mit der Sekte in Verbindung standen, oder hatten Selenas Rückkehr gewollt. Dies war die erste direkte Bemühung um die richtige Jenny.

Als Karl anfing, Jenny seine Begegnung mit dem Vater zu beschreiben, schloß sich Rachel der Sitzung an. Jenny zuckte hilflos die Achseln. Sie war zu lange ein Opfer gewesen. »Du kannst ihm Widerstand leisten«, sagte Rachel.

Jenny schaute ungläubig, fragte aber: »Wie meinst du das?«

»Ich glaube, man könnte es eine Scheidung vom Teufel nennen.«

»Aber Scheidung ist etwas Unrechtes.« Jenny guckte traurig. Sie zog sich zurück, um Mind auftauchen zu lassen.

»Wie macht man das?« In Minds vertraut monotoner Stimme lag Kraft.

Karl gab die Antwort: »Ich weiß nicht sehr viel darüber, nur das, was ich gelesen habe. Soweit ich es verstehe, braucht man nur zu sagen: ›Im Namen des Vaters, des Sohnes und des Heiligen Geistes, Satan scher dich fort.‹«

Mind erschlaffte. Die Therapeuten beobachteten, wie auf Jennys Stirn eine Rötung in Form eines Kreuzes erschien, wie jenes, das der Priester kürzlich bei der Taufe auf ihre Stirn zeichnete. Die Rötung konnte als körperliche Erinnerung erklärt werden, eine Erinnerung der Berührung, die ursprünglich mit den Worten assoziiert war. Nichtsdestoweniger waren die Therapeuten bewegt.

Selena tauchte auf, um zu erzählen, was sie gesehen und gehört hatte. Die Worte waren von allen im Körper gleichzeitig geschrien worden. Eine Zeitlang erschienen die Dinge dunkel, neblig und verwirrt, doch jetzt war der Raum hell und sehr wirklich. Selena war friedlicher, als Karl und Rachel sie jemals zuvor erlebt hatten.

Als Jenny auftauchte, machte sie den gleichen friedvollen Eindruck. Sie lächelte leicht, als die Therapeuten sie auf das Zeichen auf ihrer Stirn aufmerksam machten, das jetzt langsam verblaßte. Sie beschrieb im wesentlichen die gleiche Erfahrung, die Selena gemacht hatte. Jenny hatte sich widersetzt. Der Vater würde nicht zurückkehren.

Kayla mußte sogar überredet werden, Karl und Rachel ihren Namen zu nennen und ihnen zu sagen, daß sie fünf Jahre alt sei. Sie ließ ihre Augen durch die Praxis wandern, weil sie versuchte festzustellen, ob sie beobachtet oder belauscht wurde. Als ihr Verlangen, jemandem zu gefallen, größer war als ihre Angst, nahm sie den von Rachel angebotenen Stift und malte mit der linken Hand ein Bild von einer rundlichen Gestalt, in der etwas war, das wie ein Kind aussah.

Kayla starrte auf ihr Bild und wurde wieder schüchtern. Ihr Griff um den Bleistift wurde zur unbeholfenen Faust eines Kleinkindes. Einige Sekunden kritzelte sie auf dem Papier, was ihre Aufmerksamkeit in Anspruch nahm.

»Wie alt bist du?« fragte Rachel.

Kayla schaute auf ihre Hand und hob dann mühsam zwei Finger in die Höhe. Sie sprach in kurzen Sätzen und konnte den Therapeuten nur wenig sagen. Karl sagte ihr, sie solle die Augen schließen und ihn mit Mind sprechen lassen.

»Kayla ist ein innerer Teil von Jenny«, übersetzte Mind, »ein Teil, der immer da war, der alles erlebt hat. Kayla ist die Kleine, das verlorene Kind. Das Bild ist aus einer Zeit, als sie klein war und sie das Innere einer Ziege herausgeschnitten haben und sie hineingesteckt haben – wißt ihr – als Symbol für Satans Kind. Damals kam Kayla, um für immer bei Jenny zu bleiben.«

Karl dachte mit Schrecken an das zweijährige Kind, das in dem blutigen, noch warmen Körper des toten Tieres »geboren« wurde. »Laß mich mit ihr reden, Mind, und laß sie fünf Jahre alt sein.«

Als Kayla auftauchte, schaute sie an Rachel vorbei zu Karl. In ihren Augen sah man ein respektvolles Wiedererkennen, als sie fragte: »Hab' ich's gut gemacht? Hab' ich gemacht, was du gesagt hast?«

Karl nickte, sagte aber nichts. Er erkannte, daß Kayla eine Zeit aus der Vergangenheit wiedererlebte. Sie betrachtete Karl als den Hohepriester und war verzweifelt darum bemüht, ihm zu gefallen. »Ich habe Stücke aus dem Baby gemacht, wie du gesagt hast«, fuhr das Kind fort. »Ich habe die Stücke genauso gemacht, wie du gesagt hast.« Ihre kleine Hand hielt das imaginäre Messer, während ihre Augen seine Anerkennung suchten.

»Du hast es gut gemacht, sehr gut.« Karl spielte seine Rolle lange genug, um ihren erleichterten Ausdruck zu sehen, bevor er sie wieder in die Gegenwart holte. Zurück in der Gegenwart, schaute sie sich wieder im Zimmer um und hatte Angst zu sprechen.

Über einen Zeitraum von mehreren Wochen stellte Karl kurze, aber häufige Kontakte zu Kayla her. Sie fing an, ihm ausreichend Vertrauen zu schenken, um ihm zu erzählen, daß sie auf die Geister in den Bäumen und im Wind achten müsse, sonst könnten die hören, was sie sagte. Karl zeigte ihr, daß es weder Bäume noch Wind in der Praxis gab. Hier konnte sie sich sicher fühlen.

In Übereinstimmung mit dem, was Mind über sie gesagt hatte, wußte Kayla viel, vielleicht alles über die frühen Jahre in der Sekte.

Sie beschrieb Karl das Opfer zum Fest des TIERES: »Er durchbohrte mich, um das Blut fließen zu lassen. Er steckte es rein, und es hat richtig wehgetan.«

Karl bemerkte ihre Wortwahl. Ein fünfjähriges Kind würde nicht »durchbohren« sagen, außer es macht jene nach, die es in der Sekte unterrichteten. Karl sah das wütende Aufblitzen ihrer Augen. Sie blinzelte die Wut fort, als sie sagte: »Es schien, als ob es nie wieder Tag würde. Und dann kann ich mich an nichts mehr erinnern.«

Es war Tag geworden, dachte Karl, aber für Selena. Kayla war in Gesellschaft verschiedener *Alter egos*, einschließlich Selenas, als sie diese Erfahrung am Fest des TIERES machte.

Kaylas Wut schwelte so nah an der Oberfläche, daß Karl hoffte, sie würde sie herauslassen. Sie kam dem sehr nahe, schluckte es dann aber doch hinunter und sagte statt dessen: »Es ist falsch, wütend zu sein. Es ist falsch.«

Kayla teilte den Therapeuten viele ihrer Erinnerungen mit. Sie erzählte von Zeiten, in denen sie mit Schlangen im Bett aufwachte. Wenn sie schrie, wurde sie in die Kiste gesperrt. Sie schrie nicht. Sie erzählte von einer Zeit, als sie in eine Art Grube gesteckt wurde. Es war dunkel. Sie konnte spüren, wie Schlangen herumkrochen, und sie konnte Körperteile berühren, Hände und Arme, alles war klebrig und schleimig. Wieder wartete sie auf das Tageslicht. Wieder hielt sie ihre Wut zurück.

Durch Kaylas Beschreibung ihrer Erinnerungen wurde Karl mit einem Problem konfrontiert, von dem er schon einige Zeit wußte, aber wünschte, ihm aus dem Weg gehen zu können. Jenny hatte oft darüber gesprochen, daß sie schlecht sei, nicht nur wegen der Sachen, die man mit ihr gemacht hatte, sondern wegen der Dinge, die *sie* gemacht hatte.

Kayla machte Karl bewußt, wie die Sekte sie erst zum Opfer und dann zum Täter gemacht hatte. Schon im Alter von drei Jahren zwang man sie, das Messer bei anderen anzuwenden, wie man es bei ihr gemacht hatte. Sie konnte nicht wütend auf die Sekte sein. Sie war eine von ihnen. Die Gehirnwäsche war gründlich gewesen. Kayla folgte den Regeln. Sie wollte nur gefallen. Sie wurde nicht wütend. Sie bewahrte die Geheimnisse.

Jenny hielt den leblosen, weichen Körper des kleinen Vogels in ihrer Hand. Sie hatte das Tier, einen Finken, auf dem Boden des Käfigs liegend gefunden. Jenny weinte, als sie den kleinen Körper in ein Papiertuch wickelte und ihn in eine kleine Pappschachtel legte. Wenn er von der Schule kam, würde sie Noel bitten, ein Loch im Hinterhof zu graben. Jetzt hielt sie die Schachtel in den Händen und weinte.

Selena erzählte Karl, daß Jenny wegen des Vogels aus der Fassung geraten war, obgleich sie keine Ahnung hatte, was mit dem Tier geschehen war. »Er ist einfach gestorben, glaube ich. Es war doch nur ein dummer, kleiner Vogel. Scheiße, das ist doch nichts, worüber man sich aufregt.« In nur einem Satz hatte sich Selenas Sorge um Jenny in Verachtung verwandelt.

»Ich glaube, es hat dir doch ein wenig ausgemacht«, äußerte Karl vorsichtig. »Jenny ist jetzt nicht mehr die einzige mit Gefühlen.« Das Aufblitzen eines fast entschuldigendem Lächelns ließ Karl wissen, daß er den richtigen Punkt getroffen hatte, bevor Selena sich beeilte, es abzustreiten.

»Nee, es ist manchmal schlimm genug, ihr Gesicht sehen zu müssen, wenn ich in den Spiegel gucke. Verdammt noch mal, ich stell' mich nicht so an wie sie.«

Selena schien sich nicht bewußt zu sein, daß sie damit anerkannt hatte, daß sie und Jenny sich aufeinander zubewegten. Ein paar Wochen zuvor hatte sie eingestanden, daß sie ihre alten Miniröcke nicht mehr mochte. Sie mochte auch keine Zwiebeln mehr und hatte nicht mehr viel Spaß an Country-Music. Ihre Vorlieben für Dinge, die Jenny mochte, verängstigten sie. Sie hatte es geschafft zu vermeiden, daß Jenny über eine Integration Kontrolle über sie bekam, aber sie hatte Angst, daß Jenny neue Kräfte haben könnte. Selena hatte beobachtet, wie Jenny die neu geschaffene Ayla los wurde, sie hatte sie einfach verschwinden lassen. »Ich werde niemals wie sie sein. Ich werde kämpfen. Ich werde mich immer gegen sie wehren«, versicherte Selena Karl und sich selbst, wenn auch nicht mit der gleichen Verbitterung und Überzeugung wie in der Vergangenheit.

Karl und Rachel bemerkten, daß sie manchmal Selena und Jenny kaum noch auseinanderhalten konnten. Ihre Stimmen, ihre Bewegungen und ihre Eigenheiten waren manchmal dermaßen gemischt, daß die Therapeuten nach dem Namen fragen mußten.

Jenny war gegenüber Selenas Charakteristiken toleranter. Wenn sie auftauchte, nahm sie das Bubblegum nicht mehr aus dem Mund. Sie konnte damit fast so gut knallen wie Selena. Ein gelegentliches »Scheiße« oder »Verdammt« fand den Weg in die Unterhaltung, und sie sah entspannt aus, wenn sie manchmal wie Selena lachte. Es machte ihr nichts aus, wenn sie manchmal ihre Hände betrachtete und Selenas sah.

Das nächste Mal, als Karl ihre Hände sah, waren sie voller Verbrennungen. Runde, kleine wunde Stellen, die von glühenden Zigaretten stammten. Jenny gab zu, daß sie Selena veranlaßt hatte, sich zu verbrennen. Selena konnte die Selbstbestrafung vornehmen, ohne die Schmerzen zu spüren. Falls Jenny neue Kontrolle hatte, hatte sie diese benutzt, um sich selbst zu verletzen.

Weder Jenny noch Selena ließen Wut in Verbindung mit erinnertem Mißbrauch zu. Keine erkannte, daß sie mit der Selbstverletzung die Wut gegen sich kehrten. Wenn Jenny nahe daran war, die Wut zu spüren, flüchtete sie sofort in eine fast katatonische Trance. Selena hielt sich hinter ihrer Mauer von der Wut zurück, problemlos, wie sie sagte.

Karl setzte hypnotische Suggestion ein, um einen Teil von Selenas Mauer zu entfernen, und versicherte ihr, er würde es nicht zulassen, daß sie ihn oder sich selbst verletze. Selenas leidenschaftsloser Ausdruck änderte sich. Sie schlug mit ihrer Hand in eines der Kissen, die Karl um sie herum ausgelegt hatte. Sie schlug auf das Kissen ein, bis sie ermüdete.

»Ich hasse sie. Ich hasse sie«, schrie sie wieder und wieder.

Karl vermutete, daß sie dies auf Leute aus der Sekte bezog. Ruhig erzählte er von dem Vorfall am Damm und der Kreuzigung. Selenas Gedanken kreisten nicht nur um Fremde aus der Sekte. »Mama hat mir wehgetan«, sagte sie, als sie sich schließlich beruhigte. Ihre Nähe zu Jenny hatte sie in Berührung mit den Schmerzen gebracht, denen sie mehr als dreißig Jahre ausgewichen war. Dann flüchtete sie in tiefe Trance.

Nach einigen Minuten bat Karl um Mind. »Es existiert so viel Wut, mit der man sich beschäftigen müßte, aber sie fliehen davor.« Karl wollte Minds Überlegungen zu dem Problem hören.

»Sie haben Angst davor, jemand zu verletzen, dich oder Rachel zu verletzen, wie Kayla den Vogel verletzt hat.«

»Vielleicht sollte ich mit Kayla reden.«

Kayla lieferte ihre Erklärung mit der Logik eines Kindes ab. »Ich habe ihn umgebracht, so konnte er nicht groß werden und getötet werden.«

»Warst du auf jemand wütend?«

»Es ist unrecht, wütend zu werden.« Damit war das Thema für sie beendet, obwohl in ihren Augen Zorn aufblitzte.

»Vertraue deinen Gefühlen, Selena«, riet Karl. »Mach's dir nicht noch schwerer.« Er reagierte auf Probleme, die sie damit hatte, daß Tante Mamie sie bat, mit zu einer Kircheinweihung in Baldwin zu gehen. Sie wußte nicht einmal, wo der Ort lag, aber die Erwähnung verursachte ihr Übelkeit und machte ihr Angst.

Selena vermied die Fahrt mit ihrer Tante, wurde aber den Gedanken an den Ort nicht los. Ihre Träume wurden immer mehr vom Aufblitzen der Rituale gestört. Sie hatte einen vertrauten Traum, in dem sie vor einer Bedrohung flüchtete und eine Treppe hinaufrannte, die abrupt an der Decke endete.

Die Therapeuten beschlossen, mit ihr nach Baldwin zu fahren. Wie auch andere Orte würde dieser vielleicht neue, wichtige Erinnerungen freisetzen.

Wie früher entnahmen Karl und Rachel ihren Reaktionen Hinweise. Sie zeigte auf Staßen, an die sie sich erinnerte, weil sie dort Mitglieder zu Versammlungen abgeholt hatten. In der Ortschaft erinnerte sie sich an ein Schmuckgeschäft. Sie sagte, man hätte sie dorthin mitgenommen, damit sie sich Schmuck aussuchte, wenn sie die Rituale korrekt ausgeführt hatte.

Sie folgten der Straße, die aus dem Ort führte, und bogen auf Selenas Geheiß in ein Farmgebiet ab. Gut einen Kilometer, nachdem sie an der Kreuzung abgebogen waren, trafen sie auf ein großes, zweistöckiges Haus. Das Haus brauchte einen Anstrich. Es hatte ein Blechdach, eine sich um das Haus ziehende Veranda und einen ungleichmäßig geformten Teil, der wie ein übergroßer Erker aussah und sich bis zum zweiten Stock erstreckte. In einem von Unkraut und Büschen überwucherten Hof stand ein Schild mit der Aufschrift »Zu verkaufen«.

»Wir könnten durch die Fenster gucken«, schlug Rachel vor, als Karl die Bremse anzog.

Wortlos stieg Selena aus dem Auto. Karl und Rachel blieben nahe bei ihr. Als Selena sich dem Haus zuwandte, blieb sie stehen, begann zu zittern und fiel nach hinten. Karl fing sie auf und ließ sie vorsichtig auf den Boden.

Eine für Karl und Rachel neue Persönlichkeit tauchte auf. Ihr Name war Melissa. Sie war zehn Jahre alt. Sie schien überhaupt nicht überrascht zu sein, sich vor dem alten Haus zu befinden. Sie ging mit ihnen zur Veranda und hielt dabei ihren rechten Arm vom Körper abgewinkelt.

Als sie begann, die Treppe hinaufzusteigen, blieb Rachel ganz in ihrer Nähe. »Mein Kleid, mein Kleid«, mahnte Melissa, mit leichtem Ausdruck der Entrüstung in ihrer Stimme. Rachel machte dem imaginären Kleid Platz. Karl griff zum Türknopf, drehte ihn, und die Tür öffnete sich. Die Schlösser waren so alt, daß sich kein Mensch bemüht hatte, die Türen abzuschließen.

Melissa rauschte durch den Flur in ein großes Wohnzimmer und bewegte sich sofort auf eine Treppe an der rechten Wand zu. Die Anordnung der Stufen erweckten den Eindruck, als ob die Treppe an der Decke endete. Karl nahm Melissas Arm. Rachel entdeckte einen Lichtschalter. Das Licht ging an, obwohl Melissa es nicht brauchte. Sie kannte ihren Weg.

Melissa bewegte sich feierlich. Sie wiederholte für die Therapeuten eine Prozession, an der sie vor vielen Jahren teilgenommen hatte. Auf dem Treppenabsatz, an dem die Treppe eine andere Richtung nahm, machte sie eine kurze Pause, bevor sie zum zweiten Stock hinaufging.

Zur Linken führte ein Flur zu oberen Räumen. Melissa wandte sich rechts einer kleinen Tür zu. Die Tür bestand aus vertikalen Brettern und hatte keinen Griff. Ein kleines, drehbares Holzstück diente zum Schließen der Tür.

»Geheimzimmer«, flüsterte Melissa. Sie drehte an dem Holzstück und ging ohne zu zögern die zwei Stufen in einen niedrigen Raum hinunter. »Wir müssen hier warten, bis die Zeit gekommen ist«, erklärte sie.

Das Licht, das Rachel im Flur angemacht hatte, reichte aus, um die unregelmäßige Form und unbearbeiteten Bretter eines zwischen den Stockwerken gelegenen Raumes zu erkennen. Karl hielt Melissa davon ab, weiter in den unbeleuchteten Raum zu gehen. »Erzähl mir von deinem Kleid«, sagte er und führte sie zur Tür zurück.

Ihr Gesicht zeigte, daß es ihr gefiel, den weichen, seidigen Stoff zu berühren. In ihre Erzählung vertieft, streichelte sie das Kleid ihrer Erinnerung. Sie beschrieb ein elegantes Kleidungsstück, lang, ganz in weiß, hochgeschlossen und mit Juwelen und Stickerei verziert.

Sie berührte ihre Brust. »Dort ist ein Stern in einem Dreieck und ein großes Dreieck auf der Vorderseite.« Ihre Hand bewegte sich zu ihrer Schulter. »Siehst du, hier oben ist ein Stern«, sagte sie, als sie ihre Hand auf den gegenüberliegenden Unterarm gleiten ließ, »und ein Kreuz hier unten am Ärmel.« Sie starrte auf ihre Hand und wakkelte mit den Fingern. »Diese Netze an den Händen sind wie Spinnweben und die roten Juwelen wie glänzende Bluttropfen.« Sie wechselte mühelos zwischen Vergangenheit und Gegenwart und teilte ihre Erfahrung in dem Bewußtsein mit, daß sie Dinge sehen konnte, die die Therapeuten nicht sehen konnten.

»Wo wirst du das Kleid tragen?«

Melissa drückte ihre Schultern durch und ging die zwei Stufen hinauf. »Der Meister ist bereit«, sagte sie und ging in Erinnerung einer Prozession zu einer Tür im oberen Korridor. Sie stieß die Tür zu einem fünfwändigen Raum auf, ging zu einem Fenster gegenüber der Tür und stellte sich dort hin, als ob sie auf weitere Anweisungen wartete.

»Erzähl mir, was passiert ist«, wies Karl sie an.

»Alle Leute sind hier, um den Meister anzurufen. Ich muß am Altar warten, bis mich der Meister holen kommt.«

Mehr hatte Melissa nicht zu sagen. Sie hatte ihnen alles erzählt, was sie wußte, hatte ihnen die Grenzen ihrer Existenz gezeigt. Sie hatte nicht mehr zu tun, als dort zu stehen und zu warten.

»Laß uns jetzt gehen«, sagte Karl. Er berührte ihren Arm, und Melissa ging mit ihm und Rachel wieder die Treppe hinunter.

In der Nähe der noch offen stehenden Tür erschien Selena. Sie drehte sich um, um die Treppe anzusehen, und ihre Augen folgten den Stufen, bis sie an der Decke verschwanden. »Die Stufen aus meinem Traum«, sagte sie ungläubig. Sie eilte die Treppe hinauf, Karl und Rachel hängten sich an ihre Fersen. Sie nahm den gleichen Weg wie Melissa und führte sie wieder in den geheimen Raum. Schneller als Melissa ging Selena zur entferntesten Ecke des Zimmers, als Rachel gerade im Licht des Flurs auftauchte. Karl erreichte Selena in dem Moment, als diese ihre Hand auf den Riegel der kleinen, rechteckigen Tür legte, die den Raum zwischen den Stockwerken mit einem ähnlichen verband. Er hielt sie auf, bevor sie hineinkriechen konnte.

»Es ist hier zu dunkel. Laß uns wieder rausgehen und darüber reden.« Selena weigerte sich nicht, hielt aber auf der Treppe inne und berührte das Geländer, als ob sie sich vergewissern wollte, daß es wirklich existierte.

Vor dem Haus fragte Karl sie dann nach dem Kleid, von dem Melissa gesprochen hatte, und nach dem Geheimzimmer. Selena bat um

Bleistift und Papier. Während sie das Kleid zeichnete, beschrieb sie es als elegant, mit Pentagrammen und umgekehrten Kreuzen verziert. Ihre Beschreibung entsprach der von Melissa, war aber durch eine sorgfältig ausgearbeitete Kopfbedeckung erweitert.

Auf einem eng an der Stirn anliegenden Schleier war ein auf die Spitze gestelltes Dreieck, in dem ein Pentagramm war. Der Spitze des Dreiecks schloß sich ein umgekehrtes Kreuz an, das über den Nasenrücken verlief. Der untere Teil des Dreiecks balancierte zwei Ziegenhörner, die zum oberen Teil des Kopfes hinausliefen. Bänder hingen über ihren Augen, die dunkel geschminkt waren.

Selena gab eine Beschreibung des Ritualraumes, der mit Kerzen, einem Dolch, einem Kelch und einem umgekehrten Kreuz ausgestattet war. Sie redete über Gestalten in Gewändern, die zuschauten, als man sie (von dem Fleck aus, an dem Melissa gestanden und gewartet hatte) auf den Altar hob. Das schöne Gewand wurde von oben bis unten aufgeschnitten, als der Hohepriester mit der Vergewaltigung begann, die sie Satan als Braut darbieten würde.

Das Geheimzimmer war ein Warteplatz, an dem sich die Kinder aufhielten. Manchmal wurden sie zu den Ritualen gerufen. Manchmal warteten sie dort nur, bis sie nach Hause gebracht wurden. Reden war verboten. Obwohl sich in dem Raum viele Kinder aufhielten, war jedes Kind allein.

»Was hast du die ganze Zeit da drin gemacht?«

Selena schaute verdutzt, daß Karl in Frage stellte, es könnte mehr gewesen sein, als zu warten. »Oh«, erinnerte sie sich, »es gab ein Astloch, durch das man gucken konnte, und durch das man die Sterne sehen und sie beobachten konnte.«

Selenas Aussage schien unproblematisch und war eine gute Gelegenheit, die Diskussion wieder in die Gegenwart zu verlagern. Für diesen Tag hatte es genug Erinnerungen und Anhaltspunkte gegeben.

Selenas Kenntnisse des Geheimzimmers machten es Karl möglich, nach greifbaren Hinweisen dafür zu suchen, daß das alte Farmhaus eine Stätte für Sektenrituale gewesen war. In der folgenden Woche kehrte er dorthin zurück.

Diesmal alleine in dem Haus, spürte Karl eine Unheimlichkeit, die ihm entgangen war, als er seine Aufmerksamkeit auf seine Klientin konzentriert hatte. Das Haus knarrte im Wind eines aufkommenden

Sturms. Zweige fielen von Bäumen auf das Blechdach und ließen Karl sich mit seinen Beobachtungen beeilen.

Das Wohnzimmer war so leer und uninteressant wie vorher. Der Raum für die Rituale gab auch nicht viel mehr her, abgesehen von einem dunklen Astloch, mit einem Durchmesser von 2–3cm, das in wenigen Fuß Höhe in der hölzernen Wandverkleidung war.

Karl bemühte sich, das Knarren und Knacken des alten Hauses zu ignorieren, und bückte sich, um das Geheimzimmer zu betreten. Mit einer starken Taschenlampe leuchtete er in die Ecken des Raumes, sah aber nur blanke, ungehobelte Bretter. Das Zimmer war klein, hätte aber einem Kind geräumig vorkommen können. Karl konnte außer einer Inschrift nichts Bemerkenswertes feststellen. Auf einem Brett über der Tür waren Zahlen von eins bis neun geschrieben und ein X.

Karl bewegte sich zur gegenüberliegenden Ecke und öffnete die Tür zu dem anderen Raum zwischen den Stockwerken. Bevor er seine Taschenlampe in den Raum richtete, erregte ein kleiner Lichtstrahl, der durch ein Loch in der Wand kam, seine Aufmerksamkeit. Er sah sich seinen Weg an und knipste seine Taschenlampe aus. Er drückte sein Auge an das Loch und schaute direkt in den Ritual-Raum. Auf der anderen Seite des Zimmers sah Karl ein Fenster. Er beobachtete, wie sich der Himmel des frühen Nachmittags verdunkelte und der aufkommende Sturm Blätter am Fenster des zweiten Stocks vorbeiwehte.

Karl hatte vermutet, das Guckloch, von dem Selena sprach, in einer Außenwand zu finden. Jetzt stellte er fest, genau das gefunden zu haben, was sie beschrieben hatte. Nachts, wenn die Lichter in dem Ritual-Raum gelöscht waren, konnte sie mühelos die Sterne gesehen haben. Darüber hinaus hatte Karl angenommen, daß Selena sich auf die Sterne bezog, als sie sagte, sie habe *sie* beobachtet. Jetzt wußte er, sie meinte, sie hätte die Rituale beobachtet. Wenn das Kerzenlicht den Blick auf die Sterne in den Hintergrund treten ließ, gab es nur noch die Rituale in dem Zimmer zu sehen.

Zu wissen, daß das Kind sich in diesem Raum aufhielt und eine Vorschau auf den Horror bekam, den sie später selbst erdulden mußte, ließ den kleinen Raum plötzlich erstickend und ekelhaft werden. Als Karl sich in gebückter Haltung beeilte aus dem Raum zur Tür nahe der Treppe zu kommen, hörte er den Regen auf das Blechdach prasseln.

Auf der langen Rückfahrt im Regen hatte Karl viel Zeit, über die

Bedeutung seiner Entdeckung nachzudenken. Jenny war als Kind mit Sicherheit in dem Haus gewesen, vielleicht oft. Obwohl Jenny während des ersten Besuchs nicht selbst in Erscheinung getreten war, wollte Karl mit ihr darüber reden, wenn er sie das nächste Mal sah. Jenny verhielt sich so, als ob sie von der Existenz des Geheimzimmers und dem Ort der Rituale wußte. Sie wußte von dem Haus, obgleich sie darauf bestand, daß es Selena war, die dort die Geschehnisse durchgemacht hatte.

»Du und Selena, ihr seid eine Person«, sagte Karl und fragte sich, wie viele Male er diese Aussage schon gemacht hatte. »Was ihr geschehen ist, passierte auch dir.«

Jenny behauptete nicht wie üblich das Gegenteil, obgleich Karl merkte, wie sie sich unter dem Widerstand gegen die Bemerkung verspannte. Unter der Voraussetzung, daß sie über die Erinnerungen verfügte, fuhr er fort: »Etwas ist auf die Wand in dem Geheimzimmer geschrieben worden, kannst du mir sagen, was da steht?«

»Ich war nie dort«, sagte sie, vollkommen von der Wahrheit ihrer Behauptung überzeugt.

Dieses Mal widersprach Karl ihr nicht. Er gab ihr einen Bleistift und legte einen Schreibblock vor sie hin. »Schreib einfach auf, was dir in den Sinn kommt oder was du glaubst, was an der Wand stehen könnte.«

Jenny überlegte nur einen Augenblick, dann schrieb sie die Zahlen von eins bis fünf in eine Reihe und sechs bis neun in eine weitere und trennte die Zahlenreihen durch ein X. Das Geschriebene schien keine Bedeutung für sie zu haben. Für Karl war es der greifbare Beweis, daß sie in der Vergangenheit in dem Haus bei Baldwin war, in dem sie als zehnjähriges Mädchen zur Braut des Teufels gemacht wurde.

Kapitel 35

Die Einladung zu einer Ganztags-Konferenz, bei der ein neues Behandlungszentrum für *Multiple Persönlichkeitsstörung* vorgestellt wurde, das mit dem Auto leicht zu erreichen war, bot den Alexanders eine Möglichkeit, sich bei Experten zu informieren. Solch eine Gelegenheit ergab sich nicht sehr oft. Nach wissenschaftlichen Vorträgen stand Zeit zur Verfügung, um sich mit Kollegen zu unterhalten. Eine der Rednerinnen war Chris Costner Sizemore, die Eve der *Three Faces of Eve*. Rachel hatte Chris bei mehreren Fernsehauftritten gesehen und war von ihrem Eintreten für psychisch Kranke beeindruckt.

Sizemores Vortrag war dynamisch und informativ. Sie redete über ihre eigenen Erfahrungen. Erst Jahre, nachdem sie von Dr. Thigpen und Dr. Cleckley, den Psychiatern, die ihr Problem als erste diagnostiziert hatten, als »geheilt« bezeichnet worden war, ist ihr die vollständige Integration gelungen. Deren Buch, das ein Bestseller wurde, stellte das Phänomen der multiplen Persönlichkeit sowohl der Gemeinschaft der Psychiater als auch einer breiten Öffentlichkeit vor. Die von ihr gestattete Veröffentlichung schuf ein breites Bewußtsein für die Realität multipler Persönlichkeit.

Zwanzig Jahre nach der Erstveröffentlichung ihrer Geschichte legte sie, mit ihrer Cousine Elen Pittillo als Co-Autorin, ihre Darstellung der Geschichte vor und identifizierte sich in *I'm Eve*. Weitere zehn Jahre später stand sie vor einer Zuhörerschaft aus Fachleuten und interessierter Öffentlichkeit, um über relevante Probleme psychischer Störungen zu sprechen, mit denen Menschen gegenwärtig zu tun haben oder in der Vergangenheit zu tun hatten. Sie redete über das Bedürfnis einer angemessenen Diagnose und Behandlung und dem Recht des psychisch Kranken, vom Stigma befreit zu werden. Sie sprach über Toleranz und Optimismus und das Bedürfnis der Gemeinschaft der Therapeuten, über ausreichende Mittel zu verfügen, um jedem Menschen, der an einer psychischen Krankheit litt, die

Chance zur Heilung zu geben. Falls andere nicht zu einem so erfolgreichen Ergebnis gelangen sollten wie sie, bestand sie darauf, daß ihnen von seiten der Gemeinschaft Respekt gezollt und Schutz gewährt wurde.

Nachdem Chris ihren mit Applaus bedachten Vortrag beendet hatte, ging sie zu den Zuhörern und nahm einen Platz direkt vor den Alexanders ein. Bei der ersten Pause im Programm sprach Rachel sie an. »Ihr Vortrag hat mir wirklich gut gefallen.«

Chris wandte sich ihr mit einem warmen Lächeln zu. Sie sprach ganz locker über ihre Vergangenheit und ihre gegenwärtigen Bemühungen, durch öffentliche Auftritte und Interviews den psychisch Kranken zu helfen. Karl und Rachel waren von ihrem Selbstvertrauen und ihrer Entschlußkraft hingerissen. Rachel sprach die Tatsache an, daß Chris erfolgreicher arbeiten könnte als andere, weil sie eine so wichtige Rolle für jene spielte, die noch darum kämpften, ihre Störungen zu überwinden. »Wir haben eine Klientin, die Ihre Ermutigung gut gebrauchen könnte«, teilte Rachel Chris mit. »Haben Sie jemals Multiple und ihre Therapeuten getroffen?«

»Ja, schon oft. Ich würde mich freuen, Ihre Klientin kennenzulernen.«

»Wir werden sie fragen, aber ich kann mir nicht vorstellen, daß sie die Gelegenheit, Sie kennenzulernen, versäumen würde. Wir rufen Sie an und machen einen Termin aus, der in Ihren Zeitplan paßt.« Es war gerade noch Zeit, die Telefonnummern auszutauschen, bevor das Programm fortgesetzt wurde.

Jenny sah dem Treffen mit Chris Sizemore ungeduldig und auch etwas nervös entgegen. Selena tat, als ob ihr das ganz egal sei, obwohl sie die erste war, die Chris bei dem verabredeten Treffen begrüßte.

Chris war eine reizende Gastgeberin, die Karl mit einem Handschlag und Rachel mit einer Umarmung begrüßte, bevor sie ihre Hand Jenny reichte.

»Also«, Selena grinste, »ich bin Selena, aber ich bin es gewohnt, mit ihrem Namen angeredet zu werden.«

»Ich werde dich mit deinem Namen anreden. Ich weiß, wie wichtig das ist.« Chris bedachte Selena mit einem kameradschaftlichen Lächeln, das Selena das Gefühl gab, auf eine Art und Weise verstanden worden zu sein, wie sie es noch nicht erlebt hatte. Sie war bereit, sich anzuhören, was auch immer Chris zu sagen hatte.

Chris war besonnen und nahm sich Zeit. Sie richtete ihre Bemerkungen an Selena, bezog durch Seitenblicke und kurze Wortwechsel die Alexanders jedoch in die Unterhaltung mit ein. Ihre Stichworte entnahm Chris den Informationen, die sie von den Alexanders mit Jennys Genehmigung erhalten hatte. Sie konzentrierte sich darauf, Selena Sachen zu sagen, von denen sie glaubte, daß sie bedeutsam für sie sein könnten.

Chris sprach über die Stellung und Wichtigkeit aller Persönlichkeiten. Zu den Kenntnissen war sie gelangt, da sie von neunzehn weiteren Persönlichkeiten, als den ursprünglich festgestellten drei, erlöst werden mußte. Sie bat Selena, keine Angst vor der Integration zu haben. »Du stirbst nicht«, sagte sie, »oder verschwindest. Du gehst nicht verloren. Keiner stirbt. Alle werden zum Teil einer vollständigen Person.«

Chris gab zu, daß der Prozeß der endgültigen Integration turbulent und beängstigend für sie gewesen war. Während des verwirrenden Prozesses, der sich über sechs Wochen hinzog, hatte sie die liebevolle Unterstützung ihres Mannes und ihrer Cousine. Als ihr Leben an ihrem geistigen Auge vorbeizog, hatte sie manchmal das Gefühl, sie würde verrückt oder würde sogar sterben. Sie sagte, sie brauchte die Ereignisse nicht wiederzuerleben, sondern sich nur an sie zu erinnern, um sie sich zu eigen zu machen. Nachdem sie ein Ereignis gesehen hatte, gehörte es vorbehaltlos ihr. Als alle Persönlichkeiten zusammenkamen, waren all ihre Fähigkeiten und alle Erfahrungen noch vorhanden, doch hatte Chris zum ersten Mal in ihrem Leben Kontrolle über sie.

Chris gestand, daß sie nicht unmittelbar Zugang zu allen Fähigkeiten hatte und daß sie Zeit brauchte, sich diese Fähigkeiten zu Nutze zu machen. »Ich konnte lange Zeit nicht nähen, obwohl die Turtle Lady und andere sehr gut nähen konnten«, sagte sie. Chris lachte. »Ich glaube, ich mochte Nähen sowieso nie.«

Es schien, daß sie ihre Erfahrung deshalb beschrieb, damit Selena sehen konnte, daß eine Zeit der Verwirrung, vielleicht sogar des Chaos zu erwarten war, aber der Prozeß keiner war, der Persönlichkeiten sterben ließ, wie Selena befürchtete. Sie setzte Selenas Gefühle nicht herab und zeigte, daß sie sie wirklich mochte. Sie nahm Selena in den Arm und sagte: »Du wirst immer da sein. Jenny wird nie ohne dich sein wollen.«

Chris wandte sich Karl zu und fragte ihn, ob Jenny bereit sei, mit ihr zu sprechen. Auf Bitten des Therapeuten erschien Jenny, lächelte schüchtern und starrte auf den Boden. Karl stellte sie vor, und Jenny sah, daß Chris sie sofort erkannte. Ohne Karls Aufforderung öffnete sie ihre Fäuste.

Chris gab Jenny einen Überblick über ihre Erfahrungen. Obwohl sie einräumte, nicht mißbraucht worden zu sein, wie es bei Jenny der Fall gewesen war, und sie auch keine Erfahrungen mit einer Sekte gemacht hatte, war sie sich durchaus bewußt, daß diese Dinge sehr wohl vorkamen. Sie teilte mit, daß ihr die Ähnlichkeiten, die sie als Multiple teilten, wichtiger waren als die unterschiedlichen Erlebnisse, die zu ihrer Krankheit führten. Sie hoffte für Jenny, daß sie eine vollständige Integration erlangen würde, wie auch sie es getan hatte. Chris konzentrierte sich auf die positiven Aspekte der Integration, die Freude darüber, Kontrolle über ihr Leben zu haben, und die Erleichterung darüber, normal zu sein.

Jenny drückte Vorbehalte gegen die Integration aus. »Hatten Sie Persönlichkeiten, die sie nicht mochten?« fragte sie.

»Ja, natürlich, aber alle sind noch ein Teil von mir. Ich kann es mir aussuchen, ob ich mich wie ein leichtes Mädchen oder wie eine Hausfrau aufführen möchte. Ich kann mich anständig benehmen oder fluchen, wenn ich will.«

Jenny lächelte und nickte voller Verständnis. Doch mit ihrer üblichen Zurückhaltung äußerte sie Zweifel daran, eine totale Integration zustande zu bringen.

Rachel warf eine Frage auf, um die Aufmerksamkeit von Jennys Zweifeln abzulenken. »Chris, benutzen Sie Ihre Dissoziationsfähigkeit heute noch, um zum Beispiel mit Schmerzen umgehen zu können?«

»Niemals.« Chris ließ daran keinen Zweifel. Dissoziation war Teil ihrer Vergangenheit. Sie glaubte, es sei wichtig, alle Erfahrungen als Multiple der Vergangenheit angehören zu lassen und sich immer normal zu verhalten, zu bleiben und sich Problemen zu stellen und nicht vor ihnen zu flüchten. Sie stellte mit Nachdruck klar, daß sie nicht anders sein wolle, ihr Leben nicht einzig und allein an Multiplen orientieren wolle. Sie hatte das Recht und die Fähigkeit, normal zu sein. Sie drängte Jenny, sich dieses Ziel auch zu eigen zu machen.

Sowohl Jenny als auch Selena schrieben Chris Briefe, um sich für das Treffen zu bedanken.

Der Meinungsaustausch mit Chris Sizemore hatte mit Sicherheit Eindruck auf Jenny gemacht. Sie hatte mehr Hoffnung, als Karl und Rachel jemals bei ihr wahrgenommen hatten. Innerhalb einer Woche kündigte Mind an, daß für Jenny der endgültige Integrationsprozeß begonnen hätte und niemand bleiben könnte.

Mind sagte, daß sich Selena zuerst erinnern würde und sie Jenny die Erinnerung dann weitergeben würde. Mind würde verschwinden, wenn sie nicht länger gebraucht wurde, um die Dinge im Gleichgewicht zu halten. Am Ende käme es zu einem Kampf zwischen Jenny und Selena. Aber Jenny würde bald mit einer Psyche leben, obgleich sie immer noch versuchen werde, die schlimmen Dinge aus ihrer Vergangenheit zu leugnen. »Ich möchte euch noch warnen«, mahnte Mind, »wenn sie wirklich gestreßt ist, könnte es wieder zu einer Dissoziation kommen. Ihr wißt, daß sie es schon einmal gemacht hat.«

Karl unternahm nichts, was Jenny von ihrer Absicht abbringen konnte. Er enthielt sich möglichst jeden Urteils. Ihre Motivation konnte sehr wohl Wunschdenken sein, sozusagen eine Flucht in die Gesundheit, um sich einer Konfrontation mit ihrer Vergangenheit und einer Beschäftigung mit Problemen zu entziehen. Es konnte aber auch als Zeichen des aufrichtigen Wunsches, gesund zu sein, betrachtet werden. Karl glaubte das letztere und unterstützte ihre Bemühungen. In den vier Jahren der Therapie hatte er sie bemerkenswerte Fortschritte machen sehen.

Selena begann, von einer Zunahme der Alpträume zu berichten. Sie träumte vom Haus ihrer Tante, dem Haus in Baldwin und dem kleineren Haus gegenüber der Schule. Sie schaute sich haufenweise alte Bilder an und fixierte die Orte in ihrem Gedächtnis.

So eifrig Selena die Bilder nach Erinnerungen durchsuchte, so sehr ging ihnen Jenny aus dem Weg. Mind erzählte, daß sich Jenny weit in ihre Welten zurückzog und daß Selena sich ärgerte, weil sie sich zu langsam erinnerte und die Schmerzen der anderen spürte. Mind schlug vor, den Prozeß zu beschleunigen, indem sie Selena alle Erinnerungen auf einmal in einer Nacht zugänglich machen wollte. »Sie wird heute Nacht nicht schlafen und morgen erschöpft sein. Aber dann ist es erledigt.«

Karl stand am nächsten Tag nicht zur Verfügung, aber Rachel willigte ein, sich für Selena Zeit zu nehmen. Selena kam in die Praxis und sah müde und mitgenommen aus. »Es war, als ob mein Kopf in hunderte Teile explodiert wäre«, erzählte sie Rachel.

»Erzähl mir, an was du dich erinnert hast.«

Selena berichtete ihr, was sie erfahren hatte. Sie fing damit an, daß sie glaube, ein ungewünschtes Kind zu sein, und fuhr dann mit dem Mißbrauch durch die Mutter fort. Sie erinnerte sich an den Mißbrauch durch die Sekte, angefangen bei Fontana, über das Fest bis zu dem kleinen Haus und den verlorenen Jahren. »Ich habe alles gehört, was Mind mir erzählt hat, aber sie sagte mir, ich solle nicht weinen oder schreien.«

»Ich glaube, du brauchst das Schreien. Du kannst das hier bei mir tun. Du kannst dich auf der Couch entspannen und in der Zeit so weit zurückgehen, wie du willst.« Während sich Selena in einer Trance entspannte, machte Rachel den Vorschlag, Selena solle auf der Couch bleiben, aber sie könne soviel weinen oder schreien, wie es notwendig sei.

Selena legte sich auf die Seite und rollte sich zusammen. Ihre Hände ballten sich zu Fäusten. Sie versenkte ihr Gesicht in die Kissen auf der Couch und begann Saugbewegungen zu machen.

Auch wenn sie die fötale Haltung bemerkte, war Rachel doch überrascht, als das Weinen anfing. Rachel hatte wütende Schreie erwartet. Unmißverständlich hörte sie das Weinen eines Neugeborenen, eine Art Urschrei.

In der Zeit, als Selena sich in einem verletzlichen und regredierten Zustand befand, wirkte Rachel beruhigend auf sie ein und machte positive Vorschläge. »Du bist ein guter Mensch. Andere waren verantwortlich für die schlimmen Sachen in deiner Vergangenheit. Es ist okay, Gefühle zu haben. Du bekommst jetzt Kontrolle über dein Leben.«

Nachdem sie aus der Trance aufgetaucht war, sagte Selena: »Es ist, als ob mein Kopf ganz ist. Ich fühle keine Schmerzen von Anderen.«

Da es Selena gut ging, bat Rachel, mit Jenny zu sprechen.

»Was hältst du von Selenas Erinnerungen?«

Tief in Gedanken versunken, starrte sie auf den Boden. Sie hob ihren Kopf, um Rachel anzuschauen, und ließ sie an ihrer Einsicht teilhaben. »Die Wunden fangen an zu verheilen«, sagte sie. »Aber die Narben werden bleiben.«

Jennys Erkenntnis enthielt mehr Wahrheit, als sie wahrhaben wollte. Die Erinnerungen waren erst der Anfang. Sie mußte sich nicht nur an die Vergangenheit erinnern, sie mußte auch akzeptieren, daß sie es durchlebt hatte. Sie war eins mit all ihren anderen Persönlichkeiten. Darüber hinaus mußte sie auch Probleme lösen, die ihr Leben in der Gegenwart nachhaltig in Mitleidenschaft zogen.

Die Probleme waren komplex und standen in wechselseitiger Beziehung. Viele Einstellungen und Verhaltensweisen, die früher für ihr Überleben notwendig gewesen waren, hinderten sie jetzt. Jenny konnte diese außergewöhnlichen Überlebensfähigkeiten nicht einfach aufgeben. Sie würde sie durch andere ersetzen müssen, die ihrer Genesung angemessen waren.

Ihr Widerstreben, sich der mit dem Mißbrauch verbundenen Wut zu stellen oder sie herauszulassen, hielt sie in der Vergangenheit gefangen. Sie schien nicht akzeptieren zu können, daß der Zorn oder sogar die Wut eine angemessene Reaktion auf das war, was man ihr angetan und wozu man sie gezwungen hatte. Ob es die Ermahnungen aus der Kindheit waren, nicht wütend zu werden, oder ob sie Angst hatte, die Kontrolle zu verlieren und jemanden zu verletzen, sie weigerte sich, die Wut auszuleben.

Durch das Zurückhalten der Wut wurde Jenny davon abgehalten, über ihre Vergangenheit zu trauern. Sie war nicht nur entsetzlich verletzt worden, man hatte sie auch einer richtigen Kindheit beraubt. Mit dem Zurückhalten der Wut hielt sie an einer unrealistischen Hoffnung fest, die Kindheit zurückzugewinnen. Nur durch die Trauer über ihren Verlust würde es ihr möglich sein, sich von der Vergangenheit frei zu machen.

Vertrauen blieb auch weiterhin ein Problem. Als Kind hatte sie gewiß jeden nur erdenklichen Grund gehabt, niemandem zu vertrauen. Jetzt wurde sie von den Therapeuten gebeten, ihr Verhalten nach neuen Erfahrungen auszurichten, um zu erleben, daß ihre Therapeuten und auch andere Menschen in ihrer gegenwärtigen Umgebung ihr Vertrauen nicht mißbrauchten. Jenny versuchte Vertrauen zu fassen, jedoch bestenfalls versuchsweise. Nie gab sie ihre Erwartung ganz auf, vielleicht doch verletzt oder verlassen zu werden.

Der Unfähigkeit zu vertrauen entsprang ihr Hang, die Menschen ihrer Umgebung zu manipulieren. Da sie niemandem zutraute, auf ihre Bedürfnisse einzugehen, entwickelte sie außergewöhnliche Manipulationsfähigkeiten, um ihre Bedürfnisse befriedigt zu bekommen, oder wenigstens auf das einzugehen, was sie für ihre Bedürfnisse hielt. Viele Menschen, die entdeckten, daß sie manipuliert wurden – Ärzte, Priester, Psychologen, Freunde –, reagierten zornig, eine natürliche

Reaktion auf das Gefühl, benutzt worden zu sein. Einmal wütend, zogen sie sich von Jenny zurück oder kümmerten sich nicht mehr um sie und aktualisierten damit ihre Angst, verlassen zu werden.

Jenny versuchte, jede Möglichkeit zu nutzen, die ihr offenstand. Einerseits klammerte sie sich an das, was sie hatte – zum Beispiel die Therapie mit den Alexanders. Andererseits suchte sie nach mehr Unterstützung – zum Beispiel geistlichem Beistand und Rat von einer oder mehreren Glaubensgemeinschaften. Wenn sie von einem Priester aus ethischen Grundsätzen abgelehnt wurde, weil sie zur gleichen Zeit bei einem anderen Rat gesucht hatte, meinte sie, daß man sich für sie über die Grundsätze hinwegsetzen sollte. Sie bekundete eine Anspruchshaltung, die bei vielen traumatisierten Menschen üblich ist. Sie erwartete nicht, auf Grenzen zu stoßen, von denen sie annahm, daß sie für andere geschaffen waren. (Die Probleme, von Opfern multipler Persönlichkeit einen Anspruch oder ein Anrecht zu haben, werden von Kluft, 1988, diskutiert.)

Jenny versuchte, den hohen Zeitaufwand, den die Alexanders zu Beginn der Therapie gestattet hatten, aufrechtzuerhalten. Jedes Mal, wenn sie der mit ihr verbrachten Zeit Grenzen setzten, wurde sie ärgerlich. Sie stellte ihre Fürsorge in Frage, verlangte mehr Zeit und drohte, aus der Therapie auszusteigen. All diese Aktionen behinderten den therapeutischen Fortschritt bei anderen Problemen. Die Alexanders wußten jedoch, daß sie Jennys Anspruchshaltung etwas entgegensetzen mußten. Sie mußte lernen, die für jeden geltenden, vernünftigen Grenzen zu akzeptieren.

Das Problem mit dieser Anspruchshaltung war besonders verwickelt, weil es mindestens drei Ursachen hatte. Erstens konnte sie als mißbrauchter Mensch das Gefühl haben, einen Ausgleich für Mißhandlungen in der Vergangenheit verdient zu haben. Zweitens war sie in der Sekte wie eine kleine Prinzessin darauf vorbereitet worden, Hohepriesterin zu werden. Während sie einerseits den Mißbrauch in der Sekte erdulden mußte, wurde ihr gleichzeitig beigebracht, etwas Besonderes zu sein. Drittens bedeutete ihre Dissoziationsfähigkeit, daß sie nie ein reglementiertes Leben führen mußte. Wann immer ein Umstand Jennys Toleranzgrenze überschritt, gab sie die Situation an eine andere Persönlichkeit ab. Dieses *Alter ego* konnte wiederum einem Anderen Platz machen. Durch Dissoziation, dadurch, daß sie eine Multiple wurde, schaffte es Jenny, alle Grenzen zu umgehen.

Um mit den Problemen umgehen zu können, würde Jenny ihre Fähigkeit, an sichere Orte zu flüchten, aufgeben müssen, eine Fähigkeit, die ihr in der Vergangenheit zugute gekommen war. Um von ihren gegenwärtigen Erfahrungen zu lernen, mußte sie in der realen Welt bleiben und sich von Therapeuten helfen zu lassen, neue Formen für den Umgang mit ihrem Leben zu finden.

»Aber«, protestierte Jenny, »wenn ich die Vergangenheit anerkenne und daran glaube, daß ich multipel bin, wird das so sein, als ob man einem Schmetterling die Flügel ausreißt.«

Die Metapher ließ Karl und Rachel erkennen, wie schwer es für sie war, ihre Fluchtmöglichkeiten aufzugeben. Sie fragten sich, ob Jenny in einer Krankenhausumgebung die Hilfe finden könnte, die sie ihr nicht bieten konnten. Sie hatten erfahren, daß Jenny in Krankenhäusern, die nicht damit vertraut waren, Multiple zu behandeln, Nutzen daraus zog, nicht dem Streß zu Hause ausgesetzt zu sein, aber sie manipulierte das System so effektiv, daß sie keine bedeutenden Fortschritte machte. Vielleicht konnte man Jenny in der sicheren Umgebung eines Behandlungszentrums, das sich mit Multiplen auskannte, dabei helfen, die Wut herauszulassen, der zu stellen sie sich so standhaft weigerte.

Seit ihrer Untersuchung vor zwei Jahren hatte Jenny eine positive Einstellung zu dem *Dissociative Disorders Program* am Rush-Presbyterian-St.Luke's Medical Center in Chicago. Als die Alexanders einen Aufnahmeantrag stellten, stimmte sie bereitwillig zu. Sie glaubte, die Reise zum Behandlungscenter allein machen zu können, falls man sie zur Therapie annahm. Wie von den Therapeuten erwartet, griff Jenny begierig nach dieser neuen Möglichkeit.

Rachel füllte den Aufnahmeantrag aus. Ausführlich beschrieb sie Jennys Lebens- und Behandlungsgeschichte und umriß die erhofften Ziele der stationären Behandlung. Die Therapeuten erhielten eine Benachrichtigung, daß man Jennys Namen auf eine Warteliste gesetzt hatte.

Kapitel 36

Jenny wurde für Erinnerungen empfänglicher. Die Alexanders ermutigten sie weiterhin, in der realen Welt zu bleiben, zumindest bei ihnen könne sie sich sicher fühlen. Vorher harmlose Orte begannen jedoch, bei ihr Reaktionen auszulösen. So erinnerten sie die Algen in einem kleinen Teich in dem Park, in dem die Therapeuten mit Jenny spazierengingen, an einen schlammigen Tümpel auf dem Grundstück eines Farmers, wo sie das widerliche Wasser als Teil eines Rituals trinken mußte.

Nicht alle Erinnerungen waren negativ. Ein Beet mit Margeriten im Park erinnerte Jenny daran, wie sie mit ihrer Großmutter Margeriten gepflückt hatte. Jenny erzählte den Alexanders, daß die alte Frau Blumen mit langen, geraden Stielen aussuchte, von denen einige voll erblüht waren, andere sich gerade erst öffneten, um einen schönen Strauß zusammenzustellen. Die Therapeuten waren sich nicht sicher, ob die Details der Erinnerung oder der Phantasie entsprangen. Sie waren aber sicher, daß Jenny ihre Großmutter als weise, liebevoll und ihre einzige Beschützerin sah.

Jenny wandte sich wieder den Margeriten zu, um sich noch etwas den angenehmen Erinnerungen hinzugeben. Jeder Hinweis auf die Sekte war für sie problematisch. Sie machte kleine Eingeständnisse, flüchtete sich aber bei jeglicher Ausübung von Druck in eine Trance oder schaltete auf ein *Alter ego* um. Wenn sie Vorfälle in der Sekte zugab, leugnete sie, daß sie darin verstrickt war.

Selena war zunehmend neugieriger auf die Sekte geworden. Sie wollte sich erinnern, aber mehr noch wollte sie den Horror begreifen, den sie dort kennengelernt hatte. Sie erinnerte sich an einzelne, aus dem Zusammenhang gerissene Vorfälle. Sie konnte kein Muster entdecken, obgleich sie wußte, daß die Sekte eine Quelle sowohl von Stolz und Macht als auch von Angst und Schmerz war.

Selena suchte in Buchhandlungen und Bibliotheken nach Büchern, fand aber nur wenig, das die Informationen enthielt, die sie wollte. Sie sagte Karl, daß sie das Gefühl hätte, falls sie sich an Szenen und Rituale in exaktem Detail erinnere, sie den Erlebnissen auch eine Bedeutung zumessen könnte. Karl schlug vor, daß sie noch einmal alles durchgehen sollten, um eine Bedeutung herauszufinden. Sie könnte sich Notizen machen und diese, falls notwendig, revidieren, um die Ereignisse in eine Reihenfolge zu bringen. Karl stellte Selenas fast zwanghaftes Bedürfnis, die Sektenerlebnisse verstehen zu wollen, nicht in Frage. Gleich, welche Persönlichkeiten verwickelt waren, die Erlebnisse waren alle schmerzhaft, und mit dem Schmerz wurde Selena Teil der Sektenerfahrung.

Karl und Selena begannen ihren Rückblick mit dem, was sie in den vergangenen Monaten über Jennys Übergabe an die Sekte, im Alter von zwei Jahren, in Erfahrung gebracht hatten. In Fontana war das Kind von Sektenmitgliedern, angeleitet von dem Hohepriester, emotional und physisch attackiert worden. Vom gleichen Hohepriester wurde ihr unverzüglich beigestanden, denn er gab die Anweisung, sie zu trösten und sich um sie zu kümmern. Für das hilflose Kind war der Hohepriester allmächtig und hatte die Macht über eiskalte Qualen und warmen Schutz. Vom allerersten Moment an war sie in diesem Paradox gefangen.

Der Initiation am Damm folgte eine Zeit intensiver Ausbildung. Mavis, die alte Frau in den Bergen, spielte bei dieser frühen Ausbildung eine zentrale Rolle. Mavis setzte Geschichten, Spiel und Lob ein, um einer intelligenten und wißbegierigen Schülerin Lektionen zu erteilen. Jenny lernte Gesänge wie andere Kinder Kinderverse. Spielend lernte sie das Brauen von Tränken aus Kräutern.

Vom Gesichtspunkt der Ausbildung her gesehen, erfüllte sogar der Mißbrauch durch die Mutter einen Zweck. Ob Gladys Fayes Aktionen vom Hohepriester angewiesen worden waren oder den Bedürfnissen ihrer Natur entsprangen, ihre Methoden waren brutal. Als sie das Kind zur »Satansbrut« erklärte, sprach sie eine Wahrheit aus, die Jenny schon früh erkennen mußte. Das Kind zu zwingen, Urin zu trinken, es in Blut zu baden, es sexuell zu attackieren, alles diente dazu, es auf Qualen vorzubereiten, die weit schlimmer und weit wichtiger werden sollten.

Nach der Einweihung nahm Jenny mit anderen Kindern einen Platz in der formalen Struktur der Sekte ein. Lange Zeit war dieser Platz am Rande der Sekte, wenngleich auch während dieser Zeit die Ausbildung fortgesetzt wurde. Durch Verängstigung zwang man die Kinder zum Schweigen und erniedrigte sie mit unerbittlicher Konditionierung. Sie wurden mit Schlangen, Spinnen und anderen Horrorobjekten eingesperrt. Man zwang sie, bei Tötungen zuzusehen, und gab ihnen Fleisch zu essen und Blut zu trinken. Ihre Fähigkeit, den Verstand zu benutzen, wurde durch Drogen und geistesabstumpfende Gesänge beeinträchtigt. In Zeremonien wie der verhöhnenden Kreuzigung wurden die Kinder in Gruppen gezwungen, Satan ihre Huldigung zu erweisen, und ihr kollektives Entsetzen verlieh der Teufelsanbetung mehr Gewicht.

Jennys Schulung für eine besondere Stellung in der Sekte wurde beim Fest des TIERES offenkundig. Obgleich sie den Vorfall als mißglückten Versuch, sie zu töten, interpretiert hatte, war es wahrscheinlich eher ein Tod/Wiedergeburts-Ritual, das sie und andere Sektenmitglieder davon überzeugen sollte, daß sie über besondere Kräfte verfügte. Der Hohepriester hatte etwas mit ihr vor. Sie sollte zur Braut des Satans gemacht werden, und wenn sie alt genug war, als Hohepriesterin dienen.

Ihre Rückkehr zur Sekte im Alter von einundzwanzig Jahren war wahrscheinlich programmiert. Sie war jetzt alt genug. Obwohl sie sich von der Sekte abgewendet hatte, verspürte sie einen Zwang, zurückzukehren und den Platz einzunehmen, auf den man sie vorbereitet hatte.

Selena erinnerte sich an die Hochzeitsrituale, eins im Alter von fünf in Bridal Veil Falls, ein weiteres, als sie zehn war, in dem Haus in Baldwin. Bei der Erinnerung fiel ihr ein weiteres ein, das an ihrem dreizehnten Geburtstag stattfand. »Könnte es sein«, fragte sie Karl, »daß die Hochzeiten dazu da waren, das Baby, das sie mir weggenommen haben, zu legitimieren?«

Obwohl Karl nicht mit Sicherheit über die Motive der Sekte Bescheid wußte, versicherte er ihr, daß sie Symbolik einsetzten und ihre Praktiken an christliche Ethik banden, um ihren Einfluß auf Anhänger und Opfer zu erhöhen. Selena bestätigte Karl, daß ein großer Teil der Sektenaktivitäten mit dem kirchlichen Kalender übereinstimmte. Wie die Kirche das Leben feierte, feierte die Sekte den Tod. Sie sagte, sie hätte als ganz kleines Kind gesehen, wie man zu Ostern einer Mutter das Kind aus dem Bauch schnitt. »Wie konnten sie nur so schlimme Sachen machen? Und wie haben sie es geschafft, daß ich es auch getan habe?« fragte sie in Erwartung einer Antwort.

»Selena, sie mußten daran glauben, daß das, was sie taten, richtig war.« Karls Antwort berührte den Kernpunkt für ein Verständnis dessen, was in der Sekte vor sich gegangen war. Selena würde keine Antworten erhalten, wenn sie sich mit den Details ihrer Sektenmitgliedschaft beschäftigte. Sie mußte zurückgehen und das Muster insgesamt erkennen.

Ihre Mutter, der Hohepriester, Mavis – sie alle glaubten an das, was sie taten. In der Teufelsanbetung suchten sie Macht oder Status oder Kontrolle. Sie glaubten, richtig zu handeln. Hatte man diese Voraussetzung erst einmal akzeptiert, waren die Handlungen, mit denen sie versuchten, Jenny zu einer der ihren zu machen, verständlich.

Gladys Faye gab sie der Sekte, entweder in einem Akt freiwilliger Ergebenheit oder als Bedingung für ihre Zugehörigkeit. Nachdem sie zur Sekte gehörte, wurde das Kind konditioniert und einer systematischen Gehirnwäsche unterzogen. Der Mißbrauch war weder willkürlich noch sinnlos. Es war vorsätzlich und intelligent geplant, um sie an die Sekte zu binden. Wiederholt wurde sie von der Sekte zum Opfer gemacht und von ihnen gerettet. Diese Bindung galt als vollkommen, wenn sie andere, sogar ihr eigenes Kind, zu Opfern machte.

Es gab keine Möglichkeit zu entkommen. Der Terror begann, als sie noch zu klein war, um es weiterzuerzählen, und die Strafen für das Weitererzählen waren unglaublich wirksam. Als sie noch sehr jung war, ließ man sie psychiatrisch untersuchen. Dieser Umstand beeinträchtigte ihre Glaubwürdigkeit auf nicht wieder gutzumachende Weise. Als es ihr möglich war, darüber zu sprechen, trugen ihre bizarren Berichte nur zu dem Eindruck bei, daß sie auffallend gestört sei. Auch wenn sie der Sekte nicht treu ergeben war, sie konnte deren Geheimnisse nicht verraten.

Karl wies Selena darauf hin, daß es ihr manchmal gelungen sei, das, was sie im Namen des Teufels tat, für richtig zu halten. Aber sie konnte Zweifel nicht vermeiden. Irgendwie wußte sie schon immer, daß die Sekte Unrecht tat. Über ihre Persönlichkeiten schaffte Jenny es, das Kind zu sein, das die Sekte wollte, aber das Böse konnte sie nie akzeptieren. Als man sie drängte, ihnen ihr Kind zu geben, brach ihr System von Persönlichkeiten zusammen, da sie nicht fähig war, mit Handlungen, die ihrem Wesen dermaßen widersprachen, umzugehen. Sie gab ihren Bezug zur Realität auf, verlor zwei Jahre ihres bewußten Lebens und wurde für verrückt gehalten. Sie mußte gewußt haben, daß es die einzige Möglichkeit war, am Leben zu bleiben und dem starken Einfluß der Sekte zu entkommen.

In diesem Alter war es ihr nicht möglich, für immer zu flüchten. Ihre Konditionierung als Kind machte sie dafür anfällig, wieder zur Sekte gelockt zu werden. Sie kehrte zurück, um Macht zu erlangen, Streß aus dem Weg zu gehen und um Verständnis und ein Zugehörigkeitsgefühl zu bekommen. Die Probleme in ihrem Leben waren unvermeidlich. Und es war ebenso unvermeidlich, daß sie Lösungen suchte, unter anderem die Rückkehr in die Sekte.

Als Erwachsene konnte Jenny die Praktiken nicht besser ertragen als in ihrer Kindheit. Sogar mit einer Persönlichkeit, Sandy, deren einziger Zweck in der Teufelsanbetung bestand, konnte Jenny die Abscheulichkeiten nicht dulden. Da sie wußte, daß man sie zwingen würde, andere zu verletzen, mied Sandy die Sekte. Selena versuchte sogar, sich vor einen herannahenden Zug zu stellen. Der versuchte Selbstmord war ein neuer Anlaß, sie für verrückt zu halten.

Es war wahrscheinlich kein Zufall, daß sie innerhalb weniger Monate nach dem Zug-»Unfall« wegen einer Hysterektomie im Krankenhaus war. Verrückt und unfruchtbar, war sie für die Sekte nicht mehr zu gebrauchen. Sie hatte ihre physische Flucht abgeschlossen.

Der emotionale Einfluß der Sekte war zweifellos stärker als der physische. Die ganze Zeit ihrer Sektenzugehörigkeit hindurch hatte Jenny an christlichen Glaubensgrundsätzen festgehalten. Als Erwachsene entschloß sie sich zu einer erneuten Taufe. Wenn sie sich einer Persönlichkeit gegenüber sah, die sie für die Sekte zurückgewinnen wollte, intonierte sie die Worte der Taufe. So wurde sie auch emotional und spirituell frei.

Während der Wochen, in denen Karl mit Selena den Rückblick machte, stellte er häufig Kontakt mit Jenny her. Sie war sich Selenas Erinnerungen bewußt, leugnete aber beharrlich, daß die Erlebnisse ihr widerfahren waren. »Erinnerst du dich an den Fontana Damm?« fragte Karl.

»Ich habe davon geträumt«, erwiderte Jenny und wich damit geschickt einer Zustimmung aus.

»Erinnerst du dich an das kleine Haus gegenüber der Hamilton-Schule?«

»Davon träume ich manchmal auch.«

»Es ist kein Traum.« Als Karl sprach, erkannte er, daß sie seine Worte so wenig akzeptieren würde wie ihre Erinnerungen. Vielleicht könnte eine Rückkehr in das Haus ihre Weigerung überwinden.

Am Samstag nachmittag lag die Schule verlassen da. Karl parkte das Auto im Schatten der großen Eichen. Das Haus stand unverändert da, seit sie das letzte Mal hiergewesen waren. Vielleicht war es etwas mehr heruntergekommen.

Die drei gingen auf die Scheune zu, doch Karl wandte sich einem alten Mann und einer Frau zu, die auf einem nahegelegenen Kohlfeld arbeiteten. »Hallo«, rief Karl, »gehört Ihnen dieses Haus?«

»Nee«, antwortete der alte Mann und stopfte eine Handvoll großer Blätter in einen Sack, den er bei sich trug. »Uns gehört das Haus dort drüben.« Er zeigte auf das angrenzende Gebäude. »Die Leute, denen das gehört, wohnen nicht hier in der Gegend.«

»Haben Sie gehört, ob's zu kaufen ist?«

»Nee. Ich glaub', die Familie will's behalten.«

Während Karl die Aufmerksamkeit der Nachbarn auf sich lenkte, gingen Rachel und Selena in die alte Scheune. Obwohl lange unbenutzt, hatte das Gebäude noch immer den moschusartigen Geruch von Tieren.

Selena redete leise. »Sie haben uns gezwungen, Sachen mit Tieren zu machen, sexuelle Sachen, und dann haben sie uns ausgelacht und die Tiere getötet, und wir mußten das Blut trinken.«

»Hier sind wirklich schlimme Sachen passiert, nicht wahr?«

Rachel redete mit leiser Stimme und behielt Selena im Auge.

»Ja. Einmal haben sie einen Mann dort hingehängt.« Sie wies auf einen Querbalken in der Nähe der Tür. »Er war betrunken, sie haben ihn aufgeschnitten, und er lebte immer noch.«

Rachel spürte, wie ihr Galle in der Kehle aufstieg. Sie beobachtete, wie Selena sich an den Bauch griff und gegen Übelkeit kämpfte.

»Dort war der Altar«, sagte Selena und war mit den Gedanken bereits in einer anderen Zeit. Sie hielt inne, als ob der Altar noch immer dort stünde. »Es regnete, und wir haben lange vom Schlafzimmerfenster aus zugeguckt, bis sie uns in die Scheune holten. Es goß in Strömen, blitzte und donnerte. Aber als sie das Baby töteten, konnte ich trotz des Donners hören, wie es weinte und weinte. Dann war Stille.«

»Laß uns jetzt gehen.« Rachel führte Selena in das Licht der Sonne. Selena hatte angefangen zu zittern. Auch Rachel fröstelte.

Karl schloß sich ihnen auf dem Weg zum Haus an. Die Nachbarn waren gegangen, aber nicht bevor sie Karl genug Gemüse aufgedrängt hatten, um sich »ein ordentliches Abendessen zu kochen«.

Im Inneren des Hauses neigte Selena den Kopf, und Jenny tauchte auf, kräftig und wachsam. Auf Details bedacht, schaute sie sich um. Sie ging durch das Haus zur hinteren Veranda, wo sie ihre Finger über Buchstaben gleiten ließ, die an der Wand gegenüber einer Namensliste standen. »Hilfe.« Sie sprach das Wort laut aus. Mit einem Seitenblick erklärte sie, daß niemand von dem Wort Notiz genommen hatte.

Jenny führte sie zu dem kleinen Schlafzimmer, das ihr gehört hatte, als sie ein Kind war. Sie stand am Fenster und verfolgte die Spuren imaginärer Regentropfen auf dem Glas. Ihre Augen füllten sich mit Tränen, als sie durch die Scheibe auf die in einiger Entfernung liegende Scheune starrte.

»Was ist es?« fragte Karl.

»Das Baby – der Altar – das Weinen.« Sie flüsterte es und fiel dann in ein Schweigen. Sie starrte auf ihre mit den Handflächen nach oben gerichteten Hände.

»Was siehst du?«

»Blut«, sagte sie. Sie ballte ihre Hände zu Fäusten und schlug auf das Fenster. Mit erstaunlicher Kontrolle vermied sie es, sich zu schneiden. Sie zerbrach das Glas, aber stoppte ihre Bewegung, bevor sie sich verletzen konnte. Das splitternde Glas erlöste sie von ihrer Erinnerung.

Zurück in der Praxis, saß Jenny schweigend da und starrte auf ihre Fäuste. Auch Karl und Rachel schwiegen. Sie überlegten, wie sie die Vorfälle des Tages abschließen könnten. Schließlich sprach Karl. »Von all den Sachen, die in den zwei Jahren in dem Haus passiert sind, was war das Schlimmste?« Er fragte sich, welcher Tortur, welcher Bedrohung sie am ehesten hätte entkommen wollen.

»Das Töten der Babys«, antwortete sie.

Jenny hatte einen hohen Preis zahlen müssen, um zu überleben, und doch trauerte sie nicht um sich selbst, sondern um jene, die nicht mehr lebten. Sie schien sich zu verändern, sie kam Karl wirklicher, substanzieller vor als jemals zuvor. Ihre Schultern waren aufgerichtet, ihre Hände entspannt. Karl fragte sich, ob ein Persönlichkeitswechsel stattgefunden hatte. »Mit wem spreche ich?« fragte er.

»Mit allen.« Sie sagte nur diese zwei Worte und flüchtete sich dann in tiefe Trance.

Kapitel 37

»Schmeckt der Daumen gut?«

»Hm-hmm.« Kecias Wiederauftauchen und ihr Trostsuchen im Daumenlutschen signalisierten das Ende einer zerbrechlichen Ganzheit. Die kurze Dauer minderte nicht die Wichtigkeit der Integration. Daß Jenny eine Einheit war, wenn auch nur für wenige Minuten in der Praxis der Therapeuten, machte Hoffnung auf eine eventuell dauerhafte Einheit.

Karl erlaubte Kayla für einige Zeit zu erscheinen und plauderte locker mit ihr, bevor er Jenny bat zurückzukehren. Jenny erschien, geschwächt und entspannt.

»Erzähl uns, was passiert ist, was du gefühlt hast.«

»Es war, als ob ich durch einen Kristall in einen Spiegel geguckt habe und alle Persönlichkeiten sah. Es waren Hunderte.«

»Wie haben sie ausgesehen?«

»Alle hatten mein Gesicht.« Ein leichtes Lächeln begleitete Jennys Eingeständnis, multipel zu sein. Sie schloß ihre Augen und machte Selena Platz.

Selena war ruhig. Falls sie durch die Integration verängstigt worden war, ließ sie sich das nicht anmerken. Karl fragte sie: »Wie denkst du über das, was passiert ist?«

»Ich glaube, es war okay«, antwortete sie, ohne jedes Anzeichen von Sarkasmus. Sie überlegte einen Moment und bestätigte dann: »Es war okay.«

Karl versicherte ihr: »Wir haben heute viel erreicht. Aber es liegt noch viel Arbeit vor uns.«

Jenny erhielt die Mitteilung, daß sie innerhalb des nächsten Monats in der Abteilung für dissoziative Störungen im Rush-Center aufgenommen werden könne. Dr. Young, der sie vor zwei Jahren begutachtet hatte, war nicht mehr in Chicago. Er war jetzt Medical Director eines

Zentrums zur Behandlung dissoziativer Störungen in Denver, Colorado.

Karl und Rachel teilten Jennys Optimismus, daß sie während des dreißigtägigen Aufenthalts im Rush-Center gute Fortschritte machen könnte. Sie ermutigten sie, in dieser geschützten Umgebung ihre Gefühle auszudrücken. Sie vertrauten auf Jennys positive Einstellung zu dem Center und darauf, daß das Personal als sachkundig in der Betreuung Multipler galt. Die neuesten Kenntnisse und Techniken würden für ihre Behandlung zur Verfügung stehen.

Nachdem Selena erst einmal die anfängliche Angst vor dem Flug und der neuen Umgebung überwunden hatte, gefiel ihr der Aufenthalt in der Abteilung für dissoziative Störungen. Nie zuvor hatte sie außerhalb der Praxis der Alexanders oder abgesehen von der kurzen Zeit, die sie mit Chris Sizemore verbrachte, das Gefühl gehabt, so ungeschützt sie selbst sein zu können. Sie brauchte nicht auf Jennys Namen zu reagieren oder sich Sorgen darüber zu machen, Bewußtseinslücken verbergen zu müssen, wenn andere Persönlichkeiten auftauchten. Sie war an einem Ort, an dem man sie so akzeptierte, wie sie war.

Jenny blieb in ihrer Kristallwelt, einem Zufluchtsort, den sie wieder aufgebaut hatte. Sie hatte Karl gesagt, daß sie mit den Ärzten oder anderen Angehörigen des Personals sprechen würde, wenn diese darum baten. Aber diese fragten nicht nach ihr und stellten auch keinen Kontakt zu Mind her.

Den umfangreichen Aufnahmeantrag hatten die Alexanders mit vollständigen Beschreibungen von Jenny, Selena und Mind versehen und darauf hingewiesen, daß Jenny und Mind nur auftauchten, wenn sie darum gebeten wurden. In dem Begleitschreiben zu ihrer Aufnahme, fast zwei Jahre später, wiederholten sie diese Informationen jedoch nicht. Diese Kommunikationslücke war verhängnisvoll. Die Interaktionen des Center-Personals fanden nicht mit der Geburtspersönlichkeit oder dem wichtigsten Helfer des inneren Selbst statt. Man überließ Selena die Kontrolle.

Selena freute sich über die Aufmerksamkeit. Im Gegensatz zu den Sitzungen in der Praxis der Alexanders, wo sie den anderen für die Enthüllung ihrer Erinnerungen und sonstiger Zwecke Platz machen mußte, stand sie bei den Sitzungen in der Abteilung immer im Mittelpunkt. Sie erzählte, was sie über ihre Erinnerungen und Krankheitsgeschichte wußte. Sie unterzog sich medizinischen Untersuchungen und psychologischen Tests. Sie kommunizierte mit dem Personal und anderen Patienten und war glücklich, jemanden zu haben, mit dem sie reden konnte, wenn sie sich ärgerte oder nicht allein sein konnte. Sogar nachts, schon immer eine schwierige Zeit für sie, fand sie durch die beruhigende Gegenwart des Nachtpersonals Erlösung von ihren Alpträumen.

Während Selena ihre Dominanz im Persönlichkeitssystem aufrechterhielt, begann sie die Kontrolle zu verlieren, wenn Enthüllungen von Mißbrauch oder Sektenaktivitäten aus der Vergangenheit das Wiederauftauchen vieler Persönlichkeiten, hauptsächlich von Kindern, auslöste. Kayla wurde aktiver. Kecia kehrte ebenso zurück wie Penny, Todd und Abby, alles Kinder aus den verlorenen Jahren in dem kleinen Haus.

Selena wurde von dem Personal ermutigt, für die Kinder-Persönlichkeiten eine Elternrolle zu übernehmen. Sie sollte ihnen Geschichten vorlesen, sie mit einer Art innerer Umarmung trösten und ihnen Zeit im Spielzimmer der Abteilung einräumen. Selena war den Kinder-Persönlichkeiten gegenüber immer tolerant gewesen, fühlte sich jetzt aber durch die Anweisung, die Rolle zu übernehmen, im Krankenhaus unterdrückt. Sie hatte Probleme damit, sich für verantwortlich zu halten. Zu Hause konnte sie für die Kinder, für Jennys Kinder Morgan und Noel und für die Persönlichkeiten, Sachen kaufen, aber es waren nicht ihre Kinder, und sie mußte ihretwegen niemandem Rede und Antwort stehen. Im Krankenhaus wurde sie gebeten, auf die Kinder aufzupassen, den häufigen Wechsel zu kontrollieren und zur Kommunikation zwischen den Persönlichkeiten zu ermutigen. Um diesen Pflichten nachzukommen, mußte Selena das Bewußtsein aufrechterhalten, und konnte nicht flüchten, wie sie es gewohnt war. Sie fühlte sich den Aufgaben nicht gewachsen, war aber nicht bereit, ihre zentrale Stellung aufzugeben.

Selena konnte die Tatsache nicht verheimlichen, daß die Situation schwierig für sie war. Sie bekundete verbal ihr Leiden, indem sie über eine große innere Verwirrung beichtete, und legte physisch davon Zeugnis ab, indem sie sich die Handgelenke aufschnitt. Kayla begann zu leiden und wandte Wut und Frustration gegen sich selbst, indem sie mehrere Male ihre Arme gegen die Wand schlug, bevor sie in eine tiefe Trance fiel.

Trotz dieses Durcheinanders und der zunehmenden Aufsplitterung berichtete Selena den Alexanders am Telefon, daß es ihr im Krankenhaus gefiel und sie gerne länger als die von der Versicherung gedeckten dreißig Tage dortbleiben würde. Auch Jenny mochte das Krankenhaus. Obwohl sie nicht mit den Ärzten, dem Personal oder anderen Patienten kommunizierte, blieb sie in Selenas Nähe und wußte, was diese tat. Sie teilte Selenas Freude über die Treffen mit anderen Patienten, die wie sie waren. Jenny lernte durch Selena nicht nur andere Multiple kennen, sondern auch andere, die Mißbrauch in Sekten erlebt hatten.

Diese gemeinsamen Erfahrungen ließen Selena und Jenny sich weniger einsam, weniger ungewöhnlich und weniger beschämt fühlen. Die Bestätigung durch Andere machte die Erfahrungen akzeptabler und realer. In der sicheren Umgebung des Krankenhauses machte das Akzeptieren der Realität der Sekte weniger Angst. Jenny wünschte, sie könnte bleiben und bräuchte nicht zu dem Streß zu Hause zurück, mit all den sie umgebenden Erinnerungen an ihre Vergangenheit.

Karl und Rachel hatten Schwierigkeiten, die Ergebnisse des Krankenhausaufenthalts einzuschätzen. Vor Jennys Aufnahme hatten sie erfahren, daß der Schwerpunkt eine Untersuchung mit einer Bewertung sein würde und daß man in dem kurzen Zeitraum eines Monats nur begrenzte therapeutische Ziele verfolgen könnte. Sie hofften jedoch, daß es zu einer Lösung bezüglich der Wut käme und daß man Jenny helfen konnte, mit weniger Bewußtseinsspaltungen zu leben.

Jenny kam zu ihnen regredierter und aufgesplitterter zurück, als sie sie lange Zeit gesehen hatte. Mit dem Wiederauftauchen vorher integrierter Persönlichkeiten und dem Auftauchen vieler Kinder-Persönlichkeiten bevölkerten etwa zwanzig *Alter egos* das System. Angesichts dieser Zahl konnte man Leid und Verwirrung verstehen.

Für die von den Therapeuten beobachtete Splitterung konnten verschiedene Faktoren eine Rolle spielen. Die unvollständige Problemlösung einiger Fragmente oder Persönlichkeiten vor der Integration konnte ausschlaggebend für ihr Wiedererscheinen sein. Ebenso war es möglich, daß Jenny unter eventuellem Streß in der Krankenhausumgebung auf vertraute Abwehrmechanismen zurückgriff.

Die auftauchenden Persönlichkeiten schienen keine neue Schicht verdrängten Materials zu repräsentieren. Sie schienen auf gegenwärtige Reize zu reagieren. Kinder kamen zum Spielen, weil im Krankenhaus gespielt werden durfte. Es war, als ob Jenny in einer Umgebung, die ihre Mehrfachheit akzeptierte, dadurch reagierte, daß sie ihrem dissoziativen Verhalten nachgab.

Als Jenny in eine Umgebung zurückkehrte, die es erforderte, zu funktionieren und sich normal zu verhalten, reagierte sie mit Selbstbeherrschung und dem Wunsch, mehr Kontrolle zu gewinnen. Karl arbeitete einige Wochen mit ihr, um die Anzahl der *Alter egos* zu reduzieren und die Verwirrung zu mindern.

Der Bericht der psychologischen Untersuchung bekräftigte, was die Alexanders über lange und ernsthafte Traumata in Jennys Leben und den extensiven Mißbrauch durch die Sekte in Erfahrung gebracht hatten. Genauso, wie es für Jenny hilfreich war, zu wissen, daß andere ähnliche Erfahrungen gemacht hatten, war es für die Therapeuten hilfreich, bezüglich Jennys Erinnerungen – bei denen sie sich schwergetan hatten, sie als die Wahrheit zu akzeptieren – Bestätigungen zu bekommen.

Die Zusammenfassung der Befunde war ernüchternd, jedoch nicht überraschend. Auf der Grundlage einer drei Tage dauernden psychologischen Untersuchung, in der Selena untersucht worden war, beschrieb man sie als »sehr gestörten Menschen, der auf Streß mit Dissoziation und Mehrfachheit im Kontext einer zugrunde liegenden schizophrenen Störung reagiert«. Jeder psychologische Test im Laufe einer ganzen Anzahl von Jahren hatte die Diagnose einer Schizophrenie nahegelegt. Es blieb abzuwarten, ob die von ihr erlebten Halluzinationen und die von ihr gezeigten Schwierigkeiten mit der Realität sich auflösen würden, wenn sie sich auf eine vollständige Integration zubewegte.

In einem Brief, der von Dr. Bennett Braun, dem medizinischen Direktor der Abteilung für dissoziative Störungen, unterschrieben war, wurde ein Behandlungsprogramm vorgeschlagen. Der Brief vermerkte: »Als primäres Ziel der ambulanten Therapie wird empfohlen, der Patientin bei der Schaffung einer starken Erwachsenen-Persönlichkeit zu helfen, die Verantwortung für die Aufgaben des Alltagslebens übernehmen kann und imstande ist, sich letztlich eine Arbeitsstelle zu besorgen, die mit einer Krankenversicherung verbunden ist, welche die notwendige weitere Behandlung sicherstellt. Es wird vorgeschlagen, daß dies durch die Stärkung existierender Erwachsenen-Persönlichkeiten geschieht sowie der Förderung inneren Rückhalts und zunehmender Kommunikation.« Darüber hinaus vermerkte der Brief, daß Jenny »die Möglichkeit hat, für eine Wiederaufnahme in die Abteilung für dissoziative Störungen in der Zukunft in Erwägung gezogen zu werden.«

Die Alexanders brauchten einige Zeit, um den Nutzen und die Nachteile von Jennys Krankenhausaufenthalt zu bewerten und dann zu entscheiden, ob sie eine Rückkehr dorthin unterstützen sollten. Sie hatten so ziemlich alle Möglichkeiten, Hilfe für sie zu suchen, ausgeschöpft, als sie Jennys Versicherungsträger baten, für ihren Aufenthalt im Rush-Center aufzukommen.

Während Jennys Krankenhausaufenthalt waren die Alexanders nach Chicago gefahren, um dort mit den Ärzten und dem Personal zu sprechen. Bei einer Konsultation Dr. Brauns konzentrierte er sich in erster Linie auf die Empfehlung, sich von einer Überbeschäftigung mit Jenny zurückzuziehen und damit Therapieproblemen wirksamer begegnen zu können. Er wiederholte diese Empfehlung in seinem Brief.

Die Alexanders waren für die Ermutigung dankbar, die von ihnen der Therapie schrittweise gesetzten Grenzen aufrechterhalten zu können. Nicht ohne Ironie erinnerten sie sich an ein Zitat von Dr. Braun, das sie am Beginn von Jennys Therapie gelesen hatten, in dem er ihnen die Notwendigkeit der vielen mit Jenny verbrachten Stunden bestätigt hatte. Dr. Brauns Standpunkt hatte sich offensichtlich durch seine Erfahrungen während der acht Jahre seit dem Zeitungsinterview geändert.

Die Arbeit der Alexanders mit Jenny war mit der Arbeit vieler anderer auf dem relativ neuen Gebiet der klinischen Behandlung der *Multiplen Persönlichkeitsstörung* parallel gelaufen. Fest umrissene Richtlinien hatten sich erst in der letzten Zeit entwickelt. Sie werden von einzelnen Therapeuten, Forschern und dem Personal von Behandlungszentren auf der ganzen Welt weiterentwickelt.

Die Alexanders setzten die Therapie mit Jenny fort und sahen sie zweimal in der Woche für zweistündige Sitzungen. Jenny äußerte häufig den Wunsch, zur Abteilung am Rush-Center zurückkehren zu wollen. Sie erzählte, man hätte ihr dort gesagt, sie müßte eine Reihe von Jahren mehrere Monate im Jahr im Krankenhaus sein, um gesünder zu werden. Sie hatte sich dort vor der Sekte geschützt und frei vom Streß zu Hause gefühlt. »Ich mußte mich dort nicht so anstrengen, normal zu sein«, sagte sie Karl.

»Was meinst du damit?«

Jenny schaute nachdenklich. »Sie haben mir nicht geholfen, in dieser Welt leben zu lernen«, gab sie zu. »Aber sie haben es mir bequemer gemacht, in meinen Welten zu sein.«

Dies war nicht das Behandlungsziel im Rush-Center gewesen. Dort stand eine Untersuchung und Bewertung im Mittelpunkt, aber man hatte auch beabsichtigt, ihre Funktionsfähigkeiten im Alltagsleben zu verbessern. Jenny hatte es jedoch geschafft, sich von der angebotenen Anleitung für einen Umgang mit der realen Welt abzuschirmen.

Karl konnte ihren Wunsch verstehen, den schrecklichen Schmerzen und Erinnerungen ihrer Vergangenheit entkommen zu wollen. Sie hatte nur eine Welt erfahren, die ihr immer feindlich gesonnen war. Aber sie mußte standhaft sein, wenn sie lernen wollte, daß die Welt auch freundlich sein konnte. Eine Unterbringung im Krankenhaus oder jede andere Therapie, die es ihr gestattete zu flüchten, schien für Jenny nicht geeignet zu sein.

In den mehr als fünf Jahren Arbeit mit Jenny sind den Alexanders über vierhundert Persönlichkeiten unterschiedlicher Stärke und von unterschiedlichem Einfluß begegnet. Die Persönlichkeiten, von denen einige voll entwickelt und mit einer großen Bandbreite von Kenntnissen und Reaktionsmöglichkeiten ausgestattet waren, andere nur fragmentarisch, mit begrenztem Wissen und Funktionen waren, offenbarten sich den Therapeuten in Gruppen. Wenn Jenny bereit war, sich bestimmten Erinnerungen, bestimmten Teilen ihrer Vergangenheit zu stellen, tauchten Persönlichkeiten mit Kenntnissen dieser Zeit auf, um ihr diese Erinnerungen verfügbar zu machen.

Nach der Enthüllung der Erinnerungen und der Untersuchung, welchen Zwecken jede Persönlichkeit diente, wurden die einzelnen Persönlichkeiten jeder Gruppe mit anderen integriert, bis schließlich nur noch Jenny, die Geburtspersönlichkeit, Selena, das primäre *Alter ego* und Mind, die höchste Instanz oder der innere Selbst-Helfer, übrig waren. Jenny und Selena kamen sich in zeitweiligen Fusionen nahe und waren in der Lage, für eine gewisse Zeit als eine Person zu denken und zu handeln.

Jedes Mal, nachdem eine Gruppe aufgelöst und auf die drei zurückgeführt worden war, hofften Karl und Rachel, daß sich genug Mißbrauchs erinnert, genug Abreaktionen erlebt und genug Gefühle durchgearbeitet worden waren, um eine Zeit der Stabilität zu gewährleisten. Allerdings war jede Periode der Stabilität nur von kurzer Dauer. War eine Schicht des Materials erledigt, bewegte sich eine weitere schnell an die Oberfläche, was durch das Erscheinen einer neuen Gruppe von Persönlichkeiten offenkundig wurde.

Nach ihrer Rückkehr aus dem Rush-Center und nachdem die kleineren Persönlichkeiten wieder integriert waren, hofften Karl und Rachel auf eine länger andauernde Periode der Stabilität. Nachdem sie sich an das Töten der Babys erinnert hatte und alle Persönlichkeiten als zu ihr gehörig akzeptierte, hatte Jenny bewiesen, daß sie eine Einheit sein konnte. Ihre Unfähigkeit, diese Einheit aufrechtzuerhalten, bedeutete, daß weitere Arbeit zu erledigen war.

Den größten Teil ihres Lebens war Jennys Vergangenheit vor ihr genauso verborgen wie vor dem Rest der Welt. Die Persönlichkeiten, die es ihr ermöglichten, aus einer schmerzhaften Welt zu fliehen, behielten ihre Geheimnisse für sich.

Jenny und all ihre Persönlichkeiten waren an das Mandat gebunden, Stillschweigen zu bewahren. Einige versuchten, Ärzten, Priestern und anderen Helfern von dem Horror in Jennys Leben zu erzählen, wurden aber nicht verstanden. Darauf nahmen sie ihr schweigendes Leiden wieder auf.

Um eine Rückkehr in die reale Welt für Jenny möglich zu machen, mußten die Persönlichkeiten das Schweigen brechen. Sie enthüllten den Alexanders ihre Existenz und ihre Erinnerungen, und diese akzeptierten sie und glaubten ihnen. In dieser Atmösphäre lernte Jenny die Geheimnisse ihrer Vergangenheit kennen.

Die Alexanders können nicht abschätzen, wieviel Zeit Jenny noch brauchen wird, um die vollständige Integration zu erreichen. Sie glauben, daß der größte Teil ihrer Vergangenheit enthüllt worden ist. Und doch können noch weitere *Alter egos* auftauchen, weitere Erinnerungen ins Gedächtnis gerufen und Geheimnisse entdeckt werden.

Im Prozeß der Integration wird Jenny Führung und Unterstützung brauchen, um sich an die verschiedenen Gefühle, Gedankengänge und Fähigkeiten zu gewöhnen, die früher einmal auf ihre vielen Persönlichkeiten verteilt waren. Wenn sie ihre Vergangenheit akzeptiert und die Welt nicht länger als ihr feindlich gesonnen betrachtet, wird sie Hilfe dabei brauchen, neue Umgangsformen zu erlernen.

Vielleicht braucht Jenny noch einige Zeit die kooperative Existenz mit Selena, um zu funktionieren. Vielleicht entwickelt sich ein anderes Muster. Aber die Alexanders glauben, daß Jenny letztendlich die Einheit erreichen kann. Falls der Streß in ihrer Umwelt nicht übermäßig wird und sie ausreichend Stützung erhält, wird sie ein neues Leben führen können, ohne sich in dissoziative Störungen zu flüchten.

Als Kind hatte Jenny keine Wahl. Um das zu überleben, was man ihr antat und was man von ihr verlangte, gab sie ihre Bewußtheit auf und die Kontrolle über ihr Leben an *Alter egos*. Zum ersten Mal hat Jenny die Möglichkeit zu wählen. Als Erwachsene, die es wagt, Bewußtheit wiederzuerlangen und sich ihrer Vergangenheit zu erinnern, kann sie die Kontrolle zurückgewinnen.

Reflexionen von Jenny und Selena

Nachdem Jenny die endgültige Version ihrer Lebensgeschichte gelesen hatte, bat ich sie, die Leser unmittelbar an ihren Gedanken teilhaben zu lassen. Da sie und Selena noch nicht vollständig integriert sind, entschlossen sich »beide« zu sprechen. Sie kommen sich manchmal nahe, weil sie ihre gemeinsame Vergangenheit akzeptieren und in der Gegenwart kooperieren. Zu anderen Zeiten behalten ihre unverwechselbaren Eigenschaften die Oberhand, und Jenny strebt nach ihrer Kristallwelt; Selena bleibt bei ihrer Jugendlichkeit. Die Aufrichtigkeit ist die gleiche.

Von Jenny:
Ich bin mir nicht sicher, wie ich anfangen soll. Erst vor fünf Jahren wachte ich hier wieder auf, nach fast dreißig Jahren, in denen ich von nichts wußte. Die Welt hat sich verändert – die Menschen, die Orte und die Dinge. Es ist für mich sehr schwierig, von vorne anzufangen, und dann erzählt man mir, daß ich MPS hätte, daß ich nur über andere hier wäre, andere Persönlichkeiten, die Teile von mir sind. Es ist sehr schwer, das zu verstehen und zu glauben. Es ist sehr verwirrend, und die Angst im Herzen ist groß.

Ich habe so viele Dimensionen, und die Zeit drängt mich unerbittlich. Ich verliere jeden Tag so viel Zeit – als ob ich mich zum Schlafen hinlege, aber nicht ausruhe. Als ob ich das Fenster zu meiner Seele schließe.

Manchmal kann ich immer noch nicht sagen, wie die Realität wirklich ist, und schon der Versuch schmerzt. Mißbraucht zu werden, als ich klein war, war eine wirklich schlimme, unerträgliche Sache. Ich hoffe nur, daß die Leute durch dieses Buch dazu angeregt werden, den Kindern zuzuhören.

Als Kinder müßt ihr dagegen angehen und keine Angst davor haben, alle Schmerzen herauszuschreien. Haltet zusammen, werdet innerlich stark, so daß die Erwachsenen euch hören werden. Und Erwachsene, hört zu, denn die Realität der Schmerzen, die in der Seele eines Kindes gefangen sind, ist wie die Tiefe der Nacht. Angst lebt in der Seele, dem Geist und dem Herzen eines Kindes, das mißbraucht wird.

Vielleicht wird der Kristall eines Tages komplett sein. Ich werde für alle Zeit müde sein. Meine ganze Substanz ist an die Anderen übergegangen. Manchmal ist der Kristall klar. Zu anderen Zeiten ist er durch Depression gefärbt, und die Strahlen der Farben sind die Anderen. Wenn die Anderen alle verschwunden sind, wird es dann keine Farbe mehr geben? Gibt es dann nur noch einen gefärbten Kristall? Und wer werde ich dann sein?

Ich kann nur hoffen und hart daran arbeiten, durch die Therapie und den Schmerz der Erinnerung die zerbrochenen Stücke zusammenzufügen, so daß ich eines Tages wissen werde, was es heißt, fast ganz zu sein. Denn ich bin mir nicht sicher, ob ich total ganz sein will.

Ich kann mich dieser Welt und den Menschen immer noch nicht stellen. Aber vielleicht arbeiten Selena und ich eines Tages zusammen. Was den Alltag angeht, ist Selena sehr gut, und es könnte vielleicht eines Tages sein, daß ich mehr so wie sie sein will. Sie sieht die Welt, wie sie ist. Für mich ist sie immer noch ein schmerzhafter Ort. Und viele Menschen, die ich kennengelernt habe, verletzen uns noch, weil sie uns und MPS nicht verstehen und deshalb nicht versuchen, uns zu verstehen oder uns kennenzulernen.

Ich betrachte die Welt mit wirklichen Augen und habe echte Gefühle, und richtige Tiefe berührt mich. Ich suche mit Träumen und sehne mich nach Liebe.

Ich hoffe, daß die Menschen uns eines Tages verstehen werden und daß die Ärzte und das Gesundheitswesen nicht gegen uns sein werden und uns weiter mißbrauchen. Ich bin mit meinen Anderen eine starke Bindung eingegangen und bin nicht allein. Und ich habe andere mit MPS getroffen, und *wir alle* sind nicht allein.

Von Selena:
Das Buch gehört zu all den Bemühungen, uns selbst zu verstehen. Allein schon zu versuchen, darüber zu reden, ist schwierig, weil ich siebzehn war, als ich das erste Mal was über MPS herausgefunden habe. Ich war frei, unabhängig und ich selbst. Im Verlauf der Therapie fand ich heraus, daß ich in Wirklichkeit vierunddreißig war. Aber

auch das war nur ein kleiner Teil von dem, was ich herausfinden mußte, nämlich daß ich nicht wirklich ich selbst bin, sondern jemand anderer sein soll oder Teil von jemand anderem.

Wenn ich jetzt aufwache, nachdem viele Andere integriert worden sind, verspüre ich eine große Verwirrung. Über die Sachen, die ich mochte und machte. Jetzt entdecke ich, daß ich so viele andere Sachen mag, und komme damit nicht klar. Ich habe jetzt viele andere Gewohnheiten.

Das Buch berichtet auch über Dinge, an die ich mich nicht erinnern kann, und über Dinge, von denen ich glaube, sie nicht getan zu haben. Es gibt immer noch einen großen Unterschied zwischen uns, und ich fühle mich immer noch als *ich*, Selena, und als niemand anders.

Es ist wirklich schwer zu versuchen zu sagen, wie ich mich fühle, weil ich wirklich verwirrt bin. Es war wirklich ein hartes Stück Arbeit zu versuchen, mich um das Haus und die Kinder zu kümmern, was ich früher nie tun mußte.

Mich aufgeben, um jemand anders zu sein, kann ich nicht. Ich werde nie wissen, was es heißt, eine Einheit zu sein, weil es nie eine gegeben hat. Jederzeit ist irgend jemand für uns dagewesen. Wenn sich jemand aufgeben soll, um ein *Selbst* zu sein, weiß ich nicht, was das bedeuten soll.

Der Versuch, mit einem Gefühl, einem Schmerz und einem Mißbrauch zu leben, ist die Hölle. Aber erzählt zu bekommen, daß es noch mehr Schmerzen und Mißbrauch gibt, an die man sich nicht erinnert, weil es die anderen erlebt haben, und die Erinnerungen von den Anderen zu übernehmen, ist die absolute Hölle.

Eines Tages werden wir mehr ertragen können, stärker sein und anderen Hoffnung und Kraft geben.

Literaturverzeichnis

Bliss, Eugene L.; *Multiple Personality, Allied Disorders, and Hypnosis*, New York 1986.

Braun, Bennett G. (Hg.); *The Treatment of Multiple Personality Disorder*, Washington, DC 1986.

Caul, David; *Group and Videotape Techniques for Multiple Personality Disorder*, in: *Psychiatric Annals*, Januar 1984, S. 43-50.

Crabtree, Adam; *Multiple Man: Explorations in Possession and Multiple Personality*, New York 1985.

Crabtree, Adam; *Dissociation as a Way of Life: A Phenomenological Examination of the Experience of Multiple Personality Disorder*. Ein Vortrag auf einer Konferenz, die von der American Society for Physical Research gesponsored wurde, New York City, 10. Oktober 1987.

Greaves, George B.; *Multiple Personality: 165 Years after Mary Reynolds*, in: *The Journal of Nervous and Mental Disease*, Oktober 1980, S. 577-596.

Kluft, Richard P.; *The Postunification Treatment of Multiple Personality Disorder: First Findings*, in: *American Journal of Psychotherapy*, April 1988, S. 213.

Kluft, Richard P.; *Clinical Corner*, in: *ISSMP&D Newsletter*, Februar 1988, S. 4.

Putnam, Frank W.; *The Psychophysiologic Investigation of Multiple Personality Disorder*, in: *Psychiatric Clinics of North America*, März 1984, S. 31-39.

Ross, Colin A. und George A. Fraser; *Recognizing Multiple Personality Disorder*, in: *Annals RCPSC*, Juli 1987, S. 357.

Ross, Colin A., und G. Ron Norton; *Multiple Personality Disorder Patients with a Prior Diagnosis of Schizophrenia*, in: *Dissociation: Progress in the Dissociative Disorders*, Juni 1988, S. 39-42.

Young, Walter C.; *Psychodynamics and Dissociation: All That Switches Is Not Split*, in: *Dissociation: Progress in the Dissociative Disorders*, März 1988, S. 33-38.

Young Walter C.; *Observations on Fantasy in the Formation of Multiple Personality Disorder*, in: *Dissociation: Progress in the Dissociative Disorders*, September 1988, S. 13-20.

Empfohlene Literatur

Zu multiplen Persönlichkeiten:

Bliss, Jonathan und Eugene Bliss; *Prism: Andrea's World*, New York 1985.

Casey, Joan Frances und Lynn Wilson; *Ich bin viele*, Reinbek bei Hamburg 1992.

Chase, Truddi; *Aufschrei. Das erschütternde Zeugnis einer Persönlichkeitsspaltung*, Bergisch-Gladbach 1988.

Huber, Michaela; *Multiple Persönlichkeiten – Überlebende extremer Gewalt*, Frankfurt/M. 1995 (Fischer Taschenbuch Verlag, Bd. 12160).

Schreiber, Flora Rheta; *Sybil*, Washington DC 1973, dtsch.: *Sybil. Die Persönlichkeitsspaltung einer Frau*, Frankfurt/M. 1994 (8.Aufl.; Fischer Taschenbuch Verlag, Bd. 42178).

Sizemore, Chris Costner und Elen Sain Pittillo; *I'm Eve*, New York 1957.

Thigpen, Corbett H. und Hervey M. Cleckley; *The Three Faces of Eve*, New York 1957.

Zur Diagnose und Therapie:

Bliss, Eugene L.; *Multiple Personality, Allied Disorders, and Hypnosis*, New York 1986.

Braun, Bennett G. (Hg.); *The Treatment of Multiple Personality Disorder*, Washington DC 1986.

Crabtree, Adam; *Multiple Man: Explorations in Possession and Multiple Personality*, New York 1985.

Kluft, Richard P. (Hg.); *Childhood Antecedents of Multiple Personality*, Washington DC 1985.

Zu Satanskulten:

Kahaner, Larry; *Cults That Kill*, New York 1988.

Smith, Michelle und Lawrence Pazder, M. D.; *Michelle Remembers*, New York 1982.

Statford, Lauren; *Satan's Underground*, Eugene, Oregon, 1988.

Terry, Maury; *The Ultimate Evil*, Garden City, NY, 1987.

Zeitschriften:

Die Fachliteratur weist eine zunehmende Anzahl von Beiträgen auf, die sich mit multiplen Persönlichkeiten befassen. Diese Fachzeitschriften haben dem Thema vollständige Ausgaben gewidmet.

American Journal of Clinical Hypnosis, Oktober 1983.

Psychiatric Annals, Januar 1984.

Psychiatric Clinics of North America, März 1984.

Dies ist die offizielle Zeitschrift der International Society for the Study of Multiple Personality and Dissociation. Die Zeitschrift erscheint seit März 1988.

Dissociation: Progress in the Dissociative Disorders
c/o Ridgeview Institute
3995 South Cobb Drive
Smyrna, GA 30080

Die Frau in der Gesellschaft

Margrit Brückner
**Die Liebe
der Frauen**
Über Weiblichkeit
und Mißhandlung
Band 4708

Carla Corso/
Sandra Landi
**Porträt in
grellen Farben**
Leben und
Ansichten einer
politischen Hure
Band 11385

Colette Dowling
**Der Cinderella-
Komplex**
Band 3068
Perfekte Frauen
Band 11190

Uta Enders-
Dragässer/
Claudia Fuchs (Hg.)
**Frauensache
Schule**
Band 4733

M. Grabrucker
**»Typisch
Mädchen...«**
Band 3770
**Vater Staat
hat keine
Muttersprache**
Band 11677
**Vom Abenteuer
der Geburt**
Band 4746

Michaela Huber
**Multiple
Persönlichkeiten**
Überlebende
extremer Gewalt
Ein Handbuch
Band 12160

Michaela Huber/
Inge Rehling
**Dein ist mein
halbes Herz**
Band 4727

H. Patricia Hynes
Als es Frühling war
Von Rachel Carson
zur feministischen
Ökologie
Band 11024

Nicole Kramer/
Birgit Menzel/
Birgit Möller/
A. Standhartinger
**Sei wie das Veilchen
im Moose...**
Band 11946

Katja Leyrer
**Hilfe! Mein Sohn
wird ein Macker**
Band 10872

Fischer Taschenbuch Verlag

fi 15 / 17 a

Die Frau in der Gesellschaft

Nicky Marone
**Erlernte Hilflosig-
keit überwinden**
Band 11590

Sigrid Müller/
Claudia Fuchs
**Handbuch zur
nichtsexistischen
Sprachverwendung
in öffentlichen
Texten**
Band 11944

R. Sadrozinski (Hg.)
Grenzverletzungen
Sexuelle Belästigung
im Arbeitsalltag
Band 11521

Ursula Scheu
**Wir werden nicht
als Mädchen ge-
boren – wir werden
dazu gemacht**
Band 1857

Alice Schwarzer
**Der »kleine« Unter-
schied und seine
großen Folgen**
Band 1805
Von Liebe + Haß
Band 11583
Warum gerade sie?
Band 10838

A. Schwarzer (Hg.)
**Krieg – Was Män-
nerwahn anrichtet**
Band 11135

B. Sichtermann/
Marie Sichtermann/
Brigitte Siegel
**Den Laden
schmeißen**
Ein Handbuch
für Frauen, die
sich selbständig
machen wollen
Band 12277

Monique R. Siegel
**Weibliche
Führungskunst**
Band 11117

Ruth Simsa (Hg.)
Kein Herr im Haus
Band 12079

Senta Trömel-Plötz
**Frauensprache -
Sprache der
Veränderung**
Band 3725

S. Trömel-Plötz(Hg.)
**Gewalt
durch Sprache**
Band 3745

Hedi Wyss
**Das rosarote
Mädchenbuch**
Band 1763

Fischer Taschenbuch Verlag

fi 15 / 12 b

Michaela Huber
Multiple Persönlichkeiten
Überlebende extremer Gewalt
Ein Handbuch
Band 12160

Multiple Persönlichkeiten – da denkt man an ›Dr. Jekyll und Mr. Hyde‹, an Menschen, die sich in Monster verwandeln. Doch die meisten Multiplen sind Frauen, die als kleines Kind bereits begannen, ihre Identität aufzuspalten, weil sie mit extremer körperlicher, seelischer und vor allem sexueller Gewalt fertig werden mußten. Fachkundig und praxisnah beschreibt dieses Buch, wie Multiple Persönlichkeitsstörung (MPS) entsteht, woran sie erkannt und wie sie behandelt werden kann, damit sich die vielen »Ichs« wieder zu einer Identität, einer Gesamtpersönlichkeit zusammenfügen können.

Fischer Taschenbuch Verlag

fi 1031 / 3